쉽게 만나는 성경

김신구 지음

서로북스

쉽게 만나는 성경

초판 1쇄 발행 2022년 9월 30일

지 은 이 김신구 ksg0981@hanmail.net
펴 낸 이 민대홍
펴 낸 곳 서로북스(www.seoro2.com)
출판등록 2014년 4월 30일 제2014-141호
주 소 경기도 파주시 회동길 480 A-407호
전자우편 minkangsan@naver.com
팩 스 0504-137-6584

I S B N 979-11-87254-54-4 (03230)

책값은 뒤표지에 있습니다.

쉽게 만나는 성경

문을 열며

이 책은 "어떻게 하면 좀 더 성경의 내용을 일목요연하게 잘 설명할 수 있을까?", "책 한 권으로 성경의 흐름과 골격구조, 권별 주제와 핵심 내용을 전체적으로 이해하기 위해서는 어떻게 글을 써야 할까?", "인류 구원을 위한 삼위 하나님의 구속사적 섭리와 한결같으신 그분의 사랑을 어떻게 하면 독자들이 피부로 느끼도록 잘 녹여낼 수 있을까?"라는 필자의 오랜 생각과 고민에서 나왔습니다.

그런데 이보다 좀 더 거슬러 올라가서 이 책을 쓴 직접적인 동기는 교회 안에서 시행하는 새가족반, 제자훈련, 성경공부 그리고 예배 설교와 심방과 같은 일련의 목회 활동을 통해 하나님의 말씀이 계속 전해지고 있는데도 대부분 한국교회는 초신자 및 기존 성도, 심지어 중책을 맡은 직분자들마저 성경의 전반적인 흐름과 구조에 대해 잘 모르시는 경우를 많이 봐 왔기 때문입니다. 이런 차원에서 한국교회 그리스도인들은 성경에 대한 이해와 지식이 부족한 상태로 신앙생활 하시거나 여러 사역을 감당하면서 겪는 문제가 많습니다. 따라서 교회공동체와 그리스도인의 존재와 삶의 방식은 신구약 성경에 대한 올바른 이해에서 출발해야 합니다.

다시 말하면, 신앙생활(교회생활과 사역까지 포함한)은 건전하고 건강한 성경의 이해와 신학적 안내가 없이는 불가능합니다. 이는 하나님의 말씀에 대한 순종이 어떤 생각, 어떤 감정, 어떤 마음, 어떤 신학적 이해와 해석을 하면서 행해져야 하는지에 대한 성경적 기준이 올바로 정립된 상태에서 이뤄져야 한다는 말입니다. 만약 성경적 가치관이 건강하게 형성되지 못한 상태라고 한다면, 여기서 비롯된 모든 행위는 그 어떤 열심과 희생적 섬김일지라도 하나님의 뜻에서 벗어날 수 있다는 것을 우리는 늘 인지해야 합니다.

또한 우리 사는 세상은 수많은 변화와 함께 시대적이고 문화적인 이데올로기적 가치관이 만연하기 때문에 상대성과 특수성이 더욱더 강조되는 시대로 흐르고 있습니다. 물론 이것은 지구촌에 대한 다양한 이해나 공동체적인 측면에서 좋게 평가할 수도 있지만, 이것은 그만큼 성경의 증언이 어려워졌다는 뜻이기도 합니다. 달리 말해서 현대사회는 다원적 사회이기에 기독교 복음의 변치 않는 진리를 점점 희미하게 만들거나 그 절대성이 비판받을 여지가 농후하다는 말입니다.

더 심각한 것은 성경에도 나오듯이 기독교 역사적으로 복음에 반하거나 복음을 교묘히 비트는 그릇된 이단 사상의 공격과 침투가 날로 거세지고 있다는 점입니다. 따라서 하나님의 뜻과 영광 그리고 그 나라의 성장을 위해 부름을 받은 이 땅의 모든 교회공동체와 그리스도인은 본질적 사명과 기능적 수행을 위해 먼저 하나님의 말씀 위에 견고히 서야 합니다. 잘 알려진바 기독공동체는 사탄을 물리치신 그리스도의 방식이 기록된 하나님의 말씀이셨음을 항시 기억해야 합니다.

이런 뜻에서 이 책은 다음의 몇 가지 특징이 있습니다. 첫째, 이 책은 비그리스도인을 포함하여 누구나 쉽게 읽을 수 있도록 대화방식으로 기술하고 있습니다. 둘째, 근원적 질문에 대한 해답을 성경에서 찾음으로써 성경 자체의 입증을 밝히려 합니다. 셋째, 하나님의 선하심과 인간 사랑하심을 설명하기 위해 하나님의 거룩한 의지(직임)를 성경순으로 기술함으로써 성경의 전체적인 흐름을 이해하면서 하나님의 사랑도 함께 살펴볼 수 있습니다. 넷째, 신구약 중간시대 이야기를 개괄적으로 설명함으로써 구약과 신약을 자연스럽게 연결합니다. 다섯째, 각 부 마지막 장에서는 성경 전체의 골격구조를 쉽게 이해할 수 있도록 표를 통해 설명하면서 권별 주제와 핵심 내용도 언급하기 때문에 각 권까지 모두 살필 수 있습니다. 여섯째, 설교나 개인 성경공부뿐만 아니라 소그룹 성경공부, 독서 모임, 초신자와 함께하는 일대일 성경공부와 양육 등 다양한 말씀 사역의 용도로 활용할 수 있습니다. 왜냐하면, 이 책의 기술 방식이 대화식인 데다가 성경공부를 위한 구조적이고 학문적인 분석이 함께 이뤄지고 있기 때문입니다.

지은이로서 바람이라면, 이 책을 통해 현대 그리스도인들이 좀 더 성경을 체계적으로 이해하는 데 도움이 되면 좋겠습니다. 무엇보다 이 책을 접함으로써 성경에 나타난 하나님의 변함없으신 사랑과 구주되신 예수 그리스도의 은혜와 지금도 우리를 지키시고 이끄시는 성령님의 자상하신 손길을 깊이 경험하는 시간이었으면 좋겠습니다. 그래서 이 땅의 모든 교회와 그리스도인이 하나님을 아는 지식 안에서 건강하게 성장하여 마지막 날 그리스도께서 재림하실 때까지 주어진 사명을 잘 감당했으면 좋겠습니다.

끝으로 이 책이 세상에 나올 수 있도록 이끌어주신 삼위일체 하나님께 감사와 영광을 돌리며, 필자의 첫 저서인데도 갖은 심혈을 기울여주신 서로북스·서로교회 민대홍 목사님과 좋은 출판사를 연결해주신 홍승만 박사님(장신대 Ph.D., 선교신학), 그리고 언제나 같은 자리, 한결같은 모습으로 묵묵히 섬겨준 고성중앙교회 교우들, 사랑하는 아내 은정과 귀한 하나님의 선물 언아, 도언, 도율에게도 고마움을 전합니다.

2022년 9월

시원한 바람이 슬며시 부는 초가을에

김신구

≪쉽·만·성≫ 100배 활용하기

1. 목회자와 함께하는 성경 파노라마를 열어 이 책을 전 교우와 함께 이해하는 시간을 가져 보십시오. 요즘에는 청장년을 대상으로 한 성경학교를 여는 교회도 많습니다. 이런 시간은 교회의 역동성과 공동체성에 좋은 효과를 가져다줄 것입니다.

2. 전교인 신앙 필독서로 정하고, 기간과 범위를 설정하여 각자 읽게 한 다음 예배나 정기적인 모임을 통해 이 책을 차근차근 이해하는 시간을 가져 보십시오. 교회 안만이 아니라 밖에서도 작동하는 말씀 중심의 목회가 될 것입니다.

3. 소그룹 성경공부 교재로 사용해보십시오. 소그룹은 대그룹에서 할 수 없는 일상적이고 진솔한 대화가 가능한 장점이 있습니다. 소그룹을 활용하여 이 책을 살피는 것은 성경을 좀 더 집중력 있게 알아갈 수 있습니다.

4. 일대일 양육교재로 사용해보십시오. 특히 새가족이나 초신자의 경우 설교만 듣고 신앙생활 하면 목회자 의존형 그리스도인으로 성장할 수 있습니다. 그래서 교회생활을 시작할 때 성경을 개괄적으로 살피는 것은 정말 중요합니다. 이 책을 활용하면 새가족이나 초신자를 돌보면서 건전하고 건강한 신앙생활의 길로 안내할 수 있습니다.

5. 현대는 포스트모던의 다원적 사고와 감염병 위협 시대인데, 이 책을 개인 성경공부 교재로 사용해보십시오. 서로를 위한 안전거리를 유지하면서 공동체성을 가지고 하나님의 말씀에서 벗어나지 않는 그리스도인으로 성장할 수 있을 것입니다.

위의 소개처럼 이 책을 활용한다면, 성경의 올바른 이해는 물론 교회의 공동체성과 역동성이 한층 높아질 것입니다. 또한, 교회 안을 넘어 개인, 가정, 직장, 학교 등 밖에서도 작동하는 말씀 중심의 그리스도인과 공동체로 더 성숙하는 유익하고 거룩한 시간이 될 것입니다.

차례

제2부 신약 속으로

제1부 구약 속으로

PART 1
근원적 질문에 대한 해답, 성경!

세상 근원에 대한 인간의 노력

"이 세상은 어떻게 만들어졌을까?"
"사물을 쪼개고 쪼개면 최후에 남는 것은 무엇일까?"

이것은 인류 최초의 철학적 물음으로 고대 그리스 철학자들이 가장 먼저 품었던 의문이었습니다. 이런 물음을 풀기 위해 나타난 이론 중 '입자설'이라는 것이 있는데, 고대 그리스 철학자인 데모크리토스(B.C. 460~370)가 주장한 것이었습니다.

그의 주장은 물질을 이루는 기본 입자인 작은 원자가 모이고 모여서 세계를 이룬다는 것입니다. 좀 더 설명하면, 기본적으로 모든 세계는 원자와 텅 빈 곳으로 형성되어 있는데, 여기서 원자는 서로 합쳐지기도 하고 떨어지기도 하면서 자연에 변화를 일으키고, 이런 변화는 다시 사물과 문화를 발달하게 한다는 것입니다.

하지만 당시 데모크리토스의 주장에 반대 견해를 가진 사람이 있었는데, 그 유명한 아리스토텔레스(B.C. 384~322)였습니다. 그가 입자설에 반대한 이유는 "물질을 한없이 쪼갤 수는 있지만 원자와 원자 사이에는 공간이 없다."라는 생각 때문이었습니다. 그리고 이를 "아리스토텔레스의 연속설"[1]이라고 합니다.

데모크리토스에 따르면, 원자는 다른 작은 원자들과 결합함으로써 무언가를 만들어가고 그 원자와 원자 사이에는 작은 공간이 존재하지만, 아리스토텔레스는 아무것도 없는 작은 공간, 곧 빈 곳의 존재를 믿지 않았던 것입니다. 결국, 두 사람의 의견은 공간 유무에서 충돌했고 데모크리토스의 입자설은 아리스토텔레스의 연속설에 가려지고 말았던 겁니다.

그러면 이보다 좀 더 과거로 거슬러 올라가 보겠습니다. 이 두 철학자 이전의 사람 중에는 만물의 출발을 사물이 아니라고 생각하기도 했습니다. 다시 말해서 어떤 형태나 한계를 갖지 않는 '무한정한 그 무엇'이 만물의 근원이라고 여겼습니다. 여기까지만 보면 이런 생각은 마치 기독교의 창조론과도 비슷해 보입니다. 하지만 이런 생각의 최종점도 결국에는 만물의 근원을 공기라고 여겼습니다. 공기가 모든 세상, 곧 볼 수 있는 것과 볼 수 없는 것을 모두 창조했다는 주장이었습니다.

이 주장이 맞는다면 우리는 이런 생각도 해 볼 수 있습니다. 말하자면, 공기는 근본적으로 창조성이 있고, 지구가 존재한 이래 지금까지 존재해왔으니까 이 시각에도 공기에 의한 창조가 계속 이뤄지고 있다는 상상입니다. 하지만 단순하게 생각해서 공기만으로 우리 주

---

1 아리스토텔레스의 연속설에 따르면, 신은 진공상태를 싫어하기 때문에 어떤 물질이 전혀 없는 공간은 존재하지 않습니다.

변에 새로운 그 무언가가 창조되고 있나요? 그렇지 않습니다. 오히려 세상에는 멸종 위기에 처한 생명체들이 계속 나타나고 있고, 따라서 모든 생명체가 존립에 위협받는 현실입니다. 그래서 멸종위기에 처한 생태와 자연환경에 대한 보호, 그리고 이와 관련된 운동이 각국, 각지에서 나타나고 있는 것입니다. 다시 말해서 공기나 물도 다 피조물이므로 그 자체로는 근원적 창조의 힘을 가질 수 없습니다.

결론적으로 세상 근원에 대한 많은 이론과 주장이 있지만, 역시 인간의 생각(창조주를 간과한)에서 난 철학적 물음에는 늘 한계가 있었습니다. 인간의 사고는 자연 세계를 벗어나지 못하고 그 울타리 안에서 상상하고 이론화할 뿐이었던 거죠. 인간은 우주를 포함해서 세상 근원에 대해 이성, 철학, 사고, 과학 등 모든 것을 동원하여 그 해답을 찾으려 노력했지만 언제나 결론은 '만들어진 것 안에서의 도출'이었습니다. 가령 이것을 '발전'이라고 한다면, 이는 만들어진 것으로부터 무언가를 다시 만들어내는 일종의 재생산을 창조의 관점에서 이론화한 것일 뿐입니다. 엄밀히 말하면, 이것은 이미 창조된 것을 발견치 못하다가 어떤 노력을 통해 재발견한 것에 불과합니다. 그러니까 이러한 인간의 노력은 지구 창조의 근원적 실체를 찾았다고 볼 수 없습니다. 물론 학문적 발전에는 이바지한 바가 있을는지 모르지만 말입니다. 결국, 이것은 피조물인 인간의 한계를 보여주는 명백한 증거가 됩니다.

다시 처음 질문으로 돌아가겠습니다. 도대체 세상은 어떻게 만들어진 것일까요? 이 물음에 대한 명쾌한 답이 아직 나오지 않았습니다. 여전히 유(有)에서 유(有)를 발견한 것뿐입니다. 우리의 궁금증은 "어떻게 무(無)가 유(有)가 되었느냐?"라는 것입니다. 유(有)를 만들어낸 그것 말이죠. 어쩌면 아직 우리에게 무(無)일지 모르는 그 무엇[2] 말입니다.

한번 자신에게 이런 질문을 해보는 것도 좋을 것 같습니다. 유(You)! 당신은 어떻게 유(有, 존재)가 되셨나요? 왜 이것이 우리에게 중요할까요? 사실, 우리는 정확히 모를 뿐 어딘가에 존재하고 있는 우주 만물을 창조한 창조주와 함께 지금도 살고 있기 때문입니다. 창조주의 존재가 확실하다면, 근본적으로 피조물은 그 존재와 분리될 수 없는 관계에 놓여 있기 때문인 거죠. 이것이 이 책을 통해 알아가고자 하는 것입니다. 이 거룩하고 고귀한 배움의 자리에 온 당신을 창조주이신 성 삼위 하나님의 이름으로 환영하고 축복합니다!

교회에서는 왜 성경을 가르치나요?

일반적으로 기독교인은 교회라고 부르는 예배당을 다닙니다. 그리고 예배당에서 이루어지는 공동 모임에는 늘 빠지지 않고 언급되는 것이 있습니다. 바로 성경입니다. 매 예배 시간에는 성경 말씀을 한 절 이상 읽은 후 그 구절에 대한 설교자(목사, 전도사)의 메시지(설교)를 듣습니다. 그렇다면 모든 기독교인은 왜 성경을 읽고 설교를 들을까요? 그 이유는 성경을 하나님, 곧 '창조주의 말씀'으로 믿기 때문입니다.

원래 '교회'라는 용어는 아테네의 민회처럼 "불러 모으다"라는 뜻의 '에칼레오'(ἐκκαλεώ)에서 유래했습니다. 헬라어 원어로는 '에클레

2 아직 하나님에 대한 믿음이 없는 분을 위한 어구입니다. 하나님을 믿는 분들께 유(有)는 당연히 하나님(God)을 뜻하겠죠.

시아'(Ekklesia)라고 하는데, 이 뜻에서 기독교의 교회는 하나님의 말씀을 듣고 믿음으로 순종하려는 사람들의 모임을 뜻합니다. 그러니까 교회는 창조주이신 하나님의 가르침, 곧 성경을 듣고 따르는 공동체를 지칭합니다. 그렇다면 그리스도인 모임에는 항상 무엇이 중심일까요? 바로 성경, 기독교의 신인 창조주 하나님의 말씀을 '듣고 나누는 것'입니다. 그리고 이 말씀을 듣고 난 이후에는 무얼 하려는 걸까요? 그것은 성경의 가르침(지성, 앎)을 자기 삶 가운데로 가져와 묵상하고 실천하는 것입니다(영성). 기독교는 이것을 피조물을 향한 창조주의 뜻이라고 믿습니다. 이런 차원에서 기독교 신앙은 창조주와 피조물의 관계를 매우 중요하게 생각합니다. 그래서 하나님의 말씀인 성경에 대한 전적 믿음이 기독교 신앙의 중심부에 자리 잡은 것입니다. 교회에서 성경을 가르치는 이유! 쉽게 이해가 되죠?

다시 교회에 대해 좀 더 설명하면, 교회는 기독교인들이 하나님의 이름으로 모이는 모임 자체를 뜻하기에 장소와 상관없이 어디서나 하나님의 이름으로 두 명 이상이 모이면 그 모임을 '교회'라고 칭할 수 있습니다. 이것이 에클레시아의 본뜻입니다.

그런데 대부분 기독교인의 모임이 십자가가 걸려있는, 소위 오늘날 예배당이라고 불리는 곳(건물)이다 보니 그곳을 통념적으로 '교회'라고 인식하게 된 것입니다. 하지만 올바른 개념을 가지고 교회를 지칭한다면 우리가 알고 있는 교회는 예배당(House of Worship: 예배를 드리는 집, 장소)이라고 불러야 더 정확합니다. 이 부분에 대해서는 좀 더 살펴보는 것도 좋지만, 여기서는 기본적인 의미만 이해하고, 다음 절로 넘어가 성경이 왜 하나님의 말씀인지에 대해 살펴보도록 하겠습니다.

성경의 다양성과 통일성

성경은 인류의 시작부터 영원한 미래를 약속하는 책입니다. 그래서 성경은 이 세상에서 둘도 없는 가장 놀라운 책입니다. 그런데 그만큼이나 성경은 저작 기간에서도 우리를 굉장히 놀라게 합니다. 왜냐하면 그 기간이 무려 16세기라는 아주 긴 시간 동안 기록된, 완성을 위해 가장 긴 역사가 필요했던 책이기 때문입니다. 한번 생각해보십시오. 그저 한 권의 책일 뿐인데 어떻게 이 한 권의 책이 1600년이라는 시간이 걸려서야 완성될 수 있었을까요?

그런데 여기서 한 가지 궁금한 점이 있습니다. 이 책을 쓴 저자가 1600년이나 살 수 있냐는 것입니다. 저자가 한 사람이라면 말이죠. 하지만 그렇게 오래 산 사람은 이 세상에 단 한 명도 없습니다. 성경에는 므두셀라라는 인류 최장수인이 소개되고 있지만, 그도 969세까지 살았다고 기록하고 있습니다(창 5:27). 그러니까 당연히 성경은 한 사람이 기록할 수 없는 기간 동안 쓰인 책이라는 말이 되겠죠. 시간상으로 볼 때 므두셀라처럼 거의 천여 년을 산 사람이 최소한 두 명은 필요한 셈이 됩니다.

그런데 또 놀라운 사실은, 이 성경은 무려 40명이나 되는 많은 저자가 기록한 책이라는 것입니다. 그리고 이 40명의 저자는 대부분 서로에 대해 잘 몰랐습니다. 물론 같은 시대, 같은 지역, 같은 언어를 사용한 저자도 있었으나 시대가 다르기도 했고, 지역이 다르기도 했고, 사용하는 언어도 다르기까지 했으니까 그들이 접했던 사회적 문화나 교육 그리고 생각의 방식까지도 다른 부분이 많았습니다. 그뿐만이 아니었습니다. 그들의 직업도 대부분 같지 않았는데도, 성경의 주제가 일관된 책이라는 것은 감히 놀라지 않을 수 없는 신비로운 책임이 틀림없는 거죠.

글을 써보신 분들은 자신의 글에서 자신을 발견하기도 합니다. 또한, 독자로서 다른 사람의 글을 보면 저자의 모습을 간접적으로나마 엿볼 수 있습니다. 어떤 어조로 글을 썼는지, 어떤 관점에서 쓴 글인지, 글의 배경과 문체, 전개되는 과정들을 보면서 글쓴이를 상상하기도 합니다. 예를 들어, 전자공학 전공자가 글을 쓴다면 의학 용어로 쓸 일은 거의 만무합니다. 그런데 서로 다른 지역과 시대 그리고 문화에서 살아온 40명의 저자가 언제 한 번 만나지도, 의논조차 할 수 없는 상황에서 1600년이라는 기간 동안 '하나님'이라는 한 주제로 이 책을 기록했다는 것은 가히 경이롭다고 말할 수밖에 없습니다. 그래서 이 긴 기간을 고려할 때 성경은 말 그대로 역사적인 책이라고 할 수밖에 없죠. 그것도 인간의 전 인류를 비롯하여 예측할 수 없는 미래까지 담고 있을 만큼 성경의 범위는 광활합니다. 바로 이런 점에서 성경은 역사적이면서 신비한 책임을 스스로 입증합니다.

물론 성경은 모험적이고 신뢰할 만한 것인지에 대한 점검도 필요합니다. 앞서 설명한 것처럼 기독교는 성경을 하나님의 말씀으로 믿지만, 기록은 인간에 의해 작성된 책입니다. 그런데도 성경의 원저자는 무소부재(無所不在)[3] 하신 하나님이심을 성경 자체가 기록하고 있습니다. 그러니까 인간세계 그 이전, 곧 영원부터 계셨던 하나님께서는 인류 역사에서 40명을 선택하시고 그들의 인생을 통해 자기 이야기를 기록하게 하셨던 것이죠.[4] 그러지 않고 인간의 힘으로 성경의

3 하나님의 적극적이신 품성 가운데 하나로, 그 존재와 섭리가 있지 않은 곳이 없이 어디에나 다 있음을 이르는 뜻에서 편재(遍在)라고 합니다.

4 이것을 기독교에서는 계시라고 하는데, 하나님(신)께서 자신의 메시지를 인간에게 주시는 것을 말합니다.

다양성과 통일성 그리고 시공을 초월하는 광범위한 영역을 전부 설명할 길은 지구 어디에서도 찾아볼 수 없습니다. 결론적으로 인류의 시작 이후 인간의 글이나 책 중에서 성경처럼 긴 시간 동안 많은 저자가 쓴 책은 단 한 권도 없다는 말입니다. 이것은 성경을 믿는 저만이 아니라 비기독교인들조차도 이를 해명할 사람은 단 한 사람도 없습니다.

더욱이 성경은 히브리어, 헬라어, 아람어 이 세 가지 언어가 사용된 책으로 내용의 유형도 시, 산문 소설, 묵시, 자서전, 학술서, 역사서 등 여러 문학적 형태로 기록되어 있습니다. 게다가 기록된 기간만큼이나 기록의 수단도 펜, 가죽, 진흙, 파피루스[5], 돌 등 매우 다양했습니다. 어떻게 이런 다양함이 한 권의 책 안에 모두 포함될 수 있었을까요? 놀랍지 않습니까? 그런데도 성경은 그 주제와 목적이 하나의 통일성을 가지고 있습니다. 이를 한 문장으로 표현하면, '하나님은 영원한 참 신이시며, 모든 우주와 생명의 창조주가 되신다.'라는 것입니다. 그리고 '하나님은 모든 창조물보다 우리 인간을 제일 사랑하신다.'라는 것입니다. 하나님께서는 이 크신 사랑을 가르쳐주시기 위해 인류에게 자기 뜻을 담은 성경을 선물로 주신 것입니다. 그러니까 이 한 권의 책 안에 하나님이 담겨 있다고 말할 수 있습니다.

그렇다면, 그리스도인들은 왜 그토록 성경을 읽고 배우는 걸까요? 그것은 성경이야말로 온 우주와 지구를 창조하셨고, 타락(창조

5 파피루스는 이집트의 나일강 삼각주 지역에서 오랫동안 재배되었던 벼목 사초과의 수생식물로 고대 이집트인들은 파피루스 줄기로 돛, 천, 방석, 밧줄, 종이를 만드는 데 사용했습니다. 특히 파피루스로 만든 종이는 고대 이집트인의 주요한 문방구였는데, 그리스인이 이를 도입했고 로마 제국에서까지 널리 사용되었습니다. 이것은 두루마리 형태의 책을 만드는 것뿐만 아니라 통신문과 법률 공문서로도 쓰였습니다.

주 하나님을 부인하고 떠나버린)한 인류의 온전한 구원을 위해 오신 창조주의 이야기를 사실적으로 기록한 책이기 때문입니다. 이 안에 감춰진 구원의 비밀을 앎으로 우리는 영생을 보장받고 타락한 삶에서 영생을 얻을 수 있기 때문입니다. 다르게 표현하면, 근본적으로 인간은 영생에 관한 관심과 갈망이 있다는 방증이기도 합니다. 이제 우리는 성경을 통해 창조주와 피조물의 관계를 올바로 정립할 수 있습니다. 이것이야말로 모든 이치 중의 이치요 저와 당신을 구원의 길로 인도하는 유일한 길이기 때문입니다.

지금까지 우리는 왜 성경을 배우는지, 성경은 어떻게 만들어졌는지를 간략히 살펴봤습니다. 이제부터는 성경이 하나님의 말씀이라는 믿음을 가지고 성경의 역사를 조금씩 알아가도록 하겠습니다. 이 과정은 기독교를 이해하는 기본적인 과정임과 동시에 실제 당신의 인생을 아름답게 만드는 변화의 기점이 될 것입니다. 여기서 우리에게 중요한 것은 단순하게 성경을 창조주의 말씀으로 '믿고 받아들이는 것'입니다. 엄밀히 말하면, 믿고 안 믿고는 다른 사람이 대신 해줄 수 있는 것이 아닙니다. 근본 믿음은 각자의 몫이기에 먼저 스스로가 마음의 문을 열어야 합니다.

그런데 여기서 한 가지 진지하게 생각해볼 것은 현재 내가 성경을 받아들일 의지가 있거나 반대로 아직은 믿기 망설여진다는 개인적 차원의 마음과 감정보다 그 믿음의 대상이 참으로 내가 믿기에 타당한지가 더 중요합니다. 왜냐하면 믿으려는 대상이 근거 없는 존재라면 이런 시도는 별 의미 없는 것이기 때문입니다. 그래서 우리에게는 믿으려는 마음보다 믿음의 대상(하나님)이 어떤 분이신지 의문을 가지고 그분을 알아가려는 자세를 갖는 것이 중요합니다. 지금의 마음으로는 어떨지 모르나 만약 당신이 하나님을 올바로 알아가기를 원한다면 당신은 분명 하나님을 믿지 않을 수 없습니다. 왜냐하면 그 분은 실제로 존재하는 분이시기 때문입니다. 그뿐만이 아니라 당신의 인생 전부를 걸어도 절대 후회할 수 없는 영존하신 창조주이시기 때문입니다. 아울러 하나님께서는 실제 자신을 경험하도록 공개하시는 인격적인 분으로서 사람과의 관계를 믿음(신앙)을 토대로 맺기를 원하십니다.

이제 기독교의 하나님이 어떤 분이신지 저와 함께 조금씩 알아보도록 합시다. 그러다 보면 하나님께서 당신 삶의 모든 환경 속에 친히 들어오셔서 자신을 나타내 주실 겁니다. 그 영원하신 하나님의 세계로 함께 떠나볼까요?

성경, 스스로 창조를 입증하다

성경은 크게 두 묶음, 구약과 신약으로 구분됩니다. 구약은 영어로 'Old Testament'라고 해서 옛 성서, 옛 증거, 옛 언약이라는 뜻이고, 신약은 'New Testament'라고 해서 새로운 성서, 새 언약이라는 뜻입니다. 여기서 성경을 구약과 신약으로 구분하는 기준은 B.C.(기원전)와 A.D.(기원후)의 개념으로 이해하셔도 좋습니다. 이것은 일반적으로 우리 사회에서도 잘 알려진 내용입니다.

먼저 B.C.는 'Before Christ'의 줄임말로 '예수 탄생 이전'이라는 뜻이고, A.D.는 라틴어 'Anno Domini'의 줄임말로 '신의 나이, 주(主)의 해'라는 뜻입니다. 그리고 현재 우리가 전 세계적으로 사용하고 있는 달력은 고대 로마로부터 역사성을 가지고 있는 그레고리력(Gregorian Calendar)입니다. 쉽게 말해서 지금이 21세기니까 예수님께서 태어나신 지 약 이천이십 년 정도가 지났다고 생각하면 됩니다.

그런데 A.D.라는 말이 예수 탄생 이후라는 뜻이긴 하지만 예수님께서 태어나신 연도는 역사적으로 B.C. 3-6년 정도로 보고 있습니다. 왜냐하면 학자들은 예수님께서 십자가에 달리신 때가 A.D. 30년 정도였고, 당시 예수님의 나이가 33-35세 정도였다고 해석하기 때문입니다. 이 부분에 대해서는 여러 이야기가 있지만, 그보다 더 중요한 것은 B.C.와 A.D.의 구분이 예수님의 탄생을 기준 삼는다는 점입니다. 그러니까 전 인류의 역사가 기독교의 중심인 '예수 그리스도'를 기점으로 흐른다고 말씀드릴 수 있습니다.

그리고 성경은 한 권의 책처럼 보이지만, 그 구성은 구약 39권과 신약 27권으로 모두 66권이 묶여 만들어진 책입니다. 그중 성경 제일 첫 부분에 기록된 책을 창세기라고 하는데 영어로 'Genesis'라고 합니다. '창조', '발생', '기원'이라는 뜻이죠. 그래서 성경의 창세기는 '천지 창조'라는 기사로 시작합니다. 이것은 말 그대로 하늘과 땅의 창조지만 본질적 의미는 온 우주를 창조하신 하나님에 관해 기록합니다. 그리고 우주의 창조 기사는 다시 지구별에 집중합니다. 우주를 창조하신 하나님과 우리가 사는 지구별에 관한 이야기로 조명하고 있다는 말입니다.

그러면 성경은 어떤 문장으로 시작할까요? 성경의 가장 첫 구절인 창세기 1장 1절에는 이렇게 기록하고 있습니다. "태초에 하나님이 천지를 창조하시니라" 여기서 말하는 천지는 우주적인 차원에서 하늘 위의 하늘인 지구 밖과 그 아래에 있는 지구를 모두 포함한 뜻입니다. 쉽게 말해서 지구 밖인 우주와 지구로 이해하면 됩니다. 우리말 번역에는 '천지'(天地)라고 표기했지만, 영어 성경인 NIV(새 국제판 성경, New International Version)에서는 "In the beginning God created the heavens and the earth"(처음에 신은 하늘과 지구(땅)를 창조했다)라고 기록하고 있습니다. 이처럼 성경은 우주와 세상의 창조가 하나님으로부터 형성되었다고 제일 첫 장, 첫 절에서 밝히면서 이야기를 시작합니다. 성경 자체가 "이것이다."라고 선언하고 있는 것이죠. 마치 자신의 이름을 걸고 우리에게 말하는 것처럼 말입니다.

이런 뜻에서 일반적으로 '입증', '증명'이라는 말은 자신의 주장이 진실이라고 밝히는 행위를 말합니다. 예부터 발언이나 주장이 진실임을 밝혀서 그것을 강조하고자 할 때는 자신의 신분이나 이름을 걸고 맹세하는 문화가 있었습니다. 현대사회에도 계약을 맺거나 법적 문제로 사실 발언을 할 때 자신의 이름이나 신분증, 사인 등을 통해 입증 또는 선언하거나 문서상으로는 '쾅'하고 도장을 찍지 않습니까? 마찬가지로 성경의 시작이 그렇다는 말입니다.

그런데 이 입증이라는 말에는 뒤따르는 단어가 있습니다. '책임'입니다. '입증'과 '책임'을 이어보면 '증명책임'(burden of proof)이라는 말이 됩니다. 이 말은 법적 용어로 소송이나 분쟁 해결 절차에서 각 당사자가 자신이 주장하는 사실이 진실임을 입증할 책임이 있다는 뜻입니다. 입증할 때는 그만큼의 책임이 따른다는 거죠.

이처럼 성경은 66권 중에서 가장 첫 번째 책인 창세기에서, 그중에서도 가장 첫 구절인 1절에서 자신을 입증합니다. 모든 것이 하나님으로부터 시작되었음을 강하게 선언하고 있습니다. 책임이라는 말을 붙이면 성경은 책임선언을 하면서 시작하고 있는 것이죠. 이 자체가 얼마나 확신에 찬 대담한 표현인지 모릅니다. 그래서 성경은 첫 구절에서 하나님이 어떤 분이신지를 잘 표현하면서 강력히 선포합니다. 하나님이 세상을 창조하셨다고요. 그 이유가 무엇일까요? 이것이 진리이기 때문입니다.

이런 차원에서 여러 사람을 통해 성경을 기록하게 하신 하나님은 어떤 분이실까요? 그분은 자신의 창조행위에 대해서 스스로 이름을 걸고 강하게 선언하시는 진실한 분이십니다. 그래서 이스라엘 민족을 애굽에서 이끌었던 지도자 모세가 하나님의 이름을 여쭸을 때 하나님께서는 이렇게 말씀하셨습니다. "나는 스스로 있는 자니라"(출 3:14) 얼마나 멋있고 당당한 선언인지 모릅니다.

이 책을 통해 바라는 것은 당신이 하나님을 신실하게 믿는 신앙인으로 자라가는 것입니다. 당신이 하나님을 전인격적으로 믿는다면 책임감이 철철 흘러넘치시는 하나님께서 당신의 인생과 영혼까지도 신실하게 책임져주실 것입니다. 하나님은 그런 분이시니까요. 이제 하나님께서 창조하신 세계가 어떤 곳인지 그 놀라운 신비가 감춰져 있는 성경의 세계로 함께 떠나봅시다.

PART 2
창조 속 미(美)의 세계

전(before)의 창조와 후(after)의 창조

이 장에서는 하나님의 속성과 창조 세계에 대해서 살펴보려고 합니다. 하나님께서 우주를 창조하셨다면 지구 창조 이전에는 어떤 상태였고, 그 이후에는 어떤 변화가 있었는지 살피는 것은 창조 세계뿐만이 아니라 창조주를 이해하는 데 큰 도움이 됩니다. 창세기 1장 2절을 보면, "땅이 혼돈하고 공허하며, 흑암이 깊음 위에 있고 하나님의 영은 수면 위에 운행하시니라"라고 기록하고 있는데, 여기서는 이전의 상태를 혼돈, 공허, 흑암, 물이라는 단어로 표현하고 있습니다. 따라서 이 네 단어를 중심으로 하나님의 지구 창조가 어떻게 진행되었는지 살펴보겠습니다.

먼저 '혼돈과 공허'라는 단어는 '무질서한', '아무것도 없이 텅 빈'이라는 뜻을 담고 있습니다. 그다음 '흑암'은 아직 빛이 있기 전의 상태로 세상은 온통 어둠으로 가득 차 있었다는 말입니다. 그리고

'물'이 나오는데 여기서 다시 생각할 점은 하나님께서 지구를 창조하시기 전에 이미 '어둠과 물'이 존재했다는 것입니다. 창조가 이제 막 시작되는 마당에 혼돈과 공허는 아무것도 없는 텅 빈 상태니까 창조 행위 이후라기보다 창조 전의 상태로 이해가 될 만도 합니다만, 어쨌든 이 어둠과 물은 어디서 왔는지가 궁금합니다. 그래서 이 부분에 대해 잠시 생각해볼 것이 있습니다. 이 책 1장에서 언급했던 내용입니다. "성경의 창세기는 천지창조라는 기사로 시작됩니다. 말 그대로 하면 하늘과 땅의 창조이지만 근본적으로는 온 우주를 창조하신 하나님의 기사를 기록한 책입니다. 그러나 성경의 배경은 우주 전체에서 지구별로 조명됩니다."라는 말입니다.

다시 말해서 우리가 현재 보고 있는 성경은 우주에 관한 이야기가 언급되기는 하지만 우주에 초점을 둔 책이 아니라 지구의 이야기를 다루고 있습니다. 물론 성경의 마지막 책인 요한계시록의 경우 미래의 현상에 대해서도 기록하기 때문에 우주적인 측면도 있지만, 성경의 중심 내용은 하나님과 인간에 관한 이야기로 그 스펙트럼이 지구로 좁혀집니다.

그리고 성경은 하나님께서 인간에게 주신 메시지, 곧 이것을 '계시'라고 하는데, 이미 인간이 창조된 다음 하나님의 계시로 기록된 책입니다. 그러니까 우리에게는 지구 창조 전에 존재했던 어둠과 물이 어디에서 왔는지 알 길이 없는 거죠. 물론 이전의 상황에 대해서도 성경에 기록되어 있다면 모르지만, 현재 우리가 보고 있는 성경은 지구에서의 일을 주로 담고 있습니다. 따라서 인간이 이전의 창조에 대해 알 수 있으려면 창조주께서 그것을 인간에게 직접 알려주시거나(계시) 창조 이후 인간의 어떤 경험이나 학습을 통해 창조에 대한 새로운 지식과 지혜를 쌓아가는 정도일 것입니다.

결국, 성경이 지구에 관한 책이라는 것을 고려한다면 창세기 1장에 기록된 창조보다 먼저 이뤄진 하나님의 행위(선행위, 先行爲)로 '선행적 창조'가 있었다고 성경신학자들은 이해합니다.[6] 그래서 창세기 1장 1-2절과 3절을 기점으로 해서, 마치 3절의 기록대로 첫째 날 빛을 창조하시기 전에 어떤 일이 있었던 것처럼 이해하는 이론을 간격 이론(gap theory)이라고 합니다. 말하자면, 1장 1절과 2절 사이에 긴 시간 간격이 있었고 다시 3절부터 나오는 6일의 창조 기간 이전에도 긴 시간이 있었으므로 지구는 오래전부터 창조되었다는 관점입니다.[7]

그러나 간격 이론은 창세기 1장 1절이 하나님의 첫 창조를 의미하고 긴 시간이 지나 6일 동안 재창조가 있었다고 해석하는데, 이는 많은 해석학적 문제를 안고 있습니다. 그래서 이 이론에 대한 성경신학자들의 통일된 동의를 기대하기는 어렵습니다. 이런 뜻에서 성경해석의 정확성에 대해 다양한 신학적 질문과 검토가 이뤄지기 시작했는데, 그 과정에서 명백해진 것은 창조 기사에 관한 다양한 해석과 견해가 가능하다는 것입니다. 다양한 해석이 가능한 근본적인 이유는 창조 세계의 창조 기사는 지구의 연대, 혹은 하나님의 창조 방법이나 기간 및 순서 등에 관한 지식을 전해주기 위해 쓰인 것이 아니

---

6 선행적 창조와 함께 다양한 창조론(고대와 중세의 젊은 지구론, 간격 이론, 날-시대 이론, 홍수지질학 젊은 지구론, 오랜 지구 창조론: 점진적 창조론, 진화적 창조론)에 관한 내용은 우종학, 『과학시대의 도전과 기독교의 응답』(서울: 새물결플러스, 2019), 13장을 참조하십시오. 그러나 이런 관점과 견해는 하나님의 창조에 대한 신학적 노력과 이론이지 어느 것이 정확하게 맞는다고 꼭 집어 말할 수는 없습니다. 따라서 이 책에서는 다양한 창조론이 과학의 발전 과정과 성경 해석의 역사를 반영한다는 정도로만 이해하고 넘어가겠습니다.

7 Ibid., 248-249.

라는 점이 점차 분명해졌기 때문입니다.[8]

따라서 이 책에서 다양한 창조론에 대한 성경신학적 이해와 논의는 이쯤에서 일단락하고, 둘째 날 창조가 있기 전에 첫째 날의 창조가 있었듯이 창세기 1장이 있기 전에 선행된 창조가 있었다는 정도로만 언급하고 넘어가겠습니다. 결론적으로, 창세기 1장 2절에 나오는 '어둠과 물'에 관해서는 이렇게 이해하면 됩니다. "창세기 1장 3절 그 이전의 창조가 있었구나. 그리고 성경은 그 선행된 창조 이후에 이뤄진 창조 사건부터 기록하고 있구나."

어둠과 빛, 물과 하늘

이 절에서는 하나님께서 어떻게 지구를 만드셨는지를 살펴보도록 하겠습니다. 먼저 창세기 1장 3-5절을 보면, 하나님의 첫날 창조를 다음과 같이 기록하고 있습니다. "하나님이 이르시되 빛이 있으라 하시니 빛이 있었고 빛이 하나님 보시기에 좋았더라 하나님이 빛과 어둠을 나누사 하나님이 빛을 낮이라 부르시고 어둠을 밤이라 부르시니라 저녁이 되고 아침이 되니 이는 첫째 날이니라"

첫째 날 하나님께서 창조하신 것은 빛이었습니다. 어둠은 빛이 창조되기 전에 이미 존재하고 있었는데(2절) 빛이 창조되면서 어둠과의 경계가 생기게 된 것이죠. 하나님께서 지구 첫날에 빛을 만드시면서 존재했던 어둠과의 사이를 뚜렷이 구분하셨던 것입니다. 그래서 5절에는 참 재밌는 표현이 나옵니다. "하나님이 빛을 낮이라 부르

8 빅터 해밀턴, 리처드 에이버벡 외 6인, 『창조 기사 논쟁: 복음주의자들의 대화』, J 대릴 찰스 편집, 최정호 역 (서울: 새물결플러스, 2016), 240. Ibid., 247에서 재인용.

시고 어둠을 밤이라 부르시니라 저녁이 되고 아침이 되니 이는 첫째 날이니라" 첫날 빛의 창조를 통해 낮과 밤의 구분, 곧 물리적인 시간 개념이 생긴 것입니다.

사실 이것만 봐도 우리는 하나님의 창조가 얼마나 정교하고 주도면밀한 지 느낄 수 있습니다. 또한, 성경에 기록된 창조의 순서까지도 얼마나 조화로운지 모릅니다. 다시 말해서 이 말은 하나님의 창조적 행위만 완벽한 것이 아니라 인간에게 주신 계시의 말씀까지도 어떤 모순이나 어긋남이 없다는 뜻입니다. 마치 B.C.와 A.D.의 시간적 구분에 예수 그리스도께서 계셨듯이 모든 피조물의 일기에는 하나님의 세심한 배려와 정교한 손길이 닿아있는 것이죠.

그러니까 하나님의 창조는 일종의 재미 삼아, 놀이 삼아 자신이 신이기에 마음 내키는 대로 벌인 어설픈 행동이 아니었습니다. 하나님께서는 천지를 창조하실 때 어린아이가 그 손으로 야심 차게 무언가를 만드는 것처럼 흥미로움과 즐거움에 벅차셨습니다. 하나님께서는 자기 능력(창조력)을 사용하실 때 진지하셨고, 신중하셨으며, 어느 것 하나라도 가볍게 여기지 않으셨습니다. 그래서 우리는 창조의 전 과정을 통해 하나님의 순수성과 거룩성을 모두 살펴볼 수 있는 것입니다. 그런데 여기서 잠시 짚어봐야 할 것이 있습니다. 기초적인 부분은 아니고 신학적인 부분이기에 어려울 수 있는 내용이지만, 혹시라도 성경에는 처음부터 모순된 것이 없는지 오해가 생길 수 있기에 부연하는 것입니다(이제부터 당신은 창세기를 시작으로 성경을 읽을 테니까요.).

먼저 창세기 1장 3-5절을 보면 낮과 밤이라는 말이 나옵니다. 그리고 넷째 날인 14절에도 낮과 밤이라는 말이 다음과 같이 나옵니다. “하나님이 이르시되 하늘의 궁창에 광명체들이 있어 낮과 밤을 나뉘게 하고 그것들로 징조와 계절과 날과 해를 이루게 하라” 그러니까 우리가 익히 알고 있는 태양, 달, 별의 창조는 14절의 창조물이었습니다. 이날에 우리의 일기는 지금의 시간, 곧 오전과 오후, 낮과 밤, 계절, 날, 해의 의미가 정확해졌습니다. 그래서 성경신학자들은 14절 앞인 3-5절에 나오는 낮과 밤의 개념이 14절 이후에 나오는 낮과 밤의 개념과 다른 개념일 것으로 추정합니다.

그러니까 일반적으로 이해하는 낮과 밤의 개념은 창세기 14절에서 창조된 것이고, 3-5절에 기록된 낮과 밤은 우리가 이해하는 것과 다른 개념이라는 뜻입니다. 앞서 말했던 ‘전(before)의 창조와 후(after)의 창조’처럼 3-5절의 낮과 밤은 14절의 그것과 다르기에 선행된 창조의 개념으로 이해해야 한다는 말입니다. 결국, 불완전한 인간의 학문적 지혜와 과학적 지식으로는 선행된 창조에 대해 정확히 알 길이 없다는 말입니다.

그렇다면 먼저 존재했던 창조물인 ‘물’은 어떻게 된 것일까요? 이에 대해서도 잠깐 살펴보겠습니다. 우리는 2절을 통해 창조 전 지구를 감싸고 있었던 것이 물이었음을 살펴봤습니다. 그때 지구는 물로 가득했습니다. 실제로 지구의 물(액상이나 얼음 형태까지)은 지구의 표면 70.8%를 감싸고 있으면서 지각과 대기의 에너지 균형을 위해 큰 영향을 끼치고 있습니다. 그런데 창세기 1장 6-8절을 보니까 이런 기록이 있습니다. “하나님이 이르시되 물 가운데에 궁창이 있어 물과 물로 나뉘라 하시고 하나님이 궁창을 만드사 궁창 아래의 물과 궁창 위의 물로 나뉘게 하시니 그대로 되니라 하나님이 궁창을 하늘이라 부르시니라 저녁이 되고 아침이 되니 이는 둘째 날이니라” 하나님께서는 둘째 날에도 지구창조 이전에 창조하신 것들(어둠과 물)과 연관성 있는 창조를 하셨습니다. 첫째 날에는 어둠을 생각하셔서 빛을 만드셨고, 둘째 날에는 물을 생각하셔서 하늘(궁창)을 만드셨습니다. 빛을 창조하셔서 빛과 어둠을 나누신 것처럼 하늘이라는 공간을 만드셔서 위의 물과 아래의 물로 구분하셨던 것이죠.

여기서 잠시 이런 생각을 해봅시다. 물이 존재하는 장소는 어디일까요? 보통 물은 지상에 있다고 생각합니다. 그래서 우리는 지상에 있는 물을 지하수, 호수, 강, 바다라고 칭합니다. 하지만 물은 하늘 위에도 있습니다. 하나님은 윗물과 아랫물로 나누셨는데, 그 기준으로 하늘이라는 중간 공간을 창조하셨죠. 그래서 물은 땅속에서 솟기도 하지만 하늘에서 내리기도 합니다. 그리고 우리는 아랫물이 있는 땅에서 살아갑니다. 일반적으로 사람들은 땅의 물이 증발하여 하늘로 올라가고 그 물을 먹은 비구름이 다시 비를 내려 지상에 물을 공급한다고 말하지만, 비구름은 기껏해야 지상에서 4-6천 미터 높이에 있습니다. 창세기에 따르면, 하나님께서는 하늘이라는 공간 그 위에도 물이 있도록 창조하셨습니다. 그러니까 지상 4-6천 미터보다 더 높은 곳에 물이 존재한다는 말이죠. 그래서 현대 창조론 과학자들은 대기층의 상층부에 전리층(이온층)이 있는 것처럼 하늘 위의 물을 언급합니다.

다시 말해서 이 물은 지상의 어느 지점에서 지구를 덮고 있는 대기 상층부의 어떤 두꺼운 수증기층(지붕처럼)으로 노아의 방주 이야기 때에 40일 동안 내린 비로서 창세기 7장 11절을 언급합니다. 곧 '하늘의 창문들이 열려…'라는 말이 하늘 위의 물이 쏟아져 내린 것으로 해석하기도 한다는 말입니다.

한번 이런 생각도 해봄 직합니다. 노아 홍수 사건이 있던 당시 40일 동안 하늘에서 내린 비가 정말 지상의 물이 수증기로 올라가 구름에 모였다가 다시 내린 것일까요? 그렇다면 40일간 해가 내리쬐는 일기도 없이 주야로 비가 내렸다는 말인데, 지구 표면이 다 잠길 만큼 많은 양의 물은 언제, 어떻게 증발했던 것일까요? 또 40일간 내릴 만큼 엄청난 양의 비를 구름이 한 방울도 내려보내지 않고 머금을 수 있을까요? 그래서 성경신학자들은 하늘 위의 물을 언급한 현대 창조론 과학자들처럼 하나님께서 하늘이라는 공간을 중심으로 윗물과 아랫물로 구분하여 창조하셨을 것이라고 말합니다.

이와 관련하여 2017년 연합뉴스에 실린 한 재미있는 과학 기사가 있는데, 일본 릿쿄대학(立教大學, Rikkyo University)의 연구팀이 바다 증발 수분이 분해되어 생긴 수소 원자가 지구 지름의 20여 배에 해당하는 거리에까지 이르는 모습을 초소형 탐사선으로 촬영하는 데 성공했다는 논문을 미국 과학지에 발표한 적이 있었습니다. 바다에서 증발한 물이 분해돼 생긴 수소 원자가 지구를 둘러싸듯 우주를 떠돌면서 24만㎞ 이상의 먼 곳까지 확산하고 있는 모습이 처음으로 확인됐다는 것입니다. 그래서 이 연구팀의 가메다 신고(亀田真吾) 릿쿄대학 교수는 "행성에 생명의 토대가 되는 바다가 있는지 조사할 수 있을 것"이라는 말까지 했다고 합니다.[9]

하지만 이에 대한 반발도 있었습니다. 지구의 자성이 바다의 수소 원자를 우주로 나가는 것을 놔두지 않는다는 주장입니다. 지구는 자성체로 중력에 의해 우주와는 닫힌 시스템으로 되어 있다는 논리

9 연합뉴스, "바다 증발 수분 '우주확산' 첫 확인," 「The Science Times」 2017년 12월 11일 자

인데, 그러고 보면 지구의 공기가 우주로 나가지 못하듯이 지구와 우주는 인위적일 수 없는 신비로운 경계가 있다는 것이 분명해 보입니다. 한 마디로 우주에 가득한 물 분자는 우리가 익히 아는 형태가 아니라는 말이죠.

물론 이런 관찰과 연구 결과가 아직 완전한 단계에 이른 것은 아니기에 다 믿을 만한 것은 아니지만, 창조주를 신앙으로 고백하는 그리스도인으로서 과학의 결과는 하나님의 창조 역사를 보여줍니다. 자연이라는 책이 하나님의 일반계시라는 전통을 따른다면 그리스도인들은 자연이라는 책을 읽어낸 과학의 결과도 얼마든지 수용할 수 있는 거죠. 왜냐하면 성경과 자연의 창조주는 같기 때문입니다. 따라서 성경과 자연은 모순될 수 없고, 그래서 원칙적으로는 기독교 신앙과 과학은 양립할 수 있습니다.[10] 어찌 되었든 성경의 저자들도 하늘 위 물의 존재를 믿었습니다. 그러니까 구름 아래의 물과 구름 밖의 물의 존재는 사실이지만 그 형태는 다를 수 있다는 말입니다.

그렇다면 노아 홍수 사건 당시 40일간 내린 비는 어디서 내렸을까요? 혹시 현대 창조론 과학자들이 이해하는 대기층 상층부의 전리층처럼 지상의 어느 지점에서 지붕처럼 지구를 덮고 있는 대기 상층부의 어떤 두꺼운 수증기층에서 내린 것이 지상으로 떨어지면서 비가 된 것은 아닐까요? 이처럼 하나님의 창조는 인간의 과학과 지식으로 해석할 수 있는 것도 있지만 아직 전부 알 수는 없습니다. 앞서 언급했듯이 원칙적으로는 기독교 신앙과 과학은 양립할 수 있지만 창조 세계를 전부 해명할 만큼 현대 과학이 그 단계에 다다른 것은 아니기 때문입니다. 그러면 창세기의 목적은 무엇일까요? 그것은 창

10 우종학, 『과학시대의 도전과 기독교의 응답』, 95.

조의 기간, 순서, 방법, 내용처럼 과학적 원리를 말하거나 결론에 도달하려는 것이 아닙니다. 그 때문에 우리가 직면하는 것이 있습니다. 그것은 성경을 어떻게 읽어야 하느냐는 것입니다.

정리하면, 성경은 일종의 과학 교과서가 아닙니다. 성경은 창조의 과학적 원리나 방법을 알려주기 위한 책이 아니라 창조주가 누구이신지를 알려주려는 신학적 서술을 담고 있는 특별계시인 거죠. 따라서 우리는 자연이라는 일반계시와 성경이라는 특별계시를 분리하거나 양자택일하여 이해하는 행위를 해서는 안 됩니다. 이 두 가지를 통합적으로 이해할 수 있어야 합니다. 그럼으로써 우리는 성경의 하나님이 어떤 분이신지를 이해하면서 동시에 자연에 담긴 위대한 능력과 섭리를 통해 하나님을 나의 창조주로 고백할 수 있습니다.

창조 과정에 나타난 하나님의 성품

우리는 창조의 첫째 날과 둘째 날을 통해 하나님의 성품에 대해서도 발견할 수 있습니다. 하나님은 온 우주의 창조주가 되시지만 홀로 존재하길 원치 않으시고 공존을 좋아하셨습니다. 이것은 자신의 권력과 영역을 확보하기 위한 울타리 치기식의 이기적인 것이 아니라 더불어 살면서 서로에게 필요한 호혜적 존재가 되라는 의미로 생명체적이고 인격적인 공존을 뜻합니다.

이런 맥락에서 창세기 1장 3-8절을 언뜻 보면, 굳이 하나님은 첫째 날과 둘째 날에 빛과 하늘을 창조해야만 할 특별한 이유가 있으셨던 것은 아니었습니다. 그러나 하나님께서는 빛과 하늘을 창조하실 때 무언가를 고려하셨습니다. 그것은 먼저 창조되어 이미 존재하고 있었던 어둠과 물이었습니다. 이런 상황에 하나님의 영이신 성령[11]께서는 흑암 중에서 그 물 위를 이리저리 다니셨습니다. 한번 상상해 보십시오. 성령께서 혼돈되고 공허하며 어둠이 짙은 공간을 바람처럼 거니시는 모습을요. 어떤 사색에 잠겨 골똘히 무언가 생각하고 계신 것 같지 않습니까? 그렇게 수면 위를 이리저리 다니시는 것이 창세기 1장 2절인데 3절과 4절에서 갑자기 선언하시죠. 이 선언은 굉장히 단순하면서도 정확했습니다. 골똘히 생각하시다가 무언가 확실한 결정을 품으신 뒤에 곧장 명령하신 것처럼 느껴집니다. 이 선언이 "하나님이 이르시되 빛이 있으라 하시매…"입니다. 그리고는 그 한 말씀에 따라 빛이 창조되었는데 창조된 그 빛은 하나님께서 보시기에 좋았습니다.

그런데 빛이 하나님 보시기에 좋았다는 4절 그리고 그 다음절인 5절을 보니까 하나님께서 빛과 어둠을 나누시고서는 이들의 이름을 각각 붙여주셨습니다. 빛을 낮이라고 부르시고 어둠은 밤이라고 칭하셨죠. 그러니까 빛이 창조되기 전 어둠은 홀로 지내다가 갑자기 자신과 조화를 이룰 친구(빛)가 생긴 것입니다. 어둠은 빛이 존재함으로써 밤이라는 이름이 생겼고, 빛은 어둠이 존재함으로써 낮이라는 이름이 생긴 것입니다. 그리고 이들은 하나님의 창조가 균형적임을 드러내듯 그 이름에 걸맞은 존재(기능적 존재)가 되어 지금까지 공존하고 있습니다.

이것입니다. 피조물에 이름이 있는 이유는 바로 '서로'가 있기 때문입니다. 서로 함께 살지 않는다면 이름은 굳이 필요하지 않습니다.

---

11 기독교의 신은 삼위일체 하나님으로 그 삼위는 성부(여호와, 아버지 하나님), 성자(예수, 아들이신 하나님), 성령(하나님의 영이신 하나님)이십니다.

아담이 있으므로 하와가 있듯이 이름은 서로일 때라야 가치가 있습니다. 존재(기능)도 마찬가지입니다. 존재 자체를 사랑하라는 말에는 기능적인 측면도 포함합니다. 하나님께서 창조하신 것 중에 기능 없는 존재는 단 하나도 없습니다. 말하자면, 존재한다는 것은 기능적 존재로 이어지고, 기능한다는 것은 존재의 정체성(서로를 위한)이 무엇인지를 일러줍니다. 하나님께서 빛과 어둠을 관계적으로 만드셨다는 것은 단순히 그것들을 하나의 사물로 창조하셨다는 것을 넘어 빛과 어둠으로 기능함으로써 공존하도록 창조하셨다는 말입니다. 한마디로 이름에 걸맞게 존재하면서 동시에 기능하며 살게 하셨다는 뜻이죠.

이처럼 질서(낮과 밤, 오전과 오후)는 각각의 존재가 기능적 활동을 계속 성실히 행할 때 세워집니다. 이를 도식화하면 이렇게 표현할 수 있습니다. '서로-존재-기능-공존-상생', 이 도식을 이해하는 것은 그리 어렵지 않습니다. 순서 그대로 이해하면 됩니다. 우리는 서로이기에 존재하고, 존재한다는 것은 기능한다는 것이며, 각자의 기능은 서로가 함께 살 수 있게 하는 것으로, 이런 삶은 조화를 이루고 질서를 세워 모든 생명체가 상생(win-win)하게 합니다.

말하자면, 하나님께서는 공존을 원하시기에 어둠을 고려하셔서 빛이라는 벗을 만들어 주셨던 것입니다. 성령 하나님께서 흑암 중 수면을 운행하실 때 성부, 성자 하나님께서는 어떤 생각을 하셨을까요? 결론적으로 어둠이 깊은 이 상황에 조화를 이룰 수 있는 무언가를 만드시기로 하셨던 것 같습니다. 바로 우주의 창조주이신 삼위 하나님은 공존을 넘어 평화와 상생의 신이시라고 말할 수 있는 거죠.

하나님께서 보시기에 빛이 좋으셨던 이유 그 한 가지를 이쯤에서 생각해보면, 그것은 바로 다른 창조물과의 조화와 질서 때문입니다. 하나님의 공존 세계는 항상 조화와 질서를 이루지 절대 무질서하지 않습니다. 반대로 질서가 잡힌 세계는 당연히 부조화(상반되어 갈라진, 등을 돌린, 차단된 상태)를 만들지도 않습니다. 하나님의 세계는 존재한다는 그 자체로 나타나는 현상이 있습니다. 그것은 모든 피조물이 서로 교통함으로써 창조 세계의 질서를 추구한다는 것입니다. 하나님은 자신이 만든 세계가 하나하나 연결되어 상호보완적이고 의존적인 질서 안에서 순환하는 것을 보시고선 너무나도 좋으셨던 것이죠. 이처럼 우리는 어둠 속에서 빛을 창조하신 하나님의 행위를 통해 더불어 살기 원하시는 그분의 성품도 이해할 수 있습니다. 그런데 이런 조화가 빛과 어둠에만 해당할까요? 아닙니다. 하늘도 마찬가지였습니다.

하나님은 하늘이라는 공간을 만드실 때 물을 생각하셨습니다. 지구가 물로 가득하다면 모든 생명체는 물 안에서 서식할 수 있는 생명체로 창조되어야만 합니다. 그러나 하나님은 물과 물 사이에 공간을 만드시고 그 공간 사이에 살 수 있는 생명체(땅과 공중을 나는)를 만드셨습니다. 물의 존재가 다른 모든 피조물에 위협적이지 않고, 서로에게 필요한 존재가 되려면 하늘의 윗물과 아랫물 사이에 땅이라는 공간이 있어야 했습니다. 그것은 물이 가진 특성 때문이었습니다. 만약 물과 물 사이에 아무런 공간도 없이 지구 전체가 물로 가득하다면 육지와 공중에 사는 생명체는 존재할 수 없습니다. 물이 하늘이라는 공간과 물리적 거리를 유지할 때 다른 생명체들도 함께 살 수 있는 거죠. 이런 차원에서 모든 생명체는 서로 간의 적당한 물리적 거리(생명을 위한 질서)가 보장될 때 공존할 수 있습니다.

이와 연관하여 창세기 6장 11절, 9장 19절에는 노아의 방주 이야기가 나옵니다. 이 내용은 인류 최초의 대홍수 사건을 기록하고 있는데, 당시 대홍수의 원인이었던 비는 40일간 쉼 없이 내렸습니다. 그로 인해 온 땅은 물에 덮였고, 육지나 공중에서 서식하는 생명체들은 살 수 없게 되었습니다. 단지 물에서 서식이 가능한 생명체들만 살아남을 수 있었던 거죠. 이런 이유로 노아는 하나님의 명령에 따라 땅과 하늘에 사는 동물들을 암컷과 수컷으로 각 한 쌍씩을 방주에 태웠습니다. 말하자면, 노아의 방주는 위급한 상황에 생명을 보존하는 구조선과도 같았습니다. 마치 윗물과 아랫물 사이에 공간이 있고, 수많은 생명체가 그 공간 안에서 생명을 보장 받듯이, 노아의 방주는 이 동물들에게 생명을 보전케 하는 생명 보전의 공간과 같았습니다. 곧 지구생명체의 구원 공간이었던 것이죠. 하나님께서는 땅에 물이 가득하면 물에 사는 생명체를 제외한 다른 생명체가 생존할 수 없다는 것을 아셨습니다. 그래서 노아에게 임의의 공간으로 새로운 생명 연장의 공간을 준비시키셨던 것입니다. 이 임의의 공간을 비유로 말하면, 우리를 구원의 길로 인도하고 옳은 길로 이끄는 '교회'로 표현할 수 있습니다. 그래서 교회를 '영혼의 구조선'이라고도 말합니다.

그러면 하나님이 어떤 분이신지 생각해봅시다. 하나님께서는 자기 피조물들이 아름답게 조화를 이루며 살길 원하셨습니다. 마치 한 장의 종이에 그림과 여백이 적절히 조화를 이룸으로써 하나의 작품이 되듯이, 하나님께서는 여백의 공간을 통해 자신의 창조 세계를 아름답게 만드신 예술가셨습니다. 그리고 하나님은 첫째 날과 둘째 날과 같이 자신의 창조를 이어가셨습니다. 셋째 날에는 바다, 땅, 씨 맺는 채소(식물)와 씨 있는 열매 맺는 나무와 그 종류들을, 넷째 날에는 큰 광채(낮을 주관)와 작은 광채(밤을 주관)를, 다섯째 날에는 물에 사는 생물과 공중에 나는 새들을, 여섯째 날에는 들짐승, 가축, 땅에 기어 다니는 모든 생물을, 그리고 마지막 날에는 하나님의 모습을 닮은 최고의 걸작인 남성(아담)과 여성(하와)을 창조하셨습니다(바다와 공중과 온 땅에 사는 모든 생물을 다스리고 지도할 존재로). 그리고 최초의 사람을 축복해주셨는데, 그 내용이 창세기 1장 27-31절에 기록되어 있습니다.

> 하나님이 자기 형상 곧 하나님의 형상대로 사람을 창조하시되 남자와 여자를 창조하시고 하나님이 그들에게 복을 주시며 하나님이 그들에게 이르시되 생육하고 번성하여 땅에 충만하라 땅을 정복하라 바다의 물고기와 하늘의 새와 땅에 움직이는 모든 생물을 다스리라 하시니라 하나님이 이르시되 내가 온 지면의 씨 맺는 채소와 씨 가진 열매 맺는 모든 나무를 너희에게 주노니 너희의 먹을거리가 되리라 또 땅의 모든 짐승과 하늘의 모든 새와 생명이 있어 땅에 기는 모든 것에는 내가 모든 푸른 풀을 먹을거리로 주노라 하시니 그대로 되니라 하나님이 지으신 그 모든 것을 보시니 보시기에 심히 좋았더라

이처럼 하나님은 모든 피조물을 관계성 있게 창조하셨습니다. 아래 표를 보면 하나님의 창조가 좀 더 이해될 겁니다. 표를 좀 더 설명하면, 하나님은 창조의 첫째 날부터 다섯째 날까지 여섯째 날의 생명체가 살 수 있는 기반을 창조하셨습니다. 그리고 이 토대가 마련된 뒤인 여섯째 날에는 세상을 관리하고 책임질 인간을 만드셨습니다.

다시 말해서 현대 과학을 통해 우리가 이해하는 우주는 매우 독특한 조건을 갖추고 있습니다. 어떤 면에서는 세밀하게 조절되어 마치 인간이 살 수 있는 조건을 갖추도록 미리 준비된 것처럼 보이죠. 이런 뜻에서 우주를 가리켜 미세-조정된 우주(fine-tuned universe)라고 부릅니다. 여기서 미세 조정되었다는 말은 인간이 탄생하고 존재할 수 있는 적합한 환경을 만들어내기 위해 우주의 물리적 조건이 마치 누구에 의해 미리 세밀하게 조절된 것처럼 보인다는 뜻입니다. 이러한 미세 조절은 인류를 위해 준비된 것 같기에 이 특징을 가리켜 인류 원리라고 부릅니다.[12] 이처럼 창조의 순서를 보면, 인류의 존재를 위한 하나님의 구체적이고 합리적인 창조 계획을 살펴볼 수 있습니다.

날	창조물	의미
첫째	우주, 빛	우주의 기본 요소를 구성하심
둘째	궁창(하늘)	지구 대기권과 생명체의 근간인 수분을 조성하심
셋째	바다, 땅, 식물	지구 생물의 생존에 적합한 환경을 조성하심
넷째	해, 달, 별	지구 중심의 우주를 펼쳐가심
다섯째	물고기, 새	하늘과 물속의 생물을 만드심
여섯째	짐승, 사람	하나님의 형상을 닮은 인간을 창조하심
일곱째	복 주시고 안식하심	창조 사역의 완성과 지으신 모든 만물에 대한 기쁨의 안식을 누리심

12 우종학, 『과학시대의 도전과 기독교의 응답』, 326-237.

창조의 완성, 그 일곱째 날!

하나님은 여섯째 날 창조를 마치시고 무엇을 하셨을까요? 창조를 마친 그다음 날인 일곱째 날에는 쉬셨습니다. 그리고 이날을 기억하셨습니다. 왜냐하면 매우 좋으셨고 행복하셨기 때문입니다. 세상을 창조하시면서 얼마나 심혈을 기울이시고 애쓰셨는지 완성된 만물을 보시고 아주 기뻐하셨습니다. 이처럼 기쁨이 충만한 이날을 하나님은 도저히 잊을 수 없으셨습니다.

누구나 자신의 생애에서 가장 기쁜 날은 잊지 못합니다. 그날의 일과 경험은 평생 머리와 가슴에 남습니다. 기억한다는 것은 그 기억을 잃지 않았기 때문이기도 하지만 인상적이고 행복했던 일은 잘 잊히지 않습니다. 마찬가지로 하나님께서도 이날이 매우 좋으셨기에 이날을 축복하셨습니다. 보통은 마지막 안식하신 날에 대한 설명으로 하나님께서 쉬셨다고 기록하는 성경이 많아서인지 이 쉼을 아무것도 하지 않고 그저 휴식하신 것으로만 이해하는 것은 안식에 대한 이해가 부족한 것입니다. 하나님은 창조 행위를 마치신 다음 날 안식하시면서 동시에 또 다른 어떤 거룩한 행동을 하셨습니다. 그것은 바로 그날을 '축복하신 것'(blessing)이었습니다. 그래서 안식은 단순한 휴식을 넘어 감격과 기쁨을 누림과 동시에 그 감격과 기쁨의 대상을 축복하는 것이라고 말할 수 있습니다.

특히 하나님께서 축복하신 것은 안식의 날을 '거룩하게 하는 것'(holy-making)이었습니다. 오랫동안 신앙생활하신 분들은 많이 들은 말씀이지만, '축복'의 성경적 의미는 단순한 안식(누림) 그 이상으로 '거룩한 존재'가 되는 것을 말합니다. 그래서 십계명에도 안식일을 거룩하게 지키라고 했고, 창세기 2장 3절에도 이렇게 기록하고 있습니다.

> 하나님이 그 일곱째 날을 복되게 하사 거룩하게 하셨으니 이는 하나님이 그 창조하시며 만드시던 모든 일을 마치시고 그 날에 안식하셨음이니라

그러니까 하나님께서 일곱째 날에 하신 것을 순서대로 살펴보면, 첫 번째로는 복되게 하셨고, 두 번째로는 거룩하게 하셨고, 세 번째로는 안식하셨습니다. 여기서 '거룩하게 하셨다'라는 말은 '거룩하게 만드셨다'라는 말로 바꿀 수 있는데, 왜냐하면 하나님께서 이날을 축복하심으로 성일(聖日)이 되었기 때문입니다. 만약 하나님께서 이날을 축복하지 않으셨다면 이날은 인류에게 특별한 날이 될 수 없습니다. 그리고 본래 '안식'이라는 말이 '쉼'이라는 뜻이듯이 이날 하나님께서 쉬셨기 때문에 '안식일'(Sabbath)이라고 부르게 된 것입니다. 그리고 예수 그리스도께서 부활하신 이후 안식일은 지금의 일요일(주일)로 바뀌었고, 전 세계는 실제로 공휴일로 지정하고 있습니다.

하지만 지금껏 설명했듯이 이날은 하나님에 의해 거룩해진 날이라는 점에 우리는 주목해야 합니다. 하나님께서 일곱째 날에 행하신 것의 순서가 '복-거룩-안식'이셨죠. 그래서 안식일을 말할 때 이날은 복된 날로서 거룩해진 날인 만큼 '거룩하게 하는 날'이 되어야 합니다. 모세에게 주신 십계명 중 제4계명에 보면, "안식일을 기억하여 거룩하게 지키라"라고 기록하고 있습니다. 그래서 안식일은 거룩한 날로 인식하고 있고, 이날에 모든 기독교인은 실제로 하나님께 감사와 기쁨으로 거룩한 예배를 하는 것입니다. 바로 이날이 오늘의 주일

입니다. 따라서 기독교의 예배는 그리스도인의 중심이 된 것입니다.

그러면 이쯤에서 한 가지 생각해 볼 것이 있습니다. 보통 하나님의 창조를 첫째 날부터 여섯째 날까지로 생각하는 분이 많으신데, 그 이유 중 하나는 성경의 기록에서 조금씩 차이가 있기 때문입니다. 예를 들면, 새번역성경에서는 "엿샛날까지 하나님의 하시던 일이 다 마쳐지고 이렛날에는 하시던 모든 일에서 손을 떼고 쉬셨다"라고 기록하고 있고, 헬라어로 번역한 70인역[13]이나 사마리아 오경, 시리아역에도 하나님의 창조가 여섯째 날에 마쳐졌다고 기록합니다. 또한, 현대인의 성경도 "이와 같이 하나님은 창조하시던 일을 마친 다음에 일곱째 날에 쉬시고 이날을 축복하여 거룩하게 하셨다"라고 기록하고 있습니다.

그런데 이 구절에 대해 개역개정판과 킹 제임스 버전(King James Version, KJV, 영어성경), 그리고 히브리 본문에서는 하나님

---

13 70인역(七十人譯, Septuagint, LXX)은 가장 오래된 구약성경의 번역본으로 히브리어 성서 원문을 그리스(헬라)어로 번역한 것입니다. 아리스테아스의 편지(Letter of Aristeas)에 의하면, 이집트의 파라오 프톨레마이오스 2세 필라델포스(Ptolemy II Philadelphus)의 명령에 따른 것으로 '70인'이라는 명칭은 이스라엘의 12지파에서 6명씩 뽑은 72인의 유대인 번역자들이 알렉산드리아에서 각각 독방에 들어가 구약성경을 번역했는데 그들의 번역이 모두 같았다는 전설에서 유래합니다. 그러나 아리스테아스의 편지 자체는 70인역이 번역된 시기의 문장을 흉내내 작성된 후대의 문서로서 신빙성에서는 부정되고 있습니다. 그런데도 70인역은 히브리어 성경의 본문을 연구하고 이해하는 데 매우 중요한 자료이며, 의미가 불분명한 히브리어와 아람어 단어의 의미를 파악하는 단서이기도 합니다. 한편, 72인에 의해 번역된 성경이 언제부터 '70인역'으로 불리게 됐는지는 명확하진 않지만, 1세기경의 저술가 플라비우스 요세푸스(Flavius Josephus)의 저서 『유대 고대사』(Antiquitates Judaicae)에서 70인의 장로와 2명의 사자가 알렉산드리아에 파견되었다는 기술이 남아 있기에 적어도 1세기경에는 70인역이라는 명칭이 통용되었을 것으로 보고 있습니다. 다른 표현으로 칠십인경이라고도 부르는데, 번역의 이유는 그리스 제국에 의해 세계 공용어가 헬라어였기 때문입니다.

께서 창조의 일을 마치신 것을 일곱째 날이라고 기록하고 있습니다. 개역개정판을 보면, "하나님이 그가 하시던 일을 일곱째 날에 마치시니 그가 하시던 모든 일을 그치고 그 일곱째 날에 안식하시니라"라고 기록하고 있고, 킹 제임스 버전에서도 "일곱째 날에 하나님께서 자신이 만든 일을 마치시고 자신이 만든 모든 일에서 떠나 일곱째 날에 안식하시니라"라고 기록하고 있습니다. 이것은 창조의 마침에 대해 어떤 기준을 가지고 방점을 찍었느냐의 문제입니다. 쉽게 말해서 여섯째 날 사람을 창조하신 것을 창조의 실제적 행위로 본다면 창조는 여섯째 날 마친 것으로 볼 수 있지만, 그 이후 창조 세계를 다시 바라보시고, 감탄하시고, 즐거워하시면서 마지막으로 창조와 관련된 모든 것에 마침표를 찍은 날을 일곱째 날로 본다면 창조의 마침은 일곱째 날이 되는 것이죠.

좀 더 설명하면, 창조의 행위는 여섯째 날에 마쳐졌지만 이 창조의 전 과정을 생각하시고 계획하셔서 실행에 옮기시고 작업이 다 마쳐진 다음 완성된 작품을 보면서 최종 평가를 하시길, "됐다. 다 완성됐어!"라고 한 날, 그래서 더 이상 손보실 것이 없다고 최종 판단이 선 그날을 일곱째 날이라고 생각해보십시오. 그렇다면 창조행위는 여섯째 날까지였을는지 모르지만, 창조의 완성은 일곱째 날로 보는 것이 성경의 전체적인 문맥상 더 적절합니다. 그러니까 창조적 행위가 마쳐진 날에 방점을 찍기보다 창조의 총평이 이루어진 날에 방점을 찍는 개념이라는 거죠. 마찬가지로 예수님께서도 십자가에서 마지막 숨을 거두실 때 "다 이루었다"라고 말씀하셨지만, 하나님께서 이루시고자 하셨던 구원의 완성은 십자가에서 돌아가시고 삼일 뒤인 예수님의 부활로 완성되었다고 생각하면 좀 더 이해될 겁니다.

그리고 부활하신 예수 그리스도로 인해 구약의 안식일이 지금의 일요일, 곧 주일(主日, the Lord's day, Sunday)로 바뀌어 지켜지고 있다는 것을 생각할 때 창조의 마침은 안식하시면서 거룩하게 하신 날, 곧 일곱째 날로 해석하는 것이 성경의 전체적인 문맥상 타당해 보입니다. 달리 설명하면, 예수님께서 십자가에서 돌아가실 때 "다 이루었다"라고 말씀하신 것은 자신의 사명이 여기까지라는 것을 의미합니다. 하지만 예수님은 십자가에서 끝이 아니라 다시 아버지 하나님께서 자신을 부활시키실 것을 믿으셨습니다. 결국, 구원의 완성은 죽음에서 부활하심으로써 예수님만이 참 그리스도이심이 증명되는 것까지여야 합니다. 그래서 우리는 기독교 복음을 이해할 때 사명을 다하는 것과 죽음에서 부활하는 것에는 분명한 시점적 차이가 있다는 것을 알아야 합니다. 어디에 방점을 찍을 것인지가 중요하다는 말입니다.

그렇다면 다시 '안식'의 영역으로 돌아가 봅시다. 이 단어를 좀 더 잘 이해하기 위해서 '안식'의 상태를 다른 말로 표현하면 '샬롬'(shalom)의 상태라고 말할 수 있습니다. 보통 많은 기독교인이 인사할 때 사용하는 말이 '샬롬'인데, 이 단어는 '평화', '평강', '평안'이라는 뜻을 가진 히브리어 인사 중 하나입니다. 그래서 인사말로 쓰일 때 샬롬은 "안녕하세요." 또는 "잘 가세요."라는 뜻으로 통합니다.

그런데 '샬롬'의 의미에는 이 외에도 '정의', '질서', '조화'라는 뜻도 담고 있습니다. 쉽게 말해서 우리가 사는 곳이 불의로 가득하다면 그곳은 결코 평화롭지 못합니다. 그러니까 샬롬의 대표적인 뜻인 평화가 실현되려면 반드시 정의로워야 합니다. 또한, 질서의 차원에서도 무질서한 가정과 사회를 한번 생각해보십시오. 어떤 큰 단체나 조직이 공공장소에서 문란함과 무질서함으로 활개 친다면 그곳은 절대 평안치 못한 채 혼란과 불안에 사로잡힐 겁니다. 그리고 조화의 차원에서도 마찬가지로 관계적으로 대립하고 상충하여 갈등이 빚어진다면 그것은 말 그대로 조화롭지 않은 것입니다. 이런 분위기의 관계를 온전한 관계라고 우리는 말하지 않습니다. 결국, 조화롭지 못한 관계는 대인관계뿐만 아니라 그 주변을 매우 힘들게 만듭니다.

따라서 '샬롬'이라는 단어에는 평화, 평강, 평안과 같은 일반적 의미도 있지만 정의, 질서, 조화와 같은 의미도 있기에 샬롬의 상태는 완전함 혹은 '완벽함'(wholeness), '흠 없음'(completeness), '건강함'(soundness)이라는 단어로 표현할 수 있습니다.[14] 그래서 과거에는 '샬롬'이라는 단어가 '완성하다'(complete)라는 뜻과 '지급하다'(pay the price)라는 뜻이 결합하여 사용되었다고 합니다. 예를 들면, "누군가의 빚을 지급하기 위해 수고함으로써 진정한 평화를 완성하는 것이 우리가 가진 평화의 방식입니다."라는 문장처럼 말이죠. 그러니까 경제적인 관점에서 샬롬을 이해한다면, 재정적 관계가 합법적으로 올바로 이행되지 않을 때 샬롬은 절대 이루어질 수 없습니다. 온전한 관계는 남에게 빚을 진 상태가 아니라 갚아야 할 의무를 이행할 때 형성된다는 뜻입니다.

이런 맥락에서 하나님께서 안식하신 일곱째 날은 단지 쉬는 날이 아니라 복되게 하심과 거룩하게 하심과 축복하심으로 완성된 샬롬의 날이라고 말할 수 있습니다. 그러면 완성과 온전함의 의미로서 진정한 샬롬은 어디서 올까요? 그것은 하나님의 복과 거룩함과 축복이

---

14 박수암, "신약성경에 나타난 평화" 「그말씀」 2020년 6월호.

어우러질 때 나타납니다. 죄성을 가진 인간으로는 절대 샬롬의 관계나 그 상태를 이룰 수 없습니다. 오직 하나님에 의한 거룩한 변화를 통해서만이 인간의 모든 관계와 각종 분야는 샬롬을 누릴 수 있다는 말입니다.

이런 차원에서 이 땅의 모든 교회와 그리스도인은 예수님께서 부활하셔서 영원한 생명을 보장해주신 주일이 우리에게도 거룩한 날과 온전한 날이 되도록 가장 먼저 하나님께 예배해야 합니다. 주일을 거룩하게 지키는 것은 하나님과 인간의 관계만이 아니라 인간과 인간의 관계를 공존의 관계로 만드는 영적 원리입니다. 그래서 모든 그리스도인은 기본적으로 주일을 거룩하게 지켜야 할 이유와 책무를 가지게 된 것입니다. 사사기 6장 24절에도 기드온이 여호와 하나님께 제단을 쌓고 그곳을 '여호와 샬롬'이라고 칭하는 장면이 나옵니다. 사사[15] 기드온이 하나님을 만나고 화평하게 된 것을 기념하여 그 제단에 붙인 이름이 '여호와 샬롬'이었던 거죠.

이처럼 모든 그리스도인은 기본적으로 하나님께 행하는 참된 예배를 통해 그분과 견고하고 새로운 관계를 맺을 수 있습니다. 그래서 예배 장소에는 두 가지 의미가 있는데, 하나는 하나님과 사람의 실제적 샬롬이 형성되는 거룩한 곳이라는 의미와, 다른 하나는 그곳에 참여한 모든 사람이 하나님의 거룩함에 동참함으로써 이전보다 더욱더

---

15 판관(判官, Shoftim) 또는 사사(士師)는 가나안에 정착한 이후 왕국 성립까지 활약한 지도자를 말합니다. 이들은 평상시에 농경과 목축에 종사하였던 지방토호(地方土豪)였으나 선주민과의 투쟁이나 외적의 습격에 의한 군사적, 정치적 위기에 처했을 때 이스라엘 민족을 구출하기 위해 일어섰던 카리스마적 영웅들이었습니다. 그러나 그들은 전 이스라엘의 지배자는 아니었고, 어디까지나 국지적, 부족적, 일시적 차원의 지도자였습니다. 〈판관기(判官記)〉에 등장하는 여러 영웅에 관한 이야기 중에서도 특히 삼손과 델릴라의 이야기는 유명합니다.

깨끗한 존재로 바뀌는 변화의 장소라는 의미입니다. 이런 뜻에서 예배당을 '성전'(聖殿)이라고도 부릅니다. 그래서 주일예배는 하나님과 인간의 관계가 거룩함으로 맺어진 관계임을 입증하는 것이고, 죄성을 가진 인간을 변화시킬 분은 오직 하나님뿐이심을 인정하는 것입니다.

여기서 잠시 '성전'을 생각하면 연상되는 신약성경의 한 내용이 있습니다. 안식일에 일하신 예수님께 시비를 걸었던 내용이죠. 누가복음 13장 10절 이하의 내용인데, 예수님께서 안식일에 18년 동안 병을 앓았던 한 여인을 보시고 불쌍히 여기셔서 그녀를 고쳐주신 일이 있었습니다. 이때 예수님께서 안식일에 일하신 것을 한 회당장이 보고서는 분을 내면서 군중에게 폭로합니다. "일하는 날이 엿새가 있으니 그동안에 와서 병을 고치고 안식일에는 병을 고치지 마시오"라고 말이죠. 그때 예수님께서는 "이 위선자들아, 너희는 안식일에 외양간에서 소나 나귀를 풀어 끌고 가서 물을 먹이지 않느냐? 그렇다면 18년 동안 사탄에게 매여 있던 아브라함의 딸을 안식일에라도 매인 것에서 풀어 줘야 하지 않겠느냐?"라고 말씀하셨죠.

이처럼 안식일은 단순히 일하지 않고 쉬는 날이 아닙니다. 안식일은 '쉼'을 포함하지만, 그것보다 이날은 '온전해지는 날'입니다. 하나님께서는 창조 행위를 마치시고 쉬시면서 창조의 나날을 기억하시면서 기쁨으로 축복하셨습니다. 그 때문에 그리스도인들은 이날에 기쁜 마음으로 섬기면서 거룩한 변화를 경험하고 하나님을 만나기 위해 모이는 것입니다. 그 행위들은 크게 예배, 봉사, 섬김의 세 가지입니다. 여기서 섬김은 부활하신 예수 그리스도를 생각하면서 우리가 받은 구원의 은혜와 감격에 대한 자발적인 행위입니다. 따라서 그리스도인이 주일을 지내면서 주의해야 할 것은, 감사해야 할 이날이 오히려 부담스럽고 불편한 노동의 날이 되지 않게 하는 것입니다. 왜냐하면 그것은 온전한 평안과 샬롬이 아니기 때문입니다. 십계명의 제4계명처럼 안식일이 어떻게 안식일이 되었는지 기억하면서 그날을 거룩함으로 지켜야 하는 것입니다. 창조의 완성과 그리스도의 부활에서 오는 거룩함과 승리의 기쁨을 넉넉히 누리는 날이 되도록 해야 합니다.

예수님 때문에 18년의 긴 세월 동안 불완전했던 몸이 온전해진 이 여인은 고침 받은 일로 인해 하나님께 즉시 영광을 돌립니다. 그녀에 대해 누가복음 13장 13절에는 이렇게 기록합니다. "안수하시니 여자가 곧 펴고 하나님께 영광을 돌리는지라" 할렐루야. 우리가 예배하는 주님의 날, 여러 가지 회의와 봉사로 정신없이 하루를 보내는 것 때문에 하나님께서 주시는 진정한 샬롬을 누리지 못한다면 우리는 일곱째 날 안식하신 하나님의 거룩함을 누리지 못하고 있는 것입니다. 하나님과의 온전한 샬롬을 위해 교회에서 봉사하면서 밖으로는 이 기쁜 소식을 전하기 위해 행하는 복음 전도는 참 좋은 것이지만, 그것으로 인해 우리의 영혼이 점점 메말라가거나 평화와 안식을 누리지 못하고 그리스도인으로서의 감격과 은혜를 경험하지 못한다면, 주일의 참뜻을 모르는 것이거나 현대교회가 주일 생활에서 고려하고 성찰해야 할 중요한 부분을 놓치고 있는 것입니다.

그러므로 오늘날 그리스도인의 교회 생활이 안식일의 거룩함을 잠식시킴으로써 힘겨운 노동의 날로 바뀌어서는 안 됩니다. 그것은 안식일의 의미를 올바로 인식한 건강한 신앙과 교회 생활이 아닙니다. 오히려 오랫동안 제도화된 그룹 안에서 발생하는 교리적이고 종교적인 생활에 불과합니다. 본디 교회는 공동체성을 띤 조직체인 만큼 교회의 모든 구성원이 하나님 중심적인 신앙생활과 교회 생활을 하는 것이야말로 그리스도인의 신앙에 가장 유익하다는 것을 반드시 기억해야 합니다.

마지막으로 올바른 신앙생활을 위한 좋은 묵상이 있어서 간단히 나누고 다음 장으로 넘어가겠습니다. 이것은 십계명 중 "안식일을 기억하여 거룩하게 지키라"라는 제4계명에 대한 묵상입니다. 안식일을 거룩하게 지키려면 어떻게 하면 될까요? 가령 주일에만 예배하면 될까요? 만약 그렇다면 주일은 잘 지켰다고 생각할지 모르나 사실은 안식일을 온전히 지킨 것은 아닙니다. 안식일을 거룩하게 지키기 위해서는 먼저 그날을 기억해야 합니다. 이 말을 올바로 이해하기 위해서는 창조의 모든 행위를 마치시고 일곱째 날 안식하신 하나님의 마음과 감정을 생각해야 합니다. 하나님께서는 어떤 마음으로 일곱째 날을 보내셨을까요? 단순하게 생각하면 이날도 '한 날'(one day)처럼 여겨질지 모르나, 이날이 존재하기 위해서는 창조의 모든 날을 회상해야 합니다. 창조의 모든 날은 하루도 빠짐없이 하나님 보시기에 심히 좋으셨습니다. 그리고 창조가 완성된 일곱째 날을 거룩하게 하셨습니다.

마찬가지로 우리의 주일이 거룩해지려면 주일로부터 한 주간 전체를 되돌아봐야 합니다. 그리고 하루하루가 하나님 보시기에 좋은 날이 되도록 살아야 합니다. 그렇게 한 주간을 산 사람만이 벅찬 기대와 기쁨으로 주일을 맞이할 수 있습니다. 그러나 평일을 내 마음대로 또는 세상 기준으로 생활한 교인이 주일예배만으로 온전한 신자가 될 수는 없습니다. 안식일이 말 그대로 거룩해지려면 우리의 매일을 기억해야 합니다. 하나님은 일곱째 날만 기억하신 것이 아닙니다. 마지막 일곱째 날은 창조의 전 과정이 모두 담긴 종합적인 날이었습니다. 그래서 이날은 첫날부터 여섯째 날까지를 모두 합친 완성의 날이었던 것이죠.

이제 당신은 주일예배를 통해 하나님과 온전한 샬롬을 누리시기 원하십니까? 그렇다면 매일 하나님을 경험하기 위해 노력하십시오. 매일의 거룩한 삶이 당신의 주일을 더욱 풍성하게 할 것입니다. 주일을 온전한 예배자로 서기 원하신다면 평일에도 코람데오(Coram Deo)[16]의 삶을 살아보십시오. 그때 우리의 신앙은 더욱더 온전해져 갈 것입니다. 그만큼 매일은 주일의 거룩함과 연관이 있습니다.

이 장을 마무리하면서 유익한 점 하나는 십계명을 다시 읽고 묵상하는 것입니다. 십계명의 전체적인 의미를 간략히 설명하면, 1-4계명은 하나님과 인간의 수직적 관계와 관련된 계명(마 22:37, "네 마음을 다하고 정성을 다하고 뜻을 다하여 주 너의 하나님을 사랑하라")이고, 5-10계명은 사람 간의 수평적 관계에서 지켜야 할 계명(마 22:39, "네 이웃을 네 몸과 같이 사랑하라")입니다. 이를 바탕으로 창조에 나타난 하나님의 성품(서로-존재-기능-공존-상생, 질서와 조화 그리고 공존과 상생)과 십계명에 나타난 하나님의 성품을 한번 비교해보십시오. 하나님이 얼마나 인격적이신지, 그리고 변치 않

---

16 코람데오(Coram Deo)는 라틴어 단어인 코람(Coram)과 데우스(Deus)의 합성어입니다. coram은 '면전에서 혹은 앞에서'(in the presence of)라는 의미이고, Deo라는 단어는 Deus(God, 하나님)의 탈격(ablative, 명사를 부사처럼 사용하기 위한 것)으로 이 두 단어가 결합하여 Coram Deo가 된 것입니다. 영어로는 before God(하나님 앞에)인데 주로 기독교 신학에서 사용하는 용어로 "하나님 앞에서"라는 뜻입니다. 이것은 하나님 앞에서, 하나님의 권위 아래 하나님의 영광을 위해 살아가는 기독교 사상으로 인간을 지켜보시는 그분 앞에서 매일의 삶을 경건하게 사는 것을 뜻합니다.

는 한결같으심으로 조화와 질서를 얼마나 추구하는 분이신지 발견하게 될 겁니다. 이런 분과 교제하면서 믿음 생활한다는 것이 얼마나 귀하고 놀라운 축복인지 모릅니다. 그래서 우리는 '복 받은 사람'이고, '복된 존재'입니다.

십계명(The Ten Commandments)

1. 나 외에 다른 신들을 섬기지 말라.
You shall have no other gods before me.

2. 우상을 만들지 말라.
You shall not make for yourself an idol.

3. 하나님의 이름을 망령되이 일컫지 말라.
You shall not misuse the name of the Lord your God.

4. 안식일을 거룩히 지켜라.
remember the Sabbath day by keeping it holy.

5. 부모를 공경하라.
Honor Your Father and Your Mother.

6. 살인하지 말라.
You shall not murder.

7. 간음하지 말라.
You shall not commit adultery.

8. 도적질하지 말라.
You shall not steal.

9. 거짓 증거하지 말라.
You shall not give false testimony against your neighbor.

10. 네 이웃의 소유를 탐내지 말라.
You shall not covet.

PART 3
하나님과 인간 그리고 말씀

생명의 복과 다스림의 즐거움

지금까지 함께 나눴던 부분을 되짚어보겠습니다. 첫째, 우주를 창조하신 하나님(창조에 나타난 하나님의 성품도 포함하여)은 어떤 분이시며 그 창조는 어떠했는지, 둘째, 계시로 기록된 성경과 교회를 이해하면서 왜 기독교는 일요일을 주일이라고 부르는지, 그리고 그리스도인들은 왜 주일에 교회에 모여 예배하는지를 살펴봤습니다. 이 장에서는 우주 만물을 창조하신 하나님의 시선을 우리가 사는 행성 지구로 좁혀서 조명하겠습니다.

언급했듯이 성경은 넓은 우주 공간에서 인간이 사는 지구로 그 렌즈를 세밀하게 좁히고 있습니다. 나중에는 인간의 내면, 감정, 심리, 영혼, 사후의 세계와 같이 보이지 않는 신비로운 곳까지 설명합니다. 이제 성경에 나타난 하나님의 사람들에 대해서 살펴볼 텐데, 이들을 통해 우리는 인간의 자아와 인류의 역사를 포괄적인 차원에서 엿볼 수 있습니다.

먼저 성경은 하나님께서 만드신 최초의 인간을 '아담'(Adam)이라고 기록하고 있습니다. 원래 '아담'이라는 단어는 '사람'과 '남자'를 동시에 뜻하는 일반명사로 영어의 'man'과 유사합니다. 그러니까 아담은 그냥 '사람'이라는 뜻입니다. 하나님께서는 사람 아담과 하와를 만드시고 다음과 같이 말씀하셨습니다(창 1:26-28).

> 하나님이 이르시되 우리의 형상을 따라 우리의 모양대로 우리가 사람을 만들고 그들로 바다의 물고기와 하늘의 새와 가축과 온 땅과 땅에 기는 모든 것을 다스리게 하자 하시고 하나님이 자기 형상 곧 하나님의 형상대로 사람을 창조하시되 남자와 여자를 창조하시고 하나님이 그들에게 이르시되 생육하고 번성하여 땅에 충만하라 땅을 정복하라 바다의 물고기와 하늘의 새와 땅에 움직이는 모든 생물을 다스리라 하시니라

하나님은 아담과 하와를 창조하시면서 그들에게 두 가지를 주셨습니다. 하나는 복이고 다른 하나는 해야 할 일이었습니다. 그들에게 주신 복이 28절에 기록되어 있는데, 그것은 하나님께서 그들에게 맡기신 창조 세계에서 '생육하고 번성하여 땅에 충만하게 사는 것'이었습니다. '생육-번성-충만', 이 단어들을 보면 얼마나 역동적이고 활기찬지 모릅니다. 곧 하나님은 주신 복을 통해 인간이 성장하고 성숙하기를 원하셨습니다. 성장과 성숙은 공통된 심장을 가지고 있는데, 그것은 '생명력'이라는 것입니다. 달리 말하면, 하나님께서 인간에게 주신 가장 큰 축복이 바로 '생명'이라는 말입니다. 왜냐하면 생명력 없이는 생육할 수도, 번성할 수도, 충만할 수도 없기 때문입니다.

이런 맥락에서 영어 'Life'라는 단어에는 두 가지 굵직한 뜻이 있습니다. 일반적으로 라이프 스타일이라는 말은 저마다 살아가는 방식과 형태를 두고 사용하는 말입니다. 그런데 이 'Life'의 의미에는 '인생' 또는 '생활'이라는 뜻과 함께 '생명'이라는 뜻도 담겨 있습니다. 이 두 가지를 모두 고려하면 말 그대로 'Life'(인생, 생활)가 'Life'(생명) 답기 위해서는 인간의 삶과 생활이 생명력 있을 때 'Life'의 의미를 온전히 갖추었다고 볼 수 있습니다.

말하자면, '삶'이 '삶' 답다라고 말하려면 숨을 쉬는 소리가 들려야 합니다. 결국, 생명력 있는 삶은 무언가를 살리는 삶이어야 한다는 말입니다. 이와 반대로 죽이는 삶, 파괴하는 삶, 이웃과 사회에 폐를 끼치는 삶을 Life라고 말하기에는 이 단어의 본뜻을 퇴색시키는 꼴이 되고 마는 것이죠. 하나님은 인간의 삶이 생명을 더욱더 살리는 삶이길 원하셨으므로 '생육-번성-충만'이라는 생명력 있는 기능적 삶을 인간에게 요구하셨던 것입니다. 1장에서 말씀드렸던 것처럼 존재와 이름은 그 존재의 본디 기능과 연결되어야 하는 것이죠.

그러니까 하나님은 기본적으로 인간에게 해야 할 두 가지를 주셨는데, 하나는 하나님께서 창조하신 피조세계를 잘 관리하고 다스리는 것이고, 다른 하나는 하나님께서 인간에게 불어넣으신 하나님의 형상으로 생명력 있게 살아가는 것이었습니다. 인간에게 주신 하나님의 선물은 단순히 생일이나 기념일에 준비한 선물이나 깜짝 이벤트 정도의 일시적인 것이 아니었습니다. 이것은 지속력이 있고 성장케 하는 신비로운 선물이었습니다. 또한, 하나님의 선물은 인간 스스로가 자신의 역사를 만들어 오래도록 간직할 수 있게 하는 선물이었습니다. 바로 이것이 '생명력'이라는 선물인 거죠. 그렇다면 왜 하나님께서는 인간에게 이 귀한 것을 선물로 주셨을까요? 그리고 하나님의 형상이란 구체적으로 무엇을 의미하는 것일까요?

기본적으로 하나님의 형상은 생명과 직접적인 연관이 있습니다. 온 우주 만물을 창조하실 때 하나님께서는 피조세계에 생명을 불어넣으셨습니다. 그래서 모든 피조물은 살아 숨 쉬게 되었고, 존재할 수 있었고, 존재하면서 함께 살아갈 수 있었습니다. 이렇게 하나님께서는 하나라도 관계성 없는 창조를 하지 않으셨습니다. 하나님의 형상과 창조에는 생명이라는 신비가 늘 연결되어 있는데, 그래서 하나님을 '생명의 주인'이라고 부르는 것입니다. 하나님의 창조적 능력에 의해 만들어진 피조세계가 먹고 마시며 뛰노는 대자연의 모습을 상상해보십시오. 아울러 성경은 하나님을 영존하시는 생명의 주인으로 '스스로 존재하는 자'(여호와, Jehouah, self-existent person)라고 기록하고 있습니다. 배경은 하나님과 모세의 대화 장면으로 출애굽기 3장 14절입니다.

> 하나님이 모세에게 이르시되 나는 스스로 있는 자이니라 또 이르시되 너는 이스라엘 자손에게 이같이 이르기를 스스로 있는 자가 나를 너희에게 보내셨다 하라

여기서 하나님의 답변, 곧 "나는 스스로 있는 자"(I am who I am)라는 말은 "스스로 존재한다"라는 뜻입니다. 따라서 하나님께서는 모든 살아 숨 쉬는 피조물에 생명을 주신 분으로서 생명의 주인이 되십니다. 다시 말하면, 하나님께서는 자신 외에 다른 누구의 힘으로 창조될 만한 존재가 아니시라는 말입니다. 특히 자존하시는 분께 생

명을 부여받은 인간은 생육-번성-충만을 통해 생명의 복을 누리면서 동시에 피조세계와 거기에서 나타나는 모든 생명의 결과물을 잘 관리하고 다스리며 살도록 창조되었습니다. 인간의 발명, 아이디어, 창조력, 과학, 기술, 생산성 그리고 신비로운 감성과 영혼, 얼마나 놀라운 힘을 인간이 가졌는지 모릅니다. 이 모든 것이 우리에게 생명력을 불어넣으신 하나님의 형상들인 거죠. 하나님께서 인간에게 들려주신 최초의 말씀인 생명, 번성, 충만은 인간이 창조된 근본 목적이었습니다.

인류 최초의 불화사건

인간의 발명은 삶을 효율적이고 편리하게 하지만, 인간을 점점 게으르게 만들기도 하고 지구 환경을 훼손하기도 합니다. 그래서 문명이 발전한다는 것은 좋은 점도 있지만 또 다른 어려움을 가져오기도 하죠. 공상과학영화를 보면 과학의 발전이 오히려 지구와 인류를 위협하는 내용으로 시청자들의 이목을 끌기도 합니다. 이렇게 지구의 생명을 위협하는 문제들은 기후나 환경의 정상적이지 못한 이변처럼 지금도 지구 이곳저곳에서 나타나고 있습니다. 더욱이 세계는 현재 제4차 산업혁명(4IR, Fourth Industrial Revolution)[17]에 대

17 제4차 산업혁명은 인공 지능, 사물 인터넷, 빅데이터, 모바일 등 첨단 정보통신기술이 경제, 사회 전반에 융합되어 혁신적인 변화가 나타나는 차세대 산업혁명입니다. 인공 지능(AI), 사물 인터넷(IoT), 클라우드 컴퓨팅, 빅데이터, 모바일 등 지능정보 기술이 기존 산업과 서비스에 융합되거나 3D 프린팅, 로봇공학, 생명공학, 나노기술 등 여러 분야의 신기술과 결합하여 실세계 모든 제품·서비스를 네트워크로 연결하고 사물을 지능화합니다. '제4차 산업혁명' 용어는 2016년 세계 경제 포럼(WEF: World Economic Forum)에서 언급되었으며, ICT 기반의 새로운 산업 시대를 대표하는 용어가 되었습니다.

한 관심이 매우 높고, 혁신 기술의 속도도 엄청나게 빠른 시대로 진행하고 있습니다. 얼마 지나지 않아 본격적인 산업혁명 시대에 돌입하게 되면 인간의 삶이 어떤 형태로 변할지 몇몇 예측은 가능하나 자세히 알 수는 없습니다.

지금도 언급되는 문제 중에는 복제로 인한 윤리적 문제(세계 공통으로 적정 수준을 정하고는 있지만)나 강력한 법 규제로 인한 기본권과 생명권이 역침투 받는 경우도 있고, 앞서 언급한 바와 같이 과학기술의 발달로 생태계는 계속 훼손되고 있습니다. 또한, 현실적으로 시대 문화적 변화는 여러 가치관을 낳으면서 다양성과 상대성보다 이념적 충돌과 갈등으로 이어져 사회적 문제로 확대될 가능성을 키우고 있습니다. 이 외에도 지구를 위협하는 많은 문제를 언급할 수 있지만 이 정도로만 하고, 이런 생각을 한번 해보는 건 어떨까요? 하나님의 창조와 인간의 발명을 대조해 보는 겁니다.

먼저 하나님의 창조는 기본적으로 무언가를 통해 다른 무언가가 파괴되는 창조가 아닙니다. 하나님께서는 완전한 분이시므로 그분의 창조는 상호보완적이고 호혜적이어서 그 안에 흐르는 원리가 자연스럽게 유기적입니다. 이런 이유에서 모든 생명체는 자신의 생명을 계속 이어갈 수 있게 순환하면서 생존합니다. 하지만 무언가의 발명이 다른 무언가를 파괴하는 현상은 인간에 의해 야기됩니다. 이런 파괴 현상은 인간의 불완전성(한계성이나 무절제한 욕망)과 인간이 하나님께서 주신 생명력을 올바로 사용하지 못함에서 빚어지는 결과들이라고 말할 수 있습니다. 또한, 자연이 가진 생명력을 잘 관리하지 못

컴퓨터, 인터넷으로 대표되는 제3차 산업혁명(정보 혁명)에서 한 단계 더 진화한 혁명으로도 일컫습니다. "제4차 산업혁명," 〈TTA정보통신용어사전〉

함에서 나타나는 결과들입니다. 그런데 이런 것들은 그것에서 그치지 않고 다시 인간에게 돌아와 인류를 괴롭히는 요소로 작동하고 있죠. 그래서 하나님은 인간에게 생명력만 주신 것이 아니라 그것을 다스릴 수 있는 권한과 책임도 함께 주셔서 세상을 정복하라고 말씀하셨던 것입니다.

여기서 정복의 의미는 타인과 타국을 함부로 침범하여 그들의 문화와 정치 그리고 영토까지 짓밟는 식민주의적이고 강압적인 폭력적, 비인도적 행위를 말하는 것이 아닙니다. 이 정복은 생명 존중과 보전을 위한 정복으로 무질서함과 야만적인 욕망을 철저히 근절하는 다스림(leadship)에서 나오는 생명력을 의미합니다. 이런 뜻에서 정복의 성격은 인격적이고, 질서 있고, 신중하면서 진지합니다. 이것은 끝없는 욕망의 추구가 아니기에 현대사회에 남아 있는 고독, 차별, 무시, 편협, 갈등, 냉전과 같은 것이나 자연 세계의 오염, 훼손, 고갈과 같은 긴장감을 유발하지 않습니다. 이 정복은 건강한 리더십을 말하는 것으로 거룩하고 아름다운 보전의 다스림을 뜻합니다.

하지만 인간은 이러한 하나님의 뜻과는 달리 창조주가 원치 않는 잘못된 길을 선택함으로써 창조주와의 관계에 금(crack)이 가게 되었고, 이런 관계적 단절은 인간 생명에 직접적인 영향을 주게 된 것입니다. 그래서 창세기의 중요한 메시지 중 하나가 바로 '선악과와 에덴동산 추방사건'입니다. 하나님께서는 에덴동산을 인간에게 허락하셨지만 동산 중앙에 있는 선악을 알게 하는 나무의 열매만은 먹지 말라고 명령하셨습니다. 이 말씀을 어길 시에는 "반드시 죽게 된다"라고 엄중히 경고하셨죠. 그러나 인간은 하나님의 명령을 망각하고 그 열매를 취하게 되면서 하나님과의 관계는 깨지게 되었고, 에덴동산에서 추방될 수밖에 없었던 것입니다. 이 사건을 통해 우리가 눈여겨볼 것은 하나님의 명령을 어겨 인류에게 찾아온 것이 무엇이냐는 것입니다. 결론부터 말씀드리면 그것은 '죽음'입니다.

그렇다면 이 죽음은 구체적으로 무엇을 뜻할까요? 여기에는 두 가지 의미가 있는데, 하나는 영적인 의미로 하나님과의 관계에 금이 생겼음을 의미하고, 다른 하나는 물질적인 의미로 이전에는 존재하지 않았던 인간의 신체적 수명에 한계점이 생겼다는 것입니다. 물론 창세기를 읽다 보면 그곳에서 인간의 생활이 그리 오래된 것처럼 여겨지지 않을 수 있습니다. 그 이유는 아담과 하와가 에덴동산에서 추방되기까지가 불과 창세기 3장에 걸쳐 기록되어 있기 때문입니다.

그러나 엄밀히 말하면, 인간이 그곳에서 얼마간 살았는지, 선악과를 따 먹었을 때가 인간이 창조된 이후로 얼마의 시간이 흘렀는지 알 수 없으므로 아담과 하와가 에덴동산에서 실제로 산 기간은 아무도 모릅니다. 그러나 이 사건 이전에는 생명의 위협이라곤 전혀 살펴볼 수 없었는데, 인간이 죄를 범하여 에덴에서 추방된 이후로 인간수명과 관련된 내용이 남게 되었다는 것입니다. 그 예가 성경의 족보입니다. 그래서 구약의 족보는 '낳고-죽고-낳고-죽고'를 반복하게 됩니다. 낳기는 하지만 그 생명이 계속되지 않고 다시 죽음을 맞이합니다. 이런 맥락에서 수명과 관련된 제2의 변환기는 노아 홍수 사건(창세기 6장 참조) 이후로 인간의 수명은 급격히 줄게 됩니다.

정리하면, 선악과를 먹음으로 죽게 될 것이라는 '사망'의 뜻은 두 가지입니다. 하나는 영적으로 하나님과의 관계가 멀어지게 된 것이고, 다른 하나는 생물학적으로 사망이라는 것이 인류에게 적용되었다는 것입니다. 이렇게 영적이고, 생물학적인 사망은 인류의 삶에 큰 영향을 주게 되었는데, 이것은 죄의 결과였습니다. 결국, 인간은 에덴동산에서 추방된 이후에도 계속해서 죄를 지을 수밖에 없는 존재가 된 것입니다.

창세기 4장에서는 인간이 해서는 안 될 반인륜적 사건이 등장합니다. 가인이 아벨에게 저지른 악행으로 친형 가인이 동생 아벨을 죽인 살인 사건이었습니다. 비극적이게도 이들은 최초의 인간이었던 아담과 하와의 자녀였습니다. 선악과를 따 먹은 불순종으로 에덴동산에서 추방되었지만, 하나님의 보살핌을 통해 아담의 가정은 그나마 후손을 낳고 그 복을 이어가는 듯 보였습니다. 하지만 이들은 자신의 인생에서 또 다른 그악스러운 슬픔과 고통을 겪어야만 했습니다. 바로 하나님과의 관계 단절에서 온 죄의 결과였습니다.

생각해볼 일은 아니지만 한 가정의 형제가 미움과 증오에 불타 누군가를 살인하는 참사가 발생한다면 어떨까요? 하나님으로부터 생명의 복과 다스림의 권한을 받았는데, 사람은 좋은 것을 주신 하나님께 도리어 아픔으로 되돌려 드린 장본인이 된 셈입니다. 그뿐만이 아니라 인간의 삶도 완전히 망가져 버린, 이루 말할 수 없는 죄를 범함으로써 창조주와 사람의 관계 그리고 사람과 창조 세계의 근원적인 관계가 망가지고 말았던 것입니다. 왜요? 하나님의 말씀을 어겼기 때문입니다.

우리는 적반하장(賊反荷杖)이라는 말을 잘 압니다. 그러나 피조물인 인간은 그 수준도 부족할 만큼 생명력을 주신 하나님의 본뜻과는 정반대의 삶을 살았습니다. 하나님의 말씀에 불순종한 인간은 Life(인생, 생활)를 Life(생명)라고 감히 말할 수 없는 영적 흑암의 상태로 추락하고 말았던 것이죠. 이것이 선악과를 먹으면 반드시 죽는다는 의미였습니다. 이처럼 생명의 주인이신 하나님과 소홀해진 인간은 삶의 전 영역에서 생명력을 점점 잃어갔고, 극성스러운 어둠과 사망의 기운에 노예가 되고 말았던 것입니다. 결국, 인간은 하나님께 불순종함으로써 영적이고 생물학적인 죽음의 영향을 받은 존재로 살아갈 수밖에 없었습니다.

하나님의 끝없는 사랑, 말씀으로 다가오심

자녀를 사랑하는 부모의 마음을 포괄적으로 표현한다면 '끝없는 사랑'이라고 말할 수 있습니다. 얼마나 자신을 닮은 자녀가 그리도 사랑스럽고 귀여운지 실수나 잘못에도 내 자녀이고, 말을 안 들어 야단을 쳤다가도 조금만 지나면 부모의 마음이 되레 아픈 것은 자녀에 대한 사랑 때문입니다. 마찬가지로 인간의 전적 잘못이기는 하지만 인간을 창조하신 하나님의 마음은 심히 아프셨습니다. 특히 우주 만물 중 인간은 '하나님의 형상'으로 지음 받은 존재인 만큼 하나님의 애착은 인간에게 집중되어 있었습니다. 우리를 자기 자녀로 여기셨고 그렇게나 사랑하셨습니다. 그래서 인간은 죄를 지어 에덴동산에서 추방됐지만, 하나님 사랑은 절대 멈추거나 끝나지 않으셨습니다.

시간이 흐르면서 인구는 점점 늘어났고, 늘어난 인구는 부족과 민족을 이루면서 인류에는 사회라는 개념이 생겨났습니다. 아담과 하와에게 집중되었던 하나님의 관심은 이제 민족과 인간이 만든 사회로 확대된 것이죠. 그러던 중 하나님의 시선에 쏙 들어온 한 사람이 있었는데, 바로 믿음의 조상 아브라함(Abraham)이이었습니다. 창세기 12장에 보면, 여호와 하나님께서 아브라함을 만나시는 장면

이 소개되는데, 당시 그의 이름은 아브람(Abram)이었습니다. 그런데 이후 하나님께서 그의 이름을 아브라함으로 새로 지어주시죠. 아브라함은 도대체 어떤 사람이었기에 거룩하신 하나님께 선택받을 수 있었을까요? 그것은 하나님의 말씀에 대한 '철저한 신뢰와 순종' 때문이었습니다. 사실 하나님께서 아브람에게 오셔서 하신 처음 말씀은 도저히 인간의 머리로 이해하고 받아들이기가 무척 어려운 명령이셨습니다. 그런데 그는 하나님의 말씀을 듣고 온전히 순종했던 것입니다.

창세기 12장 1절에 보면, "여호와께서 아브람에게 이르시되 너는 너의 고향과 친척과 아버지의 집을 떠나 내가 네게 보여 줄 땅으로 가라"라는 하나님의 지시가 나옵니다. 아브람에게 갑작스레 나타난 하나님께서 잘살고 있던 집과 고향을 떠나라고 명령하신 거죠. 참 막막한 말씀이지 않습니까? 아브람의 입장에선 어안이 벙벙한 상황이었을 겁니다. 그런데 하나님은 그다음 2-3절에서 그에게 무언가 약속하십니다. 그것은 "내가 너로 큰 민족을 이루고 네게 복을 주어 네 이름을 창대하게 하리니 너는 복이 될지라 너를 축복하는 자에게는 내가 복을 내리고 너를 저주하는 자에게는 내가 저주하리니 땅의 모든 족속이 너로 말미암아 복을 얻을 것이니라"라는 말씀이셨습니다. 처음 아브람의 입장에서는 고향과 친척을 떠나라는 말씀이 상당히 막막했을 겁니다. 그러나 2-3절에서 약속하신 하나님의 복은 실로 놀라워 고향과 친척을 떠날 만했을지도 모릅니다. 하지만 중요한 것은 약속은 그렇다손 치더라도 현재 아브라함의 입장에서 가장 중요한 것은 하나님의 말씀을 믿을 만한 근거가 무엇이냐는 것입니다. 근거나 보장도 없이 모든 것을 버리고 집과 고향을 떠나 타지를 향해 짐을 꾸리기란 막막하고 어리석은 행동일 수 있습니다. 따라서 아브람이 하나님의 말씀에 순종할 만한 근거가 무엇이냐고 여쭙는 것은 절대 지나칠 만한 것이 아닙니다.

그런데도 기독교에서 아브라함을 향해 믿음의 조상이라고 부르는 이유는 하나님의 명령에 순종했기 때문입니다. 약속 하나 했다고 해서 인생의 방향을 송두리째 바꾼다는 것은 그 자체로 이미 모험적입니다. 우리 처지에서 볼 때 근거가 될 만한 그 무언가를 먼저 보여주시거나 증거물을 제시하고 나서 추후 그것을 담보로 움직인다면 그럴 만도 하지만, 그저 말씀만 하셨을 뿐 아무런 증거나 보여주신 것도 없이 그 말을 따른다는 것이 얼마나 무모한 짓인지 모릅니다. 그런데 우리는 여기서 '기독교 신앙'(Christianity Faith)이 무엇인지 발견할 수 있습니다.

기독교 신앙은 흔히 우리가 알고 있는 어떤 보상에 대한 기대나 걸려있는 담보물에 대한 조건적 행위가 아닙니다. 이것은 창조주에 대한 전적 믿음을 근거하며, 근본적으로는 창조주께서 나를 만드셨기에 피조물은 그분과 분리할 수 없는 관계적 존재라는 것에서 시작합니다. 왜냐하면 '나'라고 하는 존재는 본디 '나의 것'이 아니기 때문입니다. 이것이 이해되려면 먼저 '나'라는 존재를 '내'가 만든 것이 아니라는 창조론적 관점이 필요합니다. 이런 뜻에서 피조물은 기본적으로 자기 것이라는 권한이 없습니다. 피조물의 권한은 오직 창조주께 달린 것입니다. 내가 만든 걸 다른 사람이 함부로 사용한다거나 권한을 누린다면 그것은 도용(盜用)이 됩니다. 이를 창조주와 피조물의 관계적 측면에서 해석할 때 인간의 어떤 행위나 그에 따른 보상에 대해서 창조주는 아무런 보상이나 담보의 책임이 없습니다. 이미

나의 주인은 내가 아니기 때문입니다. 그래서 믿음은 두 가지로 나누어 살펴볼 수 있는데, 하나는 '근본적인 믿음'이고, 다른 하나는 '영생에 이르는 믿음'입니다.

살펴보면, 근본적인 믿음은 창조주와 피조물의 관계성에 관한 믿음이고, 영생에 이르는 믿음은 예수 그리스도를 믿을 때 영생을 얻는다는 구원에 관한 믿음입니다. 기독교 신앙은 하나님과 인간의 근원적 관계성과 함께 영원한 생명을 보장받는 구원에 이르는 믿음을 의미합니다. 하나님과 관계가 없으면 구원받을 수 없고, 구원받은 그리스도인이 하나님과 아무런 소통이 없다는 것은 어불성설입니다. 다시 말해서 기독교 신앙은 어떤 보상이나 담보를 걸어두었기에 조건적인 차원에서 믿는 것이 아닙니다. 증거물이나 조건이 없이도 충분한 믿음이 성립되는 관계가 기독교의 믿음입니다. 하나님은 모든 인간과 참되고 인격적인 관계를 맺기를 원하시는데 주 매개체는 '말씀'으로 다가오십니다. 이런 뜻에서 하나님과 인간의 인격적 관계를 성립시키는 가장 일차적이고 기본적인 것이 '대화'입니다. 대화야말로 자기 자신을 담보하는 가장 인격적인 것이기 때문입니다. 이런 관계가 얼마나 아름답고 진지하며 거룩한지 모릅니다.

그래서 기독교 신앙이 가장 중요하게 여기는 것이 하나님의 말씀인 '성경'입니다. 성경은 기독교의 힘이고, 모든 신앙인의 영적 에너지가 됩니다. 하지만 주의할 것은 말씀의 진정한 영적 힘이 없는 외형적인 말씀, 가시적인 말씀, 깊은 영성이 없는 말씀, 준비성 없는 말씀, 용어만 기독교적인 대화나 언어들은 오히려 우리의 영혼을 공허하게 만들고, 가진 영적 힘을 점점 고갈시킨다는 것입니다. 그래서 히브리서 4장 12-13절에는 다음과 같이 기록하고 있습니다.

하나님의 말씀은 살아 있고 활력이 있어 좌우에 날선 어떤 검보다도 예리하여 혼과 영과 및 관절과 골수를 찔러 쪼개기까지 하며 또 마음의 생각과 뜻을 판단하나니 지으신 것이 하나도 그 앞에 나타나지 않음이 없고 우리의 결산을 받으실 이의 눈앞에 만물이 벌거벗은 것 같이 드러나느니라

이처럼 하나님의 말씀 앞에 올바로 선 사람은 공적 상태, 곧 완전히 투명한 상태가 되고 마음과 생각의 깊은 곳까지 꿰뚫어지는 상황이 발생합니다. 물론 자신의 내면세계가 노출된다는 것이 한편에선 불편할 수 있습니다만 이전과 다른 새로운 변화를 원한다면 자신의 상태를 정확하게 들여다보는 것이 필요합니다. 그래서 우리는 모든 변화가 '생각과 마음의 변화'에서 출발한다는 것을 알아야 합니다. 생각과 마음의 변화 없이 삶은 절대로 변하지 않기 때문입니다. 그러나 하나님의 말씀은 아무리 죄인이라도 사람의 생각과 마음을 변화시키는 놀라운 영적 힘이 있으므로 성경을 통해 하나님을 만나면 가치관과 성품은 변하게 되고, 결국엔 자신의 인생도 새롭게 변하게 되는 것입니다. 재차 언급하지만, Life(생명 + 인생 = 생명의 삶)의 진정한 의미로서 Life(생명력 있는 생활, 삶)를 영위할 수 있는 비결은 오직 생명의 주인이신 하나님의 말씀에 순종하는 것입니다. 하나님의 말씀이 살아 있다는 말은 바로 이런 의미입니다. 살아 있는 모든 것은 그 생명력으로 반드시 자라고 성숙하게 됩니다. 이것은 하나님의 세계에서 매우 자연스러운 일입니다.

또한, 우리 삶에 하나님의 말씀이 놀라운 에너지로 작동하기 위해서는 말씀을 전하는 자와 듣는 자의 태도도 중요합니다. 안타깝게

도 말씀 선포자와 청중의 관계가 좋지 않다면, 그 선포자의 메시지가 하나님의 말씀이더라도 수용하기가 어려울 겁니다. 아니, 선포자의 모든 언어를 마음으로 시위하거나 전부 튕겨버릴 것입니다. 이만큼 인간적인 관계성을 초월하여 선포자의 메시지를 하나님의 말씀으로 인정한다는 것이 얼마나 어려운 일인지 모릅니다. 실제로 말씀 선포자도 한 인간이기에 그가 전하는 메시지가 전부 성경적인지를 올바로 분별할 능력이 청중에게 없다면 그것은 건강한 신앙생활을 방해하는 직접적인 요인이 될 수 있습니다.

이런 의미를 좀 더 실제로 말하면, 인간은 성경 말씀 그 자체에 힘이 있다는 것을 인정하면서도 동시에 어떤 특정한 상황에서는 인정하기 어려울 수 있습니다. 무슨 뜻이냐면, 말씀을 전하는 자가 깊은 묵상이나 검증된 주석의 연구, 그리고 성서를 대하는 순수한 관찰 없이 그저 쉽게 준비한 설교나 타인의 설교를 지나치게 인용한다든지, 더군다나 남의 설교를 그대로 가져와 자신이 준비한 설교인 양 상습적으로 베끼기식의 설교를 한다면 하나님의 생명력 있는 역사는 기대할 수 없을 겁니다. 물론 청중으로서 그런 말씀이라도 하나님의 말씀으로 듣고자 한다면, 하나님께 은혜를 받을 수 있겠으나 설교자를 통한 성령의 능력을 기대하기는 어렵습니다. 이것은 선포자의 영적 상태에 하나님의 말씀이 영향을 받는다는 말이 아니라 하나님의 능력은 선포자나 청중의 영적 상태가 부정되고 준비성 없을 때 나타나지 않는다는 말입니다.

아울러 성경을 인격적으로 대하지 않으면서 그저 지적 가르침 정도로 성경 말씀을 선포할 때 성령의 역사에는 한계가 나타납니다. 이 말은 성령님의 능력에 한계가 있다는 뜻이 아닙니다. 성령께서 우리에게 역사하시려 해도 인간의 불신앙적 태도가 하나님의 능력을 거부하고 차단한다는 뜻입니다. 왜냐하면 그런 설교자는 하나님의 말씀을 대하는 인격적 자세가 현저히 빠져 있기 때문입니다. 이것은 하나님께서 인간에게 에덴동산을 맡겨주셨지만, 오히려 선악과를 따먹음으로써 천국과 같은 에덴동산에서 추방된 아담과 하와의 행위와 다를 바 없습니다.

성경의 바리새인과 사두개인, 율법학자들은 율법의 전문가들이었습니다. 그들의 가르침은 전통적으로 바른 말이었고 율법에 근거한 것이므로 흠잡을 것 없을 만큼 완벽에 가까웠습니다. 그러나 그들이 전한 말로 성령의 역사가 나타난 일은 성경 어디에도 찾아볼 수 없습니다. 이것은 하나님께서 무능하시다는 말이 아니라 사람의 부정되고 악한 태도가 하나님의 은혜와 능력을 차단한다는 말입니다.

요한복음 1장 14절에 보면, "말씀이 육신이 되어 우리 가운데 거하시매 우리가 그의 영광을 보니 아버지의 독생자의 영광이요 은혜와 진리가 충만하더라"라는 내용이 있습니다. 하나님은 구약의 아브라함과 그의 민족에게도, 신약시대의 사람들에게도 여전히 말씀으로 다가오셨습니다. 하나님은 자기 말을 통해 우리와 대화하시고 자신의 역사를 이끌어가시는 인격적인 분이십니다.

그 때문에 기독교 신앙에서 가장 큰 축복은 하나님의 말씀이 내 안에 들어와 정착하는 것입니다. 이 말씀이 내 생각, 마음, 행동, 일상을 비롯한 삶 전부를 이끌어가는 것이야말로 인생의 가장 큰 축복입니다. 이렇게 신앙생활 할 수 있도록 모든 사람을 돕고 섬기는 것이 성직자와 교회의 역할입니다. 같은 의미로 부활하신 예수님께서 하늘로 올라가시기 전 제자들에게 마지막으로 당부하신 말씀이 마태복음 28장 20절에 나옵니다. 그 내용 중 "내가 너희에게 분부한 모든 것을 가르쳐 지키게 하라"라는 말씀을 우리는 늘 기억해야 합니다. 오직 하나님의 형상으로 지음 받은 인간은 그분의 말씀에 순종할 때 생명력 있는 삶을 살 수 있는 것입니다. 그러면 하나님께서는 어떻게 자기 사람들을 이끄셨는지 다음 장을 통해 살펴보도록 하겠습니다.

PART 4
하나님의 거룩한 의지 I

의지의 선물(I), 지도자와 사사(판관기)

하나님께서는 자신의 형상으로 지음 받은 사람과 좋은 관계를 맺고 싶어 하셨습니다. 최초의 사람 아담이 죄를 범한 이후에도 하나님께서는 초심을 잃지 않으시고 자신에 대한 믿음과 옳은 행실의 사람을 찾으셨는데, 이윽고 발견한 사람이 아브람이었습니다. 이후 아브람은 믿음의 조상이 되었고, 하나님께 축복받아 기독교 역사의 큰 인물로 남게 되었습니다. 아브라함은 실제로 하나님께서 창세기 12장 2절에서 약속하신 대로 아들 이삭을 낳았고, 이삭은 야곱과 그의 열두 명의 후손, 곧 열 명의 아들과 두 명의 손자(야곱의 아들들)를 통해 이스라엘이라는 나라를 세우게 됩니다.

그 아들들의 이름을 나열하면, 르우벤, 시므온, 레위, 유다, 단, 납달리, 갓, 아셀, 잇사갈, 스불론, 요셉, 베냐민입니다. 그런데 여기서 레위 족속은 오늘의 성직자 그룹으로 당시 제사장이나 성전(예배당, 교회)의 기구를 관리하는 자로 제외되었고, 요셉은 어린 시절 가족과 이별하여 애굽의 노예가 되었다가 하나님의 계획에 의해 애굽의 총리가 되는 기적 같은 삶을 살다가 생을 마감합니다. 그래서 그의 두 아들인 므낫세와 에브라임이 그를 대신하여 이스라엘 열두 지파의 조상이 된 것입니다. 이처럼 이스라엘 국가는 아브라함의 혈통을 통해 생성된 것이죠. 이제 그 이야기를 살펴보도록 하겠습니다.

기근과 어려움으로 70명의 야곱 가족은 당시 강대국이었던 애굽(이집트, Egypt)으로 이주하여 430년 동안 살게 되었습니다. 처음 70명에서 시작한 야곱 가족은 애굽에 오래 살면서 자손들이 점점 많아졌고, 이윽고 남성 장정만 60만에 이르게 됩니다. 싸움(전쟁이나 전투)에 참여하기 어려운 여성을 비롯한 보행이 어려운 유아, 노인, 환자 그리고 순수 이스라엘 민족 외에 그들과 함께 생활했던 다른 민족(출 12:37-40)까지 합치면 실로 엄청난 수의 민족이 된 것이죠. 그래서 일반적으로는 출애굽 한 이스라엘 민족이 200-250만 명 정도로 알려졌지만, 이보다 훨씬 많은 숫자였을 것이라는 추측도 있습니다. 달리 말하면, 하나님께서 아브라함에게 약속하신 축복이 그의 후손을 통해 이어지면서 이스라엘의 역사가 점점 더 깊어지게 되었다는 뜻입니다.

그런데 이 엄청난 민족을 이끌기 위해서는 그에 걸맞은 리더십이 필요했습니다. 그래서 하나님께서는 이스라엘의 거대한 민족을 잘 이끌 만한 지도자를 계획하셨고, 때가 되어 모세(Moses)를 세우셨습니다. 모세는 구약성경에서 출애굽기(탈출기, Exodus)부터 신명기(Deuteronomy)에 등장하는데, 비록 그는 이스라엘 민족에게 약속하신 가나안 땅을 밟진 못했지만, 거대한 민족을 이끈 최초의 이스라엘 지도자이면서 이스라엘 전 역사에서 가장 중요한 인물 중 하나로 손꼽혔습니다. 민수기 12장 3절에는 그에 대해 말하기를 "이 사람 모세는 온유함이 지면의 모든 사람보다 더하더라"라고 기록할 만큼 훌륭한 인품의 사람이었습니다. 한마디로 모세는 인물 중의 인물이요 지도자 중의 지도자였습니다.

하지만 그가 처음부터 이렇게 훌륭하고 탁월했던 것은 아니었습니다. 한때 그는 자신의 화를 못 참아 애굽 병사를 죽여 쫓겨 다닌, 그야말로 왕자에서 살인자의 신세가 되기도 했습니다. 그런데도 모세는 하나님의 훈련과 연단을 통해 그의 온유함이 비할 자가 없을 정도로 훌륭한 성품의 소유자로 변화 받았던 것입니다. 이처럼 하나님께서는 자신의 놀라운 계획을 이루시기 위해 사람을 계획하시고, 선택하신 그를 연단하셔서 변화시키셨습니다. 그리고 이 과정을 잘 마친 그를 자기 백성을 이끌 지도자로 세우셨습니다. 말하자면, 이스라엘이라는 한 민족을 이끌기 위한 하나님의 거룩한 의지가 지도자라는 리더십으로 발휘되었다는 뜻입니다.

요즘에는 정치 지도자에 대한 국민들의 신뢰도가 하락한 만큼 '지도자'라는 용어가 썩 좋은 이미지가 아닌 경우도 있습니다만 본래 지도자는 특정 집단이나 사회를 앞장서 거느리고 이끄는 사람을 지칭하는 용어로 다른 표현으로는 리더(leader, coach)입니다. 그렇다면 지도자라는 용어는 좋은 뜻인데, 역사적으로 권위주의의 흑역사 때문인지 현대사회에선 이 용어보다 일반적으로 리더 또는 리더십이라는 말을 많이 씁니다.

아무튼 구약성경에 등장하는 초기 하나님의 거룩한 의지는 지도자의 형태로 나타나고 있습니다. 그리고 시대적으로 지도자 형태가 지속된 것은 모세오경[18](Moses 五經, Pentateuch 또는 Tora, 모세가 기록한 구약성경의 다섯 가지 경전)의 배경인 창세기, 출애굽기, 레위기, 민수기, 신명기 그리고 그 뒤를 잇는 여호수아와 욥기까지입니다. 참고로 욥기는 성경의 구성상 구약성경의 중간쯤 배치되어 있는데, 시대적인 배경은 창세기의 족장시대였습니다. 그러니까 믿음의 조상 아브라함으로부터 시작하여 모세를 통해 출애굽하고, 그다음 뒤를 이은 후계자 여호수아(Joshua)까지가 이스라엘의 출범과정이라고 보면 됩니다. 여기까지가 지도자를 통한 시대였습니다.

그리고 지도자 그 이후에는 사사를 통한 시대로 바뀝니다. 곧 하나님께서 자기 민족을 이끌어가시는 리더십의 형태가 지도자에서 사사로 바뀌었다는 뜻입니다. 그래서 여호수아서 다음에 나오는 성경이 사사기(판관기, Judges)입니다. 사사, 곧 판관은 이스라엘 민족이 가나안 땅에 들어간 이후 이방인의 지배에서 이스라엘을 구출한 카리스마적인 지도자를 말합니다.

그런데 사사가 이스라엘을 구출했다고 해서 보통 우리가 생각하는 애국지사와 같은 의미로 이해하기에는 그 의미가 사뭇 차이가 있습니다. 사사가 이방인의 지배(외적 침략)로부터 나라를 구출한 것은 맞지만, 이스라엘 민족이 아담과 같이 하나님을 망각하고, 영적으로 죄를 범하여 타락한 것에 대한 영적 구출로써 사사들은 내적으로 회개와 기도 운동을 펼쳤고, 자신들의 나라를 위해 기도한 사람들이었다는 점에서 애국지사와 비슷한 개념은 아닙니다. 사사는 이스라엘의 외적 영역뿐 아니라 내적이고 영적인 영역까지 책임진 지도자였

18 모세오경(Moses五經)은 Pentateuch(펜타츄크) 또는 Tora(토라)라고도 불리는데, 모세가 기록한 구약 성서의 다섯 가지 경전을 말합니다.

습니다.

따라서 사사기는 여호수아 이후 이스라엘에 왕정시대가 시작되기 전이었던 약 350년 동안 사사에게 치리 받았던 이스라엘 역사를 기록하고 있습니다. 그러다 보니 사사들은 때로는 재판관으로, 때로는 군대를 이끄는 군사 지도자와 같은 역할까지 감당해야만 했습니다. 그래서 이 책을 '판관기', 'Judges'(재판관들, 판사들)이라고 말합니다.

정리하면, 제1 지도자였던 모세는 가나안 땅의 출입까지, 제2 지도자였던 여호수아는 가나안 땅에 들어가 열두 지파에 땅을 분배했고, 그다음으로는 사사를 통한 시대였습니다. 그래서 사사시대의 지리적 배경은 가나안 땅에서의 역사입니다. 하나님께서 여호수아까지 단일 지도자를 통해 이스라엘을 돌보셨다면, 사사기부터는 열두 명의 사사(士師)를 통해 이스라엘을 돌보셨기에 사사시대라고 부르게 된 것입니다. 구약성경에서는 사사기와 룻기(1:1)가 이 시대에 해당하며, 그때 활동했던 열두 명의 사사에 대해서는 다음 표[19]를 통해 살펴보겠습니다.

19 박정우 목사의 카페 참조.

구분	소개(이름, 뜻, 활동)
대사사 옷니엘	뜻 하나님은 힘이시다. 하나님은 전진하신다. 40년간 통치. 옷니엘은 메소포타미아 왕 구산 리사다임의 압제에서 이스라엘을 구함 (삿 3:8-10).
대사사 에훗	뜻 강한 결합, 연합, 80년간 통치. 에훗이 모압 왕 에글론에서 이스라엘을 구함 (삿 3:15-23, 27-29, 30).
소사사 삼갈	뜻 검, 신이 주셨다. 통치기간 기록 없음. 평범한 농부 삼갈은 블레셋을 무찌르고 이스라엘을 구함 (삿 3:31).
대사사 드보라	뜻 꿀벌, 벌. 40년간 통치. 여인 드보라는 시스라 군대에서 승리하고 하나님께 영광을 돌리며 나라를 구함(삿 4:3-4, 5:1-31).
대사사 기드온	뜻 나무를 베는 자, 벌목꾼, 용사. 40년간 통치. 종교개혁을 단행한 기드온은 300명의 용사로 미디안과의 전쟁에서 승리함(삿 8:4).
소사사 돌라	뜻 벌레, 구더기. 23년간 통치. 기드온의 아들 아비멜렉의 학정 속에서 의분을 가지고 이스라엘을 구함(삿 10:1).
소사사 야일	뜻 계몽자, 빛을 주는 자. 23년간 통치. 야일의 시대에는 평화의 시기로 백성들을 말씀으로 깨우쳐 죄를 범하지 않도록 힘씀.

구분	소개(이름, 뜻, 활동)
대사사 입다	뜻 하나님께서 여실 것이다. 6년간 통치. 에브라임 지파와의 전쟁(삿 12:1-6), 암몬으로부터 학대받는 민족을 구원함. 이스라엘 민족을 회개로 이끎(삿 11:12-27, 11:29, 32-33).
소사사 입산	뜻 화려한, 찬란. 7년간 통치. 입산의 시기는 블레셋의 압제 기간과 겹치는데(삿 10:7-8), 하나님을 의지하기보다 자녀들을 모두 외국인과 결혼시켜 이방 민족과 화친하여 안정을 꾀하려 한 것 같음(삿 12:9).
소사사 엘론	뜻 상수리나무(참나무). 10년간 통치. 엘론은 큰 업적은 남기지 못했지만, 당시는 태평했음 (삿 12:11-12).
소사사 압돈	뜻 노예, 종. 8년간 통치. 나라의 한쪽에서는 블레셋의 압제에 백성들의 신음이 있었으나 압돈은 자식들을 결혼시키는 개인적인 일만 함 (시 39:6, 빌 2:21 참조).
대사사 삼손	뜻 태양의 사람, 태양과 같은, 햇빛. 20년간 통치. 삼손은 블레셋을 무찌름(삿 14:1-20). 성적 타락이 있었으나, 회개하고 하나님으로부터 기회를 다시 찾음 (삿 16:1-3,4, 16:28-30).

하나님께서는 이스라엘에 복 주셔서 우유와 꿀이 흐르는 가나안에서 살게 해주셨습니다. 하지만 사사기의 중심 구절은 안타깝게도 17장 6절과 21장 25절로 “그때에 이스라엘에 왕이 없으므로 사람이 각기 자기의 소견에 옳은 대로 행하였더라”라는 구절입니다. 하나님은 자기 백성을 옳은 길로 인도하시기 위해 모세와 여호수아와 같은

훌륭한 지도자를 세워주셨고, 거대해진 이스라엘을 보살피도록 열두 명의 사사를 세워주셨지만, 이스라엘 백성들은 하나님과 올바른 관계를 맺지 않았습니다. 그들은 하나님의 놀라운 기적과 돌보심을 경험했는데도 여전히 아담과 하와가 하나님의 말씀을 망각하여 죄를 범한 것처럼 잘못을 반복했습니다. 그 대표적인 죄가 가나안 땅에 살고 있던 다른 민족들이 섬기는 우상을 숭배하고, 자기 판단에 옳은 대로 행동함으로써 부도덕과 무질서로 난무했던 것입니다. 아울러 이스라엘은 한민족이면서도 다른 지파와의 갈등으로 항상 내적 갈등과 다툼이 있었습니다. 우상숭배, 부도덕, 무질서, 내전과 같은 어려움과 함께 이스라엘은 외부와의 전쟁도 계속 있었습니다. 말하자면, 아담과 하와로부터 시작된 인류 범죄가 낳은 죽음의 두 의미가 진짜 인류의 역사가 돼버린 셈이죠.

이런 상황을 보신 하나님께서는 어떤 마음이셨을까요? 이제 하나님은 어떤 형태로 자기 민족을 올바로 인도해야겠다고 생각하셨을까요? 하나님의 새로운 계획을 다음 장에서 살펴봅시다.

의지의 선물(II), 왕(역사서와 시가서)

처음 하나님께서는 거대해진 자기 백성들을 옳은 길로 이끄시기 위해 지도자와 사사를 세우셨는데, 이때는 족장시대였습니다. 이 시기를 배경으로 한 성경을 나열하면 아래 표처럼 창세기부터 룻기까지로 구약 8권이 이에 해당합니다.

족장시대							
창세기	출애굽기	레위기	민수기	신명기	여호수아	사사기	룻기
모세오경					역사서		

하나님께서는 처음 신실한 믿음의 사람 아브라함을 택하셔서 그의 민족이 한 국가로 성장하기까지 계속해서 인도해주셨습니다. 이스라엘 민족을 대표하는 성경 인물을 순서대로 나열하면 다음과 같습니다.

아브람(아브라함) — 이삭 — 야곱과 열두 아들 — 야곱의 열 아들과 요셉의 두 아들 — 모세와 이스라엘 민족(출애굽, 거대한 민족 형성) — 여호수아와 이스라엘 민족(가나안 땅 정착, 국가로 출범) — 열두 명의 사사 — 왕과 선지자

그러나 이스라엘 민족은 하나님의 인도와 사랑을 경험했는데도 여전히 죄를 사랑하고 자신의 욕심을 이기지 못해 하나님의 마음을

매우 아프게 했습니다. 이러한 원만치 못한 하나님과 인간의 관계는 다시 인간 간의 관계로 확장됨으로써 인류에는 차가운 기운이 감돌게 되었습니다. 결국, 사그라지지 않는 인간의 욕망과 이기적인 탐욕은 그나마 가지고 있던 하나님의 사랑을 소멸시켰고, 급기야 하나님께서 그들을 위해 세우신 지도자들조차 거부의 대상이 되고 말았던 것입니다. 그러니 지도자 다음의 인물인 사사들이 새롭게 등장했다 할지라도 여전히 이스라엘 민족은 하나님의 말씀을 경청하려 하지 않았습니다.

이러한 이스라엘의 상태를 표현한 대표적인 구절이 사사기 17장 6절과 21장 25절입니다. "그때에 이스라엘에 왕이 없으므로 사람이 각기 자기의 소견에 옳은 대로 행하였더라" 자신들을 옳은 길로, 복받는 길로 이끌었던 열두 사사들과 함께 살고 있는데도 말입니다. 물론 그중에는 사사를 잘 따르던 사람들과 시기가 있었지만, 사사기의 중심 구절에 나타나는 이스라엘 민족의 전반적인 분위기는 "자신의 소견과 옳은 대로"였습니다.

이 말은 그들이 인간의 존엄성을 중시하는 민주적인 사회였다는 뜻이 아니라 그들의 삶을 옳은 방향으로 이끌 신앙적이고 윤리적인 기준도 없이 자기 마음대로 살았다는 뜻입니다. 그들에게는 하나님께서 주신 십계명이 있었고 절기와 예식도 지켰지만, 그것은 '영혼 없다'라는 말과 같이 표면적이고 형식적이었습니다. 곧 법규가 있더라도 범법행위가 완전히 사라지지 않듯이 율법이 있어도 이를 어기는 무리가 점점 많아지면서 개인의 신앙적 문제는 사회적이고 민족적인 문제로 확대될 수밖에 없었습니다. 이처럼 이스라엘은 사사에 의한 통치와 인도가 있었음에도 계속해서 하나님의 은혜와 사랑을 망각한 채 살았던 것입니다. 그러니 그들이 형성한 사회는 무질서할 수밖에 없었고, 사사들은 그저 허수아비 취급이나 받는 신세가 되고 말았던 것입니다.

이런 상황이 이어지다 보니 하나님의 말씀을 올바로 가르쳐야 할 사사들의 메시지는 주로 '회개'였고, 이런 메시지를 계속 전해야 했던 사사들의 마음은 압박감에 시달릴 수밖에 없었습니다. 물론 사사시대 전부가 그랬던 것은 아닙니다. 안정된 시기에 활동한 사사들도 있었지만, 정신적인 압박과 심적인 부담으로 힘겹게 살았던 사사들이 훨씬 많았습니다. 또한, 사사 중에는 입산과 압돈처럼 제 역할을 제대로 수행하지 않고, 자신과 가족의 안위만 챙기는 불성실한 지도자들도 있었기에 이스라엘의 타락은 갈수록 심화하였습니다. 그야말로 이스라엘은 한결같은 하나님의 사랑과 은혜에 감사치 못하고 자신들의 생각과 주장 그리고 욕망이 이끄는 대로 무질서하게 살았습니다.

그런데 사실 인간사에서 욕심 없는 시기가 있었을까요? 인간의 역사는 욕심을 채울 당시에는 수그러들지 모르나 얼마 지나지 않아 또 다른 불평과 불만으로 불거져왔습니다. 이것은 갈등, 냉전, 폭력, 전쟁과 같은 수많은 인류 사건이 입증하고 있습니다. 악은 어떤 형태로든 해소되면 일시적으로 잠잠한 듯 보이지만, 그것은 절대로 거기서 끝나지 않습니다. 이것이 바로 죄성의 현상인 거죠.

이윽고 사사들에게 싫증을 느낀 이스라엘 민족은 또 다른 지도자를 요구합니다. 그런데도 사랑이 많으신 하나님께서는 죄짓기 좋아하고 혼란을 즐겼던 이스라엘의 요청을 거부하지 않으시고, 그들을 위한 새로운 리더십을 세워주셨는데, 그것이 바로 왕정체제였습니다. 이때부터 이스라엘에는 '왕'이라는 새로운 위치와 개념이 생겼고, 그러면서 자연스럽게 왕정시대를 맞게 되었습니다.

정리하면, 지도자와 사사가 다스리던 시대까지는 족장시대였습니다. 그리고 룻기 다음 성경인 사무엘상부터는 왕이 다스리는 시대였습니다. 그래서 사무엘상부터 역대하까지는 왕과 나라 이야기, 이스라엘의 우상숭배 문제, 북이스라엘과 남유다 이야기, 북이스라엘과 남유다가 죄를 범하면서 외부로부터 공격받는 이야기, 그리고 포로기와 같은 국가적 차원의 내용을 담고 있는 것입니다. 사무엘상부터 역대하까지를 왕정체제 중심의 '역사서'라고 말합니다. 역사서에서 왕은 한 나라를 책임지는 공적 지도자로서 나라의 대표였고, 왕에 대한 이해는 개인적인 차원을 넘어 국가적인 차원으로 해석하게 된 것입니다.

그러니까 구약성경 중 역사서에 해당하는 성경은 여호수아서부터 에스더서까지이지만, 여호수아서와 룻기까지는 족장시대의 역사를 다루고 있고, 그다음 사무엘상부터는 왕정시대의 역사를 다루고 있는 것입니다. 이것은 뒤에 나올 표에서 살펴볼 텐데 먼저 간략히 언급하면 표는 모세오경과 역사서, 족장시대와 왕정시대를 구분해놨습니다. 그리고 구약성경은 총 39권인데 그중 모세오경 5권, 역사서 12권, 선지서(또는 예언서) 17권, 시가서 5권으로 구성되어 있습니다. 그래서 창세기부터 룻기를 제외한 나머지 31권은 모두 왕정시대를 배경으로 쓴 책입니다.

그리고 이스라엘 민족이 가나안 땅에 정착하여 열두 지파로 땅을 분배받아 살던 기간에는 이스라엘의 초대 왕이었던 사울이 40년, 다윗 왕이 40년, 다윗의 아들인 솔로몬 왕이 40년간 통치했던 때로 모두 120년 정도였습니다. 공교롭게도 모두가 40년간 통치했습니다. 다윗 왕을 통해 하나님의 축복[20]이 국가의 번영으로 이어졌고, 뒤를 이은 솔로몬 왕의 초기 모습은 하나님 보시기에 책임감 있고 지혜로웠습니다. 역대하 6장을 보면 6장 전체가 솔로몬의 기도인데 그의 기도의 특징은 하나님 앞에 숨김없는 정직한 기도였고, 범죄와의 단절을 맹세하며, 하나님의 긍휼을 구하면서 백성을 돌아보는 마음이 측심했습니다. 그래서 역대하 7장에서 솔로몬의 기도가 마쳐지자 여호와의 영광이 그의 기도처에 가득했다고 성경은 기록하고 있습니다. 하나님은 다윗 때 복을 부으셨던 것처럼 솔로몬의 기도를 들으시고 그에게도 국가적 차원의 복을 부으셨던 것이죠.

역대하 7장 1-3절에서도 "솔로몬이 기도를 마치매 불이 하늘에서부터 내려와서 그 번제물과 제물들을 사르고 여호와의 영광이 그 전에 가득하니… 가로되 선하시도다 그 인자하심이 영원하도다 하니라"라고 기록하고 있습니다. 그리고 그가 통치하던 기간 이스라엘의 상황을 알 수 있는 구절은 역대하 1장 1절로, "다윗의 아들 솔로몬의 왕위가 견고하여 가며 그 하나님 여호와께서 저와 함께 하사 심히 창대케 하시니라"라고 기록하고 있습니다. 한번 생각해보십시오. 당시 이스라엘은 얼마나 강했을까요? 인간적으로 볼 때 솔로몬은 엄청난 국가의 왕이었기에 교만하거나 실수할 만한 여지도 충분히 있을 법

---

20 축복(祝福)의 문자적 의미는, 빌 '축'(祝) 자에 복 '복'(福) 자를 써서 남 또는 남의 일이나 미래가 행복하기를 비는 것을 말합니다. 따라서 신이신 하나님은 누군가에게 복을 비는 존재가 아니라 복을 내려 주시는 분이십니다. 그러니까 '하나님의 축복'이라는 말은 '하나님께서 복을 비신다'라는 뜻풀이가 되므로 틀린 말입니다. 하지만 일반적으로 이 단어를 잘못 사용하는 경우가 많아지면서 하나님께서 복을 내리신다는 의미를 추가한 상태입니다. 그 때문에 현재 '하나님의 축복'이라는 말은 사전적으로 틀린 말이 아닙니다.

도 한데, 그는 결코 그릇된 길을 가지 않았습니다. 왕의 권력을 남용하거나 다른 신을 섬기는 우상숭배도 용납하지 않았습니다.

역대하 1장 10절에도 보면 그가 하나님께 드린 기도가 얼마나 겸손한지 알 수 있습니다. "주는 이제 내게 지혜와 지식을 주사 이 백성 앞에서 출입하게 하옵소서 이렇게 많은 주의 백성을 누가 능히 재판하리이까" 솔로몬의 기도가 얼마나 감동적이었던지 11-12절에는 그에게 응답하시는 하나님의 답변이 나옵니다.

> 하나님이 솔로몬에게 이르시되 이런 마음이 네게 있어서 부나 재물이나 존영이나 원수의 생명 멸하기를 구하지 아니하며 장수도 구하지 아니하고 오직 내가 너로 치리하게 한 내 백성을 재판하기 위하여 지혜와 지식을 구하였으니 그러므로 내가 네게 지혜와 지식을 주고 부와 재물과 존영도 주리니 너의 전의 왕들이 이 같음이 없었거니와 너의 후에도 이 같음이 없으리라

한마디로 하나님께서는 솔로몬의 기도를 들으시고 너무나 흡족하신 나머지 그가 구하지 않은 복까지 주시겠다고 약속해주셨던 것입니다. 이 얼마나 놀라운 축복의 약속인지 모릅니다. 초기 솔로몬은 하나님도 반할 만한 그런 멋있는 왕이었습니다. 그런데 참 아이러니하게도 이스라엘의 역사적 문제는 바로 이 솔로몬 왕 때 일어나게 됩니다. 한때 솔로몬은 하나님께 인정받는 훌륭한 왕이었지만 인간이 가진 죄성은 대상을 가리지 않았습니다. 죄성은 누구라도 찰나에 악의 나락으로 추락시키고 말았습니다. 이 점이 우리가 죄성을 경계하고 주의해야 할 부분입니다.

아담과 하와가 하나님의 말씀을 망각한 이후 에덴동산에서 추방된 인간은 더는 거룩함에서 안전하지 않은 존재가 되고 말았습니다. 물론 아담과 하와가 에덴동산에 있었다고 해서 죄로부터 완벽히 안전하다고 볼 수는 없습니다. 거기서도 그들은 하나님의 말씀을 순간 잃어버리고 사탄의 유혹에 그냥 넘어졌으니까요. 이처럼 인간은 언제라도 죄와 욕망에 사로잡혀 언제 넘어질지 모르는 연약한 존재이므로 항시 하나님의 말씀을 묵상하면서 하나님을 향한 자신의 믿음을 늘 점검해야 합니다.

마찬가지로 하나님께 인정받았던 솔로몬은 겸손과 지혜를 겸비한 왕으로 손색이 없었지만, 타국과 외교를 맺으면서 다른 문화와 종교 그리고 우상을 접하게 되었고, 이윽고 하나님에 대한 믿음이 흔들렸던 것입니다(왕상 11장). 타국과의 정치적 접촉을 통해 들어온 우상(신)으로 인해 하나님 외에 다른 신을 섬기는 일이 빈번해지면서 이스라엘에는 종교적이고 신앙적인 마찰이 극성스럽게 발생했던 것입니다.

이런 과정은 솔로몬 왕의 재임 기간 이후에도 계속 진행되었습니다. 그러다 보니 이스라엘은 점점 종교적 혼합과 신앙의 변질로 무질서해질 수밖에 없었습니다. 결국, 잇달은 내부적 갈등과 분열은 하나의 왕국을 두 개의 왕국인 북이스라엘과 남유다로 나누는 결과를 낳고 말았습니다. 당시는 솔로몬의 아들 르호보암의 때(대하 9:31; 왕상 11:41-43)였는데, 이스라엘이 이렇게 된 결정적인 도화선이 바로 그에게 있었습니다. 물론 솔로몬이 하나님의 성전을 지을 축복을 받기는 했지만, 성전 건축에 들어가는 막대한 자금과 인력은 오히려 백성들의 짐을 가중해 민심을 자극하는 불씨가 되었던 것입니다.

이후 솔로몬 왕이 죽자 민심을 알았던 신하들은 후계자인 로호보암 왕에게 상황을 설명하면서 설득했지만, 르호보암은 오히려 솔로몬의 때보다 더 무거운 짐과 단호한 정책을 펼치면서 원망을 듣게 되었고, 그런 중 북쪽에 거주했던 지파들이 배반을 일으키면서 국가적인 어려움이 가중되었던 것입니다(왕상 12장; 대하 10장). 결국, 이스라엘은 다윗 왕을 이은 축복과 번영을 누리다가 그만 솔로몬의 통치시기에 죄를 범하면서 그의 아들 르호보암의 때에 두 왕국으로 쪼개지는 암흑사를 맞게 되죠. 알고 보면 모든 것이 하나님에 대한 신앙의 정절을 지키지 않고, 인간적 욕망을 추구한 결과였습니다.

그렇다면 이런 일을 겪은 북이스라엘과 남유다는 이후 하나님께 회개하고 죄의 길에서 돌이켰을까요? 이런 기대와는 달리 두 왕국은 나라가 분열되는 아픔을 겪었음에도 교만, 고집, 분쟁, 다툼 등 죄악성에 노출되어 회개하지 않았습니다. 사실 이런 상황이 되기 전에 이스라엘 백성들이 잘못을 뉘우치고 하나님께 진심으로 회개했더라면 둘로 나뉘지 않고 화해했을지도 모릅니다. 그러나 이미 이스라엘은 걷잡을 수 없을 만큼 신앙의 정체성이 무너져 버린 상태였습니다. 그들은 계속 하나님께 불순종했고, 영적으로는 교만하여 하나님께서 받으시는 신령과 진정의 제사가 아닌 형식적이고 종교적인 제사와 의식적 행위로 하나님의 백성임을 자처했습니다.

한편, 북쪽 지파들의 배반은 느밧의 아들인 여로보암의 묘책에 의해 발생했는데, 이 묘책을 이해하려면 이스라엘의 금송아지 사건을 먼저 살펴봐야 합니다(출 32장). 이스라엘 백성이 출애굽 하여 가나안으로 이동할 때 잠시 시내산에 머물렀던 적이 있었습니다. 거기서 모세는 시내산에서 하나님께서 주신 십계명을 받았는데, 그때 모세가 두 번째로 올라가 40일 동안 내려오지 않자 그만 그가 산에서 죽은 줄로 알고 그의 형 아론이 백성들에게 금을 모아 금송아지 형상의 우상을 만들게 합니다. 그리고는 그것이 이스라엘 백성들을 애굽에서 구한 신이라고 주장하면서 그 앞에 제단을 쌓고 절하게 함으로써 여호와의 날을 자기 마음대로 정해버렸던 것입니다. 이 사건으로 이스라엘은 하나님의 무서운 심판을 받는 아주 끔찍한 일을 겪게 됩니다.

그런데 여로보암의 묘책이 이와 비슷했습니다. 그는 이스라엘의 흑역사를 따라 묘책을 세웠는데, 시내산에서 만들었던 금송아지 제단과 같이 북쪽 국경지인 단과 남유다 국경지인 벧엘에 이스라엘의 수도인 예루살렘 성전처럼 성지를 각각 만들었습니다(왕상 12:29). 이를 통해 여로보암은 기존에 이스라엘 신앙과 유사한 절기와 체제를 세웠던 것입니다. 이것은 르호보암의 강압적인 정책이었고 이로 인해 백성들의 불만은 폭발하고 맙니다. 이것이 그 유명한 '여로보암의 죄'였습니다. 그래서 분열한 것이 북이스라엘이었으니까 북이스라엘의 영적 상태가 얼마나 심각했는지 짐작됩니다. 그야말로 여로보암 때에 이스라엘은 종교적 혼합과 영적 간음인 우상숭배를 통해 무질서하기 짝이 없던 상황이었습니다. 이런 역사적 분위기로 열왕기상에서는 북이스라엘을 지칭하여 "여호와 보시기에 악을 행하되 여로보암의 길로 행하며…"라는 말을 종종 언급합니다(왕상 15:34, 16:19, 16:26).

특히 북이스라엘의 대표적인 7대왕으로 이세벨(Jezebel)의 남편이었던 아합(Ahab)은 바알(Ba'al)[21]이라는 우상을 끌어들였고, 바알

21 고대 중동 지역에서 풍요의 신으로 알려졌던 신입니다. 원래 셈족 언어로

숭배가 남유다까지 흘러가게 한 왕이었습니다. 바알 신은 고대동방 여러 나라에서 숭배하던 최고의 신으로, 토지의 비옥함과 생물의 번식을 주재하는 신으로 통했습니다. 그리고 바알신 옆에 있는 상은 아세라(Asherah)라는 이름의 신인데, 그 뜻은 '바다를 거니는 여인'으로 '거룩함'이나 '엘라트'(여신)로 불렸습니다. 두 신은 부부였고, 아세라는 바알과의 사이에서 70명의 신을 낳았다는 이야기가 전해졌으며 시리아와 팔레스타인에서는 어머니 신으로 널리 숭배되었습니다.

바알

아세라

이처럼 아합은 바알과 아세라 우상을 섬겼는데, 이것 때문에 이스라엘에는 종교적 갈등과 대치가 있었습니다. 그래서 그 유명한 갈멜산에서의 영적 싸움이 열왕기상 18장에 기록된 것입니다. 450명의 바알 선지자와 400명의 아세라 선지자가 엘리야(Elijah)와 맞서 싸우는 이야기죠. 이것이 북이스라엘에서 일어난 사건이니까 엘리야와 엘리사는 분열왕국시대에 북쪽에서 사역한 선지자였다는 것을 알 수 있습니다. 그때의 엘리야를 한번 생각해보십시오. 얼마나 힘들었을지, 그가 하나님 앞에 기도하기를

'주인'이나 '소유자'라는 뜻의 보통명사였으나 B.C. 1400년경부터 풍요의 신이라는 의미로 숭배되기 시작했습니다. 바알의 성격과 역할은 1929년 이후 북부 시리아에서 발굴된 우가리트 토판을 통해 알려졌는데, 이집트를 중심으로 숭배된 이후 인근 여러 부족에서도 숭배의 대상이 되었습니다. 반면, 유일신인 야훼(여호와)를 믿었던 이스라엘 민족에게는 종교 배반의 상징으로 여겨지면서, 후일에는 아주 부정적 이미지의 신으로 변천하게 되었습니다. "바알(baal)," 〈다음백과〉

"만군의 하나님 여호와께 열심히 유별하오니 이는 이스라엘 자손이 주의 언약을 버리고 주의 제단을 헐며 칼로 주의 선지자들을 죽였음이오며 오직 나만 남았거든 그들이 내 생명을 찾아 빼앗으려 하나이다"(왕상 19:10)라고 자신의 생명에 대한 위험을 그대로 고합니다. 이처럼 하나님의 선지자들과 백성들은 극한 박해와 시련에도 그 뜻을 끝까지 지키기 위해 힘썼던 것이죠. 결국, 북이스라엘은 208년간 존속하다가 B.C. 722년 앗수르에 의해 정복당했고, 남유다는 북이스라엘보다 136년간 더 유지했지만, 344년간 존속하다가 B.C. 586년, 바벨론에 의해 멸망함으로써 70년간 포로로 끌려가게 됩니다.

여기서 북쪽에 거주한 이스라엘을 북이스라엘, 남쪽에 거주한 이스라엘을 남유다라고 부르게 된 이유를 간단히 살피면, 야곱의 넷째 아들인 유다 지파와 열두 번째 아들인 베냐민 지파를 제외한 나머지 지파들은 모두 북쪽에 거주했고, 남쪽에 거주한 이스라엘은 북쪽 왕국에 속하지 않은 유다와 베냐민 지파의 이름 중 유다의 이름을 따서 남유다라고 부르게 된 것입니다.

그러면 다음 도표를 보면서 지금까지의 내용을 정리해봅시다. 이 표를 차근차근 보시다 보면 "아~" 하면서 개괄적으로 이해가 될 겁니다. 표를 보면 다윗 왕 때에 사무엘하와 역대상이 겹칩니다. 그러니까 사무엘하와 역대상에는 중복되는 사건들이 기록되겠죠. 그리고 솔로몬 왕으로부터 분열왕국까지는 열왕기상과 열왕기하가 나뉘어 있는데, 여기서 역대하는 이 모두를 포함합니다. 그래서 역대하에는 열왕기상과 열왕기하의 내용이 중복됩니다. 그리고 열왕기상 12장부터 분열의 조짐이 보이면서 분열왕국 시대가 시작되므로 열왕기상 중반부터는 분열왕국시대의 내용이 기록되어 있습니다. 그래서 사무엘상·하, 열왕기상·하, 역대상·하는 이스라엘 왕정시대의 상황을 기술하고 있으면서 그 내용이 중복되는 것입니다.

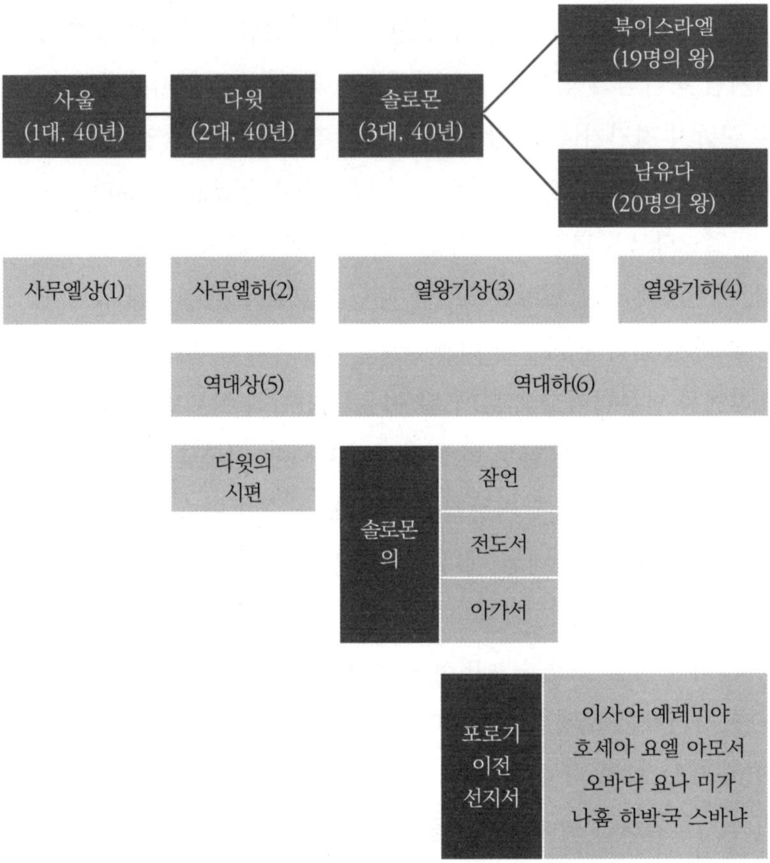

그러면 역대하 다음에 나오는 시가서를 살펴봅시다. 구약성경에서 시가서라고 불리는 책은 욥기, 시편, 잠언, 전도서, 아가서까지 모두 5권입니다. 시가서는 개인적인 신앙 체험이 대부분인데, 잘 알려진 것처럼 시편은 다윗의 찬송과 고백적 기도를 담고 있습니다. 그러니까 시편은 다윗이 왕으로 통치하던 시기인 사무엘하와 역대상이 겹치는 기간에 기록된 것이고, 잠언, 전도서, 아가서는 저자가 솔로몬이니까 그가 왕으로 통치하던 시기로부터 분열왕국시대 전까지를 기록한 열왕기상 11장 이전과 역대하가 겹치는 기간에 기록된 것입니다.

그런데 여기서 욥기의 배경은 창세기가 기록된 족장시대 때 기록된 것이므로 왕정시대에서는 제외됩니다. 그러나 그 외 시편, 잠언, 전도서, 아가서는 다윗과 솔로몬이 왕으로 집권할 때 쓰인 체험서입니다. 각 시가서에는 한 사람의 대표적인 인물이 있는데, 욥기의 대표 인물은 욥이고, 시편은 다윗이고, 잠언, 전도서, 아가서는 솔로몬입니다. 각 권의 주제를 살피면 다음과 같습니다.

욥기는 우리가 살아가는 삶의 문제를 다룹니다. 갑자기 겪게 된 삶의 고통을 신앙으로 극복하는 욥의 신앙을 통해 올바른 신앙생활이란 무엇인지 살펴볼 수 있습니다. 특히 욥은 아무런 잘못이 없는데도 자기에게 다가온 어려움과 싸워야 하는, 한편에선 억울하고 답답한 인생살이를 겪게 됩니다. 그래서 욥기의 주제는 의인이 당하는 고난입니다. 이 책에는 하나님을 믿는 그의 세 친구도 등장하는데, 우리의 인생도 그렇듯이 위로와 힘이 되었던 친구들이 어느 날 나를 힘들게 할 때가 있죠. 그러나 그런 중에도 올바른 분별력과 신앙의 절개로 믿음을 지킨 욥의 모습에서 우리는 도전을 받습니다. 그리고 이러한 상황을 보시면서 욥을 훈련하시는 하나님을 통해 우리의 인생에서도 흔들리지 않는 믿음을 소유하도록 훈련하시는 하나님을 묵상할 수 있습니다.

다음으로 시편에 등장하는 다윗은 이스라엘 최고의 왕으로 하나님을 경외한 참 예배자였습니다. 그는 수많은 공격과 어려움에도 하나님께 전심으로 예배하는 것이 무엇인지 찬송과 시를 통해 들려줍니다. 심지어 그는 자신을 죽이려는 적들까지도 관대함으로 용서한 왕이었습니다. 이런 삶을 살았던 다윗은 하나님께 엄청난 복과 국가적인 번영을 누리기도 했지만, 왕이라는 신분 때문에 내적이고 외적인 적들의 살벌한 공격을 쉼 없이 받았던 아픔 많은 왕이었습니다. 그런데도 흔들리지 않는 신실한 믿음으로 하나님을 늘 찬양했던 왕이었죠. 우리는 시편을 통해 참된 예배자의 자세와 삶의 방식에 대해 살펴볼 수 있습니다.

다음 잠언은 다윗의 아들 솔로몬이 쓴 책으로 일상에서 활용할 수 있는 지혜서입니다. 그만큼 잠언은 누구나 쉽게 경험할 수 있는 삶의 실제적인 문제들을 하나하나 짚으면서 명철과 현명함으로 풀어갑니다. 이러한 잠언의 특징 때문에 이 책의 문장들은 구구절절 명언과 같습니다. 일상 속 상황들을 어떤 관점과 마음으로 대하는 것이 성경에서 말하는 지혜일까요? 이에 대해 고민이 있거나 해결책을 원한다면 잠언을 읽으십시오. 인생을 사는 데 귀한 지침서가 될 것입니다. 특히 잠언은 모든 것의 근본 지혜를 여호와 하나님을 경외하는 것이라고 교훈합니다.

전도서의 저자 또한 잠언을 쓴 솔로몬입니다. 전도서도 잠언과 유사하게 인생을 묻는 철학적 질문이 많습니다. 그리고 그 해답을 하나님 안에서 찾고 있습니다. 전도서는 진정한 가치가 있는 삶을 설명하는데, 이 책의 주제는 사람의 본분이 무엇인지를 가르칩니다. 그것은 잠언의 기록처럼 하나님을 경외하고 그분의 말씀에 순종하는 것입니다. 전도서는 창조주와 피조물의 근원적 관계를 언급하면서 참된 인생이 무엇인지 강조합니다.

마지막으로, 아가서도 솔로몬이 지은 책입니다. 아가서의 대표적인 인물은 솔로몬과 그가 사랑했던 술람미(Shulamite)라는 여인입니다. 이 책은 영어로 'Song of Solomon'이라고 하는데, 문자 그대로 '솔로몬의 노래' 또는 '사랑의 노래'입니다. 아가서는 하나님 안에서 이루는 남녀의 사랑을 거룩하고 기쁜 것으로 표현합니다. 달리 말하면, 인간 상호 간의 순수하고 아름다운 사랑은 하나님께서 주신 선물이라는 뜻입니다. 그래서 아가서는 신랑인 솔로몬 왕과 신부인 술람미 여인에게서 표현되는 섬세한 애정, 정열적인 욕망, 우정, 그리고 기쁨과 같이 상호 간의 사랑과 믿음을 발전시켜가는 중에 나타나는 사랑의 감정들이 잘 묘사되어 있습니다. 이처럼 남녀 간의 진실한 사랑은 교회와 성도를 향한 하나님의 진심 어린 사랑을 비유적으로 표현한 것이기도 합니다. 그래서 우리는 아가서를 통해 하나님의 진실하고 순수한 참사랑과 하나님의 한없으신 인간애를 배울 수 있습니다.

그러면 구약성경을 표로 살펴보겠습니다. 아래 표는 구약을 한 번에 살펴볼 수 있게 작성한 것으로 구약성경이 전체적으로 어떤 시대적 배경과 골격구조로 구분되어 있는지 이해할 수 있습니다.

모세오경(5권)과 욥기(1권)					역사서(12권)											
창세기 / 욥기	출애굽기	레위기	민수기	신명기	여호수아	사사기	룻기	사무엘상	사무엘하 / 역대상	열왕기상	열왕기하	역대하	바벨론 포로 70년	에스라	느헤미야	에스더
태초	노예	광야			정복	사사		왕국				포로		재건		
족장시대								왕정시대								
시가서(4권)								시편	잠언 전도서 아가서							
선지서(예언서, 17권)									이사야 예레미야 예레미야애가 호세아 요엘 아모스 오바댜 요나 미가 나훔 하박국 스바냐				에스겔 다니엘	학개 스가랴	말라기	

의지의 선물(III), 선지자(예언서)

왕정체제가 한 국가를 돌보고 통치하는 하나님의 정치적 형태였다면, 사회 안에서 하나님의 말씀을 가르치고 전달하는 직무를 맡았던 사람들이 있었는데, 이들이 바로 선지자였습니다. 선지자의 임무는 이스라엘 백성들이 하나님의 말씀을 올바로 듣고 순종하도록 일상에서 백성들의 영적인 부분을 책임지는 것이었습니다. 그러니까 선지자는 사사와 비슷한 역할을 했던 거죠.

그러나 사사와 선지자의 차이점을 설명하면, 사사들은 왕처럼 정치적인 역할을 하면서 군대를 직접 이끌었지만, 선지자는 그에 대한 직접적인 책임이 없었습니다. 그 이유는 선지자들이 임무를 수행할 당시에는 왕이라는 정치적 책임자가 따로 구분되어 있었기 때문입니다. 그래서 사사들이 활동할 시기에는 외부로부터 침입이 있을 때 사사가 직접 군대를 이끄는 장교 역할도 했지만, 왕정체제가 세워진 이후로 선지자들은 전장의 지도자로 앞장서지는 않았습니다. 담당했던 일이 이전보다 좀 더 세분되었던 것입니다. 그만큼 가나안 땅에 정착한 이스라엘 민족의 수는 점점 증가했습니다.

하지만 해야 할 일이 세분되었다고 해서 선지자들의 삶이 녹록한 건 아니었습니다. 그 대표적인 인물이 엘리야인데, 선지자로서 그가 겪어야만 했던 삶은 생사를 오가는 전쟁터와도 같았습니다. 단지 역할에서 분담된 것은 사실이지만, 그가 짊어져야 할 임무가 절대 가벼워졌다고 말할 수는 없었습니다.

선지자에 대해서 좀 더 살피면, 이들은 예언자(prophet)라고도 불렸습니다. 일반적으로 예언자는 미래의 일들을 미리 알려주는 자라는 뜻으로 이해하지만, 성경의 예언자는 그런 예견자의 의미보다 하나님의 말씀을 전달하는 사람이었습니다. 그러니까 선지자에 가까운 말은 '전달자' 또는 '하나님의 대사'라고 칭하는 것이 더 정확합니다. 하지만 보통 이들이 전한 메시지는 '앞으로 어떻게 될 것인지'에 대한 미래적인 일이 많았기에 선지자를 예언자라고 부르게 된 것이고, 그래서 미래의 일을 기록한 것을 성경에서는 예언서로 구분한 것입니다. 이와 연관하여 선지자들은 사회와 종교가 잘못된 방향으로 기울 때마다 그 문제들을 지적하고 바로 잡으려고 했던 사람들이었습니다. 이런 이유로 선지자들은 사람들에게 미움과 심한 박해를 받기도 했습니다. 그러니 선지자들이 사사들처럼 정치적인 일에 관여하지 않았다고 해서 실제 그들의 삶이 사사들보다 편했다고 말할 수는 없습니다.

이런 측면에서 구약학자 월터 브루그만(Walter Brueggemann)은 선지자를, (1) 이스라엘 사회의 지배계급들과 거짓 선지자들이 민중에게 안일하고 낙관적인 환상만 심어주어 기만할 때, (2) 소수 지배계급이 부를 독점하는 비민주적인 분배구조로 빈부의 격차가 존재할 때, (3) 지배계급들이 국가의 질서를 우선시하며 민중들을 강압적으로 억압할 때 등장하여 여호와 하나님의 말씀을 전하면서 현실의 민낯을 드러낸 사람들이라고 설명합니다.[22] 이처럼 선지자는 정치적인 개입에 있어서는 사사와 차이점이 있지만, 하나님의 뜻을 전하고 백성들을 옳은 길로 인도하기 위한 영적 사투의 정도에는 차이가 없었습니다.

---

22 월터 브루그만, 『예언자적 상상력』, 김기철 역 (서울: 복 있는 사람, 2009), 82-84, 122.

그러나 그중에는 박해받지 않고 사람의 인기를 좇아 자신의 이익만 챙기는 거짓 선지자들도 있었습니다. 이들은 하나님의 말씀을 정직히 전하기는커녕 함부로 하나님의 이름을 이용하여 권력과 손을 잡고 대중들이 좋아하는 말만 늘어놓음으로써 하나님의 메시지를 올바로 선포하는 참 선지자들을 난처하게 만들었습니다. 반면, 거짓 선지자들의 말을 듣고 좋아했던 이스라엘 백성들은 죄를 회개하기보다 계속해서 죄를 짓고 경건하지 못한 삶을 살다가 결국, 하나님의 무서운 심판을 피하지 못하는 안타까운 비극들도 있었습니다.

이처럼 성경은 오래전부터 그릇된 성경의 선포와 뉘우치지 않는 잘못된 신앙생활을 엄히 경고했지만, 안타깝게도 당시에 그릇된 모습들은 오늘날에도 계속 발생하고 있습니다. 쓴 말은 듣길 거부하고, 달콤한 말만 듣고 싶어 하는 신앙의 확증편향적[23] 악습은 하나님께서 그들에게 내리실 심판으로부터 피할 수 없게 만드는 영적 유혹임을 깨달아야 합니다. 반면, 성경을 전하는 사람 중에는 유독 쓴소리만 외치는 사람들도 있습니다. 그것이 진리의 소리라고 여기며 쓴소리를 거침없이 내뱉는 설교 같은 발언들 말이죠. 언뜻 예를 갖춘 것처럼 보이지만, 그 속에는 비판과 정죄를 일삼아 자신이 하고 싶은 채찍을 가하는 경우도 많습니다. 하지만 그러한 말은 겉으로는 옳아 보일지 모르나 마지막에는 유익한 것이 아니라 종교를 통한 언어적 폭력일 가능성이 큽니다. 그래서 우리는 거룩하신 하나님을 내 입맛에 맞게 이리저리 가져다 사용하는 잘못된 언어사용이 습관이 되지 않도록 조심해야 합니다.

---

23 확증편향은 자신의 가치관, 신념, 판단과 같은 사고체계와 부합하는 정보에만 주목하고 그 외의 정보는 무시하는 편협한 사고방식을 말합니다.

곧 하나님의 말씀을 인용한다고 해서 그것이 다 거룩한 성령의 역사로 나타나는 것은 아니라는 말입니다. 마치 바리새인과 사두개인들처럼 말이죠. 진정 말씀 선포자가 전하려는 메시지가 하나님의 참 말씀이라면, 성령께서는 순전한 양심을 가진 선포자에게 오셔서 은혜와 평강과 깨닫게 하시는 지혜를 부어주십니다. 따라서 하나님의 말씀을 인용하더라도 그 영혼이 하나님 보시기에 경건하지 못하다면 하나님께서는 절대 불경한 자들을 통해 전달되는 메시지에서 거룩한 역사를 이어가지 않으십니다.

그러면 다시 예언서의 내용으로 돌아가서 그 구조를 살펴보겠습니다. 구약성경을 읽다 보면 마치 롤러코스터를 타는 것처럼 느낄 때가 있습니다. 어느 때는 순종해서 복을 받다가도 금방 우상숭배, 음란, 폭력 등 범죄와 불순종을 통해 심판받기도 합니다. 이렇게 엎치락뒤치락 반복하는 이스라엘의 역사는 성경을 읽는 내내 현기증을 유발하기도 합니다. 특히 이런 현상이 두드러진 곳은 역사서와 예언서이고, 두 시대가 서로 겹치다 보니 중복된 내용이 여러 권에 걸쳐 계속 나옵니다. 이런 점이 역사서, 예언서, 시가서를 읽으면서 자꾸만 헷갈리게 만드는 이유입니다. 하지만 엄밀히 말해서 그 사건들이 어느 때, 어느 왕의 재임 시기에 일어난 것인지를 살피는 것이 더 중요합니다.

그래서 역사서의 권별 시대 상황을 살피면, 사무엘상은 이스라엘 초대 왕인 사울과 그에게 기름을 부은 사무엘 사사에 관한 이야기입니다. 그리고 사무엘하는 그다음 왕인 다윗에 관한 이야기입니다. 그런데 그 내용이 역대상에 가서 중복되는 부분이 나옵니다. 말하자면, 사무엘상·하와 역대상에는 비슷한 내용이 담겨 있는 거죠. 그리고 열왕기상은 다윗의 후손인 솔로몬 왕 때로부터 분열왕국 시대 전까지를 다루고 있고, 열왕기하는 분열왕국 시대가 진행되는 중간부터 패망하기까지 다루고 있습니다. 그런데 여기서 열왕기상·하를 포함하고 있는 것이 역대하입니다. 그러니까 우리가 열왕기상·하를 역사 순으로 읽었는데, 그다음에 나오는 역대하에서 또다시 이 둘의 내용이 거듭나오니까 성경을 읽으면서 계속 헷갈리는 겁니다. 이런 부분을 언급하는 이유는 역사서를 읽으면서 발생할 수 있는 혼란스러움을 바로잡기 위해서입니다.

따라서 성경을 읽을 때는 먼저 성경의 각 권이 쓰인 시기와 구조를 이해하고 읽는 것이 중요합니다. "아~ 이 책은 어느 왕의 통치 시기구나. 그때 상황은 이랬구나. 그래서 비슷하게 여겨지지만, 등장인물이나 상황이 서로 다르구나.", "아~ 이 책은 앞의 두 책을 중복하여 설명하고 있구나. 그래서 앞에서 읽었던 내용이 다시 나오는구나."라고 이해하면서 읽으면 헷갈림이 덜할 겁니다.

그런데 여기서 역사서처럼 예언서를 읽다 보면 더 어지럽고 복잡하게 느껴질 수 있습니다. 그 이유는 예언서를 작성한 선지자들이 역사서가 기록될 당시에 활동한 선지자들이기 때문입니다. 역사서를 읽는 것도 롤러코스터를 타는 기분인데, 한 바퀴를 다 돌고 다음 코스인 예언서로 넘어가서도 다시 롤러코스터를 타는 듯한 중복 내용들이 나오니까 역사서에서 예언서를 다 읽을 때까지 계속 혼란스러운 거죠. 그러니까 성경 읽기가 어려워지는 겁니다.

하지만 역사서에 기록된 이스라엘 왕들의 통치시기에 예언서에 등장한 선지자들도 함께 사역했다는 것을 머리에 먼저 입력하고 예언서를 읽으면 중복된 내용들이 다시 나올 때 "아~"하면서 좀 더 쉽게 다음 장으로 넘어갈 수 있다는 겁니다. 그러니까 구약성경에서 17권의 예언서는 12권의 역사서 중간마다 위치한다고 보면 됩니다. 곧 선지자들이 예언서가 쓰일 시기에 함께 활동했다는 겁니다.

따라서 독자로서 이런 각을 해볼 수 있습니다. "그렇다면 중복되는 내용들이 나오도록 왜 성경을 구분해놨는가?" 성경을 읽을 때 복잡하게 느끼게끔 말이죠. 그런데 그것은 각 책이 기록한 주제와 관점에서 차이가 나기 때문입니다. 쉽게 말해서 역사서는 왕을 중심으로 국가의 역사적 흐름을 따라 기록한 책이고, 예언서는 선지자를 중심으로 기록한 책입니다. 그러니까 왕과 선지자가 각각 역할을 분담하여 사역했던 시기임을 고려할 때 역사서와 예언서에는 쟁점이 되는 중심 사건들이 반복적으로 나타날 수밖에 없는 것입니다.

좀 더 이해를 돕기 위해 역사서와 선지서를 개괄적으로 설명하면, 역사서는 왕의 연대를 중심으로 '사울-다윗-솔로몬-분열왕국시대'라는 이스라엘의 역사적 흐름을 살펴야 하고, 예언서는 그 역사 안에서 활동한 선지자들의 연대를 중심으로 읽어야만 성경을 이해하기가 쉽습니다. 그 때문에 예언서를 올바로 이해하기 위해서는 각 선지자가 살았던 당시의 역사, 장소, 문화적 상황을 이해하는 것이 중요합니다.

일반적으로 역사서와 예언서를 다 읽고 나면 머리에 남는 것은 '죄의 결과는 심판이고, 순종의 결과는 복이다.' 또는 '사울 왕은 악한 왕이었고, 다윗 왕은 선한 왕이었다.'라는 수준에서 그치는 경우가 많습니다. 왜냐하면 역사서와 예언서에 많은 사건과 인물이 등장하지만, 그 사건들을 하나하나 요약하면 '죄의 결과는 심판이고, 순종의 결과는 축복이다.'라는 것이 결론이기 때문입니다. 하지만 성경을 이해할 때 단순히 주제만 익히는 것을 넘어 좀 더 입체적으로 이해하기 위해서는 심판과 축복의 시기와 당시의 인물 그리고 그런 결과를 가져오게 된 역사적인 정황들을 살피면서 읽어야 역사서와 예언서의 유사점과 다른 점을 동시에 살필 수 있습니다. 이런 이해는 단기간에 이뤄지는 것은 아니지만 차근차근 읽다 보면 성경을 읽는 즐거움도 더해지고, 이스라엘 역사에 담긴 하나님의 깊고 넓은 섭리를 심도 있게 이해할 수 있습니다. 당연히 많은 시간이 필요하겠지만 성경을 정독하다 보면 첫 책인 창세기부터 마지막 책인 요한계시록까지의 전체적인 구조와 흐름을 내 것으로 만들 수 있습니다.

따라서 성경을 읽을 때는 전체적인 구조적 틀을 먼저 이해하고 읽는 것이 중요하고, 자신에게도 더 유익합니다. 성경의 뜻을 정확하게 이해할 때 하나님의 깊은 사랑과 은혜를 내가 살아가는 삶 속에서 더 깨닫게 되고, 우리의 신앙을 올바른 성경 지식 위에서 건강하게 세워갈 수 있다는 뜻입니다.

그러면 이번에는 예언서의 전체적인 구조를 살펴보겠습니다. 먼저 주목할 것은 시기입니다. 17권의 예언서는 왕정시대의 끝부분과 포로 시대에 해당합니다. 역사서로 말하면, 열왕기상 12장부터 열왕기하가 이에 해당합니다. 좀 더 쉽게 말하면, 예언서는 분열왕국시대 즈음부터이기 때문에 열왕기상에는 나오지 않고, 열왕기하의 배경에서만 등장합니다. 그리고 열왕기하는 역대하에서도 그 내용이 중복되니까 예언서는 열왕기하와 역대하의 시기에 끼워 넣으면 됩니다. 이 부분은 96쪽과 100쪽에 있는 표를 참고하십시오. 그러면 예언서 전체를 역사 순으로 나열한 다음 표를 통해 살펴보겠습니다.

* 선지자 이름 옆의 괄호는 사역 기간입니다.

<table>
<tr><th colspan="2">바벨론 포로 이전
(B.C. 930-586년)</th><th colspan="2">바벨론 포로기
(B.C. 586-516년)</th><th colspan="2">바벨론 포로 이후
(B.C. 516-424년)</th></tr>
<tr><th>선지자</th><th>장소</th><th>선지자</th><th>장소</th><th>선지자</th><th>장소</th></tr>
<tr><td>오바댜
(848-841)</td><td>에돔</td><td>다니엘
(606-534)</td><td rowspan="2">바벨론</td><td>학개
(520)</td><td rowspan="3">남유다</td></tr>
<tr><td>요엘
(835-796)</td><td>남유다</td><td>에스겔
(593-571)</td><td>스가랴
(520-518)</td></tr>
<tr><td>요나
(782-750)</td><td>앗수르</td><td></td><td></td><td>말라기
(435-424)</td></tr>
<tr><td>아모스
(782-739)</td><td rowspan="2">북
이스라엘</td><td></td><td></td><td></td><td></td></tr>
<tr><td>호세아
(755-715)</td><td></td><td></td><td></td><td></td></tr>
<tr><td>미가
(740-690)</td><td rowspan="2">남유다</td><td></td><td></td><td></td><td></td></tr>
<tr><td>이사야
(740-680)</td><td></td><td></td><td></td><td></td></tr>
<tr><td>나훔
(661-612)</td><td>앗수르</td><td></td><td></td><td></td><td></td></tr>
<tr><td>스바냐
(630)</td><td rowspan="3">남유다</td><td></td><td></td><td></td><td></td></tr>
<tr><td>예레미야
(627-586)
(예레미야애가,
586)</td><td></td><td></td><td></td><td></td></tr>
<tr><td>하박국
(610-597)</td><td></td><td></td><td></td><td></td></tr>
</table>

· 북이스라엘에서 활동한 선지자: 아모스 호세아

· 남유다에서 활동한 선지자: 요엘 미가 이사야 스바냐 예레미야 하박국 학개 스가랴 말라기

· 바벨론에서 활동한 선지자: 다니엘 에스겔

· 앗수르에서 활동한 선지자: 요나 나훔

· 에돔에서 활동한 선지자: 오바댜

앞의 표는 바벨론 포로기를 중간 지점으로 포로 이전과 이후의 세 시기로 구분했습니다. 그리고 각 시기에 활동한 예언서를 모두 나열했습니다. 포로기 이전에는 총 12권의 성경이 기록되었는데, 활동한 선지자는 모두 열한 명입니다. 그다음 중간 포로기에는 다니엘과 에스겔 두 선지자가 활동했고, 포로로 생활하다가 예루살렘으로 귀환한 후에는 학개, 스가랴, 말라기 선지자가 활동했습니다. 그러다 보니 학개의 중심 내용은 바벨론에 의해 무너졌던 예루살렘 성전을 재건하는 것입니다. 역사서로 말하면, 에스라서, 에스더서, 느헤미야서가 이 시기에 해당합니다.

하지만 성경에는 예언서를 기록한 선지자들 외에도 선지자로 활동한 다른 사람들이 있었습니다. 다만 그들은 예언서를 기록하지 않았을 뿐입니다. 이들을 나열하면 아래 표와 같습니다. 참고로 진하게 표시한 북이스라엘의 선지자 오바댜와 남유다의 선지자 스가랴는 성경을 기록한 다른 두 선지자와 동명이인이고, 선지자 예후는 북이스라엘과 남유다를 자유롭게 왕래하면서 사역했던 동일 인물입니다.

예언서를 기록하지 않은 선지자		
통일왕국시대	북이스라엘	남유다
	예후	잇도 스마야
나단	엘리야	아사랴 하나니
갓	미가야	예후 아하시엘
아히야	엘리사	엘리에셀 **스가랴**
	오바댜	여두둔 오뎃 훌다

여기서 포로기 이후에 쓰인 예언서로 학개, 스가랴, 말라기를 잠시 살펴볼 텐데 언급했듯이 이 시기에 쓰인 역사서는 에스라서, 에스더서, 느헤미야서입니다. 이것은 다윗 왕과 이스라엘에 관한 이야기가 시편과 사무엘하에서 겹치는 것처럼 바벨론 포로에서 자유를 얻어 이스라엘 땅으로 귀환한 내용을 담고 있는 예언서의 내용이 역사서에도 반복적으로 나타난다는 말입니다. 이에 대해서는 뒤에 나올 구약의 전체적인 구조를 설명하는 장에서 좀 더 언급하도록 하겠습니다.

먼저 학개를 통해 알 수 있는 것은, 오래전 바벨론에 초토화되었던 하나님의 성전을 재건하는 것이야말로 이스라엘 신앙에서 가장 중요했음을 일러줍니다. 이것은 이스라엘의 신앙적 초점이 우상숭배가 아니라 성전을 중심으로 하나님을 예배하는 것에 맞춰져 있다는 뜻입니다. 그동안 이스라엘이 저질렀던 우상숭배, 음란, 폭력, 분열, 기복신앙[24] 등 경건치 못한 여러 가지 죄에 빠진 상태에서 다시 신앙을 회복한다는 것은 예배를 회복하고 예배 장소인 성전을 회복하는 것과 같은 것이었습니다. 이스라엘 백성들이 예루살렘으로 돌아와 그간 있었던 외부의 침입과 전쟁에 의한 많은 살상, 그리고 극심한 포로 생활에서 벗어나 하나님이 그들과 함께 계실 성전을 재건

24 기복신앙은 복을 받기 위한 목적으로 신께 구하는 것을 말합니다. 사실 복을 신께 구하는 것은 무조건 잘못이라고 말할 수는 없습니다. 또한, 복과 안녕을 신께 구한다는 것은 신을 복과 안녕의 주권자로 인정한다는 의미도 담겨 있습니다. 그러나 단지 신앙을 복 받기 위한 수단 정도로만 여겨 이기적인 종교적 행위를 하는 것은 올바르지 않습니다. 잘못된 기복신앙을 가진 사람은 예배, 기도, 찬송, 구제 등 신앙생활에 있어서 대표적인 모든 행위를 자신이 받을 복과 연결함으로써 정성을 들일수록 신께 복을 받을 수 있다고 생각합니다. 이런 신앙이 갖는 위험성은 하나님과 자신의 관계를 주종관계, 곧 왕과 신하, 왕과 호위병의 관계처럼 계약과 조건을 걸어둔 것과 같이 그 관계가 인격적인 것이 아닌 조건적일 수 있으므로 건강하지 못한 신앙이라고 볼 수밖에 없습니다.

한다는 것은 이스라엘이라고 하는 한 민족의 정체성이 무엇인지를 보여주는 것임과 동시에 하나님께서 여전히 그들과 함께하신다는 것을 뜻합니다. 그래서 성전을 재건하고, 예배를 회복한다는 것은 불순했던 신앙을 정결하게 함으로써 하나님으로부터 안전과 구원을 계속 보장받는 신앙적 행위였습니다.

이런 맥락에서 학개 다음에 나오는 스갸라서는 예루살렘 성전이 재건된 장소로 시온산이라는 한 지명이 등장합니다. 예루살렘 성전은 이스라엘의 수도인 예루살렘의 지명을 따서 지은 성전을 말하는데, 이 성전이 지어진 곳은 예루살렘 도시에서도 시온이라는 산이었기 때문에 시온산은 곧 예루살렘 성전을 의미하기도 합니다. 그리고 스가랴서는 시온에 남은 자들이 구원받게 됨을 기록합니다. 여기서 시온에 남은 자가 구원을 보장받는다는 것은 하나님을 향한 순결한 신앙을 가지고 예배의 자리를 지키는 자만이 영원한 구원을 약속받는다는 뜻입니다. 그러니까 이스라엘 신앙의 중심에는 늘 예배와 성전이 자리하고 있는 것이죠. 마찬가지로 오늘날의 기독공동체가 예배와 교회를 중심으로 신앙생활을 하는 이유도 이런 성경적 신앙의 역사에 기인합니다.

끝으로 스가랴서에 이어 나오는 말라기서는 구약성경의 마지막 예언서로 엘리야의 심령과 능력으로 오게 될 사자로 일컫는 세례 요한에게 사역을 건네면서 구약시대의 막을 내립니다. 말라기서는 구약의 전체적인 맥을 간단하게 설명하는데, 초반부에는 하나님의 사랑을 선포하지만, 점점 이스라엘의 죄를 고발하면서 그에 따른 심판을 기록합니다. 말라기서를 정리하면, 아브라함을 부르신 때로부터 말라기서까지 나타난 이스라엘의 역사는 하나님의 끊임없는 은혜와 돌보심의 역사와 더불어 엎치락뒤치락하면서 신앙의 롤러코스터를 탄 인간의 죄악성을 폭로합니다. 그런데도 하나님께서는 한결같은 사랑으로 그들을 버리지 않으시고, 죄에서 건지시고자 소망의 의지를 끝까지 품고 계신다는 것을 확신시켜 줍니다. 그 구체적인 내용으로 "만군의 여호와가 이르노라 보라 내가 내 사자를 보내리니 그가 내 앞에서 길을 준비할 것이요 또 너희가 구하는 바 주가 갑자기 그의 성전에 임하시리니 곧 너희가 사모하는 바 언약의 사자가 임하실 것이라"(말 3:1)라는 말씀입니다. 이 구절은 구약과 신약을 잇는 영적 연결고리 역할을 합니다.

이 구절을 잠시 살피면, 하나님께서 보내실 '사자'는 세례 요한을 뜻합니다. 마가복음 1장 2-3절에는 세례 요한을 오실 예수님보다 먼저 출생하여 그분의 길을 준비하는 자라고 기록하고 있습니다. 또한, '너희가 구하는 바 주'라는 지칭은 그리스도이신 예수님을 뜻합니다. 그리고 '언약의 사자'도 하나님과 그분을 따르는 백성들 사이에서 구원의 언약을 이루시는 중보자, 곧 예수님을 뜻합니다. 예수님께서 성부 하나님과 사람의 관계를 연결하는 '언약의 사자'가 되신다는 말입니다. 그래서 예수님께서는 인간의 몸으로 그리스도의 임무를 수행하셨는데 이를 '성육신'(成肉身, incarnation)이라고 말합니다.

한편 여기서 중요한 것은 성육신하신 예수님을 그리스도라고 믿을 근거가 무엇이냐는 것입니다. 그것은 예수님께서 전하신 복음, 곧 성경 말씀을 근거로 우리는 예수님을 그리스도로 고백할 수 있습니다. 복음을 다른 말로 언약이라고도 하는데, 하나님과 인간을 연결하는 영적 고리가 바로 성경이라는 뜻입니다.

그러니까 말라기는 인류의 구원을 위해 신약시대에 오실 메시아의 기록을 구약성경의 마지막에서 선언하면서 하나님께서 정하신 날 의인과 악인이 서로 나누어질 것을 기록합니다. 따라서 하나님의 공의는 반드시 성취될 것임을 마지막으로 예언하고 있는 책이 말라기서입니다. 이런 의미로 본다면 말라기서는 두려운 메시지를 담고 있는 것처럼 보이지만, 의로운 자에게는 희망의 메시지를 담고 있습니다.

이처럼 예수님께서는 약 2020여 년 전 이 땅에 오셔서 우리에게 복음을 전하시다가 십자가에 달려 돌아가셨지만, 그분은 죽음을 이기시고 부활, 승천하신 참 그리스도신 거죠. 또한, 하나님의 영이신 보혜사 성령께서 다시 우리 가운데로 오신 이후에는 교회공동체를 세우셔서 하나님의 구원을 이어가고 있습니다.

그리고 성경의 명백한 기록처럼 하나님께서 정하신 날은 공의로운 심판의 날이지만, 우리는 예수님을 그리스도로 믿는 하나님의 백성들이므로 절대 두려워할 이유가 없습니다. 왜냐하면 그날은 끝까지 믿음을 지킨 자들의 최종적 승리의 날이요 위로와 기쁨의 날이기 때문입니다. 다만 우리가 세상에 사는 동안 열심을 품고 감당해야 할 것은, 그날에 이르기 전 한 사람이라도 악인으로 판명되지 않도록 구원의 복음을 전하는 전도자의 삶을 매일 살아야 한다는 것입니다. 이것이 재림주를 기다리는 모든 교회공동체와 그리스도인의 지상명령입니다.

이제 우리는 죄와 어둠의 세력인 사탄과의 영적 전쟁을 선언하고, 승리하신 예수 그리스도의 제자로 살기 위해 건강한 신앙생활을 이어가야 합니다. 비록 예언서는 마지막 날을 공의와 심판의 날로 선언하지만, 이 땅의 모든 교회공동체와 그리스도인은 믿는 자를 영생으로 이끄실 예수 그리스도의 복음을 믿기에 기뻐할 수 있습니다. 다만 죄와의 싸움에서 승리하지 못하고 믿음에서 변절하여 심한 파도타기를 한 이스라엘의 과거를 주의하면서 구원받은 자로 인내하며 살도록 늘 자신의 믿음과 삶을 점검해야 합니다. 아울러 내 주변의 이웃과 지역사회를 돌아보면서 그들도 같은 은혜와 구원을 보장받도록 하나님과 온전한 관계를 맺을 수 있게 인도하는 복된 자로 살아야 합니다.

PART 5
구약성경 전체 보기

구약 흐름 이해하기

구약성경(39권)—Old Testament				
시대	역사서(17권)		시가서(5권)	예언서(17권)
족장	창세기		욥기	
노예	출애굽기	레위기		
광야	민수기	신명기		
정복	여호수아			
사사	사사기	룻기		
왕정	사무엘상		시편	
	사무엘하	역대상		
	열왕기상	역대하	잠언 전도서 아가서	오바댜 요엘 요나
	열왕기하	(상동)		아모스 호세아 미가
				이사야 나훔 스바냐
				예레미야 하박국
				예레미야애가
포로				다니엘 에스겔
귀환	에스라 느헤미야 에스더			학개 스가랴 (상동) 말라기

앞의 표와 같이 구약성경은 크게 세 가지 문학적 장르로 역사서, 시가서, 예언서로 나뉩니다. 그러나 이것을 좀 더 세분하면 역사서는 5권의 모세오경과 나머지 12권으로 나뉘고, 예언서는 대예언서 5권과 소예언서 12권으로 나뉩니다. 보통 대예언서는 대선지서로, 소예언서는 소선지서라고 부릅니다. 이것은 다음의 표처럼 구분하기도 합니다.

구약의 5분류		
율법서(모세오경) 5권	시가서 5권	대선지서 5권
창세기 출애굽기 레위기 민수기 신명기	욥기 시편 잠언 전도서 아가서	이사야서 예레미야서 애가서 에스겔서 다니엘서
역사서 12권		소선지서 12권
여호수아 사사기 룻기 사무엘상 사무엘하 열왕기상 열왕기하 역대상 역대하		호세아서 요엘서 아모스서 오바댜서 요나서 미가서 나훔서 하박국서 스바냐서
에스라 느헤미야 에스더		학개서 스가랴서 말라기서

여기서 선지서를 대선지서와 소선지서로 나눈 것은 대선지서가 소선지서보다 더 영감이 깊고 중요해서가 아닙니다. 하나님의 말씀은

66권 성경 전부가 다 귀하기 때문에 경중을 따질 수 없습니다. 하지만 이렇게 구분하는 것은 단지 각 선지서의 분량에 따른 것일 뿐입니다. 구분의 이유가 너무 간단하죠? 앞의 표를 통해서 쉽게 알 수 있듯이 구약성경의 골격은 금방 이해할 수 있습니다. 먼저 율법서와 시가서, 대선지서는 모두 5권으로 되어 있습니다. 그리고 역사서와 소선지서는 각각 12권으로 되어 있습니다. 어쩜 이렇게 신기할 정도로 권수가 딱! 딱! 맞아떨어지는지 모릅니다. 이렇게 구약성경은 모두 39권으로 되어 있습니다. 이것은 간단하게 세 분류로 나누어봐도 쉽습니다. 중간에 있는 시가서 5권을 제외하면 성경에서 이스라엘의 전 역사를 다룬 역사서와 예언서는 각각 17권입니다. 그리고 역사서의 제일 아래에 있는 에스라서, 느헤미야서, 에스더서는 바벨론 포로기 이후의 시기를 배경으로 집필한 것처럼 소선지서 제일 아래에 있는 학개서, 스가랴서, 말라기서 또한 가나안으로 귀환한 이후를 배경으로 삼습니다. 그러면 이보다 전의 기록된 역사서와 소선지서는 언제를 배경으로 할까요? 당연히 바벨론 포로기 이전의 역사를 담고 있는 여호수아, 사울, 다윗, 솔로몬으로부터 분열왕국까지의 내용입니다. 앞서 언급했듯이 이러한 이유로 반복되는 내용이 거듭나오는 것입니다. 하지만 이것도 따져보면 흡사하면서도 그 관점과 내용의 전개가 다릅니다.

좀 더 이 부분에 관해 설명하면, 역사서는 과거 민족에 관한 이야기이고, 시가서는 현재 개인의 신앙적 이야기를 다루고 있고, 선지서는 이스라엘 민족의 미래를 다루고 있습니다. 그렇다면 다가올 미래는 누구에 관한 이야기로 전개될까요? 바로 메시아로 오실 예수님에 관한 이야기입니다. 여기까지가 기원전입니다. 그리고 말라기서 이후로부터 신약 전까지 중간기 400년이 있었습니다. 이 시기 동안 유대인들은 예언서의 기록처럼 오실 메시아를 기다리며 살았던 것이죠. 그러고 나서 기원후인 신약시대가 열리게 된 것입니다. 그러면 구약성경을 역사순으로 나열해서 살펴보겠습니다. 이런 방식으로 나열한 표를 살펴본 다음 성경을 읽으면 좀 더 이해가 쉬울 겁니다.

<table>
<tr><th colspan="2">창조에서 족장시대</th><th>노예시대</th><th>정복시대</th><th colspan="2">사사시대</th></tr>
<tr><td colspan="2">원 역사-B.C. 2000</td><td>-B.C. 1500</td><td>-B.C. 1420</td><td colspan="2">-B.C. 1400</td></tr>
<tr><td>창세기</td><td>욥기</td><td>출애굽기 레위기
민수기 신명기</td><td>여호수아</td><td>사사기</td><td>룻기</td></tr>
<tr><td>아담과 하와
노아
셈 함 야벳
-
-
-
-
아브라함
이삭
야곱
요셉</td><td>욥</td><td>시내산 언약(십계명)
성막 중심
레위 지파의 임무
제사법과 규례
가나안에 들어가기 전
모세의 죽음</td><td>가나안 땅
정복과
지파별
땅 분배</td><td>옷니엘
에훗 삼갈
드보라
기드온
돌라 야일
입다 입산
엘론 압돈
삼손
사무엘</td><td>나오미
룻</td></tr>
</table>

<table>
<tr><th colspan="4">왕정시대(선지자와 함께 활동)</th><th>포로시대</th><th colspan="2">재건시대(귀환)</th></tr>
<tr><td colspan="2">-B.C. 1000</td><td colspan="2">-B.C. 970-586</td><td>-B.C. 516</td><td colspan="2">-B.C. 516-424</td></tr>
<tr><td rowspan="2">사무엘상</td><td rowspan="2">사무엘하
역대상</td><td>열왕
기상</td><td>열왕
기하</td><td rowspan="2">다니엘
에스겔</td><td rowspan="2">에스라
에스더</td><td rowspan="2">느헤
미야</td></tr>
<tr><td colspan="2">역대하</td></tr>
</table>

사울 사무엘	다윗	솔로몬 오바댜 요엘 요나 아모스 호세아 미가 이사야 나훔 스바냐 예레미야 하박국		학개 스가랴	말라기
사무엘상·하의 시대에 시가서가 작성됨		역사서와 선지서	바벨론 유수도 3차례, 포로귀환도 3차례		

권별 주제와 핵심 내용 단숨에 읽기!

율법서 5권, 족장시대, 하나님의 율법과 언약

성경의 첫 번째 책인 창세기로부터 출애굽기, 레위기, 민수기, 신명기까지를 '모세오경'이라고 칭합니다. 한마디로 모세가 쓴 다섯 권의 책을 뜻합니다. 구약성경은 율법서, 역사서, 시가서, 선지서로 구분되는데, 모세오경은 율법서에 해당합니다. 그러니까 하나님께서 이스라엘 백성에게 주신 율법이 중심 내용입니다. 율법은 십계명처럼 규율성이 있으면서 동시에 약속과 축복의 의미로서 언약성을 띱니다.

1 창세기 Gen, Genesis — 우주와 지구 창조에서 요셉까지

성경의 첫 책이 창세기인데, 창세기의 첫 글자인 '창'이라는 말을 한번 떠올려 보십시오. 그러면 성경의 출발점을 재밌게 시작할 수 있을 겁니다. 마치 창세기는 성경을 여는 '창'(窓, window)과 같아서 우주의 창조와 인류의 역사가 어떻게 시작되었는지 우주 만물의 근원을 알려주는 '문'이라고 말할 수 있습니다. 그래서 창세기는 세상 모든 것의 시작을 알리면서 아담과 하와, 에덴동산에서 범죄와 추방, 노아의 방주와 홍수 사건, 믿음의 조상 아브라함에 관한 이야기를 기록하고 있습니다.

다음으로 창세기는 아브라함의 후손인 이삭, 야곱, 요셉의 이야기로 전개됩니다. 특히 야곱의 후손들이 기근을 피해 애굽으로 이주하는 장면은 자기 민족을 이끄시는 하나님의 구속사적 섭리의 이야기입니다. 그리고 이 책은 끝에서 요셉의 마지막 생을 기록하면서 그 막을 내립니다. 그래서 창세기는 모든 것의 시작점인 창조에서 타락한 인간을 회복하시는 구속의 여정을 담고 있습니다.

2 출애굽기 Exod, Exodus 히브리 민족의 애굽 탈출기

애굽으로 이주한 야곱의 후손들은 크게 번성했고, 요셉과 좋은 관계였던 바로 왕의 시기에는 모든 것이 평화로웠습니다. 그러나 다음 왕으로 등극한 바로는 수적으로 불어난 히브리 민족을 두려워하여 노예로 삼게 됩니다. 이렇게 430년이 지난 뒤 하나님께서는 힘겹게 살아가는 히브리인들을 해방하고자 제1대 지도자인 모세를 세우십니다. 하지만 바로는 히브리 민족의 출애굽을 고분고분 허락하지 않습니다.

결국, 열 가지 재앙과 홍해가 갈라지는 초월적 사건을 통해 히브리인들은 출애굽에 성공합니다. 그리고 여기서 히브리인(이후 '이스라엘')의 광야 여정이 시작됩니다. 그렇게 2개월간의 이동 끝에 이스라엘 민족은 시내산에 도착하고, 모세는 시내산에서 40일을 지내다가 하나님께 십계명과 언약 그리고 성막에서 행할 예배 제도를 받습니다. 한편, 시내산에 올라간 모세가 감감무소식이자 시내산 아래에서는 아론의 금송아지 사건이 일어납니다. 이 상황을 본 모세는 이 일을 정리한 다음 하나님께서 주신 율법과 성막제도를 실천하기 위해 성막을 완성하고 봉헌하면서 이 책의 내용은 마칩니다. 출애굽 한 지 약 1여 년의 내용입니다.

3 레위기 Lev, Leviticus

레위인과 제사법

레위기는 하나님께서 시내산에서 모세에게 주신 예배(제사) 제도에 관해 설명합니다. 시기적으로는 출애굽기 24장 12절에서 민수기 10장 10절까지입니다. 야곱의 열두 아들 중 셋째 아들이 레위인데, 하나님께서는 레위의 후손들을 택하셔서 그들에게 성막의 일을 전담케 하십니다. 그리고 이들은 다른 열한 지파에 하나님을 예배하는 방법과 서로 어떻게 살아야 하는지 교육하는 임무를 맡게 됩니다. 그래서 이 책에는 예배법으로 번제, 소제, 화목제, 속죄제, 속건제, 생활법, 절기법 등의 예식이 기록되어 있습니다.

한마디로 레위기는 출애굽기에 나타난 성막제도의 구체적인 언급과 시행을 담고 있는 책입니다. 그러니까 이 책은 출애굽기와 같은 시기의 내용을 담고 있으므로 배경도 시내 광야입니다. 덧붙이면, 이 예배에서 인간의 죄 사함을 위해 희생했던 많은 동물의 피는 단번에 인간의 죄를 담당하신 예수님의 피로 마침표를 찍게 됩니다. 더는 인간의 죗값으로 동물의 피를 대신할 이유가 없게 된 것입니다.

4 민수기 Num, Numbers

전장에 나갈 군사의 수를 헤아림

'민수'라는 말은 백성 '민'(民) 자에 셀 '수'(數) 자로, 민수기는 '백성의 수를 세다'라는 뜻입니다. 그래서 이 책은 초반부터 인구를 조사합니다. 인구조사를 하는 이유는, 광야를 건너는 동안 이스라엘 민족을 보호할 20세 이상의 남성을 세어 병력을 정비하는 것을 뜻합니다. 그러니까 출애굽기의 다음 역사는 민수기입니다. 왜냐하면 레위기는 출애굽기에 기록된 성막제도를 좀 더 구체적으로 쓴 글이니까 그 배경이 출애굽기와 같습니다. 따라서 출애굽기의 다음 역사로 이어지는 것은 민수기로 보는 것이 적절합니다.

민수기는 병역을 감당할 만한 인구조사를 통해 이스라엘군을 징집하고, 가나안 땅으로 가는 39년간의 여정을 기록합니다. 광야 생활이 40년이었으니까 단 1년만 출애굽기와 레위기가 차지하고 있는 셈이죠. 사실 민수기는 불신앙으로 이스라엘 민족이 방황하면서 40일 만에 들어갈 수 있는 가나안 땅을 40년 만에 들어가는 황당무계한 이야기를 담고 있습니다. 그러다 보니 이스라엘 백성들을 이끌어야 할 지도자로서 모세의 속이 타들어 갈 만한 일이 많았습니다.

이 책의 대표적인 장소는 시내산, 가데스 바네아, 모압 평지인데, 이후 모압 평지는 이스라엘의 땅이 됩니다. 그리고 이곳은 르우벤, 갓, 므낫세 반 지파에 분배됩니다. 이 책의 중심 내용은 인구조사, 레위인의 임무, 만나와 메추라기로 먹이시는 하나님, 아론과 미리암의 범죄, 열두 명의 정탐꾼과 백성들의 원망, 아론의 싹 난 지팡이, 므리바에서 미리암과 아론의 죽음, 제2대 지도자인 여호수아, 미디안 전투와 요단 동편 땅의 분배 등입니다.

5 신명기 Deut, Deuteronomy — 광야 세대를 위한 율법의 되새김

신명기는 '새로운 계명'이라는 뜻입니다. 일반적으로 모세의 고별

설교라고 말하는데, 내용은 출애굽기, 레위기, 민수기에 기록된 내용을 반복한 것입니다. 그 이유는 가나안 땅을 눈앞에 둔 2세대 이스라엘 백성들이 가나안에서 거룩한 민족으로 살기 위해서는 율법준수가 굉장히 중요했기 때문입니다. 그래서 모세는 자신의 마지막 고별인사와 함께 하나님께서 주신 율법을 재차 강조하고 있는 것이 이 책입니다.

그러나 2세대 이스라엘 백성들에게 반복하여 율법을 가르쳤던 그 실제적인 이유 중 하나는 광야 생활 40년간 출애굽 한 1세대의 모습이 대부분 율법에 불순종했고, 이로써 여호수아와 갈렙을 제외하고는 모두가 가나안 땅을 밟지 못한 채 광야에서 생을 마감했기 때문입니다. 그러다 보니 율법의 재교육과 전수과정이 굉장히 중요했던 것입니다. 이 책의 시기는 민수기 28장부터인데, 아직은 이스라엘 백성들이 광야에 머물러 있는 상황이라고 보면 됩니다.

신명기의 중심 내용은, 하나님의 말씀에 순종하고 충성할 때 축복받지만, 율법을 무시하고 이행하지 않을 때는 심판을 받게 된다는 것입니다. 따라서 우리는 이 책을 통해 축복과 심판에 대해 공의로우신 하나님의 모습과 인간에게 자유 의지를 주신 하나님의 인격을 동시에 발견할 수 있습니다. 하지만 꼭 기억해야 할 것은 하나님은 행동과 결과에 대해 반드시 책임을 물으신다는 것입니다.

역사서 12권,
사사시대부터 왕정시대까지, 분열-포로-귀환

여호수아서부터 에스더서까지 12권은 구약성경의 역사서입니다. 거대한 민족이 된 이스라엘은 가나안 땅에 정착하면서 한 국가로 성장했고, 왕정체제와 함께 국사를 기술하기 시작합니다. 하지만 이방 민족과 혼합함으로써 유입된 이방 종교는 지금껏 이스라엘을 돌보시고 이끄신 하나님에 대한 믿음과 삶을 변절시키는 원인이 됩니다.

또한, 이스라엘은 우상숭배와 음란, 다툼과 냉전을 통해 두 개의 왕국으로 쪼개집니다. 이윽고 두 왕국은 앗수르에 멸망하거나 바벨론에 함락되어 포로로 끌려가는 비극을 맞게 됩니다.

그런데도 하나님은 자신이 선택한 이스라엘을 끝까지 굽어살피셔서 고향인 남유다 예루살렘으로 돌아오게 하십니다. 그리고 다시 이스라엘을 하나님의 국가로 회복시키십니다. 이스라엘 민족의 역사를 도식화하면 '죄-압제(심판)-회개-구원-망각'으로 그들은 이를 계속 반복합니다.

6	여호수아 Josh, Joshua	제2세대 지도자 여호수아와 가나안 땅의 심판과 정복

여호수아서부터는 가나안 땅에서 펼쳐지는 이스라엘의 역사로, 이 책의 이름은 모세의 후계자인 여호수아의 이름을 따서 지었습니다. 오랜 광야 생활 끝에 드디어 가나안 땅에 도착한 거니까 그 중심 내용은 가나안 땅 정착(정복) 이야기입니다. 그래서 이 책 초반부에 눈에 띄는 구절은 "마음을 강하게 하고 담대하라"라는 말씀으로 1장에서만 무려 세 번(6, 9, 18절)이나 반복됩니다. 이제부터는 모세 같은 지도자가 두 번 다시 나타나지 않을 것이기에 그를 잇는 여호수아는 낯선 땅에 대한 두려움보다 모세의 부재가 엄청난 부담이었던 것 같습니다.

이를 아신 하나님께서는 여호수아에게 찾아오셔서 그의 마음을 강하게 하고 담대하게 할 것을 명령하시면서 "내가 모세와 함께 있던 것 같이 너와 함께 있을 것임이라 내가 너를 떠나지 아니하며 버리지 아니하리니"(수 1:5)라는 말씀으로 힘을 북돋아 주시고 지지해 주십니다. 이후 여호수아는 하나님의 말씀에 힘입어 약속에 땅에 담대히 들어가게 되고, 우상숭배, 음란, 폭력에 물든 가나안 민족들을 하나하나 정복해 나갑니다. 이 책의 구성은 모두 세 부분으로 나눌 수 있는데, 1-12장은 가나안 정복에 대해서, 13-22장은 이스라엘 각 지파의 토지분배에 대해서, 23-24장은 여호수아의 고별사와 죽음을 기록합니다.

7 사사기 Judg, Judges — 사사들의 통치와 이스라엘의 범죄

사사기를 대표하는 열두 사사는 여호수아를 잇는 이스라엘의 통치자이자 군사 지도자였습니다. 이들이 활동했던 시대적 배경은 이스라엘 백성이 지파별로 가나안 땅에 정착한 시기로 여호수아가 죽고 난 이후였습니다. 하나님께서 그들을 위해 세우신 지도자가 죽자 이스라엘은 또다시 하나님을 떠나 우상을 섬기게 됩니다. 이때 우상은 가나안 땅 민족들이 섬기던 바알, 아세라, 아스다롯, 몰렉, 그모스, 다곤과 같은 신이었고, 우상들을 숭배하면서 이스라엘 신앙에 큰 문제가 발생합니다.

이를 보신 하나님은 사랑이 풍성한 분이시지만, 때로는 인간들의 잘못대로 내버려 두심으로써 결국에는 우상을 섬긴 죄의 결과를 톡

톡히 맛보게 하셨습니다. 그러고 나면 그때마다 이스라엘 민족은 자기들의 잘못을 회개하여 용서받고, 다시 하나님은 그들을 위해 사사들을 보내주셔서 의롭게 살도록 이끌어주셨습니다.

한편, 이런 상황에서 가나안 땅에 거주하던 일곱 다른 민족은 이스라엘의 입성을 반기지 않았습니다. 그러다 보니 이스라엘 민족은 주변 민족으로부터 위협과 핍박을 계속 받았고, 간헐적으로 등장한 사사들을 통해 전쟁에서 승리하거나 구원받는 내용이 사사기의 내용입니다.

그리고 당시 이스라엘에 대한 일곱 번의 공격은 메소포타미아(구산 리사다임), 모압(에글론 왕), 블레셋, 가나안(야빈 왕), 미디안, 암몬, 블레셋 순으로 일어납니다. 이런 상황으로 이스라엘의 열두 지파는 각각 땅을 분배받았지만, 여호수아 다음으로 각 지파를 이끌 새로운 리더, 사사가 필요했던 것이죠. 알려진바 기드온과 삼백 용사 이야기는 미디안과의 전투를, 삼손 이야기는 블레셋과의 전투를 배경으로 합니다.

8 룻기 Ruth, Ruth — 이방 여인으로 이어지는 구속의 역사

이 책은 사사 시대 당시 많은 사람이 타락했음에도 신실하게 믿음을 지킨 한 이스라엘 가정의 구원 이야기입니다. 먼저는 엘리멜렉이라는 한 가장이 등장하는데, 그는 '믿음을 지켜 가나안 땅에 남을 것인가?' 아니면 '생명을 지키기 위해(닥친 기근으로) 이웃 나라 모압으로 떠날 것인가?'의 갈림길에서 약속의 땅 가나안을 뒤로 하고 생명의 부지를 위해 가족들과 함께 모압 땅으로 이주합니다. 하지만 안타깝게도 그는 그 땅에서 죽고, 아내 나오미와 두 아들만 남게 됩니다.

이후 나오미의 아들들은 모압 여인과 결혼하지만, 이들 또한 영문 모를 죽음을 맞으면서 홀로 된 나오미는 다시 두 며느리와 덩그러니 남게 되는 슬픈 가정사가 이어집니다. 살기 위해 갔던 모압 땅에서 남편과 두 아들을 잃은 불쌍한 여인 나오미는 두 며느리 중 룻과 함께 하나님께서 약속하신 유대 땅 베들레헴으로 돌아오게 됩니다. 그리고 그곳에서 룻은 나오미의 친척인 보아스를 극적으로 만나면서 새 가정을 꾸립니다. 이후 룻은 영광스럽게도 다윗의 증조할머니가 됩니다.

여기서 한 가지 살펴볼 것은, 당시 유대 풍습에는 친척 중 가문을 잇도록 남편을 여의어 홀로 된 여인이 자손을 낳을 수 있게 하는 결혼제도가 있었습니다. 이런 일반적인 유대 풍습에 따라 룻은 정당하게 결혼했고, 가문을 잇게 해 줄 자, 곧 '기업 무를 자'로 보아스가 정해진 것입니다. 그래서 우리는 이 책을 통해 이방인이라도 하나님을 따르기로 한 사람은 누구든지 사랑하시고 품으시는 하나님의 사랑을 발견할 수 있습니다.

결국, 두 사람은 결혼했고 이스라엘을 통치할 위대한 다윗 왕의 영광스러운 조상이 됩니다. 이처럼 하나님의 구원은 차별이 없는, 모두에게 열린 구원임을 이 책은 증명합니다. 그리고 하나님의 구속사에 동참하게 된 룻의 고귀한 고백이 1장 16절에 나옵니다. "어머니의 백성이 나의 백성이 되고 어머니의 하나님이 나의 하나님이 되시리니…"

9 사무엘상 1 Sam, 1 Samuel — 사무엘과 초대 사울 왕

사무엘상의 내용은 자식이 없어 슬픔이 깊었던 한나라는 여인의 기도로부터 하나님의 응답으로 낳게 된 아들 사무엘의 출생 내용으로 시작합니다. 어릴 때부터 성전에서 자란 사무엘은 사사로 뽑혀 여러 민족을 무찌르고 이스라엘을 지키는 공을 세웠습니다. 그는 시대를 대표하는 사사는 아니었지만, 사사시대와 왕정시대를 잇는 중요한 역할을 한 사사이자 선지자였습니다. 이스라엘 백성들이 그를 초대 왕으로 지목한 것을 보면 그가 모든 면에서 탁월했음을 알 수 있습니다. 하지만 사무엘은 이러한 요청을 거절하고 여호와 하나님의 재가를 받아 베냐민 지파의 청년 사울을 왕으로 기름을 부어 연합 이스라엘 왕국을 세우게 됩니다.

그런데 문제는 처음 모습과는 달리 사울은 점점 시간이 지남에 따라 하나님을 배신하고 교만해졌고, 이에 사무엘은 하나님의 명령에 따라 베들레헴에 사는 이새의 아들 다윗에게 기름을 부어 이스라엘 2대 왕으로 세우게 됩니다. 모압 여인이었던 룻이 유대 땅 베들레헴에서 보아스를 만나 결혼했고, 다윗의 증조할머니였던 것을 생각하면 다윗의 아버지인 이새의 고향도 베들레헴이었음을 알 수 있습니다. 그리고 다윗은 이곳에서 성장하게 됩니다.

이후 성장한 소년 다윗은 거인 골리앗을 쓰러뜨리고(17장), 그의 장인인 사울 왕의 핍박을 피해 블레셋으로 피하는 참담한 현실도 겪게 됩니다(19-26장). 한편, 사무엘은 라마에 있는 자기 집에서 죽고, 사울은 블레셋과의 길보아 전투에서 패해 자살하고 맙니다.

10 사무엘하 2 Sam, 2 Samuel — 다윗 왕의 생애와 이스라엘

사울 왕은 사무엘상에서 죽었기 때문에 사무엘하에서 사울 왕가는 쇠퇴하고, 2대 왕인 다윗 왕권의 수립 과정이 이 책에 나타납니다. 그 내용은 다윗 왕의 후손들, 통일 왕국의 수립, 다윗성으로 법궤 이동, 다윗에 대한 하나님의 언약, 다윗의 승리와 번영, 다윗의 범죄(우리야의 아내인 밧세바를 취함), 선지자 나단의 질책과 다윗의 회개, 아들 압살롬의 반역과 다윗의 피신, 압살롬의 죽음, 다윗 왕의 슬픔과 회복, 다윗의 인구조사와 하나님의 심판 등입니다.

여기서 다윗의 인구조사를 살피면, 다윗의 왕국은 하나님의 도우심으로 강성해졌지만, 그는 자신의 군사력을 자랑하기 위해 칼을 들고 전장에 나갈 만한 장정의 수를 조사합니다. 다윗의 이러한 교만을 아신 하나님께서는 그에게 세 가지 재앙을 보기로 말씀하시고, 선택의 여지가 없었던 다윗은 3일간의 전염병 재앙을 택하면서 7만 명이 온역으로 사망하는 엄청난 비극을 맞게 됩니다. 이후 다윗은 오르난의 타작마당에서 하나님께 번제와 화목제를 드림으로써 재앙은 끝이 납니다.

11 열왕기상 1 Kgs, 1 Kings — 솔로몬 왕과 왕국의 분열

열왕기는 '왕들'이란 명칭에서 유래되었습니다. 그중 열왕기상은 다윗의 아들인 솔로몬에 관한 이야기입니다. 그동안 다윗은 나이가 많아 노쇠했고, 그 틈을 타 다윗의 넷째 아들인 아도니야가 왕위를 이어받기 위해 음모를 꾸몄지만 숙청당하고 맙니다. 이후 이스라엘 3대 왕으로 솔로몬이 등극하여 하나님이 보시기에 믿음직스럽게 통치했습니다. 그는 부귀영화가 아니라 백성들을 잘 돌보기 위해 하나님께 지혜를 구할 만큼 백성들을 사랑하고 잘 돌보려고 했던 왕이었습니다.

보통은 솔로몬의 이 지혜가 당시 여러 나라에 전해지면서 유명해졌지만, 그가 하나님께 구한 것은 지혜라기보다 "듣는 마음"(왕상 3:9)이었습니다. 말하자면, 백성들의 말을 잘 '경청하는 왕'이 되고자 했던 것입니다. 이를 좋게 여기신 하나님은 솔로몬의 기도에 감탄하셨고, 그의 선친이었던 다윗의 때처럼 그와도 함께 하시겠다고 약속하셨던 것이죠. 이처럼 초기 솔로몬은 옳음과 성실로 이스라엘을 잘 이끌었습니다.

그러나 그는 열왕기상 11장으로 접어들면서 이방 여인을 사랑하는 큰 죄를 범하게 됩니다. 이것은 일찍이 하나님께서 금기하셨던 사항으로 이방 여인과 통혼하면 그들의 신을 따르게 될 것이라고 엄중히 경고하신 것이었습니다. 하지만 솔로몬은 모압, 암몬, 에돔, 시돈, 헷의 여인을 사랑했고, 급기야 이방 신의 유입으로 이스라엘은 여호와 신앙에서 변절한 것입니다. 이로써 솔로몬은 초심을 잃은 왕으로 살다가 일생을 마감하게 됩니다. 그래서 이 책 1-11장까지는 그의 40년 통치를 기록하지만, 12장 그의 죽음 이후로는 두 왕국으로 분열합니다.

이런 분열의 과정에서 북이스라엘은 여로보암을, 남유다는 르호보암을 왕으로 세웠고, 북왕국의 수도는 사마리아를, 남왕국의 수도는 예루살렘을 중심으로 분열왕국 시대가 열리게 된 것입니다. 바로 이 시기에 엘리야[25]와 같은 사사의 활동이 있었던 거죠. 그래서 이 책에는 엘리야와 사르밧 과부와의 만남(왕상 17:8-16, 통의 가루와 병의 기름이 없어지지 않음), 갈멜산에서 바알과 아세라를 섬기는 선지자들과의 영적 대격전(왕상 18:16-40)과 같은 내용을 기록하고 있습니다.

이후 두 왕국의 신앙적 변절은 국가적인 분열과 함께 외세로부터 멸망하는데, 북이스라엘은 앗수르(B.C. 721년)에, 남유다는 바벨론(B.C. 587년)에 침공당합니다. 그리고 이때 등장한 사람들이 '선지자'였습니다. 결국, 북이스라엘은 앗수르에 패망하고, 남유다는 바벨론의 느부갓네살 왕에 의해 포로로 잡히는 비극을 맞게 됩니다. 그래서 이 책의 핵심 주제는 '솔로몬 왕과 왕국의 분열'입니다.

12 열왕기하 2 Kgs, 2 Kings — 분열 후 두 왕조와 그 마지막

이스라엘 왕국이 분열하고 앗수르와 바벨론에 멸망한 열왕기상의 내용은 열왕기하로 넘어오면서 자연스럽게 남유다의 포로기 내용으로 전개됩니다. 이 책은 엘리야 선지자의 제자였던 엘리사[26]에 대한 이야기와 삶에 허덕인 과부(왕하 4장, 그녀에게는 두 아들이 있었음)의 기름병이 채워진 이야기, 수넴 여인의 죽은 아들을 살림, 나아만 장군의 치유, 북이스라엘과 남유다 연합군이 모압과의 싸움에서 승리한다는

25 엘리야(Elijah)의 이름은 '여호와는 하나님이시다'라는 뜻입니다.

26 엘리사(Elisha)의 이름은 '하나님은 구원이시다'라는 뜻입니다.

엘리사의 예언, 이 외 엘리사의 이적과 예언들이 기록되어 있습니다.

또한, 정치적으로 종교개혁을 단행한 북이스라엘 왕으로는 예후, 남유다 왕으로는 요아스, 히스기야, 요시야에 관한 이야기가 나옵니다. 특히 남유다의 세 왕에 대해 공통으로 기술하고 있는 것은 "여호와 보시기에 정직히 행하였다"라는 호평입니다. 하지만 이들 중에도 산당을 완벽히 제거하지 않아 여전히 산당제사가 진행되었던 때는 요하스의 통치 시기였음을 고려할 때 그는 하나님 앞에 정직히 행했지만 "그의 조상 다윗의 모든 행위와 같이…"라는 거룩한 표현이 따르지는 못했던 왕이었습니다.

13 역대상 1 Chr, 1 Chronicles — 사무엘하의 주석 그리고 다윗과 남왕국

역대상·하는 에스라가 남왕국을 중심으로 쓴 책입니다. 그래서 역대기는 이스라엘이 두 왕국으로 분열한 이후인 사무엘하부터 열왕기상·하의 내용이 포함됩니다. 그중 이 책은 사무엘하 시대에 해당하는 책으로 이스라엘 최고의 왕이었던 다윗을 중심으로 기록합니다.

이 책의 목적은, 이스라엘은 신정국가(新政國家)로서 이 왕조의 참된 영광과 목적 그리고 다윗 왕조의 권리와 중요성을 모든 백성에게 알게 하려는 것입니다. 이런 이유로 이스라엘의 정통 왕국은 북이스라엘이 아닌 남유다로 이해됩니다. 이에 반해 북이스라엘은 혈통적, 정치적, 종교적, 제사장적으로 정통성이 모자랐습니다. 하지만 이 책의 배경은 분열왕국시대는 아닙니다.

역대기의 내용은 다윗 왕조를 중심으로 하지만 기록은 분열왕국

이후 포로로 잡혀간 유대 백성들이 예루살렘으로 귀환한 이후 에스라가 다윗 왕조를 중심으로 한 것입니다. 그래서 지난날 하나님께서 유대 백성과 함께하심으로 얻었던 영광스러운 승리와 번영을 회고케 함으로써 여전히 하나님께서 이스라엘 왕조와 함께하신다는 것을 깨닫게 하려고 쓴 글입니다. 그러니까 이 책은 바벨론에서 귀환한 유대 민족에게 희망과 용기를 불어넣기 위해 쓴 글입니다.

정리하면, 이 책 초반부에는 아담과 아브라함으로부터 이어지는 족보가 나오지만, 결국에는 다윗 왕조로 이어지는 것을 볼 때 다윗 왕조의 정통성을 설명하기 위한 것으로 보는 것이 적절합니다. 이 책은 23장에 가서 하나님의 성전을 중심으로 일하는 레위 사람의 일, 제사장, 찬송을 맡은 자, 성전 문지기, 성전 곳간을 맡은 사람들, 다른 레위 사람들의 직임, 모든 가문의 우두머리와 관원, 각 지파의 관할 자, 왕의 재산을 맡은 자 등에 관한 내용이 나오다가 끝에 가서 다윗이 성전 건축을 지시하여 예물을 모으는 행적으로 마칩니다

14 역대하 2 Chr, 2 Chronicles — 열왕기상·하의 주석, 솔로몬에서 포로시대 전까지

역대상의 내용이 사무엘하 시기와 겹치기 때문에 역대하는 열왕기상·하 시기에 해당합니다. 그래서 다윗의 후계자인 솔로몬의 이야기가 등장합니다. 선친 다윗의 때에 성전 건축 자금을 마련했다면 아들의 때는 성전 건축이 본격화되어 착공에 들어갑니다. 이로써 분열왕국 시대 때 하나님의 축복은 남유다를 향하고, 솔로몬은 나라를 잘 다스리기 위해 하나님께 기도합니다(6장). 그리고 이 책은 그의 업적

을 기록합니다.

그런데 역대하의 핵심 구절은 7장 14절로 "내 이름으로 일컫는 내 백성이 그 악한 길에서 떠나 스스로 겸비하고 기도하여 내 얼굴을 구하면 내가 하늘에서 듣고 그 죄를 사하고 그 땅을 고칠지라"라는 말씀입니다. 솔로몬의 재임 초기에는 모든 것이 잘 진행되는 것처럼 보였으나 초심을 잃어 그가 죽을 때까지, 그리고 이후 그의 아들 르호보암이 이스라엘의 왕이 될 때 북쪽 지파의 반역이 야기되면서 이스라엘은 두 왕국으로 나뉘게 됩니다(10장). 그러나 10장부터 36장으로 마치기까지 그 중심 내용은 남유다 왕국에 관한 이야기이고, 북이스라엘에 대해서는 아합에 관한 이야기가 전부입니다.

이처럼 역대하는 남왕국 왕들에 관한 내용을 기록하다가 마지막 36장에 가서는 바벨론 느부갓네살 왕에게 예루살렘이 멸망하는 것으로 전개됩니다. 다음 바벨론은 바사(페르시아)에 의해 멸망하면서 바벨론 포로였던 유대 백성들은 바사의 통치를 받게 됩니다. 그러나 하나님은 바사 왕 고레스를 통해 유대인을 귀환케 하셔서 파괴된 예루살렘 성전을 재건케 하십니다.

유대 백성들이 바벨론의 포로로 끌려간 것은 모두 세 차례로 B.C. 605년(다니엘이 끌려감), 597년(에스겔이 끌려감), 586년이었습니다. 1차 포로는 여호야김 왕 3-4년 때였고(왕하 24:1; 렘 25:1), 1차 포로 귀환령이 내려진 것은 고레스 원년인 B.C. 538년이었지만, 이후 얼마 동안 귀환 준비를 한 유대인들은 1년 뒤인 B.C. 537년에 예루살렘으로 돌아왔고(스 1:5, 11, 3:1), 그들이 성전을 건축하기 시작한 것은 B.C. 536년 2월이었습니다(스 3:1, 8).

그러니까 1차로 바벨론에 끌려간 B.C. 605년에서 성전을 재건하기 시작한 B.C. 536년까지 정확히 70년이 걸린 것입니다. 하나님께서 포로 생활이 70년이 될 것이라고 예레미야에게 말씀하셨던 기간과 딱 맞아떨어집니다(렘 25:11-12). 그러면 여기서 분열왕국 시대 왕들에 대해서 살펴보겠습니다. 북이스라엘의 왕은 19명, 남유다의 왕은 20명입니다.

초대 3대 왕			
1	사울	B.C. 1050-1010 (40년간 통치)	초기 하나님께 선택받아 사무엘 사사를 통해 기름 부음을 받았지만, 이후 사위인 다윗을 시기하고 타락하면서 스스로 목숨을 끊음.
2	다윗	B.C. 1010-970 (40년간 통치)	하나님 보시기에 정직히 행한 이스라엘의 대표 왕이지만, 우리야 장군의 아내 밧세바를 취하고 자신의 막강한 군사력을 자랑하기 위해 병력을 셈함으로써 벌을 받기도 함. 이후 회개하고 돌아섬.
3	솔로몬	B.C. 970-930 (40년간 통치)	다윗과 밧세바 사이에서 태어난 왕으로, 초기 그는 선친 다윗 왕처럼 하나님 보시기에 정직하고 선한 왕이었으나 이후 외교 친화적 정책을 펼침으로써 이방 신과 문화가 이스라엘로 유입하게 되었고, 이에 따라 이스라엘의 순수했던 야훼 종교에 혼합을 가져옴.

분열왕국시대의 왕들							
북이스라엘				남유다			
순	이름	통치 기간	평	순	이름	통치 기간	평
1	여로보암 1세	B.C. 933-912	악	1	르호보암	B.C. 933-917	악
2	나답	B.C. 912-911	악	2	아비얌	B.C. 917-915	악
3	바사	B.C. 911-888	악	3	아사	B.C. 915-875	부분적 선
4	엘라	B.C. 888-887	악	4	여호사밧	B.C. 875-851	부분적 선
5	시므리	B.C. 887(7일)	악	5	여호람 (요람)	B.C. 851-844	악
6	오므리	B.C. 887-875	악	6	아하시야	B.C. 844-843	악
7	아합	B.C. 875-853	최악	7	아달랴	B.C. 843-837	악
8	아하시야	B.C. 853-852	악	8	요아스	B.C. 837-798	부분적 선
9	요람	B.C. 852-842	악	9	아마샤	B.C. 798-780	부분적 선
10	예후	B.C. 842-816	악	10	아사랴 (웃시야)	B.C. 780-740	부분적 선
11	여호아하스	B.C. 816-800	악	11	요담	B.C. 740-735	부분적 선
12	요아스	B.C. 800-785	악	12	아하스	B.C. 735-720	최악
13	여로보암 2세	B.C. 785-744	악	13	히스기야	B.C. 720-692	최선
14	스가랴	B.C. 744(6개월)	악	14	므낫세	B.C. 692-639	최악

순	이름	통치 기간	평	순	이름	통치 기간	평
15	살룸	B.C. 744(1개월)	악	15	아몬	B.C. 639-638	악
16	므나헴	B.C. 744-738	악	16	요시야	B.C. 638-609	최선
17	브가히야	B.C. 738-737	악	17	여호아하스	B.C. 609 (3개월)	악
18	베가	B.C. 737-732	악	18	여호야김	B.C. 609-598	악
19	호세아	B.C. 732-722	악	19	여호야긴	B.C. 598-597 (3개월)	악
				20	시드기야	B.C. 597-586	악
앗수르(아시리아)에 의해 멸망				바벨론에 침공당해 포로로 잡혀감			

15 에스라 Ezra, Ezra — 에스라를 통한 2차 귀환과 성전 재건

에스라서와 느헤미야서는 70년의 바벨론 포로 생활을 마치고 세 번에 걸쳐 예루살렘으로 돌아온 유대인에 대해서 기록합니다. 원래 히브리 원전에는 이 두 책을 구분하지 않고 한 권으로 봤습니다. 그 이유는 에스라와 느헤미야가 동시대 같은 사업으로 활동했기 때문입니다. 그래서 에스라서와 느헤미야서는 내용과 관점에서 공통점이 많습니다. 그런데 이후 오리겐(Origen)과 1525년 봄벨그(Bomberg)판 히브리 성경에서 두 권으로 분리되었습니다.

이 책의 내용은 바벨론 포로에서 고향으로 귀환한 유대인들이 그동안의 죄를 회개하고 무너진 예루살렘 성전(하나님의 성전)을 재건하는 것입니다. 이것은 이 책의 저자인 에스라를 중심으로 일어난 종교개혁이었습니다. 따라서 주제는 '성전 회복'입니다. 이는 이방 신을 섬기고, 이방 여인과 통혼했던 문란한 유대인들의 예배가 회복되어 활성화하면서 신앙이 정화됐다는 뜻입니다. 이러한 종교개혁은 스룹바벨(Zerubbabel)과 에스라의 지도로 시행되었습니다. 아래의 표는 이를 간략히 설명한 것입니다.

<table>
<tr><th>시기</th><th>바사</th><th>지도자</th><th>내용</th><th>계기</th><th>성경</th></tr>
<tr><td>1차 귀환
(B.C. 538-6년)</td><td>고레스</td><td>스룹바벨
여호수아</td><td>성전 재건(외적)</td><td>다니엘의 활동</td><td rowspan="2">에스라
에스더</td></tr>
<tr><td>2차 귀환
(B.C. 458-7년)</td><td rowspan="2">아닥
사스다</td><td>에스라</td><td>성전 중심의
신앙공동체 회복,
율법교육(내적)</td><td>에스더 사건</td></tr>
<tr><td>3차 귀환
(B.C. 445-4년)</td><td>느헤미야</td><td>예루살렘 성벽 중건,
공동체 질서 확립</td><td>느헤미야의
금식기도</td><td>느헤
미야</td></tr>
</table>

표에 나타나듯이 이 책에는 다니엘(1차 포로 귀환)과 에스더 왕비(2차 포로 귀환)의 활동이 포로 귀환의 계기가 됩니다. 그러니까 다니엘서는 선지서이지만, 역사서인 에스라서 때의 이야기입니다.

16 느헤미야 Neh, Nehemiah — 느헤미야를 통한 3차 귀환과 성벽 재건

에스라서가 1, 2차 포로 귀환을 설명하고 있다면, 3차 포로 귀환은 느헤미야서에서 나타납니다. 1, 2차 포로 귀환 때는 스룹바벨과 에스라를 통해 성전 재건이 이뤄졌기 때문에 3차 포로 귀환 때는 느헤미야를 통한 '성벽 재건'이 중심 내용입니다. 성전 재건에 이어 성벽을 재건한 것은 귀환한 유대인들의 정치적, 사회적 안정과 함께 앞으로 나타날 부흥을 암시합니다.

특히 느헤미야의 탁월한 지도력은 어떻게 성벽이 재건되었는지 그리고 올바른 예배 제도를 확립하기 위해 어떻게 힘썼는지에 관해 설명합니다. 원래 그는 바사 왕 아닥사스다 1세의 왕국에서 고위층에 속한 술 맡은 관원이었지만, 파괴된 예루살렘 성전과 유대인들의 삶을 왕에게 건의한 후 공식적인 허락을 받아 귀국한 유대인이었습니다. 비록 느헤미야는 선지자가 아니었지만, 에스라 선지자와 함께 백성들의 신앙을 회복하는 데 큰 역할을 한 인물이었습니다.

17 에스더 Esth, Esther — 에스더를 통한 유대민족의 구속

에스더서도 에스라서나 느헤미야서처럼 유대민족이 포로로 있을 때 일어난 한 사건을 중심으로 기록한 책입니다. 이 책은 유대인들을 대학살 하려는 하만의 음모를 알고 이를 대비하는 사촌지간 모르드개와 에스더를 중심으로 전개하고 있습니다. 시기는 바사 고레스 왕의 다음 왕인 아하수에로가 통치하던 때로, 그의 아내 와스디 왕후가 폐위한 후 유대인 에스더가 후궁이 된 때입니다.

에스더서의 중심 사건은 유대인 모르드개가 아하수에로 왕으로부터 신임과 촉망받던 하만에게 절하지 않으면서 발생합니다. 이를 왕의 거역으로 여긴 하만은 모르드개에게 이유를 물었고, 모르드개는 자신이 유대인이기 때문이라고 말합니다. 이 대답을 들은 하만은 매우 화가 나 모르드개만으로는 부족하여 유대인 대학살 음모를 꾸미게 됩니다. 이 사실을 안 모르드개와 각 지방 유대인들은 대성통곡하며 금식하는 자가 많아지면서 소동이 일어나게 됩니다.

하루는 아하수에로 왕이 잠이 오지 않아 역대 일기를 읽는 중 과거 자신을 암살하려 했던 음모가 모르드개의 고발로 인해 해결되었다는 사실을 알게 됩니다. 이에 아하수에로는 모르드개에게 큰 은혜를 베풀게 됩니다. 그러니 모르드개 때문에 화가 머리끝까지 올랐던 하만의 분노가 더욱더 극에 달했던 거죠. 이런 중 왕후 에스더의 잔치에 흡족한 왕은 그의 청을 들어주기로 약속하고, 이때를 기회로 여긴 에스더가 자기 민족이 도륙당할 어려움에 놓였다는 급박한 상황을 말하면서 하만의 입장이 갑작스럽게 큰 곤란에 빠지게 됩니다.

결국, 하만이 모르드개를 죽이려고 준비한 나무에 하만 자신이 달리는 일이 생기면서 유대인들은 생사의 갈림길에서 생명을 부지하는 역전극을 맞이하게 됩니다. 이후 모르드개의 명성은 온 지방에 퍼지게 되었고, 유대인들을 죽이려 했던 대적들이 도리어 제거당하는 반전이 일어납니다. 요약하면, 세상 어느 곳에서든지 모든 상황을 주관하시는 분은 하나님이시며, 특히 자기 백성을 끝까지 지키시고 돌보신다는 것입니다.

시가서 5권, 왕정시대, 올바른 신앙과 인생의 지혜

시가서는 율법서나 역사서와 달리 개인의 신앙과 경험에 초점을 둡니다. 그중 시편과 잠언은 저자가 여러 명이기는 하지만 대부분 다윗과 솔로몬에 의해 기록되었기 때문에 이 두 사람을 대표적인 저자로 보고 있습니다. 그래서 욥기는 욥을, 시편은 다윗을, 잠언, 전도서, 아가서는 솔로몬을 중심으로 한 글입니다.

우리는 시가서를 통해 건강하고 올바른 신앙생활이 어떤 것인지, 어려운 상황에 부닥쳤을 때 이를 믿음으로 극복하기 위한 성경적 이해 방식은 무엇인지, 그리고 이 상황을 지혜롭게 대처하여 극복하는 신앙은 어떤 모습인지를 살펴볼 수 있습니다.

18 욥기 Job, Job — 의인의 고난과 신앙

욥기의 시기는 창세기와 마찬가지로 족장시대에 해당합니다. 이 책은 욥이라는 한 신앙인의 삶을 다루는데, 의인으로 살아가는 사람이 이유 없이 겪게 되는 인생의 고난을 그리고 있습니다. 이 책의 주제는 두 가지로 하나는 창조주 하나님의 절대적 주권이고, 다른 하나는 고난 중에도 흔들리지 않는 신실한 신앙을 일러줍니다. 결국, 이 땅에 살면서 일어나는 모든 일은 하나님의 섭리와 통제 아래 있으며, 어떤 이유나 잘못 없이 찾아온 의인의 고난과 역경일지라도 그 모든 것의 섭리자이신 창조주의 주권을 인정하는 믿음이야말로 올바른 신앙임을 이 책은 말해줍니다.

이런 측면과 관련하여 보통 사람들은 고통과 환란의 출처가 죄로부터 발생한다고 여기는 경향이 있는데, 이 책의 주인공인 욥의 고난은 그런 사고에 반박합니다. 물론 하나님은 공의로우시므로 죄에 대해 벌하시고 심판하십니다. 하지만 때로는 죄와 상관없이 연단과 훈련의 목적으로 고난을 겪게도 하십니다. 바로 욥이 겪었던 고난과 고통이 이에 해당합니다. 끝까지 믿음을 지킨 욥은 하나님을 향한 신실한 회개, 찬송, 고백으로 시험에서 승리합니다.

19 시편 Ps, Psalm — 찬양과 탄원의 시

일반적으로 이 책의 저자는 다윗이라고 보고 있습니다. 총 150편의 시편 중 약 73편 정도가 그에 의해 기록되었으니까요. 그러나 시편은 다윗뿐 아니라 모세가 제90편과 바벨론 포로 시대 또는 그 이후에 제126편과 제137편, 솔로몬의 시로 제72편, 제127편, 아삽의 시로 제50편, 제73-83편, 고라의 자손에 의해 제42편, 제44-49편, 제84편, 제87편, 제88편 등 여러 명에 의해 기록되었습니다. 그래서 시편은 다섯 권의 책이 한 권으로 묶인 책입니다. 이것은 이 책의 기록 시기가 모세에서 에스라까지 약 1000여 년 동안 하나님을 찬양한 노래와 시들을 모은 것이라는 뜻입니다. 하지만 절반가량이 다윗에 의해 기록되었기에 보통은 '다윗의 시'라고 부릅니다.

또한, 그 대표적인 배경도 다윗의 생애가 기록된 사무엘상·하 시대에 해당하기도 합니다. 이런 이유로 시편은 하나님을 찬양하는 시와 노래이지만, 다윗의 생애와 관련된 시들이 많습니다. 주로 하나님께 대한 기쁨과 슬픔, 감사와 찬양, 죄의 고백과 같은 것을 담고 있고, 이스라엘의 각종 예배와 축제 그리고 경배와 찬양을 통해 하나님을 높이는 것이기 때문에 예배의 용도와 신앙의 교본으로 삼습니다. 요약하면, 이 책은 하나님께 대한 개인적인 경험과 예배공동체 안에서 얻는 신앙적 체험 등을 찬양과 시로 쓴 시가서입니다.

20 잠언 Prov, Proverbs — 일상에서의 지혜와 분별

지혜서로 알려진 이 책의 저자는 지혜의 왕 솔로몬입니다. 잠언도 시편처럼 저자가 여러 명이지만 대부분 솔로몬이 기록했기 때문에 히브리 성서는 이 책을 "솔로몬의 잠언들"이라고 부릅니다.

특히 이 책의 지혜는 현세적 삶에서의 지혜를 기록하고 있는데, 그래서 이 책은 성공적 삶을 위한 안내서라고 할 수 있습니다. 그러나 여기서 말하는 성공적인 삶은 세속적으로 통념 된 물질, 인기, 권력 중심의 삶을 뜻하지 않습니다. 물론 잠언은 실제적인 부분들을 기록하고 있습니다. 그러나 일상에서 나타나는 모든 삶의 자세와 경험을 영적인 차원에서 하나님과의 인격적인 관계와 연결합니다.

따라서 이 책이 말하는 근본적인 지혜는 '하나님을 경외하는 것'이고, 이런 삶이야말로 '성공한 인생'임을 강조합니다. 같은 맥락에서 이 책이 아무리 현세적 삶의 안내서라 할지라도 이를 생존을 위한 인간적 처세술 정도로 여기는 것은 잘못된 이해입니다. 잠언의 지혜와 성공적 삶은, 인생을 철학적으로 회고하면서 경건한 삶을 추구하며, 진정한 만족과 삶의 근본을 하나님께 두는 것이 옳은 것이라고 가르칩니다. 아울러 이 책은 개인적 차원을 넘어 윤리적이고 도덕적인 부분과 함께 사회 정의에 대한 건전한 신앙적 태도에 대해서도 안내합니다.

21 전도서 Eccl, Ecclesiastes 참된 인생과 헛된 인생

잠언처럼 전도서의 저자도 솔로몬입니다. 그가 이 책에서 말하고자 하는 것은 행복관, 인생관, 우주관을 사람들에게 안내하려는 것으로, 이 책은 그의 인생 말년에 기록한 자서전입니다.

먼저 솔로몬이 말하는 인생관은 전도서처럼 하나님을 경외하고 그분의 명령에 순종하는 것입니다. 반대로 하나님을 떠나 자기 기준과 세상 가치에 따른 삶은 일순간 기쁘고 즐거울지는 모르나 헛된 삶으로 의미가 없을뿐더러 그러한 인생은 불행한 것이라고 말합니다. 곧 인생이란 하나님 안에 있을 때 진정한 것이 되고, 그분의 가치관에 따라 사는 삶이야말로 복된 것이라고 이 책은 강조합니다.

그런데 여기서 잠시 언급할 것은, 그의 가르침이 인생 경험을 바탕으로 한 사념처럼 어느 한 현자가 깨달은 것을 일반화한 것이 아니라는 점입니다. 솔로몬은 이스라엘의 한 왕으로서 국가적인 차원만이 아니라 주변국 왕들과도 외교적 친분을 넓게 맺었던 명성 있는 지혜의 왕이었음을 고려할 때 그는 누구보다 다양하고 포괄적인 세계관을 가졌다고 볼 수 있습니다.

따라서 그의 가르침을 단순히 인본주의적 지침서나 인생 지혜서 정도로만 여기는 것은 잘못입니다. 왜냐하면 비록 전도서는 솔로몬의 경험을 바탕으로 쓴 것이기는 하나 이 책은 신본주의적 관점에서 쓴 하나님의 말씀이기 때문입니다. 그러므로 이 책은 피조물로서 그 존재성과 본질적 삶은 창조주와의 깊은 관계성에서 찾아야 한다고 강조합니다.

22 아가 SS, Song of Songs 솔로몬과 술람미 여인의 사랑 이야기

솔로몬은 세 권의 시가서를 지었는데, 그중 성경순이 아닌 기록순으로 본다면 이 책이 첫 번째 책입니다. 그러니까 연대순으로 나열하면 아가서-잠언-전도서 순이고, 성경순으로 나열하면 잠언-전도서-아가서가 됩니다. 그리고 시가서의 시대적인 배경은 솔로몬의 생애가 기록된 열왕기상 시기에 해당합니다.

이 책에서 솔로몬은 남녀의 사랑과 결혼 생활의 기쁨을 노래하는데, 일반적으로 그의 청년기에 기록한 것으로 보고 있습니다. 히브리 성서에서 아가서는 "노래 중의 노래"라고 칭하는데, 영어 성경은 저자를 생각해서 "The Song of Solomon"(솔로몬의 노래)이라고 명명합니다.

이 책은 남녀 간의 고상하고 아름다운 사랑 이야기를 그리고 있습니다. 남성 주인공은 솔로몬이고, 여성 주인공은 흑인 여인인 술람미입니다. 이것은 비유적인 표현으로 솔로몬은 우리를 위해 생명을 희생하신 왕, 곧 예수님을 상징하고, 술람미 여인은 신부 된 교회와 그리스도인으로 해석합니다. 따라서 이 책은 예수 그리스도와 성도(또는 교회) 간의 거룩하고 고귀한 사랑을 표현합니다.

또한 이 책은 남녀의 사랑을 통해 결혼의 중요성도 일러줍니다. 특히 신분적으로 높았던 왕과 낮고 비천한 흑인 여성의 순수한 사랑을 풍부한 시적 은유와 다양한 수사학적 기법을 통해 아름다운 노래로 묘사하고 있습니다. 이는 하나님의 거룩하고 순수한 사랑을 표현한 것으로서 극단적인 신분적 거리로 인해 도저히 만나지도, 대화할 수도 없을 만한 두 인물의 비현실적 만남을 통해 초월적인 하나님 사랑의 위대함을 보여주고 있습니다. 그래서 이 책은 우주보다 넓으신 하나님의 무한한 사랑을 일러줌과 동시에 그리스도인이 소유하고 실천해야 할 기독교의 사랑이 무엇인지를 가르쳐주고 있습니다.

참고로 알아둘 것은, 구약성경에서 하나님에 대한 직접적인 언급이 단 한 번도 나오지 않는 책 두 권이 있는데, 바로 에스더서와 아가서가 그런 책입니다. 하지만 이 두 권이 하나님의 말씀이라는 것은 분명합니다. 따라서 모든 그리스도인은 세상과 공존하면서 하나님께 속한 것과 그렇지 않은 것을 성경적 사고로 분별할 수 있는 건강한 기독교적 가치관과 삶의 방식으로 존재할 수 있어야 합니다.

선지서 17권, 왕정시대, 이스라엘의 선지자들

예언서라고 일컬어지는 17권의 선지서는 대선지서 5권, 소선지서 12권으로 구분되어 있습니다. 선지서는 이스라엘 역사에서 활동한 여러 선지자에 관한 이야기로, 핵심은 하나님께서 그들을 통해 이스라엘에 전하시려는 메시지와 사건을 중심으로 전개됩니다. 따라서 선지서를 이해하기 위해서는 각 선지자의 활동 시기와 시대적 배경을 함께 살피는 것이 본문 이해에 유익합니다.

요약하면, 이스라엘은 계속 죄를 범하지만, 하나님은 끝까지 자기 백성을 버리지 않으시고, 왕과 선지자를 통해 이 민족을 회복하시기 위해 힘쓰십니다. 역사서가 왕을 통해 하나님의 거룩한 구원 의지를 보여줬다면, 선지서는 선지자를 통한 용서와 회복의 구원 의지를 보여줍니다. 그러니까 왕과 선지자는 동시대에 활동한 거룩한 직임이었습니다.

선지자, 곧 예언자를 뜻하는 가장 보편적인 용어는 '나비'(Nabi)라는 용어인데, 이것은 구약성경에서만 약 300회 이상 사용하고 있습니다. '나비'의 어원은 분명하지 않으나 바벨론어 '나부'(Nabu)에서 유래된 말로서 '부름을 받은 자'라는 뜻입니다. 그리고 '부름을 받은 자'라는 말은 하나님으로부터 '소명을 받은 자'라는 말로 이해합니다.

이를 좀 더 설명하면, (1) 하나님께 부르심 받았다는 소명 의식이 분명한 자, (2) 하나님으로부터 끊임없이 영감을 받는 자, (3) 하나님의 대변자로서 인간에게 하나님의 말씀을 선포하는 자라는 의미가 있습니다. 따라서 선지자는 현재를 살아가는 사람들에게 미래의 일을 말해주는 예견자의 의미보다 '하나님의 말씀을 정확히 전하는 전달자'라고 보는 것이 정확합니다. 그러나 그들이 전한 메시지의 대부분이 죄를 범하므로 맞게 될 미래적인 일들을 담고 있으므로 예견자적 의미까지 포함하게 된 것입니다. 우리는 선지서에 나타난 16명의 선지자를 통해 이스라엘 민족을 향한 하나님의 깊고 넓으신 초월적 사랑과 지속적인 구원 의지를 느낄 수 있습니다.

23 이사야 Isa, Isaiah — 고난받는 종과 이스라엘의 영광

이사야라는 인물은 아마샤의 동생 또는 웃시야 왕의 사촌으로 왕족이라는 주장이 있지만, 확실한 것은 그가 귀족 출신이라는 겁니다. 당시 왕족의 이름 밑에는 일반적으로 '야'를 즐겨 붙였는데, 이는 여호와 하나님의 이름, 곧 야훼 하나님의 명칭에서 따 온 것이었습니다. 이것이 왜 중요하냐면 그의 사회적 신분과 지위가 자신의 사역 범위에도 영향을 끼쳤기 때문입니다. 이사야가 다른 선지자들보다 왕과 더 가깝게 소통할 수 있었던 이유나 제사장과 친분을 맺을 수 있었던 이유가 바로 이런 것과 연결되어 있다는 뜻입니다.

특히 이 책은 성경의 축소판이라는 별명이 있는데, 그 이유는 성경의 핵심적인 내용을 압축하고 있기 때문입니다. 그 내용을 살피면, 1-39장은 죄에 대한 심판, 포로 생활, 유대인의 흩어짐을 기록하고 있고, 40-66장은 평화로서 포로 생활에서의 귀환, 다시 오실 메시아, 유대인들의 모임으로 전개되고 있습니다. 문서비평으로 이 책의 전반부 39장까지는 구약성경 39권의 구조로 이스라엘이 죄로 인해 고난받는 내용이 주를 이루고, 40장부터 66장 후반부까지는 신약성경 27권의 구조로 장차 나타날 메시아 왕국의 영광에 대한 희망적 내용이 중심을 이룹니다. 따라서 이 책의 주제를 한 문장으로 말하면, 죄에 대한 심판과 남아 있는 자들, 곧 '믿음을 지킨 자들에 대한 종말론적 구원'입니다.

또한 성경 전체에 대한 아주 중요한 장으로 53장은 인류를 위해 고난받는 종이신 예수 그리스도에 대해 예언하고 있습니다. 그러나 고난받는 종의 십자가 승리는 54장으로 넘어가면서 하나님의 영원한 은혜와 자비로 인해 구원이 완성됩니다. 이후 후반부 65장부터는 새 하늘과 새 땅의 창조가 이루어지고, 66장에서는 하나님의 완전한 공의와 심판이 실현되면서 막을 내립니다.

24 예레미야 Jer, Jeremiah 남유다의 포로됨과 귀환

이 책의 주제는, 죄악에는 반드시 하나님의 심판이 있다는 눈물의 경고를 통해 유대인들이 죄를 깨달아 회개하고 하나님께로 돌아와야 한다는 것입니다. 그리고 이런 비극적 메시지를 전해야 할 선지자가 바로 예레미야였습니다. 그렇다면 그가 전한 메시지는 무엇이었을까요?

그것은 남유다가 회개치 않는다면 바벨론의 느부갓네살 왕에 의해 예루살렘이 침공당할 것이고, 이후 포로로 끌려가 70년의 세월을 타국에서 살게 될 것이라는 메시지였습니다. 이런 내용을 전해야 했던 그가 사람들에게 인기를 얻기란 만무했습니다. 하지만 예레미야는 자기 백성을 절대 버리지 않으시는 하나님의 긍휼과 사랑을 선포함과 동시에 징계는 사랑의 표현이라고 말하면서 백성들을 위로한 선지자였습니다. 그래서 생긴 그의 별명이 '눈물의 선지자'입니다. 한편, 구약학자인 기민석 교수(한국침례신학대학교)는 이보다 좀 더 감정적인 표현으로 그를 '우울한 선지자'라고 칭합니다.[27]

27 기민석, 『예언자, 나에게 말을 걸다』 (서울: 두란노출판사, 2011), 190~206.

이처럼 선지자 예레미야의 상황을 들여다보면 회개치 않는 남유다 백성들의 교만한 모습을 보면서 그가 얼마나 심적이고 정신적으로 극한 스트레스를 받았을는지 연상이 됩니다. 당시 그가 활동할 시기는 남유다 역사상 가장 곤란하고 비참한 시기라고 볼 수 있습니다. 그래서 구약학자 최종진 박사(서울신학대학교 명예교수)는 그의 이름이 뜻하듯 "예레미야"라는 이름은 "야훼(하나님)가 내 던지시다"라는 뜻이라고 말합니다. 그러나 그는 하나님께서 예레미야를 던진 것은 '기초를 놓는 것'이라고 설명하면서 그 뜻을 '야훼(하나님)께서 세우시다'라는 말로 새롭게 이해하기도 합니다.[28]

같은 맥락에서 예레미야는 장차 나타날 새 하늘과 새 땅의 놀라운 비전도 함께 선포했던 남유다 멸망 무렵의 선지자였습니다. 그리고 이 책은 남유다뿐 아니라 이방 나라에 대해서도 예언합니다.

25 예레미야애가 Lam, Lamentations 남유다의 멸망과 예레미야의 슬픔

이 책은 예레미야에 의해 기록된 두 번째 책으로, 70인역에서는 '드레노이'라는 이름의 '조가' 혹은 '비탄'이라는 뜻이 담겨 있습니다. 제목에서 알 수 있듯이 이 책은 바벨론이 남유다의 예루살렘을 세 차례에 걸쳐 침공하고 약탈한 것을 목격한 예레미야의 비통한 슬픔을 다섯 개의 노래로 기록한 것입니다. 예레미야서에서 살펴본 것처럼 예레미야 선지자는 남유다가 바벨론에 함락되어 포로로 잡혀갈 무렵인 이스라엘 역사상 가장 비참했던 시기에 활동했던 선지자였습

28 최종진, 『구약성서개론』 (서울: 소망사, 2000), 492.

니다. 그는 남유다의 마지막 왕인 시드기야와 백성들에게 평화를 위해서는 바벨론에 항복해야 한다고 설득했지만, 남유다는 이를 거부하고 애굽의 편에 손을 들면서 멸망하게 됩니다.

그래서 이 책의 구성은, 제1 노래-하나님의 심판과 도우심을 바라는 간구(1장), 제2 노래-하나님의 진노와 탄식(2장), 제3 노래-고난 중에서도 희망을 향한 길(3장), 제4 노래-하나님의 형벌(4장), 제5 노래-하나님께 대한 백성들의 기도(5장)로 구성되어 있습니다.

정리하면, 애가서는 하나님의 무서운 징벌을 초래한 남유다의 죄악을 폭로하면서 회개를 촉구하는 예레미야의 슬픔을 담은 노래입니다. 하지만 그런 중에도 하나님의 언약에 대한 신뢰와 다시금 회복할 날을 기대하는 소망의 노래입니다. 물론 재앙적 묘사로 시작해서 하나님께서 이스라엘을 버렸을지 모른다는 고통 어린 추정으로 끝을 맺고는 있지만, 그런데도 이스라엘의 신이신 하나님의 자비는 끝이 없고, 결국에는 모든 것이 새로워질 것이라는 희망과 확신을 버리지 않습니다.

남유다에 대한 세 번의 침공과 바벨론 유수

이쯤에서 이 시기에 대한 바벨론, 애굽, 앗수르, 남유다의 역사적 정황을 잠시 살펴보겠습니다. 당시 바벨론과 신경전을 벌였던 강대국은 애굽과 앗수르였습니다. 이 두 나라는 연합하여 1차 갈그미스 전투(B.C. 609년)에서 바벨론과 충돌하지만, 무승부로 끝나고 맙니다. 이후 애굽과 바벨론은 2차 갈그미스 전투(B.C. 605년)에서 재격전했는데, 이때는 애굽이 바벨론에 참패하고 맙니다. 그러다 보니 그전까지 애굽 편이었던 남유다에 대해 바벨론의 시선이 곱지 않았던 거죠. 그래서 남유다는 세 차례에 걸쳐 바벨론의 포로로 끌려간 것입니다.

남유다, 정확하게 말하면, 이스라엘 민족의 신앙적 자존심이었던 예루살렘 성전이 불에 타버린 바벨론의 제3차 침공의 날은 이스라엘에 가장 치욕스러운 날이었습니다. 양력으로는 한여름에 해당하는데, 이스라엘 백성들은 이날에 예루살렘의 유명한 성지인 '통곡의 벽'(Wailing Wall)[29]에 모입니다. 이날은 연중 가장 많은 사람이 모이는 날로 술과 음식을 먹지 않고, 성전에 모여 '예레미야애가'를 읽으면서 그때의 고통을 되새기며 기억한다고 합니다. 아래 표를 보면서 3차에 걸쳐 바벨론의 포로로 끌려간 내용을 살펴봅시다.

시기	남유다 왕	바벨론 왕	포로 대상	약탈	성경
1차 포로 (B.C. 605년)	여호야김 3년 또는 4년	느부갓네살 원년	**다니엘,** 왕족, 귀족	성전 기구	렘, 단
2차 포로 (B.C. 597년)	여호야긴 즉위년	느부갓네살 8년	**에스겔,** 왕을 비롯한 권세 있는 자들, 예루살렘 시민, 방백, 용사 총 1만 명, 대장장이	성전과 왕궁의 보물	겔, 왕하, 대하
3차 포로 (B.C. 586년)	시드기야 11년	느부갓네살 19년	시드기야 왕, 가난하고 천한 자 외의 모든 사람	예루살렘 성벽을 허묾	왕하, 대하, 렘

29 통곡의 벽은, 고대 유대인들이 아주 중요하고도 거룩하게 여긴 곳으로 A.D. 70년 로마인에 의해 파괴된 예루살렘 제2 성전 중 현존하는 유일한 유적지입니다. 옛 바벨론에 의해 침공당한 것과 함께 이 사건으로 예루살렘이 멸망하여 유대인들이 전 세계로 흩어졌기 때문에 터전을 잃은 유대인들이 유적으로 남은 이 벽에 모여 통곡했다고 해서 '통곡의 벽'이라는 이름이 붙게 된 것입니다.

표에서 알 수 있듯이 1차 바벨론 유수는 여호야김 왕 때였습니다. 그는 남유다의 18대 왕으로 부친은 그 유명한 요시야 왕(16대)입니다. 요시야는 8살에 왕으로 즉위하여 하나님의 성전을 정화하고, 백성들이 열심히 모은 돈으로 성전을 보수했으며, 바알과 아세라와 같은 우상을 타파한 선왕이었습니다. 이 시기에 등장하여 그를 도와 종교개혁을 단행한 선지자가 바로 예레미야였습니다. 이런 정황을 볼 때 두 사람의 관계는 두터웠고, 이후 요시야 왕의 죽음은 예레미야와 온 유다 백성들에게 너무나도 큰 충격과 슬픔이었습니다.

특히 동역자로서 요시야 왕의 죽음은 예레미야에게 개인적으로 굉장히 비통한 일이었습니다. 예레미야가 그를 위해 애가를 지을 정도였으니까요. 요시야 왕이 죽게 된 것은 애굽과 바벨론(앗수르와 연합)의 제1차 갈그미스 전투(B.C. 609년) 때였습니다. 당시 애굽의 처지에서 앗수르와 연합하여 바벨론을 치려면 남유다를 지나야 할 상황이었는데, 요시야 왕이 이를 잘못 파악하여 올라오는 애굽군에 대적하다가 그만 애굽 궁수가 쏜 화살에 허망하게 죽고 말았던 것입니다.

그리고 그가 죽자 백성들은 그의 아들인 여호아하스(17대)를 급히 왕으로 세우지만, 전투 이후 애굽은 여호아하스를 폐위(3개월 만에)하여 애굽의 포로로 잡아갔고, 그의 형인 여호야김을 왕으로 세우면서 남유다는 애굽에 종속되어 조공을 바치게 됩니다. 그 이유가 무엇이냐면, 애굽이 앗수르와 함께 바벨론을 치기 위해 향한 길에 요시야 왕이 애굽을 막아 대적했기 때문입니다. 그래서 전쟁배상금을 죽은 요시야의 아들인 여호야김 왕에게 묻겠다는 것이었죠. 그리고 유다 백성들이 세운 여호야김의 동생 여호아하스는 애굽의 인질이 되고 맙니다.

이런 상황임에도 여호야김은 동생 여호아하스가 애굽에 잡힌 것에 연연해하지 않았습니다. 그는 동생을 시기했고, 애굽과 내통함으로써 자신이 남유다의 왕이 되어 애굽에 충성을 맹세했던 것이죠. 그러니까 여호야김은 애굽의 허수아비 왕이나 다름없었습니다.

그러던 차에 다시 애굽과 바벨론 사이에 전쟁이 일어나는데, 이때가 B.C. 605년의 제2차 갈그미스 전투로 애굽은 완패하고 맙니다. 그리고 바벨론은 승리의 속전을 미루지 않고 남유다의 예루살렘까지 밀고 내려옵니다. 이때가 여호야김 즉위 3년째였습니다. 결국, 애굽에 의해 남유다 왕이 된 여호야김은 쇠사슬에 묶였고, 바벨론 유수 1차(B.C. 605년, 다니엘이 포로로 끌려감)가 시작된 것입니다. 지금까지 애굽에 복종했던 남유다의 입장에서 어느 편에 서야 할지 무척 고민스러웠겠지만, 현재는 바벨론에 점령당한 거니까 꼼짝없이 끌려갈 수밖에 없었습니다.

이때 예레미야는 한 가지를 제안하는데, 평화를 위해서 바벨론을 섬기자는 것이었습니다. 하지만 3년이 지난 B.C. 602-597년 여호야김은 바벨론을 배반하고 맙니다. 그리고 이를 알았던 바벨론의 느부갓네살은 가만있지 않았습니다. 암살부대를 보내 여호야김을 살해하면서 2차 바벨론 유수(B.C. 597년, 에스겔이 포로로 끌려감)가 진행된 것입니다. 이제 왕을 잃은 백성들은 남유다의 19대 왕으로 여호야긴을 세웁니다. 그러나 그도 여호아하스처럼 즉위 3개월 만에 포로로 끌려가고, 느부갓네살은 남유다의 20대 왕으로 시드기야를 세우게 됩니다.

그러고 보니 왠지 내용이 반복되는 것처럼 느껴지지 않나요? 맞습니다. B.C. 609년 제1차 갈그미스 전투 때 애굽과 바벨론은 무승부로 끝났습니다. 그리고 애굽은 전투지에서 내려오면서 남유다 백성들이 세운 여호아하스 왕을 폐위하고 포로로 잡아갑니다. 이때 애굽의 왕 바로느고는 여호야김을 남유다의 왕으로 세워놓고 그를 조종하죠.

그리고 B.C. 605년에 제2차 갈그미스 전투 때에는 무승부로 끝났던 제1차 갈그미스 전투와는 달리 바벨론이 승리하게 되면서 남유다의 예루살렘까지 쳐들어왔던 것입니다. 애굽에 의해 세워진 여호야김 왕은 바벨론에 복종할 것을 다짐했고, 그래서 풀어줬더니 3년 후 그는 바벨론을 배반하면서 느부갓네살 왕이 보낸 부대 때문에 살해당하게 된 것입니다. 이때 활동했던 선지자가 바로 하박국(B.C. 610-597년)이었습니다. 여호야김이 죽은 후 바벨론은 새 왕이었던 여호야긴 왕(3개월간만 통치)과 왕가들, 그리고 모든 실권자와 고급 인력을 모조리 포로로 잡아가면서 여호야긴의 숙부였던 시드기야(B.C. 597년)를 다음 왕으로 세워 남유다를 조종합니다. 마치 1차 갈그미스 전투 때 애굽이 남유다를 조종했던 것과 비슷한 행동을 이번에는 바벨론이 한 것입니다. 하지만 이후 시드기야(20대)도 여호야김(18대)처럼 바벨론을 배반하면서 남유다에 대한 바벨론의 3차 침공이 3차 바벨론 유수(B.C. 586년, 시드기야 11년)로 이어진 것입니다. 이로써 예루살렘성은 초토화되었고, 남유다 왕국은 완전히 멸망하게 됩니다.

그러고 보니 예레미야는 요시야 왕(16대) 때로부터 뒤를 이은 왕들, 곧 여호아하스(17대), 여호야김(18대), 여호야긴(19대), 시드기야(20대)를 거쳐 남유다의 완전한 멸망을 겪어야만 했던 선지자였습니다. 그러니 그의 삶이 얼마나 암울했을까요? '눈물의 선지자'이든 '우울한 선지자'이든 상관없이 그의 별명이 이럴 수밖에 없었던 이유는 이런 남왕국의 현실 때문이었습니다. 이런 상황에 눈물을 흘리지 않을 사람이 누가 있겠고, 우울하지 않을 사람이 있다면 누구겠습니까? 예레미야는 이런 시대적 비극 속에서 힘겹게 자신의 직무를 감당했던 것입니다.

또한 당시에 애굽과 바벨론은 적대적 관계이다 보니 애굽에 조공을 바치는 남유다를 바벨론이 좋게 볼 이유가 없었습니다. 점점 패권을 쥐게 된 바벨론은 야금야금 자신의 영토를 넓혀갔고, 두 번에 걸친 배반으로 화가 날 대로 난 바벨론은 세 번에 걸쳐 남유다를 공격하면서 그때마다 유대인들을 포로로 잡아갔던 것입니다. 이것이 세 번의 침공에 의한 세 번의 바벨론 유수였습니다.

정리하면, 요시야 왕 이후 남유다의 상황은 멸망 그 자체였습니다. 하지만 바벨론의 새 왕으로 고레스가 등극한 이후 그의 칙령에 따라 유대민족은 그들의 고향인 예루살렘으로 돌아가게 되는데 이것이 그 유명한 세 번에 걸친 포로 귀환입니다. 그리고 그때 이들을 인솔한 지도자가 바로 스룹바벨(1차), 에스라(2차), 느헤미야(3차)였습니다.

이런 내용을 좀 더 쉽게 이해하기 위해서 침공도 세 번, 포로로 끌려간 것도 세 번, 다시 귀환한 것도 세 번으로 알고 있으면 좋습니다. 예레미야애가에서 기록한 것처럼 남유다는 비극적인 결말을 맞은 것 같지만, 예레미야 선지자의 소망과 확신처럼 하나님께서는 자기 백성을 해방해 주셨습니다. 그러니까 구약성경에서 이 책을 지나 다음으로 이어질 상황은 바벨론에 끌려간 포로기의 내용입니다. 따라서 이어질 구약성경은 다니엘서와 에스겔서입니다. 그런데 성경에서는 에스겔서가 먼저 나오지만, 연대순으로 나열하면 다니엘이 1차 포로였고, 에스겔은 2차 포로였습니다(156쪽의 표 참조).

26 에스겔 Ezek, Ezekiel — 예루살렘 성전의 붕괴와 기대

에스겔은 남유다 왕국이 바벨론에 침공당할 즈음 2차 포로로 끌려간 제사장이자 선지자였습니다. 그러니까 예레미야 선지자와 동시대에 활동했던 사람이죠. 에스겔은 남유다의 여호야긴 왕이 통치하던 시기에 포로로 잡혀갔지만, 3개월이라는 여호야긴의 짧은 통치 기간을 생각할 때 그의 활동 시기는 여호야긴보다 그다음 왕인 시드기야의 통치시기로 보는 것이 맞습니다. 물론 시드기야가 통치할 무렵 에스겔은 이미 여호야긴과 함께 포로로 끌려가 바벨론에서 활동했지만, 당시 남유다 왕은 시드기야였으니까 에스겔이 실제로 활동한 시기를 남유다를 기준으로 할 때 시드기야 통치시기로 보는 것이 적절하다는 말입니다.

이 책의 주제는 예루살렘과 하나님의 민족에게 닥친 비극적인 상황 앞에 죄는 반드시 하나님의 심판을 불러온다는 것과 지금이라도 회개하고 그릇된 신앙을 올바로 회복해야 한다는 것입니다. 바벨론에 2차 포로로 끌려간 에스겔은 그곳에서 선지자의 소명을 가지고 포로민들을 위해 활동했습니다. 그는 유대인들에게 죄악의 심각성과 하나님의 심판을 전하면서 동시에 참된 회개로 구속의 은혜를 받을 수 있다는 희망과 귀환의 메시지를 전했습니다. 그래서 에스겔이라는 이름의 뜻이 "하나님께서 강하게 해주신다" 또는 "하나님은 강하시다"라는 의미입니다. 이런 의미에서 이 책을 두 단어로 표현하면 "책망과 위로"입니다. 에스겔은 이 모든 일의 원인이 죄라는 것을 유대민족에게 단호하게 지적했지만, 유대인의 최후 승리와 원수들의 완전한 멸망을 확신시키려고 힘썼던 신실한 제사장, 희망의 선지자였습니다.

이런 차원에서 이 책은 유대민족을 침공하고 괴롭혔던 다른 나라들의 최후 멸망을 38-39장에 기록합니다. 비록 에스겔이 활동한 시대가 심판을 피할 수 없는 시기였지만, 그는 새 이스라엘의 환상을 보며 희망을 계속 전했습니다. 특히 그는 이런 메시지를 전하기 위해 여러 상징성 있는 환상을 통해 이 책을 전개하는데, 그래서 나타난 비유가 무려 22가지나 됩니다. 그리고 이 책의 문체는 묵시적 산문체로 되어 있습니다. 그중 유명한 비유가 바로 마른 뼈들의 비유(37:1-14)입니다. "주 여호와께서 이 뼈들에게 이같이 말씀하시기를 내가 생기를 너희에게 들어가게 하리니 너희가 살아나리라" 아멘.

27 다니엘 Dan, Daniel — 이방 나라의 결말

신약성경의 묵시문학으로 요한계시록이 있듯이 구약성경에는 다니엘서가 있습니다. 그만큼 다니엘서는 요한계시록처럼 신비한 계시의 환상들로 가득 차 있습니다. 그뿐만이 아니라 요한계시록이 없이 다니엘서의 이해는 불가능합니다. 두 예언서를 기록한 저자들의 상황을 봐도 다니엘은 바벨론에 포로로 끌려갔을 때이고, 사도 요한은 밧모섬에 유배되었을 때 각각 글을 썼습니다. 이처럼 두 책이 연결된다는 것은 이 책 12장 8-9절과 계시록 5장 1-5절을 비교하면 알 수 있는데, 이 책에 감추어진 것이 계시록에 공개되기 때문입니다.[30]

다니엘은 에스겔보다 먼저 포로로 끌려간 사람이었습니다. 에스겔이 바벨론의 포로가 된 유대 백성들에게 예루살렘으로 귀환한 이후에는 새 성전이 재건될 것이라고 위로하고 희망을 심어줄 때, 다니엘은 바벨론 왕국의 권력자들에게 바벨론, 바사, 그리스(헬라), 로마에 대한 하나님의 계획을 계시했습니다. 공교롭게도 이것은 바벨론의 느부갓네살의 꿈과 비교할 수 있는 것인데, 특히 하나님을 모르는 이방 나라 왕의 꿈(단 2:31-45)과 한 선지자의 꿈(단 7:1-27)이 비교되는 일이 발생했다는 것은 참 놀라운 일입니다. 두 사람의 꿈은 여러 형태로 나타났지만, 모두 바벨론(금), 페르시아(은), 그리스(놋), 로마(철)의 미래에 대한 예언으로 적그리스도가 등장하게 될 것이고, 이후 그리스도가 나타나시면서 천년왕국과 영원한 나라가 펼쳐질 것이라는 꿈이었습니다. 이런 차원에서 다니엘서를 구약의 계시록이라고 부릅니다.

그래서 신학계에서는 다니엘서, 에스겔서, 요한계시록이 예언적 메시지로 기록되어 있기 때문에 이 세 권의 성경을 '묵시문학'(Apocalyptic Literature)이라고 부릅니다. '묵시'라는 말은 '신께서 인간에게 계시를 통하여 진리를 표현하는 것'을 말합니다. 그러니까 하나님께서는 다니엘과 사도 요한에게 꿈과 환상을 통해 미래의 일을 계시하셨다는 말입니다.

그렇다면 앞으로 이방 나라들의 역사는 어떻게 될까요? 결론부터 말하면, 전부 하나님의 심판으로 멸망하게 됩니다. 그리고 이 멸망

30 최종진, 『구약성서개론』, 520.

은 바벨론-페르시아-그리스-로마 순으로 진행됩니다. 실제 바벨론은 페르시아에 멸망 당하고(B.C. 536년), 페르시아는 그리스의 알렉산더(Alexandros)가 이끄는 군대에 함락당합니다(B.C. 332년). 그리고 이때부터 그리스는 헬라어를 피정복국가들에 확산시킵니다. 하지만 외적으로 거대해진 그리스는 많은 내적 문제를 안게 되었고, 결국, 그리스도 여러 전쟁 때문에 멸망하고 마는데, 그 무렵 새롭게 등장한 나라가 로마제국이었습니다. 그러니까 처음 바벨론에 끌려간 유대인들은 70년간 포로 생활하다가 페르시아의 고레스 칙령에 따라 귀환하여 살았지만, 팔레스타인 지역에 살던 유대인들은 그리스제국에 의한 헬라 문명에 영향을 받을 수 밖에 없었습니다. 그러다가 그리스의 멸망과 함께 B.C. 63년 로마의 폼페이 장군이 예루살렘을 점령하면서 팔레스타인 지역의 유대인들은 또다시 로마에 종속됩니다. 이것이 A.D. 500년까지 이어졌던 것입니다.

정리하면, 페르시아의 패권이 사라지고 그리스제국이 흥왕할 때가 구약시대의 마지막이었고, 그래서 구약성경의 원어는 히브리어이지만, 신약성경의 원어는 헬라어(그리스어)로 되어 있는 것입니다. 그러니까 신약시대의 배경은 로마제국이고, 이런 상황에서 B.C. 3-4년경 예수님께서 태어나신 것입니다. 당시 로마는 아우구스투스(Gaius Octavius) 초대 황제의 통치시기로, 그는 팔레스타인의 통치권을 헤롯 대왕에게 위임했었죠. 그래서 신약성경의 첫 책인 마태복음 2장 1절에 "헤롯 왕 때에 예수께서 유대 베들레헴에서 나시매"라고 기록하고 있는 것입니다. 이후 예수님께서 승천하시고 세상에는 적그리스도(열 나라가 합쳐져서 연방이 된 정부, 이 중 한 나라의 왕이 일곱째 왕임)가 출현하지만, 예수님께서 재림하시면 천년왕국을 이어 영원한 나라가 펼쳐진다는 것이 이 책의 중심 내용입니다. 그러면 다니엘의 환상을 정리해보겠습니다.

> 애굽 → 앗수르(아시리아) → 바벨론(머리, 금) → 페르시아(가슴과 팔, 은) → 그리스(배와 넓적다리, 놋) → 로마(발과 종아리, 철) → 적그리스도(옛 로마제국에서 나타날 열 나라, 열 발가락과 열 뿔) → 그리스도(돌) → 왕국(산, 한 나라, 천년왕국) → 영원한 나라

21세기를 사는 우리는 성경의 어디쯤 와 있는 걸까요? 정확히 알 수는 없지만, 종말의 때에 근접한 것만은 사실입니다. 그리고 지구의 환경오염이나 기후변화에 따른 자연재해 그리고 지속적인 전염병의 출현은 마지막 때가 가까이 온 징조라고 성경은 기록하고 있습니다(겔 14:21; 눅 21:11). 마지막 때를 정확히 아는 사람은 아무도 없고, 예수님 자신도 모르시며, 오직 하나님만 아신다고 성경은 기록하고 있습니다(마 24:36). 이 책은 요한계시록처럼 하나님의 신비한 계시 수단으로 꿈과 환상을 통해 메시지를 전달하고 있으므로 그 해석이 어렵지만, 미래의 일을 기록하고 있다는 점에서 인류에게 참으로 중요한 책입니다.

그러면 이 책의 주제는 무엇일까요? 세상 모든 나라는 하나님께 심판받게 된다는 것입니다. 오직 영원한 나라는 하나님의 나라뿐입니다. 따라서 영원한 왕은 누구일까요? 그분은 오직 한 분 삼위 하나님뿐이십니다. 하나님께서는 세계사의 주인이실 뿐만 아니라 온 우주의 왕으로서 스스로 존재하시는 창조주가 되시기 때문입니다.

28 호세아 Hos, Hosea 하나님의 심판과 한없는 사랑

이 책은 호세아 선지자 개인의 가정을 배경으로 하나님과 이스라엘의 관계를 남편 호세아와 아내 고멜을 통해 묘사합니다. 호세아는 완전하신 신적 사랑을 표현하기 위해서 하나님께 지시받아 음란한 여성 고멜을 아내로 받아들이게 됩니다. 그리고 그와의 사이에서 세 명의 자녀들(아들1-이스르엘, 딸1-로루하마, 아들2-로암미)을 낳게 됩니다. 다시 말해서 이 책은 호세아와 그의 아내인 창녀 고멜과의 참담한 결혼생활을 통해 이스라엘을 향한 하나님의 애절한 사랑을 보여주고 있습니다.

시기적으로는 북이스라엘의 여로보암 2세 때로 B.C. 755-722년경으로 보고 있습니다. 고멜로 비유되는 북이스라엘은 우상숭배(풍요의 신 바알)와 영적 간음, 종교 지도자들의 부패, 왕위 쟁탈과 정치적 음모, 탐욕과 착취로 타락한 백성들의 비도덕성 등 복잡다단한 죄악에 빠져 있었습니다. 그래서 이 책은 북이스라엘에 대한 하나님의 심판을 선포하지만, 궁극적으로는 계속해서 회개하고 돌이킬 것을 촉구합니다. 그 때문에 호세아 선지자를 '위기의 예언자'라고 부르는 것입니다. 요약하면, 이 책은 죄악에 범벅되어 나뒹구는 북이스라엘(고멜)의 영적 추악함을 알면서도 끝까지 그녀를 놓지 않으시는 하나님의 변치 않는 사랑을 선지자 호세아를 통해 표현합니다.

이 책은 모두 14장으로 구성되어 있는데, 1-3장은 고멜을 향한 호세아의 사랑을, 4-14장은 이스라엘을 향한 하나님의 사랑을 각각 표현하고 있습니다. 대표 구절은 6장 1절과 3절인데, 1절은 여호와께 돌아가자는 것이고, 3절은 여호와를 힘써 알자는 것입니다. 이런 뜻에서 이 책은 두 가지를 강조합니다. 하나는 하나님께로 돌이키는 '회개'이고, 다른 하나는 하나님을 아는 '영적 지식'입니다.

29 요엘 Joel, Joel 하나님의 심판과 구원

요엘서는 남유다 민족의 죄악에 대한 하나님의 심판을 '메뚜기 떼의 습격'(이방 군대의 침략)으로 묘사합니다. 그래서 1장은 농사를 망친 농부들의 애곡을, 2장은 하나님께서 경고하신 날 메뚜기 떼로 인해 엄청난 피해를 보게 될 것이라고 기록합니다. 하지만 3장에 가서는 요엘도 호세아처럼 심판의 메시지로 끝내지 않고 "하나님께 돌아오라"라고 강력히 호소하면서 하나님의 구원을 선포합니다. 하나님께서는 요엘을 통해 누구든지 여호와의 이름을 부르는 자에게 용서와 구원을 베풀어 주실 것이라고 약속해주십니다.

또한, 하나님께서는 죄에 대한 심판과 구원과 함께 미래의 '남은 자'를 통한 희망도 말씀해주셨습니다. 그것은 하나님의 영, 곧 성령을 부어주시겠다는 약속인데, 그 내용이 "마지막 날에"라는 복음 찬송으로 많이 알려진 요엘 2장 28-32절의 말씀입니다. 그리고 이 말씀은 신약시대로 넘어가 베드로의 설교로 선포되는데, 성령을 부어주신다는 요엘의 선포가 신약시대의 오순절 사건에서 나타나게 됩니다. 그러니까 남은 자를 통한 희망이란, 오순절 사건에 현현하신 성령의 불을 통해 이루어짐을 뜻합니다(행 2:16-17). 아울러 이 책은 이방 민족이 이스라엘에 보복할 때 즉시 하나님께서 보복하시겠다는 약속도 기록합니다.

이 책의 배경은 앞서 언급한 대로 남유다의 요아스 왕이 통치하던 때로 B.C. 830년경입니다. 사실 요아스는 믿음의 왕으로 알려졌지만, 그가 즉위한 초창기에는 그의 나이(7세)가 너무 연소하여 국정을 운영할 수 없었습니다. 또한, 그의 선친들은 우상숭배를 장려한 왕이었기 때문에 나라는 영적으로 타락한 상태였습니다. 바로 이런 때에 요엘 선지자가 등장하여 활동했던 것입니다.

한편, 요아스 왕은 여호야다 제사장이 살아 있을 당시에는 하나님 보시기에 정직히 행한 왕이었지만 그가 죽고 난 이후로는 하나님의 성전을 버리고 아세라 목상과 우상을 숭배하며 타락의 길로 걸었으며, 이후 여호야다의 아들인 스가랴 제사장의 예언을 듣지 않으면서 돌로 사람을 쳐 죽이는 등 악을 행함으로 하나님께 심판받게 됩니다. 구체적으로 그 심판은 시리아 군에 의해 행해졌는데, 유다의 대군이 소수의 시리아 군에게 크게 패한 것이었습니다. 이 싸움에서 심한 상처를 입은 요아스는 왕궁으로 돌아와 쉬고 있었지만, 그가 잠든 사이를 틈타 그의 신복들이 그를 죽이게 됩니다. 덧붙이면, 여기서 요아스 왕에 의해 죽게 된 스가랴 제사장은 소선지서에 등장하는 스가랴 선지자와 같은 사람이 아닌 동명이인입니다.

30 아모스 Am, Amos 하나님의 공의와 심판

농부였던 아모스 선지자가 활동한 시기는 북이스라엘의 여로보암 2세가 통치하던 시기였습니다. 이 시기는 북왕국이 크게 경제적 번영을 누렸고, 호세아 선지자도 함께 활동했던 시기였습니다. 앞서 호세아서를 살펴봤듯이 이 시기가 어떤 상황이었는지 어느 정도 감이 잡힐 겁니다. 다시 말해서 북왕국 이스라엘은 외적 번영은 이루었을지 모르나 내적으로는 아주 부패했었습니다. 종교적인 위선과 우상숭배, 도덕적 부패, 정치적 음모와 출세, 사회적으로는 불법이 왕성했습니다. 이런 때 아모스는 백성들의 죄악을 날카롭게 지적했고, 하나님의 공의를 단호히 전했던 것입니다. 하나님의 율법을 무시하고, 가난한 자의 적은 것을 착취하는 등 압제한 사람들에게는 하나님의 공의로운 심판이 주어질 것이라고 엄중히 경고했습니다. 그래서 이 책의 주제는 '하나님의 공의와 심판'입니다. 이런 상황이기 때문에 아모스를 '의의 선지자'라고 표현하는 것입니다.

선지자 아모스는 북이스라엘의 수도인 사마리아가 멸망할 것이라고 선포하는데, 그 중심 구절이 2장 6-8절입니다. 그리고 그는 주변 이방 나라들의 파멸과 남유다까지도 죄를 범하므로 멸망할 것이라고 예언합니다. 이 책은 1-2장에서 8가지 경고와 고발을, 3-6장에서는 심판받을 것이라는 3편의 설교를, 7-9장 상반절까지는 5개의 환상을 통해 심판받을 미래를 묘사합니다. 하지만 9장 하반절인 11-15절에서는 하나님 신앙이 무너진 다윗의 장막에서 다시 다윗의 때처럼 회복될 것임을 소수 경건한 백성들에게 선포함으로써 소망과 격려를 안겨줍니다.

31 오바댜 Obad, Obadiah

에돔에 대한 하나님의 심판

오바댜 선지자는 북이스라엘이나 남유다에서 활동하지 않고 에돔에서 활동한 선지자였습니다. 따라서 이 책은 에돔에 대한 하나님의 엄중한 심판을 선언하면서 하나님과 그분의 백성에게 대적하는 악한 세력에게 하나님의 주권을 보여주려는 목적으로 기록한 책입니다. 이 책은 한 장(21절)으로 구성되어 있어 구약성경에서 가장 짧은 책이기도 합니다.[31]

에돔 족속은 남유다와 인접해 있었고, 주로 산악지대를 거점으로 외적 공격에 대한 만반의 준비가 되어 있었던 전투 민족이었습니다. 요르단 남서쪽에는 페트라(Petra)라는 도시가 있었는데, 붉은 암석 벼랑을 깎아 건설된 이 고대도시는 한때 에돔의 번성한 수도였습니다. 하지만 지금은 여우와 독수리들이 사는 유적지로 남아 오바댜 선지자의 예언 정확성을 묵묵히 증언하고 있습니다.[32]

그런데 이렇게나 강했던 에돔 민족이 하나님의 심판 대상으로 지목받게 된 이유가 무엇일까요? 이것을 알기 위해서는 이스라엘 민족과 에돔 민족의 역사적 관계에 대해 살펴봐야 합니다.

거슬러 올라가 두 민족의 조상은 이삭의 쌍둥이 자식인 에서와 야곱으로, 에서는 에돔의 조상이고 야곱은 이스라엘의 조상이었습니다. 이들은 태어나면서부터 싸웠고, 축복권 다툼으로 이별했던 형제였습니다. 물론 시간이 흘러 둘은 극적인 화해의 재회를 이루었지만, 오랜 시간이 흘러 야곱의 민족 이스라엘이 출애굽 하여 가나안 땅으로 들어가기 위해 에돔 지역을 지나야 했을 때, 에서의 후예인 에돔 민족은 에서와 야곱이 겪었던 과거의 다툼을 생각하면서 자신들의 땅을 지나지 못하게 했습니다.

---

31 성경 전체에서 가장 짧은 책은 요한 2서로 13절로만 구성되어 있습니다.

32 테리 홀, 『성경 파노라마』, 배응준 역 (서울: 규장, 2008), 95.

이뿐만이 아니었습니다. 바벨론의 느부갓네살이 남유다의 예루살렘을 노략질할 때 에돔은 오히려 바벨론을 도와 예루살렘을 탈취했고, 바벨론이 멸망한 후 페르시아의 고레스가 통치할 때도 해방된 이스라엘을 수없이 괴롭혔던 민족이 바로 이스라엘의 형제, 에돔 민족이었습니다. 에서와 야곱은 쌍둥이였지만 에돔은 형제 민족을 약탈하고 괴롭히는 반인륜적 범죄를 저질렀던 것이죠. 이에 선지자 오바댜는 에돔 멸망의 원인을 '교만'이라고 지적합니다. 이를 살펴볼 수 있는 대표 구절이 10절입니다. "네가 네 형제 야곱에게 행한 포학으로 말미암아 부끄러움을 당하고 영원히 멸절되리라"

그래서 이 책은 하나님의 공의로운 심판이 행해진 후에야 야곱 족속과 요셉 족속인 이스라엘이 회복될 것이며, 에돔의 산과 평지가 다 이스라엘에 속할 것이라고 기록합니다. 그리고 추후 구원받은 자들은 예루살렘의 시온산에서 에서의 족속이 머문 산지를 심판하게 될 것이라고 예언합니다.

32 요나 Jon, Jonah — 니느웨를 향한 하나님의 보편적 사랑과 이방 선교

이 책은 하나님의 진노 앞에 있는 니느웨성 사람들과 그들의 구원 나팔로 파송 받은 요나(뜻: 비둘기) 선지자에 대해 기록합니다. 처음 요나는 이방 나라인 니느웨(앗수르의 수도이자 지금의 이라크)로 가기를 매우 싫어했습니다. 왜냐하면 그는 미래에 자기 나라를 멸망시킬 적 앗수르가 당연히 멸망하기를 원했지, 구원받는 것을 상상조차 하기 싫었기 때문입니다. 말하자면, 니느웨는 당시 죄악으로 타락한 이스라엘을 심판할 하나님의 도구로 예정되어 있었던 것입니다. 그러나 하나님께서는 니느웨성 사람들을 구원하시기 위해 요나를 파송하신거죠. 이러한 하나님의 섭리를 다르게 표현하면 '이방 선교를 향한 하나님의 의지'라고 말할 수 있습니다. 그러니까 기본적으로 하나님께서는 이스라엘과 니느웨뿐만이 아니라 모든 민족과 사람을 사랑하시고, 인류가 다 회개하여 하나님께로 돌아오기를 간절히 원하신다고 말할 수 있습니다. 이것을 신학계에서는 하나님의 '보편적 사랑' 또는 '보편적 선교'라고 말합니다.

한편, 어떤 사람들은 이 책에서 요나가 물고기 배 속에 3일간 지냈다는 것을 믿지 못해 이를 풍유나 전설, 설화, 우화에 포함하기도 합니다. 하지만 이것이 사실인 것은 예수님께서 마태복음 12장 40절에서 요나의 기적에 대해 직접 언급하셨기 때문입니다. 또한, 요나가 물고기 배 속에 있었던 것같이 인자(예수님)도 밤낮 사흘을 땅속에 있을 것이라고 하신 말씀은 물고기 배 속에서의 삼일이 진짜였음을 증명합니다. 그러나 이보다 더 큰 이적은 타락하여 하나님의 심판 직전에 있었던 수십만[33]의 니느웨성 사람이 하나님의 말씀을 듣고 회

33 니느웨 성의 둘레는 20km로 인구 30만 명 이상이 사는 비교적 큰 성이었습니다. A. Kirk Grayson, "Nineveh," in *The Anchor Bible Dictionary*, vol. 4, edited by David Noel Freedman (NY: Yale University Press, 1992): 1118-1119. 앗수르 학자들은 니느웨 도시와 그 주변 외곽 지대의 인구를 대략 30만 명으로 추정했습니다. 존 월튼·빅터 매튜스·마크 샤발라스, 『IVP 성경배경주석: 구약』, 정옥배 외 3인 역 (서울: IVP, 2002), 1132. 그러나 요나가 단지 이 성의 규모만으로 '큰 성읍'이라고 말한 것은 아닙니다. 이 표현은 성경신학적으로 그들의 악독함과 문화가 당시 모든 대도시를 대표할 만한 곳이었다는 해석입니다. A. 바이저·K. 엘리거, "소예언서," 『국제성서주석』, 편집부 역 (서울: 한국신학연구소, 1994), 44. 김남일, "요나서와 '하나님의 선교'(Mission of GOD)에 관한 연구," 「갱신과 부흥」 제28집 (2021): 18에서 재인용. 한편, 테리 홀은 니느웨 주민이 거의 100만 명에 달할 정도로 많았다고 설명합니다. 테리 홀, 『성경 파노라마』, 96. 정리하면, 니느웨 성의 인구는

개함으로써 영적 부흥을 경험했다는 사실입니다. 한번 생각해보십시오. 요나가 물고기 배 속에서 3일간 산 것과 용서받을 길 없는 수십만의 죄인이 용서받아 니느웨성 전체가 기독교 도시로 변했다는 것 중 어느 것이 더 놀라운 기적이겠습니까?

또한 심판을 앞둔 니느웨가 요나의 심판 경고를 듣고 회개하여 돌이킬 수 있었던 역사적인 계기가 있었는데, 당시 니느웨성은 내외곽이 모두 성벽으로 둘러싸인 난공불락의 철옹성이었습니다. 하지만 요나가 도착하기 전 니느웨성에는 두 가지 재앙[34]이 이미 도시를 덮쳤고(B.C. 765-759년), 당시 이 일은 하나님 진노의 표징으로 받아들여졌습니다. 그러고 나서 하나님께서는 두 번째 재앙이 있었던 B.C. 759년에 심판의 메시지를 전하라고 요나에게 명령하셨던 것입니다.

그러니까 우리는 하나님의 명령이 주어질 때 이미 그분께서 모든 일이 잘 성사되도록 선행적으로 일하신다는 것을 이해할 필요가 있습니다. 하나님의 일은 내 일이 아닌 하나님의 일임을 알아 하나님께서 모든 과정에 관여하시고, 또 능히 감당할 힘도 주신다는 것을 반드시 믿어야 합니다. 기독교를 그렇게나 박해했던 나라의 수도가 하나님을 받아들이고 진심으로 죄를 회개하면서 성 주민 전체가 복음

요나서 4장 11절에 "니느웨에는 좌우를 분변하지 못하는 자가 십이만여 명이요"라는 구절에 따른 것으로 실제 인구수는 이보다 많았다고 추정하기 때문인데 확실한 수는 아닙니다.

34 설상가상으로 니느웨에는 B.C. 765-759년 무서운 전염병이 돌아 많은 사람이 죽었고, B.C. 763년 6월 15일에는 완전한 일식으로 하늘과 땅이 캄캄해지기도 했습니다. 이런 재난과 자연 현상은 앗수르를 큰 공포 속에 몰아넣었으리라 추정하며, 니느웨의 멸망을 예언한 요나의 메시지가 수용되기에 충분한 조건이었을 것입니다. 두란노, 『생명의 삶 플러스: 요나/시편 61-72편/성탄절 QT/연말 QT』 통권 132호 (2017년 12월): 12.

을 수용하게 된 니느웨성 회심 사건은 요나가 물고기 배 속에서 삼일간 지냈던 것과는 비교할 수 없는 역사적인 기적이었습니다.

33 미가 Mic, Micah 북이스라엘과 남유다에 임할 심판과 회복

미가는 남유다에서 활동한 선지자였습니다. 그는 하나님의 기준으로 유다 사회가 어떠한지 세밀하게 조사했고, 그 결과 그가 발견한 남유다 백성들의 도덕성에는 문제가 많았습니다. 또한, 그는 부패하고 타락한 지도자들에게 억압받는 백성의 처지도 보았습니다. 정치적 권력으로 부정부패가 만연했던 남유다 사회에서 유다 백성들은 도덕성에 문제가 많았지만, 동시에 그들은 불공정한 사회적 환경 속에서 살아야만 했습니다. 그래서 미가는 유다에 대한 하나님의 공의로운 심판이 임할 것이라고 경고했던 것입니다. 그의 활동 시기는 이사야 선지자도 함께 활동했던 시기로 악한 왕 아하스가 통치하던 때였습니다.

이런 상황에 미가는 메시아께서 오시면 구원이 성취될 것이고, 이것은 경건한 하나님의 백성들에게만 나타나는 현상이라고 말하면서 소망의 메시지를 전했던 것입니다. 이런 배경에서 이 책의 목적은 당시 가난하고 압제 받는 자들의 권익을 옹호하는 것입니다. 그래서 이 책의 중심 구절은 6장 6-8절인데 8절을 보면, “사람아 주께서 선한 것이 무엇임을 네게 보이셨나니 여호와께서 네게 구하시는 것은 오직 정의를 행하며 인자를 사랑하며 겸손하게 네 하나님과 함께 행하는 것이 아니냐?”입니다. 이 구절은 결국, 하나님께서 남유다에 원하셨던 선(거룩함)이 무엇인지를 뚜렷하게 기록하고 있습니다.

이 책의 내용을 정리하면, 1-2장은 백성들의 죄, 3장은 지도자들의 죄, 4장은 메시아 왕국, 5장은 메시아 왕, 6-7장은 하나님과 미가의 변론으로 전개됩니다. 아하스 왕 때 남유다는 앗수르에 침공당한 시기였고, 유다는 하나님의 은혜로 구원받지만, 그로부터 100년 후에는 바벨론에 멸망할 것이라고 미가는 예언합니다. 그는 가까운 장래만이 아니라 7~800년 이후의 일도 예언한 선지자였습니다.

34 나훔 Nah, Nahum — 니느웨에 임박한 심판

이 책은 앗수르의 수도인 니느웨에 대한 심판을 앞두고 누구라도 회개하여 하나님께로 피하는 자만이 멸망 받지 않고 구원받을 수 있음을 기록하고 있습니다. 그래서 나훔서의 배경도 요나서와 같습니다. 이 책의 이해를 위해 저자 나훔의 뜻을 살피는 것이 좋은데, 나훔이라는 이름은 느헤미야처럼 '위로', '하나님께서 위로하셨다'라는 뜻입니다.

이 책의 내용은 이렇습니다. 요나의 메시지를 듣고 돌이켰던 니느웨가 기적 같은 부흥을 경험했지만, 그로부터 100여 년 정도 흐른 니느웨는 또다시 죄를 범하기 시작합니다. 이때 니느웨의 죄악성은 이전과 비교할 수 없을 정도였습니다. 이런 상황에서 이 책은 제아무리 견고한 난공불락의 요새라 할지라도 교만하고 악을 행하는 자를 보복하시고 진노하시는 공의의 하나님을 기록합니다. 하지만 하나님은 근본 사랑이시기에 과거 죄를 지었더라도 진심으로 회개하고 돌이긴 자에게는 구원과 복을 내려주신다는 것을 기록합니다.

나훔서의 내용을 요약하면, 1장은 하나님의 니느웨 심판, 2장은 니느웨의 파괴 예언, 3장은 큰 음녀 니느웨의 멸망으로 구성되어 있습니다. 그런데 앞서 언급했던 것처럼 나훔의 뜻이 위로라면, 그리고 이 책의 내용이 심판, 파괴, 멸망으로 마친다면 누구를 위로한다는 말일까요? 그것은 바로 앗수르의 억압으로 고통당한 유다 백성들에 대한 구원의 소망과 위로의 글입니다. 결국, 타락한 니느웨는 멸망하고, 하나님의 백성인 유다에는 하늘의 위로가 전해집니다.

35 하박국 Hab, Habakkuk — 하나님의 공의와 주권에 대한 신앙적 고뇌와 깨달음

"하나님께서 정말 살아계신다면 세상에서 악인들의 흥왕과 의인들의 고난은 어떻게 이해하고 해석해야 하는가?"라는 부분에서 하박국 선지자는 큰 의문을 가집니다. 물론 의인의 고통을 어떻게 해석하고 받아들여야 하는지에 대해서는 욥기도 설명하고 있습니다. 하지만 욥기가 욥이라는 한 사람, 곧 개인적 차원에서 의와 고난을 설명하고 있다면 하박국서는 국가적인 차원에서 설명하고 있습니다.

그렇다면 하박국 선지자가 활동했던 시대는 어떤 배경이었을까요? 이 책은 남유다의 18대 왕인 여호야김이 통치하던 예루살렘이 그 배경입니다. 요시야 왕이 므깃도 전쟁에서 죽은 후 백성들은 그의 동생 여호아하스(17대)를 다음 왕으로 추대합니다. 하지만 여호야김이 애굽과 내통함으로써 여호아하스는 애굽의 포로로 잡혀가게 되고, 그를 대신하여 여호야김이 다음 왕으로 등극하게 되죠. 그리고 여호야김은 애굽 왕의 마음을 얻고자 백성들에게 많은 세금과 노동력을 착취합니다. 그래서 하박국 선지자는 이런 왕과 사회를 보면서 하나님은 악하고 부패한 정치가 계속되고 무죄한 백성들이 착취당하여 고통받는데도 왜 가만히 계시는지 의문을 품게 됩니다. 하박국은 하나님께서 의로우시다면 왜 세상에서 악인은 형통하고, 의인은 고통받는지에 대해 신앙적인 큰 갈등을 겪었던 것입니다.

그러나 분명한 것은 하나님의 심판 도구라 할지라도 그분의 말씀에 불순종하고 죄를 범하면 심판을 면할 수 없다는 것입니다. 결국, 악인은 망하고 의인은 믿음으로 구원받는다는 공의의 진리를 알려줍니다. 그러니까 악인의 승리와 형통은 피상적이고 일시적일 뿐이라는 말입니다. 그래서 이 책은 이마저도 하나님의 일시적인 섭리에 포함합니다.

따라서 신앙인은 악인의 형통을 볼 때 당장은 이해하기 어렵지만, 하박국의 깨달음과 같이 하나님에 대한 믿음을 신실히 지키는 것에 우선순위를 두어야 합니다. 결국, 마지막 날 악인들은 하나님께 심판받아 멸망하게 되고, 의인은 하나님의 은혜로 구원받게 될 것이기 때문입니다. 그래서 실제로 선지자들을 죽이고 하나님의 말씀을 불태운 여호야김 왕은 이후 느부갓네살이 보낸 주력부대에 의해 암살당하고 맙니다.

이런 관점에서 이 책의 주제는 "의인은 그의 믿음으로 말미암아 살리라"입니다(2:4). 하박국은 악한 갈대아인들을 심판하시는 하나님의 의로우심을 선포함으로써 유다 왕국의 신실한 자들을 위로합니다. 그래서 이 책의 결말은 하나님의 거룩하심과 의로우심을 밝힘과 동시에 신실하고 절대적인 믿음이 필요하다고 가르칩니다.

하박국은 이렇게 노래합니다. "내 창자가 흔들렸고 그 목소리로 말미암아 내 입술이 떨렸도다 무리가 우리를 치러 올라오는 환난 날에 내가 기다리므로 썩이는 것이 내 뼈에 들어왔으며 내 몸은 내 처소에서 떨리는도다 비록 무화과나무가 무성하지 못하며 포도나무에 열매가 없으며 감람나무에 소출이 없으며 밭에 먹을 것이 없으며 우리에 양이 없으며 외양간에 소가 없을지라도 나는 여호와로 말미암아 즐거워하며 나의 구원의 하나님으로 말미암아 기뻐하리로다 주 여호와는 나의 힘이시라 나의 발을 사슴과 같게 하사 나를 나의 높은 곳으로 다니게 하시리로다" 아멘(3:16-19).

36 스바냐 Zeph, Zephaniah — 주의 날과 시온의 남은 자들이 받을 구원

스바냐 선지자는 믿음의 왕이라고 불리는 요시야 왕(16대) 때 활동한 선지자입니다. 그리고 요시야 왕과 함께 사역한 또 다른 선지자는 예레미야입니다. 이 책의 주제는 '여호와의 날'(주의 날)로 이날과 관련된 메시지를 선포했던 선지자는 요엘(남유다)과 아모스(북이스라엘)입니다.

그러면 여기서 '여호와의 날', 곧 '주의 날'은 구체적으로 어떤 날을 의미할까요? 이날은 하나님의 공의가 실현되는 날을 말합니다. 악인들은 그동안 지었던 죄로 인해 무서운 심판과 진노를 받을 것이고, 고통 중에도 끝까지 믿음을 지키며 의를 행한 사람들에게는 하나님의 구원이 임하는 날을 뜻합니다. 그래서 이 책은 앞으로 다가올 주의 날을 선포하면서 죄악에 머문 자들에게는 회개를 촉구하고, 경건한 자들에게는 인내와 구원의 소망을 심어줍니다.

내용을 요약하면, 1장은 유다에 임할 심판, 2장은 열방에 임할 심판, 3장은 예루살렘의 형벌과 남은 자에 대한 축복과 노래로 전개됩니다. 때는 요시야 왕의 통치 시기이지만, 남유다의 완전한 멸망은 20대 왕인 시드기야가 통치할 시기로서 다가올 미래로 심판과 고통을 예언합니다. 하지만 그보다 더 먼 미래에는 하나님께서 자기 백성들을 잊지 않고 돌보신다는 약속의 예언을 담고 있습니다.

37 학개 Hag, Haggai 일어나 하나님의 성전을 재건하라

남유다 백성들이 바벨론의 포로로 잡혀갔다가 이후 페르시아의 고레스 왕 때 처음 귀환하여 시행한 것이 바벨론에 의해 무너진 예루살렘 성전을 재건하는 것이었습니다. 당시 하나님의 영광이 머문 성전이 무너졌다는 것은 외적 성전만이 아니라 이스라엘 민족의 신앙적 가치관과 정체성이 깡그리 무너진 것과 같았습니다. 하지만 이보다 더 심각한 것은 이스라엘의 유일신이신 여호와께서 이방 신에게 패배했다는 해석이었습니다. 그래서 남유다 백성들이 고레스 칙령으로 고향에 돌아왔을 때 제일 먼저 한 것이 성전을 재건하는 것이었습니다.

하지만 여기서 좀 더 살펴봐야 할 것은, 비록 하나님께서는 예루살렘 성전을 찾아 예배하는 자들에게 임재하셨지만, 근본 하나님께서는 인간이 만든 외형의 건물이나 그에 따른 가치관 그리고 시대적인 상황이나 문화에 얽매여 제한받는 분이 아니라는 사실입니다. 무슨 말이냐면, 하나님께서는 이스라엘 민족이 포로일 때도 늘 함께 계셨지만, 이스라엘의 신앙은 늘 외적인 성전 중심이었다는 말입니다.

당시의 상황을 살피면, 1차 포로로 끌려갔던 백성들이 귀환했을 때 그 땅은 심히 황폐하여 그들이 거할 집조차 수리되지 않아 할 일이 매우 많은 상태였습니다. 또한, 남아있던 하층민 유대인들이 이미 포로로 잡혀간 사람들의 소유물을 자기의 것으로 취하여 사용하고 있었습니다. 어떤 사람들은 이것도 착취라고 말하지만, 정황상 많은 사람이 전쟁의 포로로 잡혀갔고, 본국에서 연명하며 사는 가난한 국민의 처지에서는 생명을 부지하기 위해 집과 음식 그리고 남아있는 물건들을 사용할 수밖에 없었습니다. 이런 상황에 포로로 잡혀간 사람들이 돌아오는 예상치 못한 상황이 발생하자 소유권에 대한 문제가 불거지게 된 것입니다. 그러니 귀환자들에게 환영은커녕 동족 간 팽팽한 긴장이 맴돌 수밖에 없었습니다. 그렇다면 이런 상황을 우리는 어떻게 해석해야 할까요? 어쨌든 숱한 어려움을 겪고 돌아온 유다 백성들은 그동안 들었고 학수고대했던 예언처럼 성전 재건에 착수합니다.

그런데 여기서 또 다른 문제가 발생합니다. 상황은 성전을 재건할 동안 사마리아인과 주변 민족들 그리고 페르시아 관리들이 심하게 반대했던 것입니다. 그러니 성전 재건은 매우 어려울 수밖에 없었습니다. 그러다가 결국에는 성전 재건이 중단되고 맙니다. 이윽고 유대민족은 낙심하고 좌절했고 기본적인 생활에 허덕이는 극한 상황에 놓이게 됩니다. 여기에 더해 시간이 점점 지나자 성전 재건에 대한 우선적 마음마저 상실하게 되면서 마침내 유다 백성들은 생계에만 집중하게 됩니다. 이런 상황이 무려 16년 정도나 지속되었던 것입니다.

하지만 학개는 스가랴 선지자와 함께 국민의 태만한 신앙을 견책하고, 유다 총독이었던 스룹바벨과 제사장 여호수아를 격려하여 다시 성전 재건에 착수합니다. 이것이 시발점이 되어 포로 귀환 20년 만에 예루살렘 성전이 완공됩니다. 그리고 그 당시 포로에서 귀환한 선지자가 학개서 다음에 등장하는 스가랴와 말라기입니다.

사실 학개에 대한 소개는 구체적으로 성경에 나와 있지 않습니다. 그리고 그의 기간도 B.C. 520년에 4개월 정도로 매우 짧습니다. 다만 에스라서 5장 1절에서 그를 '선지자 학개'라고 소개할 뿐입니다. 그렇더라도 학개에 대해서 좀 더 언급하면, 그의 이름은 '나의 기쁨'이라는 뜻으로 중단된 성전을 재건하도록 유대 민족을 권면하기 위해 보내진 하나님의 사람이었습니다. 끝으로 이 책의 개요는, 1장-권면, 2장 전반-격려, 2장 중반-해석, 2장 종반-기대로 구성되어 있습니다.

38 스가랴 Zech, Zechariah

영적 성전의 재건과 메시아 왕국의 승리

스가랴는 학개와 함께 1차 포로 귀환 시기에 고향으로 돌아와 성전 재건에 힘을 쏟았던 선지자였습니다. 그런데 이 두 선지자를 구분한다면, 학개는 성전의 외형 재건에 힘을 쏟았던 반면, 스가랴는 그 부분에도 협력하면서 동시에 유대민족의 영적인 성전, 곧 보이지 않는 성전인 신앙의 내적 성전과 윤리성에 더 많은 관심을 기울였던 선지자였습니다. 다시 말해서 학개가 외적이고 현실적이라면, 스가랴는 내적이고 미래지향적이었습니다. 그래서 이 책은 당장 시급한 성전 재건을 중요하게 여김과 동시에 성전 완공 이후에 오실 메시아에 대한 구원을 백성들에게 선포하고 신실한 믿음으로 살아가고 있는 자들에게 미래에 오실 메시아에 대한 소망과 확신을 갖도록 격려하고 위로합니다.

이 책의 내용을 살피면, 1-6장은 성전 재건을 격려하는 10가지 환상에 대해서, 7-8장은 금식해야 할 상황이 변하여 희락의 절기가 될 것을, 9-14장은 메시아의 초림(나귀 새끼를 타고 오실 유대인의 왕을 예언함), 구원, 영광과 백성의 승리, 이스라엘 민족의 정화, 메시아 왕국의 완성을 예언하면서 마지막 승리의 날을 기록합니다. 한마디로 정리하면, 이 책은 여호와의 날에 이루어질 일들을 예언합니다. 그리고 그 목표는 신정정치(神政政治), 곧 하나님께서 다스리시는 나라입니다.

39 말라기 Mal, Malachi — 구약의 마지막 메시지, 회개와 사랑

이 책은 구약성경의 마지막 책으로, 선지자 말라기의 예언은 구약시대의 역사와 미래, 곧 신약시대를 맞이하기 위한 예비적 차원의 내용을 담고 있습니다. 말라기는 학개와 스가랴가 활동한 이후 약 1세기 정도가 흐른 뒤 느헤미야 시대에 활동했습니다. 구약성경에서 느헤미야는 역사서로, 말라기는 선지서로 구분하다 보니 말라기서가 구약의 제일 끝에 배열된 것이지 구약시대의 제일 마지막에 활동한 성경의 인물을 꼽으라면 말라기와 느헤미야입니다.

언급했듯이 이 책이 학개와 스가랴의 활동 시기로부터 100여 년 이후의 글이라는 것을 좀 더 고려할 필요가 있습니다. 무슨 말이냐면, 유대 민족은 메시아의 초림, 왕국, 주님의 날에 이루어질 완전한 통치를 학수고대했지만, 여전히 실현되지 않는 예언으로 기다림에 지쳤고, 메시아 소망을 점점 잃었으며, 선지자들이 약속한 영광과 축복은커녕 기근과 흉작 등 고된 삶이 계속되는 것과 함께 악인의 형통을 보면서 하나님의 신실성과 공의로운 통치를 의심하고 불평했던 것입니다.[35]

결국, 유대 민족은 영적 나태함과 도덕적 타락의 길을 걷게 되고, 이런 시대적이고 영적인 상황에서 구약시대의 마지막 선지자로 등장한 사람이 말라기였습니다. 이런 상황이기 때문에 이 책은 유대 민족의 불신앙을 지적하고 질책함으로써 다시금 올바른 메시아 신앙관과 굳센 믿음을 토대로 예언적 소망을 세우려는 것이 목적입니다.

말라기 선지자는 구약시대의 막이 내려질 즈음 세상을 떠나면서 앞으로 이어질 하나님의 구속사적 사역의 무대를 재배열합니다. 그의 뒤를 이어 바통을 받은 사람이 바로 세례 요한이었습니다. 이처럼 하나님의 사람들이 때마다 출현했지만, 안타깝게도 구약시대는 암울하게 끝나고 맙니다. 그래서 3장 7-8절에는 이렇게 기록합니다.

> 너희 조상들의 날로부터 너희가 나의 규례를 떠나 지키지 아니하였도다 그런즉 내게로 돌아오라 그리하면 나도 너희에게로 돌아가리라 하였더니 너희가 이르기를 우리가 어떻게 하여야 돌아가리이까 하는도다 사람이 어찌 하나님의 것을 도둑질하겠느냐 그러나 너희는 나의 것을 도둑질하고도 말하기를 우리가 어떻게 주의 것을 도둑질하였나이까 하는도다 이는 곧 십일조와 봉헌물이라

35 나용화, 『성경핵심입문』 (서울: CLC, 2021), 141.

따라서 이 책의 주제는 이스라엘(남유다)을 향한 하나님의 사랑과 회개로 1장에서 에돔을 진노한 내용과 함께 이스라엘을 향한 사랑을 기록하고 있습니다. 하지만 이스라엘의 모습은 제사장과 백성들의 범죄와 유다 민족의 거짓 행위들뿐이었습니다. 그래서 이 책은 하나님의 사랑을 먼저 선포하면서 이스라엘의 죄를 고발하지만, 여전히 지속하는 이스라엘의 범죄로 인해 최후 심판을 선언합니다.

이런 상황으로 이 책 4장 6절은 하나님의 공의로운 심판을 예언합니다. 그 내용은 "그가 아버지의 마음을 자녀에게로 돌이키게 하고 자녀들의 마음을 그들의 아버지에게로 돌이키게 하리라 돌이키지 아니하면 두렵건대 내가 와서 저주로 그 땅을 칠까 하노라 하시니라"입니다.

그렇다면 이 땅에 오신 예수님께서 십자가의 죽음을 이기시고 부활 승천하신 이후의 신약시대는 어떻게 마칠까요? 이를 살펴보기 위해 신약의 마지막 구절인 요한계시록 22장 20-21절을 살펴보겠습니다. 그 내용은 "이것들을 증언하신 이가 이르시되 내가 진실로 속히 오리라 하시거늘 아멘 주 예수여 오시옵소서 주 예수의 은혜가 모든 자들에게 있을지어다 아멘"입니다. 이처럼 신약은 다시 오실 예수 그리스도를 갈망하고 기다리는 소망의 기도문으로 마칩니다.

그런데 여기서 우리는 구약과 신약의 끝이 대조된다는 것을 발견할 수 있습니다. 성서학자 테리 홀(Terry Hall)도 구약의 마지막과 신약의 마지막이 극명한 대조를 이룬다고 말합니다. 하지만 신구약 성경 전체의 공통된 선언은 하나님과 그분의 백성들이 반드시 승리한다는 것입니다.

이스라엘 왕조와 선지자(분열왕국 시대부터 포로귀환까지)

지금까지 구약성경을 개괄적으로 살펴봤는데, 구약을 마무리하는 즈음에서 이스라엘의 분열왕국 시대로부터 포로귀환까지의 왕조와 선지자에 대해 다시 살펴보겠습니다. 사실 이를 다 외운다는 것은 어렵고, 그냥 전체적으로 훑어보면서 이해하는 정도로만 보셔도 도움이 됩니다. 아래 표에서 설명하고 있는 것처럼 어느 왕 때 어느 선지자가 활동했는지를 살펴봅시다. 참고로 북이스라엘 왕조에는 선한 왕이 단 한 명도 없었다는 것은 가히 충격적인 역사임이 틀림없습니다. 그에 비해 남유다 왕조에는 부분적이기는 하나 8명의 선왕의 때에 하나님께 복을 받기도 했습니다.

분열왕국시대의 왕과 선지자

순	북 왕국	선지자	평	순	남 왕국	선지자	평
1	여로보암 1세	아히야 잇도	악	1	르호보암	스마야 잇도	악
2	나답	예후	악	2	아비얌	스마야	악
3	바사	예후	악	3	아사	아사랴 하나니	부분적 선
4	엘라	예후	악	4	여호사밧	야하시엘 엘리에셀	
5	시므리	-	악	5	여호람(요람)	오바댜(에돔)	악
6	오므리	-	악	6	아하시야	오바댜	악
7	아합	엘리야 미가야	최악	7	아달랴	-	악

8	아하시야	엘리야 미가야	악	8	요아스	요엘	부분적 선
9	요람(여호람)	엘리야 엘리사	악	9	아마샤	-	
10	예후	엘리사	악	10	웃시야	-	
11	여호아하스	엘리사	악	11	요담	이사야 미가	
12	요아스	엘리사	악	12	아하스	이사야 미가	최악
13	여로보암 2세	요나(앗수르) 아모스 호세아	악	13	히스기야	이사야 미가	최선
14	스가랴	-	악	14	므낫세	이사야 나훔(앗수르)	최악
15	살룸	-	악	15	아몬	-	악
16	므나헴	-	악	16	요시야	훌다 예레미야 하박국 스바냐	최선
17	브가히야	-	악	17	여호아하스	예레미야 하박국	악
18	베가	오뎃	악	18	여호야김	예레미야 하박국 우리야	악
19	호세아	미가	악	19	여호야긴	예레미야 에스겔	악
앗수르에 의해 멸망 (남 왕국 히스기야 통치 시기)				20	시드기야	예레미야 에스겔	악
				바벨론에 침공당한 후 포로로 끌려감			

포로시대	귀환 후 재건시대
다니엘, 에스겔 (바벨론에서 활동한 선지자)	에스라(대제사장, 학사, 아론의 후손) 학개 스가랴 느헤미야(바사의 술 관원) 말라기

바벨론 포로 이전 (B.C. 930-586년)		바벨론 포로기 (B.C. 586-516년)		바벨론 포로 이후 (B.C. 516-424년)	
선지자	사역지	선지자	사역지	선지자	사역지
오바댜 (848-841)	에돔	다니엘 (606-534)	바벨론	학개 (520)	남유다
요엘 (835-796)	남유다	에스겔 (593-571)		스가랴 (520-518)	
요나 (782-750)	앗수르			에스라 (458-457)	
아모스 (782-739)	북이스라엘			말라기 (435-424)	
호세아 (755-715)					
미가 (740-690)	남유다				
이사야 (740-680)					
나훔 (661-612)	앗수르				
스바냐 (630)	남유다				
예레미야 (627-586) (예레미야애가, 586)					
하박국 (610-597)					

· 북이스라엘에서 활동한 선지자: 아모스 호세아

· 남유다에서 활동한 선지자:
요엘 미가 이사야 스바냐 예레미야 하박국 학개 스가랴 에스라 말라기

· 바벨론에서 활동한 선지자: 다니엘 에스겔

· 앗수르에서 활동한 선지자: 요나 나훔

· 에돔에서 활동한 선지자: 오바댜

신약 전 중간시대 이야기

구약과 신약 사이에는 400년 정도의 기간이 있었습니다. 성경은 이 기간에 대해 기록하고 있지 않지만, 구약과 신약은 서로 분리된 책이 아닌 한 권의 책입니다. 왜냐하면 성경은 오직 하나님의 감동으로 된 것으로 그 중심 주제가 같고 유기적이며 무엇보다 근본 저자는 하나님이시기 때문입니다. 물론 이 중간기에는 외경(外經, Apocrypha)이라는 15권의 종교문서가 있었습니다. 이 중 로마 가톨릭은 12개의 문서를 정경(正經)으로 인정하지만, 개신교는 포함하지 않습니다. 하지만 외경은 신구약 중간기에 대한 중요한 정보를 제공합니다.

일반적으로는 이 400년을 '침묵기' 또는 '중간기'라고 부르는데, 그 이유는 이때 권위 있는 선지자들이 등장하지 않았기 때문입니다. 그래서 어떤 분들은 이때를 암흑시대라고도 하고, 하나님께서 침묵하신 것처럼 이해하지만, 엄밀히 말해서 하나님께서는 모든 역사의 주관자로서 그때도 여전히 인류의 일에 개입하셨습니다. 왜냐하면 인류를 향한 하나님의 구속적 사랑은 잠시라도 멈춤이 없고, 궁극적으로 하나님께서는 때와 장소를 불문하고 모든 사람이 다 구원받길 원하시기 때문입니다. 그래서 중간기는 비록 침묵기로 불리지만, 구약과 신약을 잇는 다리와도 같습니다. 한마디로 구약은 신약에 오실 예수 그리스도를 예비하는 시기라고 말할 수 있습니다.

이런 맥락에서 구약은 여호와 하나님의 성품과 사역을 강조하고, 신약은 예수 그리스도와 보혜사 성령의 성품과 사역을 강조합니다. 하지만 성자, 성령께서는 성부와 함께 온 우주 만물을 창조하신 삼위일체이시기 때문에 인류의 시작 그 이전부터 함께 계셨습니다. 그렇다면 이 중간기 400년의 상황은 어떠했을까요? 고대 근동 지방의 정황을 개괄적으로 살펴보겠습니다.

B.C. 900-612년까지 지중해 연안의 패권은 앗수르가 쥐고 있었습니다. 그들은 B.C. 722년에 북이스라엘 왕국을 정복했고, 이로써 북이스라엘 백성들은 뿔뿔이 흩어질 수밖에 없었습니다. 한편, 앗수르는 인종 혼합 정책을 써서 팔레스타인 지방에 남아 있던 유대인들과 이방인들을 통혼시킴으로써 '사마리아인'이라는 혼혈족을 만들죠. 그 때문에 예수님 당시 순수 혈통 중심의 유대인들은 사마리아 사람들을 몹시 경멸했고 서로의 관계는 굉장히 좋지 않았습니다.

이후 B.C. 605-536년까지 새로운 패권자로 신흥 제국 바벨론이 부상하면서 앗수르 제국은 무너지게 됩니다. 그리고 바벨론은 느부갓네살 왕이 통치할 B.C. 606년에 남유다 왕국을 정복했고, B.C. 586년에 예루살렘 성전과 성벽을 완전히 파괴합니다. 그러나 바벨론은 B.C. 536년, 페르시아에 다시 왕좌를 내어주게 됩니다. 패권을 잡은 페르시아는 이후 B.C. 332년까지 존속하는데, 당시 페르시아 치하에 있었던 유대 지도자들이 다니엘, 스룹바벨, 예수아, 학개, 스가랴, 에스더, 에스라, 느헤미야, 말라기였습니다. 그러니까 대부분 선지자는 포로 시대에 살았던 거죠.

한편, 페르시아의 초대 왕이었던 고레스는 바벨론의 포로로 끌려갔던 유대인들을 풀어주어 고향으로 돌려보냅니다. 고국으로 귀환한 유대인들은 바벨론에 의해 무너진 예루살렘 성전을 재건했는데 이것이 B.C. 516년 스룹바벨에 의한 중건이었습니다. 그래서 이때 포로 귀환, 성전과 성벽 재건, 개혁운동이 있었고, 새로운 포로귀환 공동체가 생긴 것입니다. 이후 후대에 이르러 역사는 이 공동체를 처음으로 유대교라고 명명하게 됩니다.[36]

그러나 영원한 제국은 존재하지 않았습니다. 페르시아 제국도 앗수르와 바벨론처럼 타국에 패권을 뺏기는데, 알렉산더 대왕이 이끄는 그리스 군대에 의해 패망하게 됩니다. 그리고 그리스 제국은 B.C. 333-167년까지 존속합니다. 당시 알렉산더는 소아시아, 팔레스틴, 애굽, 메대, 바사 등을 정복하고 헬라 제국을 건설할 만큼 그의 영향력은 대단했습니다. 급기야 그리스는 지중해 연안 일대를 헬라의 언어와 문화(헬레니즘)로 통일시키면서 피정복국에 그리스 문명을 확산시키죠. 그러다 보니 점점 히브리어는 사라지게 되고, 헬라어가 세계 언어로 통용되었던 것입니다. 이런 배경으로 신약성경은 헬라어로 기록되었고, 구약의 히브리어 성경도 헬라어로 번역해야 할 필요를 느끼게 되었습니다. 그래서 최초의 번역본으로 '칠십인경' 혹은 '칠십인역'[37]이라는 헬라어 구약성경이 나온 것입니다.

이후 알렉산더가 죽고 그리스가 점점 멸망할 무렵, 팔레스타인

---

36 이애실, 『어? 성경이 읽어지네!: 신약』 (서울: 글로벌에듀포올피플, 2018), 37.

37 49쪽 각주 13번을 참조하십시오.

지역은 B.C. 198년, 수리아의 셀류커스(Seleucus) 왕조에 정복당하게 됩니다. 이로써 점점 여호와의 종교는 금기되고, 유대인에 대한 핍박이 거세지자 B.C. 166년, 유대 마카비(Maccabee) 일가 중심의 저항운동(소규모의 게릴라전)이 전개됨으로써 100년간의 유대인 독립 시대가 수립되죠. 하지만 B.C. 63년 로마 폼페이(Pompeyus) 장군이 예루살렘을 점령하면서 팔레스타인 지역은 A.D. 500년까지 속국이 됩니다. 그러니까 예수님 당시는 로마제국 시대로 아우구스투스의 통치 시기였습니다.

한편, 로마제국은 여러 면에서 기독교 확장에 실제적인 도움이 되기도 했습니다만 이것은 기독교를 옹호해서가 아니라 자신들의 이권을 위한 것이었습니다. 말하자면, 로마의 제국주의는 세계를 로마의 속국으로 만드는 것이었습니다. 그러나 이것은 세상을 하나의 이웃이 되게 하는 과정이기도 했습니다. 이로써 모든 교통은 로마로 통하게 되었고, 세계 언어는 헬라어로 통용되었던 것입니다.

이처럼 로마는 많은 나라와 민족을 속국으로 만들었지만, 그만큼 많은 종교와 우상, 문화와 관습을 적절히 허용함으로써 혼란도 감내해야만 했습니다. 정치적으로 로마는 통치권을 잡았지만, 여러 민족을 전부 다스리기가 쉽지 않았습니다. 그래서 로마는 적정선에서 각 민족의 문화나 종교와 같은 다양성을 인정하게 됩니다. 그러나 잦은 민란의 발생은 항상 골칫거리였습니다.

한편, 유대인들은 중간기를 지나면서 내부적 파벌이 커진 상태였는데, 그중 가장 조직이 크면서 첨예한 대립 관계였던 당파가 사두개인과 바리새인이었습니다. 그리고 서기관, 열심당, 헤롯당, 에세네파가 주요 직책을 맡았습니다. 이들은 당파의 입장을 넘어 정치적이고 경제적인 입장까지 달랐는데, 이는 또 다른 갈등과 분열의 요소였습니다. 그러면 이들의 특징과 성향은 어떠했을까요? 아래 표[38]를 통해 간략히 살펴보겠습니다.

사두개인 (합리주의)	상류층의 종교적·정치적 자유주의자들로서 모세오경만 하나님의 말씀으로 수용함. 사회에 관심이 많았던 부자들은 부활과 영혼 불멸을 믿지 않음. 전통에 반대함. 바리새파보다 인기는 더 없었으나 대제사장과 그의 가문이 이에 속했기 때문에 막강한 권력을 가짐. 로마 정부에 우호적임.
서기관 (전통주의)	율법을 가르치고 해석하는 일을 전문으로 하는 집단으로 랍비라고 불림. 구약과 전통을 공부하며 백성들로부터 높은 신망과 존경을 받음. 그리스도를 배척함.
열심당 (정치적 행동주의)	헤롯당의 정치적 반대파로 로마에 항거하기 위해 폭력도 서슴지 않음. 이들은 팔레스타인을 모세 시대처럼 신정(新政)으로 되돌려놓기를 원함. 열성적 민족주의자들이었고 성직자 계급과 부유한 귀족 계급에 대해 적대적임.
바리새인 (율법주의)	유대인 중 가장 큰 종파로 구약과 유대의 구전(口傳) 전승을 떠받드는 완고한 보수주의자들임. 엄격한 율법주의자들이었기에 회원 수가 적었지만, 유대인 중 영향력이 매우 컸던 정교(政教) 분리주의자들이었음. 대부분 중류층 출신임.
헤롯당 (현상유지주의)	헤롯 가문의 권력을 유지하기 위해 전념하던 '현상유지파' 유대인들로 예수님을 정치적 반동주의자로 여김.
에세네파 (고립주의)	사회로부터 고립된 극단주의자들. 쿰란 지역의 황폐한 동굴에 은거하면서 유대 사회의 부패와 종교적 현실을 회피함.

38 테리 홀, 『성경 파노라마』, 143-144; 나용화, 『성경핵심입문』, 205-206.

복습의 의미로 중간기 흐름을 다시 정리하면, 패권의 순서는 앗수르-바벨론-페르시아-그리스-로마입니다. 이것은 다니엘이 본 예언의 환상으로 다니엘서 7장 4-8절에 기록된 내용이 실제 중간기 역사가 된 것입니다. 그러면 아래 그림을 통해 다니엘의 환상을 살펴봅시다.

금, 사자, 머리
바벨론 시대(B.C. 605-536)
다니엘 2장 38절, 7장 4절

은, 곰, 가슴과 두 팔
페르시아 시대(B.C. 536-333)
다니엘 7장 5절, 8장 20절

놋, 표범, 배와 넓적다리
그리스 시대(B.C. 332-167)
다니엘 8장 21-22절, 7장 6절

철, 무섭고 놀라운 짐승, 종아리
로마 시대(B.C. 168-A.D. 476)
다니엘 7장 7절

철과 흙, 열국시대, 발과 발가락
로마 시대 이후(A.D. 476-재림)
다니엘 7장 8절, 7장 24-25절

돌나라(그리스도의 왕국) 다니엘 2장 44-45절
돌이 산에서 나와 쇠와 놋과 진흙과 은과 금을 부서뜨림.

이 장에서는 중간기 역사를 패권 순으로 살펴봤습니다. 이 과정에서 우리는 어떻게 히브리어가 사라지고 헬라어가 세계 공용어가 됐는지도 살펴볼 수 있었습니다. 그리고 중간기 과정을 거치면서 유대인 안에는 큰 파벌이 생겨 한 민족끼리 관계가 좋지 않았다는 것도 살펴봤습니다. 말하자면, 이 기간에 발생했던 역사적, 종교적, 민족적 상황을 개괄적으로나마 살피고 신약으로 넘어가야 신약의 정황들이 좀 더 이해가 쉬우므로 중간기의 상황을 살피는 것은 중요합니다.

그러면 신약으로 넘어가기 전에 구약과 신약의 굵직한 내용을 대조해보겠습니다. 신구약 성경의 관계는 아래 표와 같이 살펴볼 수 있는데, 한마디로 말하면, 구약은 신약을 통해 완성되고 신약은 구약을 통해 출발합니다.

구약	신약
천지 창조의 시작	복음의 시작
성부로 시작	성자로 시작
모세의 율법	복음의 은혜
첫 사람 아담	마지막 아담
돌판에 새김	마음에 새김
짐승의 피	예수님의 피
정기적인 제사	단번의 제사
일시적 영광	영원한 영광
하나님의 종	하나님의 자녀
여러 선지자를 통한 말씀	말씀이신 예수님(한 말씀)
제사장들	대제사장이신 예수님
한 민족 이스라엘	교회공동체와 이방 선교
홍수 심판	불 심판
약속으로 끝남	축복으로 끝남

제2부 신약 속으로

PART 6
예수님의 생애와 하나님 나라

그리스도의 탄생과 복음의 시작

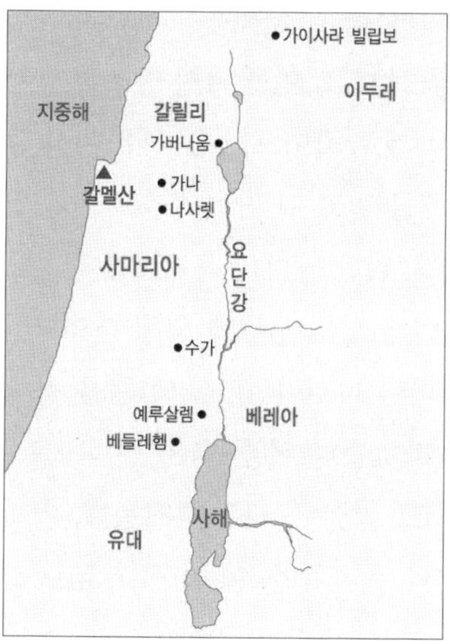

오른쪽 그림은 신약시대의 주요 지역과 도시를 간략히 그린 지도입니다. 이 그림에서 예수님은 이스라엘의 아래쪽에 있는 베들레헴이라는 곳에서 태어나셨습니다. 그리고 앞서 세계가 통용하는 달력에 대해 언급했듯이 A.D.는 예수 그리스도의 출생 이후를 뜻합니다.

B.C.와 A.D.의 구분은 6세기경 신학자 디오니시우스 엑시구우스(Dionysius Exiguus)가 부활절 날짜를 계산했는데, 이후 그레고리력과 율리우스력에 반영되면서 예수님 탄생의 연대가 기준이 되

어 지금까지 사용되고 있는 것입니다. 하지만 알려진 바에 의하면, 예수님의 탄생은 A.D. 1년이 아니라 B.C. 4-6년쯤으로 추정하고 있습니다. 그 근거는 예수님의 십자가 사건이 A.D. 30년 정도였고, 당시 예수님의 나이가 33-35세 정도였기 때문입니다. 그러나 보통 예수님의 생애를 33세까지로 보기 때문에 B.C. 2-4년쯤에 태어나신 것으로 추정하고 있습니다.

그리고 예수님의 출생지는 언급한 것처럼 유대 땅 베들레헴입니다. 그러나 예수님을 나사렛 사람이라고 부르는 이유는, 예수님께서 성장하신 곳이 팔레스타인의 북부 지역인 갈릴리의 나사렛이기 때문입니다.

원래 예수님께서는 성부, 성령 하나님과 함께 온 우주와 인간을 창조하신 삼위 중 한 분이셨습니다. 그런데 창조 세계가 사탄의 속임수와 인간의 욕심으로 파괴되는 것을 보시고, 이를 다시 창조의 원형으로 회복시키기 위해 우리가 사는 세계로 들어오신 겁니다. 다시 말해서 창조주이신 신께서 사람의 육체를 입고 이 땅에 오셨다는 뜻입니다. 그리고 예수님의 잉태는 출산을 위한 남녀의 육체적인 결합으로 이루어진 것이 아니라 초자연적인 성령의 능력에 의해 태어나셨습니다. 그래서 마태복음에는 동정녀인 마리아(Mary)의 몸을 통해 예수님께서 태어나셨다고만 기록하고 있습니다(마 1:18-25).

그리고 '예수'라는 이름은 헬라어로 '예수스'라고 부르는데, 이것은 히브리어 '여호수아'(Jehoshua)의 축약형인 '예슈아'(Jeshua)를 코이네 그리스어로 옮긴 말입니다. 사실 여호수아라는 이름은 우리에게 아주 익숙합니다. 출애굽의 제1대 지도자 모세의 후계자로 이스라엘 민족을 이끌었던 2대 지도자가 여호수아였습니다. 여호수아라는 이름에 히브리어 호세아(hoshea)를 덧붙이면 '예슈아'로 발음이 되는데, 이것이 전 세계가 공통으로 칭하는 예수님의 이름이 된 것입니다.

그러고 보니 여호수아처럼 호세아라는 이름도 낯설지 않습니다. 우리는 구약성경 호세아서에서 호세아 선지자에 대해 살펴봤습니다. 그런데 호세아라는 이름의 뜻도 '구원'입니다. 마찬가지로 여호수아라는 이름도 '여호와의 구원', '여호와께서 구원하시다'라는 뜻입니다. 그러니까 여호수아와 호세아의 합성어인 '예수'(예슈아)라는 이름은 구원과 구원이 결합한, 구원에 관해서는 넘치는 이름인 것이죠. 또한, '예수'라는 이름의 뜻을 마태복음에는 이렇게 기록합니다. "자기 백성을 그들의 죄에서 구원할 자이심이라" 그리고 이 이름은 다른 말로 "임마누엘"인데, 이는 "하나님이 우리와 함께 계시다"라는 뜻입니다(마 1:21-23).

그러면 '그리스도'(Christ)라는 용어는 무슨 뜻일까요? 이 수식어는 '기름을 부은', '기름 부음을 받다'라는 뜻입니다. 당시 유대교에는 왕, 예언자, 사제, 메시아와 같은 사람에게 기름을 부어 신분과 직임을 인정하는 예법이 있었고 이로써 공적 직임이 부여되었습니다. 그러니까 '그리스도'라는 말은 '메시아'라는 말이고, '예수 그리스도'라는 말은 '메시아 예수'라는 뜻입니다. 앞서 2장 〈창조 과정에 나타난 하나님의 성품〉을 설명하면서 하나님께서 창조하신 만물의 이름에는 그 존재에 걸맞은 기능까지 포함한다고 설명한 바 있습니다. 이처럼 예수님의 이름도 그분의 기능, 곧 온 인류의 죄를 사하시고 영혼을 구원하시기 위한 영적 기능으로 '그리스도'라는 말이 수식된 것으로 이해하면 됩니다.

그렇다면 예수님께서 감당하셔야 할 그리스도의 기능은 무엇일까요? 그것은 바로 그분의 이름대로 “자기 백성을 그들의 죄에서 구원하시는 것”입니다. 이를 완수하시기 위해서 예수님은 사람이 지은 죄의 대가를 십자가의 고난으로 몸소 치르셨던 것입니다.

이처럼 막중한 짐을 지고 인류 구원의 길을 걸어야 했던 예수님의 생애는 어떠셨을까요? 예수님은 출생과 함께 갓난아기 때부터 도망자의 신세에 놓이고 말았습니다. 당시는 대로마제국이 팔레스타인과 그 주변 지역을 장악하던 시기로, 예수님께서 태어나신 지역을 통치하고 있던 왕은 헤롯(Herod, 헤로데 1세)이었습니다. 그때 로마는 최초의 황제인 옥타비아누스(Octavianus, B.C. 27-A.D. 14년)[39]의 통치 시기였고, 헤롯은 로마제국이 유대를 간접적으로 지배하기 위해 그 지역에 임명한 분봉 왕이었습니다. 하지만 정치적 통치권을 부여한 로마는 헤롯을 왕으로 여기지 않고, 지방 성주 정도로 불렀습니다. 그들에게 로마 황제는 옥타비아누스였고, 분봉 왕은 유대 지역 통치를 위한 지역관할장 정도로 실제로는 이들도 로마 치하에 있는 지방 성주였습니다. 그러나 분봉 왕이더라도 헤롯은 유대 지역에서는 최고 통치자였습니다.

그런데 공교롭게도 헤롯은 이삭을 통해 태어난 쌍둥이 아들 중 형 에서의 민족이었습니다. 물론 에서와 야곱의 결말은 서로 부둥켜안고 화해했지만, 역사적으로 이들의 후손은 매우 사이가 좋지 않았습니다. 에돔 민족은 가나안 땅으로 가기 위해 그 지역을 지나야 하는 형제 이스라엘 민족(당시는 히브리 민족이라 불렀음)을 제재하며

39 본명은 가이우스 옥타비아누스(Gaius Octavius)이고, 율리우스 카이사르의 양자가 된 후의 이름은 가이우스 율리우스 카이사르 옥타비아누스(Gaius Julius Caesar Octavianus)입니다.

그 지역에 발을 딛지 못하게 했습니다. 또한, 통일 이스라엘 왕국 시대 때 솔로몬이 선친 다윗의 뒤를 이은 40년의 통치 기간에 이스라엘에 대한 반란과 저항을 일삼았던 민족이 에돔이었습니다. 비록 다윗의 통치 시절 요압 장군에 의해 에돔이 큰 피해를 보기도 했습니다만 이런 좋지 않은 역사적 사실 때문에 유대인은 헤롯이 에돔인이라는 것만으로도 그를 싫어했습니다. 이런 상황이었던 터라 헤롯은 유대인의 마음을 얻고자 솔로몬 시대의 영광이 담긴 예루살렘 성전을 다시 세우고, 로마 군인이 함부로 드나들지 못하게 하는 유대교 우대 정책과 수도시설 개선사업 등을 실시하기도 했었습니다.

이런 배경을 가진 헤롯 왕의 처지에서 유대인의 왕이 태어났다는 소식은 그의 맘을 불안케 했고, 감정과 생각을 요동치게 했습니다. 그리고 그때가 헤롯 왕 말년이었습니다. 헤롯은 즉시 아기 예수님을 찾기 위해 수색에 나섰지만 요셉과 마리아는 애굽으로 떠나라는 천사의 지시를 받아 핏덩어리 아기 예수님을 데리고, 산후조리도 못 한 채 황급히 피난을 가야 했습니다. 결국, 아기 예수님을 찾지 못한 헤롯은 유대인의 왕을 죽이기 위한 말살 정책으로 두 살부터 그 아래의 모든 사내아이를 학살하는 만행을 저지르게 되죠. 역사적으로 유아 학살 전승이 실제로 있었던 일인지에 대해 논란의 소지도 있지만, 헤롯이 그의 아내 미리암(Mariamne)과 세 아들인 안티파터(Antipater, 첫 번째 아내인 도리스(Doris)와의 사이에서 난 아들), 알렉산더(Alexander), 아리스토불루스(Aristobulus)까지 죽이라고 할 정도로 잔인하고 불같은 그의 성격을 고려할 때 그는 충분히 유아 학살의 만행을 저지를 만한 사람이었다고 역사가들은 말합니다.

이후 헤롯 왕이 죽은 후 하나님의 천사는 애굽에 피신한 요셉에게 나타나 이스라엘 땅으로 다시 가라고 지시하지만, 헤롯 왕의 아들인 아켈라오(Herod Archelaus, B.C. 4-A.D. 6년)가 뒤를 이어 유대의 왕이 되었다는 소식을 들은 요셉은 그곳에 가기를 꺼립니다. 그러나 하나님은 이런 요셉의 마음을 아시고 다시 천사를 보내셔서 다른 곳으로 안내하시는데 그곳이 바로 갈릴리 지역의 나사렛이란 동네였습니다. 이 지역은 요셉과 마리아가 혼인하기 전 살던 곳이었기 때문에 익숙한 곳이었습니다. 그리고 이는 요셉이 갈릴리의 나사렛으로 가길 원했던 이유이기도 했습니다. 이후 요셉과 마리아는 나사렛으로 이주했고, 예수님은 이곳에서 자라셨던 것이죠. 그래서 예수님을 갈릴리의 나사렛 사람이라고 부르게 된 것입니다.

정리하면, 예수님은 출생부터 잘 정돈되고 위생관리가 잘 된 장소가 아니라 사람이 태어나기에 부적합한, 병균들이 득실대는 짐승의 숙소, 마구간에서 태어나셨습니다. 예수님이 누우셨던 요람은 말의 여물통이었습니다. 예수님께서 인간의 몸으로 이 땅에 오신 때부터 이미 그리스도라는 사명은 고난의 시작이었습니다. 출생과 동시에 죽음의 위협과 심한 핍박이 뒤따랐던 것입니다. 한번 생각해보십시오. 예수님의 출생, 참으로 파란만장하지 않습니까?

유소년기

예수님은 아버지 요셉을 도와 목수의 일을 하며 성장하셨습니다. 누가복음 2장 40절과 52절에는 예수님께서 어떻게 성장하셨는지를 다음과 같이 기록하고 있습니다. "아기가 자라며 강하여지고 지혜가 충만하며 하나님의 은혜가 그의 위에 있더라"(40절), "예수는 지혜와 키가 자라가며 하나님과 사람에게 더욱 사랑스러워 가시더라"(52절) 신이심과 동시에 육체로 오신 예수님은 보통의 인간처럼 신체가 커감에 따라 지적 능력도 풍부해졌고, 사회에서는 사랑받는 자로 성장하셨습니다. 게다가 예수님께는 항상 하나님의 은혜가 머물렀습니다. 한마디로 예수님은 육체적, 정신적, 사회적, 영적인 면에서 모두 균형 잡힌 모습으로 자라셨습니다. 육신의 부모였던 요셉과 마리아에게 예수님은 얼마나 사랑스럽고 자랑스러운 아들이셨을까요? 유추해보건대 많은 사람은 요셉 부부가 부러웠을지도 모릅니다.

그런데 누가가 예수님의 성장 과정을 기록하면서 중요한 지역 하나를 소개하는데, 바로 예루살렘입니다. 유대인의 절기 중에는 유월절(passover, 넘어간다)이라는 매우 큰 절기가 있었는데, 이때는 각지에 거주하는 유대인들이 솔로몬의 성전으로 불리는 예루살렘 성전에 모여 유월절 축제를 진행했습니다. 역시 예수님께서도 유대인이셨기에 유월절을 지키기 위해 예루살렘 성전을 찾으셨습니다. 그리고 거기서 많은 선생과 대화를 나누셨습니다. 당시 유소년(약 12세) 정도밖에 되지 않았던 예수님이셨지만, 그분의 말씀이 얼마나 지혜롭고 놀라웠는지 많은 선생과 사람은 예수님의 지혜와 대답에 놀라며 감탄한 일이 있었습니다.

한편, 이런 상황에 요셉과 마리아는 애가 탔습니다. 왜냐하면 이제 나사렛으로 돌아가야 할 시간인데 예수님은 예루살렘에 계셨고 이 사실을 몰랐던 요셉과 마리아는 사흘이나 발을 동동 구르다가 이윽고 아들 예수님을 찾았기 때문입니다. 자식을 잃은 부모의 마음이 어땠을까요? 마리아는 성전에서 선생들과 대화하는 예수님을 보고 깜짝 놀라며 이렇게 말했습니다. "아이야 어찌하여 우리에게 이렇게 하였느냐 보라 네 아버지와 내가 근심하여 너를 찾았노라" 당연한 심정입니다. 하지만 예수님께서는 심상찮게도 "어찌하여 나를 찾으셨나이까 내가 내 아버지 집에 있어야 할 줄을 알지 못하셨나이까?" 라고 대답하셨죠.

그런데 이 말을 들은 마리아는 아들을 나무라지 않았습니다. 오히려 아들의 말이 머리와 마음에 박혀 잊히지 않았다고 누가는 기록합니다(51절). 물론 예수님을 잃어버렸을 때는 요셉과 마리아 모두 예수님의 말씀을 깨닫지 못했습니다(50절). 그러나 나사렛에 거의 도착할 즈음 아들 예수님의 말씀이 맘에 남았던 것입니다(51절). 아마도 마리아는 이렇게 대답한 아들을 보면서 그분의 때가 가까이 오고 있음을 짐작이라도 했던 것일까요? 그러고 나서 누가는 그다음 내용으로 예수님께서 하나님과 사람에게 더욱 사랑스러운 존재로 성장하셨다고 기록합니다(52절).

그렇다면 사랑받는 존재로 성장한다는 것에는 어떤 의미가 있을까요? 그것은 먼저 하나님과 나의 존재를 올바로 인식하는 것에서 시작합니다. 하나님과 아무런 영적 교제 없이 자란다면, 그것은 그저 창조의 질서대로 본능적으로 성장할 뿐 육체적, 정신적, 사회적, 영적인 것이 조화를 이루는 균형 성장을 기대할 수는 없습니다. 곧 예수님은 성부이신 하나님과의 영적 관계 안에서 성장하던 것입니다. 결국, 피조물인 인간이 건강하게 자라기 위해서는 창조주와의 올바른 관계는 당연합니다.

예비자! 세례 요한

예수님께서 부친 요셉을 도와 나사렛에서 목수 일을 하며 지내셨던 것은 30세 이전까지로, 본격적으로 공생애 복음 사역을 시작하신 나이는 30세부터였습니다. 그런데 당시 하나님의 나라를 선포하고 회개를 촉구하면서 다가올 천국을 준비하라고 외쳤던 한 사람이 있었는데, 그가 바로 세례 요한(John the Baptist)이었습니다.

세례 요한은 예수님과 동시대에 활동했던 예언자로 그의 모친은 예수님의 모친인 마리아의 친족 엘리사벳(Elisabeth)입니다(눅 1:36). 그러니까 예수님과 세례 요한은 친척인 거죠. 덧붙이면, 이스라엘의 친족 관계의 기준상 예수님과 세례 요한이 친척이라는 주장과 아니라는 주장이 각각 있습니다. 친족관계를 인정치 않는 일반적인 주장은 지파에 근거합니다. 마리아의 남편 요셉은 유다 지파이지만, 엘리사벳의 남편 사갸랴는 제사장으로서 레위 지파이기 때문에 친척일 가능성이 없다는 겁니다. 그러나 이와 반대되는 주장은 누가복음 1장 36절에서 마리아와 엘리사벳을 친족으로 명시하기 때문에 부계(지파)에 따라서는 친족이 성립될 수 없지만, 모계에 따라서는 가능성이 전혀 없지 않다는 주장입니다. 그래서 마태복음은 부계 혈통을 중심으로 기술했지만, 누가복음은 모계 혈통을 중심으로 기술했다고 성경신학자들은 말합니다.

어찌 되었든 세례 요한의 사명은 예수님보다 6개월 전에 태어나서 메시아로 오실 분의 길을 준비하는 것이었습니다. 그래서 성경은 세례 요한을 여성에게서 태어난 사람 중 가장 큰 인물이라고 기록하고 있습니다(마 11:11). 이 말은 그가 구약과 신약을 잇는 교량자 역할을 한 사람이라는 뜻입니다. 세례 요한은 사람들에게 죄지음에 대한 회개를 촉구했고, 세례 사역을 병행하면서 메시아께서 오실 때 하나님의 나라가 임할 것이라고 계속해서 선포했습니다. 이런 그의 외침으로 요한에게는 제자뿐만 아니라 그를 따르는 사람도 많았습니다. 또한, 예수님께서도 세례를 받기 위해 요단강에서 세례 사역을 하는 그를 찾으셨습니다.

그러나 세례 요한은 헤롯 안티바스의 도덕적인 부패, 곧 그의 이복동생인 헤롯 빌립 2세의 아내인 헤로디아(Herodias)와의 불법적인 재혼(마 14:3)을 비판했고, 이에 헤로디아는 그녀의 딸 살로메(Salome)를 이용하여 요한의 목을 요구하면서 그를 처형시키고 맙니다. 곧 요한의 죽음은 헤로디아의 음모 때문이었습니다. 하지만 유대인 출신의 역사가이자 정치가였던 요세푸스는 세례 요한이 숙청당한 진짜 이유를, 그를 향한 민중들의 엄청난 존경과 인기가 반란으로 이어질까 두려웠기 때문이라고 말합니다. 하지만 요한은 구약과 신약을 잇는 교량자로서 오실 메시아를 선포하고 많은 사람을 옳은 데로 이끌다 거룩한 죽음을 맞은 성인이었습니다.

시험을 받으시다

앞서 언급한 것처럼 예수님의 공생애 사역은 요단강에서 세례 요한에게 세례를 받으시면서 시작합니다. 하지만 세례를 받으신 후 예수님은 곧장 사역을 진행하시기 전에 성령께 이끌려 광야로 가셨습니다. 거기서 예수님은 40일간 금식하면서 마귀에게 세 가지 시험을 받으셨습니다. 곧 예수님의 사역은 이 시험을 이기시고 나서 본격적으로 진행되었습니다. 그렇다면 예수님께서 받으신 세 가지 시험은 어떤 것이었을까요? 다음 표를 살펴봅시다.

세 가지 시험	시험 내용	승리 방법
마 4:3 육신적 문제 (의식주)	돌들로 떡 덩이가 되게 하라	떡도 필요하지만 하나님의 말씀으로 살라
마 4:6 정신적·심리적 문제 (하나님을 시험함)	뛰어내려라 하나님의 사자들이 너의 발이 낭떠러지 바닥에 부딪히지 않게 할 것이다	주 너의 하나님을 시험하지 말라
마 4:9 영적 문제 (주권)	내게 엎드려 경배하면 이 모든 것을 네게 주리라	물러가라 주 너의 하나님께 경배하고 다만 그를 섬기라

마귀의 세 가지 시험은 첫째, 의식주 문제로 육체와 관련된 현실적인 시험이었고, 둘째, 하나님을 시험하는 문제로 성부 하나님께서 세상에 보내신 성자 예수님을 과연 보호하실지 의구심을 갖게 함으로써 부자의 관계를 분리하려는 정신적이고 심리적인 시험이었습니다. 그리고 마지막 시험은 사탄이 모든 만물의 주인인 양 포장하여 자기에게 경배케 함으로써 세상 전부를 얻을 수 있다는 영적 주권의 문제였습니다.

이처럼 마귀의 세 가지 시험은 각각 특징이 있었습니다. 그것은, (1) 인간의 육체적 한계와 능력 사용에 대한 공격, (2) 믿음을 공격하여 의심과 두려움에 사로잡히게 하는 정신적이고 심리적인 공격, (3) 인간의 욕심을 자극함으로써 창조주의 것을 도적질하게 하여 하나님과 인간의 근원적 관계를 파괴하는, 그래서 결국에는 사탄의 종으로 삼으려는 영적인 공격이었습니다. 마치 에덴동산에서 뱀이 아담과 하와를 속였던 것과 흡사했습니다. 시험받으시기 전 예수님의 몸 상태만 놓고 본다면, 마귀의 첫 번째 시험은 육체적 약함만 공격한 듯 보이지만 이것이 전부가 아니었습니다. 마귀는 예수님의 육체적 약함을 교묘히 이용하여 그분의 신적 능력(돌을 떡 덩이가 되게 하는)까지 조종하려는 간교하고 얄팍한 속임수였습니다.

그러나 인류의 참 구주이신 예수님은 기록된 말씀으로 모든 시험을 이기셨습니다. 예수님께서는 시험 때마다 어김없이 하나님의 말씀만 앞세우셨습니다. 매번 "기록되었으되…"라고 답변하셨습니다. 이것은 오직 하나님의 말씀만이 최고의 권위이며 마귀를 대적하는 강력한 영적 무기임을 일러줍니다.

그런데 여기서 중요하게 살펴봐야 할 것은, 극한 상황에 처한 예수님께서 하나님의 말씀으로 승리할 수 있으셨던 또 다른 영적 비결이 무엇이냐는 것입니다. 그것은 40일간의 굶주림에도 늘 성령께 이끌리셨기 때문입니다. 다시 말해서 이 시험은 예수님의 정체성에 관한 것으로, 시험의 주체는 성령이셨고, 마귀는 그저 시험하는 자였습니다. 그래서 누가복음 4장 1절에는 이 시험의 장소로 이끈 주체와 예수님의 영적 상태를 이렇게 기록합니다. "예수께서 성령의 충만함을 입어 요단강에서 돌아오사 광야에서 사십 일 동안 성령에게 이끌리시며…" 곧 예수님께서는 성령의 힘으로 유혹자 마귀와 대결하셨던 것입니다.[40]

40일의 금식은 물론 시험의 장소가 광야였다는 것은 분명 사람의 생명을 좌지우지할 만한 위협적인 상황이었음이 틀림없습니다. 그러

40 대한성서공회, 『관주·해설 성경전서』, 신약 93.

나 시험받는 자의 상태나 시험의 환경보다 더 중요한 것은 시험받는 자가 누구와 동행하면서 시험에 임하느냐입니다. 예수님께서는 늘 성령의 인도를 받으셨고 하나님의 말씀을 가까이하심으로 시험을 능히 이기셨습니다. 그러니까 예수님은 이 모든 악조건을 능히 이길 유일한 방법이 무엇인지를 몸소 우리에게 보여주셨던 것입니다.

공생애

신약성경을 시작하는 네 권의 복음서는 인류 구원을 위해 인간의 몸을 입고 오신 예수 그리스도의 탄생과 삶 그리고 마지막 십자가에서의 돌아가심, 부활과 승천을 기록하고 있습니다. 그래서 예수님의 생애를 도식화하면 '탄생-생애-십자가와 돌아가심-부활-승천'이라고 말할 수 있습니다. 그런데 이것을 다시 신학적 용어로 바꾸어 말하면 '성육신-공생애(public life)-십자가 수난-부활(resurrection)-승천(ascension)'으로 도식화할 수 있습니다.

여기서 성육신이란, 신적 존재이신 하나님께서 인간의 몸을 입고 이 땅에 오신 것을 말합니다. 온 우주를 만드신 창조주께서 죄로 타락한 인간과 인류를 구원하시기 위해 몸소 인간의 연약함과 한계성을 취하시고, 우리가 사는 세상(지구) 안으로 들어오셨다는 뜻입니다. 그래서 기독교의 구세주는 죄를 지은 인간에게 공의로운 심판만 하시는 분이 아니라 우리에게 직접 오심으로써 인간의 모든 희로애락을 체험한 분이십니다. 또한, 모든 인간적 상황에 동화하셔서 함께 소통하시기 위해 우리의 세계를 먼저 이해하신 분이십니다. 그리고 그 안에서 옳고 그름의 길을 가르치시고 영원하고 거룩한 하나님 나라를 소개해주셨습니다. 아담이 지었던 원죄와 인간의 자범죄로부터 영원히 자유롭도록 자기 모습과 삶으로 참 진리를 알려주신 분이십니다.

기독교는 이러한 예수님의 가르침을 복음(복된 소식, Good News)이라 칭하고, 그분의 삶을 '공생애'라고 말합니다. 단어 그대로 공적인 삶을 말합니다. 다시 말해서 예수님께서는 자기 개인의 삶을 영위하시려고 세상에 오신 것이 아니셨습니다. 그분은 아버지 하나님께서 자기에게 원하신 일을 감당하시기 위해 섬김과 희생의 왕으로 오셨습니다. 그래서 기독교는 예수님의 삶을 공적인 삶, 곧 공생애라고 부르는 것입니다.

그렇다면 예수님의 공생애는 어떠한 사역들이 중심을 이뤘을까요? 그것은 세 가지로 첫째, 고치심(healing), 둘째, 가르치심(teaching), 셋째, 전파하심(preaching)으로 정리할 수 있습니다. 그래서 사복음서인 마태, 마가, 누가, 요한복음에 나타난 예수님의 사역은 일반적으로 '고치심-가르치심-전파하심'의 순서로 나타납니다. 이것을 성육신의 정신과 연결하여 설명하면, 예수님은 죄로 물든 세상에 오셔서 옳은 것을 가르치거나 견책하기도 하셨지만 먼저 인간의 약한 부분을 어루만져주셨습니다. 배고픈 자에게 먹을 것을 주시고, 병든 자를 치유해주셨으며, 억눌리고 묶인 자에게 자유를 주셨습니다. 그들의 현재 몸 상태나 형편을 보시고 온전치 않은 것을 하나하나 회복시키셨습니다. 그런 다음 거룩한 하나님의 나라를 소개하시면서 천국 복음을 가르치셨습니다. 많은 사람은 예수님의 가르침과 능력에 매우 놀랐고, 그 가르치심 안에 생명의 역사와 참 진리가 있음을 발견하고 깨달으면서 제자, 곧 메시아 공동체가 생기기 시작했던 것입니다.

특히 예수님은 열두 명의 사람을 직속 제자로 두셨는데, 이 외에도 따르는 제자와 무리가 많았습니다. 그러나 3년의 공생애 기간 매일매일 동고동락하셨던 제자들은 일반적으로 예수님의 제자로 알려진 열두 제자를 말합니다(마 10:2-4). 소개하면, 베드로(Peter, Simon, 시몬이라 하는), 안드레(Andreas), 야고보(James, 세베대의 아들), 요한(John), 빌립(Philip), 바돌로매(Nathanael), 도마(Thomas), 마태(Matthew), 야고보(James, 알패오의 아들), 다대오(Thaddaeus), 시몬(Simon, 가나안인), 가룟 유다(Judas lscariot)입니다. 비록 최후의 만찬 이후 예수님을 배신하고 팔아버린 제자로 가룟 유다가 포함되어 있지만, 공생애 당시 예수님은 그와 함께 동역하시면서 하나님 나라를 전하셨습니다.

그러면 이 세 가지 사역을 중심으로 복음서에 나타난 성경의 기사들을 살펴보겠습니다. 참고로 예수님의 고치심은 질병만이 아니라 굶주린 자들에게 먹을 것을 제공하셨던 오병이어의 기적이나 가나의 혼인 잔치와 같이 사람들의 상황을 살피셔서 필요를 채우신 사역들까지 하나로 묶는 것이 적절합니다. 그리고 전파하신 사역은 직접 전하신 행위를 기록하지 않더라도 이 사역을 위해 장소를 옮기신 것도 같은 목적을 가진 사역으로 보는 것이 적절하다고 판단했습니다. 따라서 아래 표는 이런 점을 염두에 두고 보는 것이 이해에 도움이 됩니다.

예수님의 공생애(HTP)					
고치심(healing)		가르치심(teaching)		전파하심(preaching)	
탄생에서 유소년 시절까지(12세)					
공생애 준비기간(세례, 광야시험)					
가나의 혼인 잔치	요 2:1-11	빌립과 나다나엘을 부르심	요 1:43-51	가버나움 사역	요 2:12
공생애 1년(A.D. 27년)-유월절(1차, 4월 봄), 예루살렘 방문					
1차 성전 정화	요 2:13-25	니고데모와 대화	요 3:1-21	초기 유대 예루살렘	요 2:13-25
신하의 아들 치유	요 4:46-54	사마리아 수가성 여인과 대화	요 4:7-26	유대 지방 전도	요 3:22
가버나움 회당에서 축귀	막 1:21-28 눅 4:31-37	네 명의 제자를 택하심 (고기잡이 기적)	마 4:18-22 막 1:16-20 눅 5:1-11	1차 갈릴리 사역	마 4:12-17 막 1:14-15 눅 4:14-15 요 4:43-45
갈릴리 순회전도	마 4:23-24	마태의 집에서 세리들과 식사	마 9:9-13 막 2:13-17 눅 5:27-32	가버나움 마태의 집	
백부장의 하인 치유	마 8:5-13 눅 7:1-10 요 4:46-53	금식 논쟁	마 9:14-17 막 2:18-22 눅 5:33-39	가버나움 시몬과 안드레의 집	
베드로 장모 치유	마 8:14-15 막 1:29-31 눅 4:38-40			가버나움	

가버나움에서 치유와 축귀	마 8:16-17 막 1:32-34 눅 4:40-41			가버나움	
한센병아 치유	마 8:1-4 막 1:40-45 눅 5:12-16			갈릴리 순회전도	마 4:23-25 막 1:35-39 눅 4:42-44
중풍병자 치유	마 9:1-8 막 2:1-12 눅 5:17-26			가버나움	
공생애 2년(A.D. 28년)-유월절(2차), 나사렛에서 배척당하심, 예루살렘 방문					
38년 된 베데스다 병자 치유	요 5:2-9	안식일의 주인	마 12:1-8 막 2:23-28 눅 6:1-5	예루살렘 방문	요 5:1
안식일에 손 마른 자 치유	마 12:9-14 막 3:1-6 눅 6:6-10	열두 제자 임명	마 10:1-4 막 3:13-19 눅 6:12-16	갈릴리	
각색 병자 치유	마12:15-16 막 3:7-10 눅 6:17-19	산상수훈	마5:1-7:29 눅 6:20-49	가버나움	
나인성 과부의 아들을 살리심	눅 7:11-17	세례요한의 제자들과 대화	마 11:2-30 눅 7:18-35	2차 갈릴리 사역, 가버나움	눅 8:1-3
가라사 지방 축귀	마 8:28-34 막 5:1-20 눅 8:26-34	한 여인의 도유를 통한 가르침	눅 7:36-50		

혈루증 여인 치유	마 9:18-26 막 5:21-43 눅 8:40-48	네 가지 땅, 알곡과 가라지 비유	마 13:1-9 막 4:1-9 눅 8:4-15		
야이로의 딸을 살리심	마 9:23-26 막 5:35-43 눅 8:49-56	하나님 나라의 가족	마 12:46-50 막 3:31-35 눅 8:19-21		
두 소경의 치유	마 9:27-31	바람을 꾸짖으시며 믿음을 가르치심	마 8:23-27 막 4:35-41 눅 8:22-25		
벙어리 치유	마 9:32-34	바리새인 및 서기관과의 논쟁	마 12:38-45		
공생애 3년(A.D. 29년)-유월절(3차), 갈릴리로 가심, 세례요한 순교 이후					
오병이어 기적	마 14:13-21 막 6:31-44 눅 9:10-17 요 6:1-13	열두 제자 파송과 가르침	막 6:6-13 눅 9:1-6	열두 제자 파송과 3차 갈릴리 사역	마 10:1, 5-14 막 6:7-13 눅 9:1-6
게네사렛 병자 치유	마 14:34-36 막 6:53-56	물 위를 걸으시며 믿음을 가르치심	마 14:22-33 막 6:45-52 요 6:16-21		
수로보니게 여인의 딸 축귀	마 15:21-28 막 7:24-30	생명의 떡에 관한 가르침	요 6:22-65		
귀먹고 더듬는 자 치유	마 15:29-31 막 7:31-37	결례에 대해 바리새인들과 논쟁	마 15:1-20 막 7:1-23		

칠병이어 기적	마 15:32-39 막 8:1-10	바리새인과 사두개인의 누룩 경고	마 16:5-12 막 8:14-21		
벳새다의 맹인 치유	막 8:22-26	1차 수난 예고와 가르침	마 16:20-21 막 8:30-31 눅 9:21-27		
귀신 들려 간질에 걸린 아이 치유	마 17:14- 18 막 9:14-27 눅 9:37-43	변화산 사건과 가르침	마 17:1-13 막 9:2-8 눅 9:28-36		
		2차 수난 예고	마 17:22-23 막 9:30-32 눅 9:43-45		
		성전세	마 17:24-27		
		겸손과 용서에 관한 가르침	마 18:1-5, 42 막 9:33-41 눅 9:46-50		
		제자도에 관한 가르침	마 8:19-22 눅 9:57-62		
선천성 소경의 치유	요 9:1-34	간음한 여인에 관한 가르침	요 8:3-11	후기 유대 사역	마 19:1 막 10:1 눅 9:51-56
귀신 들려 말 못하는 사람 치유	마 12:22-30 막 3:22-27 눅 11:14	바리새인과의 논쟁과 가르침	요 8:12-59		
귀신 들려 꼬부라진 여인	눅 13:10-13 베레아	70인 파송	마 9:37-38, 10:7-16, 11:20-27, 40 눅 10:1-24		

	가장 큰 계명	마 22:34-40 막 12:28-34 눅 10:25-28	베레아	
	표적에 대한 거부와 빛에 관한 비유	눅 10:29-37		
	선한 사마리아인	마 22:34-40 막 12:28-34 눅 10:25-37		
	기도에 대한 가르침	마 6:9-13, 7:7-11 눅 11:1-13	예루살렘	
	바리새인과 논쟁 (축귀와 치유)	마 12:22-30 막 3:22-27 눅 11:14-28	예루살렘	
	표적 거부와 빛에 관한 비유	마 12:38-42, 5:15, 6:22-23 눅 11:29-36		
	바리새인, 율법교사, 서기관을 책망하심	마 23:1-36 눅 11:37-54		
	환난에 대한 가르침	마 10:26-33 눅 12:1-12		
	한 부자(탐심) 비유	눅 12:13-21		
	근심에 대한 가르침	마 6:20-21, 25-33 눅 12:22-34		
	청지기에 대한 가르침	마 24:43-51 눅 12:35-48		

시대의 징조	마 10:34-36 눅 12:49-59
표적 논쟁 및 시대의 분별	마 16:2-3, 5:25-26 막 8:11-12 눅 12:54-59
회개 촉구	눅 13:1-5
열매 없는 무화과나무	눅 13:6-9
겨자씨와 누룩	마 13:31-33 막 4:30-32 눅 13:18-21
감춘 보화와 값진 진주	마 13:44-46
그물 비유	마 13:47-50
좁은 문으로 들어가라	눅 13:22-30
양과 선한 목자	요 10:1-18
수전절의 논쟁	요 10:22-30
잔치 비유	눅 14:7-24

안식일에 수종병 든 사람 치유	눅 14:1-6 베레아	혼인 잔치 비유	마 22:1-10 눅 14:15-24		
		제자의 조건	눅 14:25-35		
		잃은 양 비유	마 18:12-14 눅 15:1-7		
		잃은 드라크마	눅 15:8-10		
		탕자의 비유	눅 15:11-32		
		불의한 청지기	눅 16:1-13		
		율법과 하나님 나라	눅 16:14-18		
		부자와 거지	눅 16:19-31		
		형제와의 관계	마 18:6-7, 21-22 막 9:42 눅 17:1-4		
나사로 소생	요 11:1-44	겨자씨만 한 믿음	마 17:20 눅 17:5-10	단기 유대사역	요 11:17-20
공생애 3년 반(A.D. 30년)					
열 한센병아 치유	눅 17:21-19	하나님 나라와 재림	눅 17:20-37	최후 순회전도	

소경 바디매오 치유	마 20:29-34 막 10:46-52 눅 18:35-43	밤낮 부르짖는 믿음의 기도	눅 18:1-8		
		바리새인과 세리 비유	눅 18:9-14		
		이혼에 관한 가르침	마 19:1-9 막 10:1-12		
		어린이를 축복하심	마 19:13-15 막 10:13-16 눅 18:15-17		
		부자 청년과 대화	마 19:16-26 막 10:17-27 눅 18:18-27		
		주를 따름으로 얻는 보상	마 19:27-30 막 10:28-31 눅 18:28-30		
		포도원 품꾼	마 20:1-16		
		3차 수난 예고	마 20:17-19 막 10:32-34 눅 18:31-33		
		삭개오와 대화	눅 19:1-10	여리고	
		열 므나 비유	눅 19:11-27		
공생애 마지막 일주일					
2차 성전 정화	마 21:12-17 막 11:15-19 눅 19:45-48 요 2:13-16 월요일	마리아의 도유	마 26:6-13 막 14:3-9 요 12:1-8	베다니 사역	요 12:1

		헬라인과 대화 (영광 받으실 것에 대한 예고)	요 12:20-36	
		달란트 비유	마 25:14-30 눅 19:12-27	
		무화과나무의 저주	마 21:18-19 막 11:15-18 눅 19:45-48	
	화요일	두 아들 비유	마 21:28-32	
	수요일에 대한 기록은 없음	포도원 농부 비유	마 21:33-46 막 12:1-12 눅 20:9-19	
		세금 논쟁	마 22:15-22 막 12:13-17 눅 20:20-26	
		부활 논쟁	마 22:23-33 막 12:18-27 눅 20:27-40	
		과부의 두 렙돈	막 12:41-44 눅 21:1-4	
		재난의 징조	마 24:3-31 믹 13:3-27 눅 21:7-28	

		무화과나무 비유	마 24:32-35 막 13:28-31 눅 21:29-33	
		도적 비유	마 24:42-44	
		청지기 비유	마 24:45-51	
		열 처녀 비유	마 25:1-13	
		양과 염소 (세계 심판)	마 25:31-46	
공생애 마지막-유월절(4차), 최후의 만찬, 마지막 수난과 십자가				
	목요일	최후의 유월절 만찬과 고별사	마 26:17-35 막 14:12-26 눅 22:7-13 요 13:21-26	
		성만찬	마 26:26-29 막 14:22-25 눅 22:19-20	
		세족식	요 13:1-17	
		다스림과 섬김에 관한 가르침	마 20:24-28 막 10:41-45 눅 22:24-30 요 13:36-38	
		새 계명	요 13:31-35	
		길, 진리, 생명	요 14:1-24	

		보혜사 성령	요 14:25-31	
		참 포도나무	요 15:1-11	
		성령의 일	요 16:7-15	
	금요일	체포되심, 심문받으심, 빌라도의 1, 2차 재판, 십자가 처형		
	토요일	돌무덤		
부활과 승천, 안식일에 주인 되심				
		마리아의 만남	마 28:9-10 막 16:9-11 요 20:11-18	
		제자와의 만남	마 28:16-20 막 16:14-18 눅 24:36-43 요 20:19-29	
		도마의 만남	요 20:27-29	
		500문도 만남	고전 15:6 (참조)	
		지상명령	마 28:16-20 막 16:15-18 눅 24:44-49	

위의 표에서 우리는 연대순으로 쓴 누가복음의 기록을 중심으

로 사복음서에 나타난 예수님의 행적을 세 가지 사역, 곧 고치심, 가르치심, 전파하심으로 구분하여 살펴봤습니다. 이 도표는 사실 한눈에 다 들어오지 않습니다. 차근차근 성경을 읽으면서 위의 표와 함께 보셔야 "아! 예수님의 사역은 크게 이 세 가지로 진행되는구나."하고 종합적으로 이해가 될 겁니다. 말하고자 하는 것은, 예수님의 사역은 말과 행동이 균형을 이뤘다는 것으로 이를 신학계에서는 '통전적'(Holistic)이라고 부릅니다. 다른 표현으로는 총체적이라고 칭하지만, 통전적이라는 단어를 더 선호하여 사용하고 있습니다. 한마디로 예수님의 사역이 이러했습니다.

이 용어는 예수님의 사역을 표현한 학술용어입니다. 그 뜻을 간략히 살피면, 예수님 사역의 대표적인 두 가지로, 하나는 입술로 가르치고 전파하는 구두 복음 사역과 다른 하나는 가난한 자와 병든 자, 어려운 상황에 있는 자들의 필요를 채우는 사랑과 섬김의 행위를 종합한 것입니다. 신학계에서는 이를 '복음 전도'와 '사회적 책임'이라고 말하는데, 이는 예수님의 공생애 사역이 어떤 형태로 전개되었는지 일러줍니다. 예수님은 하나님 나라, 곧 천국의 이야기를 전하는 것에서 그치지 않으셨습니다. 예수님은 실제 하나님 나라가 어떤 나라인지 자기 삶의 자리에서 몸소 실천하시고 보여주셨습니다. 그것은 병을 고쳐주신다거나 굶주린 자를 먹이신다거나 잘못된 가치관에 사로잡혀 있는 자들에게 옳음이 무엇인지 가르쳐주시면서 그들과 한 식탁에서 먹고 마시고 나누는 전인적 교제였습니다. 그리고 예수님은 인간으로서는 해결할 수 없는 근본적인 '죄의 문제'를 십자가 최후를 통해 해결해주셨습니다. 이처럼 예수님은 말과 행위의 조화를 통해 통전적인 사역을 감당하셨습니다.

예수님의 복음, 하나님 나라

대부분 그리스도인은 복음을 천국 입성의 보증수표처럼 이해합니다. 누구라도 예수님께서 그리스도이신 것을 믿기만 하면 영생을 얻는다고 생각하는데, 이를 신학적으로 복음의 구원론적 이해라고 합니다. 그런데 기독교의 복음을 좀 더 들여다보면 여기에는 천국 입성의 내세적 의미만 담겨 있지 않습니다. 여러 복음서가 있지만 마가복음을 살펴보면 그 의미를 좀 더 실제적이고 현장감 있게 이해할 수 있습니다.

마가는 마가복음 1장 1절에서 "하나님의 아들 예수 그리스도의 복음의 시작"이라는 말로 글을 엽니다. 그리고 1장 15절에서는 "때가 찼고 하나님의 나라가 가까이 왔으니 회개하고 복음을 믿으라"라는 예수님의 말씀을 인용합니다. 곧 마가는 예수님께서 전하신 복음을 '하나님의 나라'(Kingdom of God)와 연결합니다. 이것은 복음이 우리가 통상적으로 이해했던 영적 구원의 이야기임과 동시에 하나님 나라의 이야기라는 뜻입니다. 그러니까 기독교 복음을 제대로 이해하기 위해서는 하나님 나라의 관점이 필요합니다.

이에 대해 좀 더 설명하면, 복음은 죄로 죽을 수밖에 없는 인간 생명의 유한성을 무한한 생명으로 보장하는 영적 구원의 전제 조건임과 동시에 인간 사회와 세계 안에서 작동하는 하나님 통치의 사회로서 사회적 문화변혁까지 포함합니다. 그래서 복음은 영생만 보장하는 수단 정도에서 끝나는 것이 아니라 하나님 나라가 어떠한지 세상에 알리고, 그것을 사회 안에서 가시화하고 실제화하는 기쁨의 소식과 명령인 것이죠. 이런 뜻에서 후커(M. D. Hooker)라는 신학자는 예수님의 복음을 "하나님으로부터 기원하는 복음"이라고 설명한 바 있습니다. 이 말은 복음의 기원이 곧 '하나님'이라는 진술입니다.[41] 이런 이해로 어떤 신학자들은 복음과 이어지는 하나님 '나라'를 '왕국'으로 번역하는 것이 옳다고 주장합니다. 말 그대로 하나님께서 통치하시는 사회와 세계를 말하는 거니까 '왕국'으로 번역하는 것이 더 적절하다는 뜻입니다. 이처럼 마가는 예수님의 복음을 보이지 않는 미래적인 구원의 하나님 나라만이 아닌 우리의 사회와 창조 세계 안에서 구체적으로 작동하는 역사적이고 현존적인 하나님 나라로 표현하고 있습니다.

이런 맥락에서 기독교의 복음은 하나님과 그분의 나라를 전혀 모른 채 자신의 의지와 욕망만 추구하며 사는 세상 사람들이 참된 진리가 무엇인지 알려줍니다. 또한, 복음에는 창조주와 피조물의 관계를 원형의 모습으로 회복하려는 구속(redemption)의 목적이 있습니다. 그 때문에 천국(하나님 나라)은 두 가지 뜻을 담고 있습니다.

하나는 내세적 구원으로 생명의 유한성을 가진 인간이 예수님을 구주(그리스도, 메시아)로 믿을 때 영생한다는 신비적 차원의 의미와, 다른 하나는 현세적 구원으로 죽음 이후에 천국에 들어간다는 의미를 넘어 이 땅의 모든 교회와 그리스도인은 예수님을 그리스도로 영접한 공동체와 개별적 신자이기 때문에 그에 걸맞은 방식으로 존재해야 한다는 현존적 차원의 의미가 그것입니다. 하지만 우리가 기억해야 할 것은 이 땅에서 하나님 나라는 완전할 수 없다는 것입니다. 그 이유는, 여전히 세상에는 죄와 어둠의 권세가 활개 치고, 예수님을 영접하더라도 인간은 아담의 원죄성을 가진 불완전한 존재이기

41 M. D. Hooker, *The Gospel According to Saint Mark* (Peabody, Mass: Hendrickson, 1992), 54.

때문입니다. 그러나 성경은 예수 그리스도께서 재림하실 때 하나님의 나라가 완성된다고 기록하고 있습니다(사 65:17; 계 21:1-7).

이처럼 예수님께서 재림하시기 전에는 하나님 나라가 완성될 수는 없습니다. 그러나 세상은 이미 하나님에 의해 만들어진 창조 세계로서 이 땅의 모든 교회와 그리스도인은 피조 세계 전역에서 하나님의 주권적 통치를 구현할 거룩한 책임과 의무가 있다는 것을 알아야 합니다. 아울러 그리스도인의 신분은 예수 그리스도를 신랑으로 맞이한 거룩한 신부요 하나님의 백성이라는 사실도 기억해야 합니다. 그 때문에 이 땅의 기독공동체가 만들어가야 할 세상은 완전하지는 않지만, 하나님 통치의 나라여야 합니다. 이런 뜻에서 기독교의 복음은 내세적이면서 현세적인 양면의 의미를 모두 내포합니다.

그렇다면, 기독공동체가 만들어가야 할 이 땅의 하나님 나라는 어떤 형태의 사회와 세계를 뜻할까요? 그것은 온 우주가 하나님의 본성적 사랑과 질서에 의해 창조되었고 창조 세계는 생명체적 원리에 따라 순환하듯이 인간은 하나님의 본성과 원리에 합당한 방식으로 지역사회와 지구 전체를 계발하고 보전해야 한다는 말입니다.

따라서 기독공동체는 세상에 여전히 남아있는 죄, 욕심, 악, 차별, 불평등, 전쟁, 폭력, 부패, 사망과 같은 모든 부정하고 파괴적인 것에 대해 거룩함과 공정함으로 맞서야 하며, 기독교적인 인도주의와 윤리성에 입각한 평화롭고 공의로운 사회와 세계를 구현해야 합니다. 이를 위해 기독교는 정치·경제·사회·문화·교육 등 다각적인 접촉점을 통해 성경이 말씀하는 사회문화적 변혁을 추구해야 합니다. 한마디로 예수님의 성육신에서 시작한 복음은, 사탄의 통치로 나타나는 모든 악과 부정된 것을 소멸하고, 하나님 통치의 새로운 시대가

왔음을 의미합니다. 그래서 성경은 이를 '희년'[42]과 연결합니다.

따라서 성경의 희년적 사회가 어떤 사회인지 살피는 것은 이 땅의 하나님 나라를 이해하는 매우 중요한 행위입니다. 누가는 누가복음 1장 1절에서 "예수 그리스도의 복음의 시작"이라고 기록하면서 4장 18-19절에서는 하나님 나라를 이해할 만한 사회적 현상을 다음과 같이 기록합니다.

> 주의 성령이 내게 임하셨으니 이는 가난한 자에게 복음을 전하게 하시려고 내게 기름을 부으시고 나를 보내사 포로된 자에게 자유를, 눈먼 자에게 다시 보게 함을 전파하며 눌린 자를 자유롭게 하고 주의 은혜의 해를 전파하게 하려 하심이라

이 구절은 언급했던 것처럼 하나님 나라를 이루시는 예수님의 중심적 사역과 맞아떨어집니다. 정리하면, 이것은 크게 세 가지로 첫째, 하나님 나라의 복음을 입술로 전하는 것이고(구두 복음 전도), 둘째, 사회적 억압과 메임으로 고통받는 자들을 해방하는 것이고(사회

---

42 하나님은 이스라엘 열두 지파에게 상속의 땅을 분배하셨습니다. 태어날 때부터 먹고 살게 하시고, 안식년과 희년에는 빚을 탕감해주라고 명령하셨습니다. 특히 희년에는 모든 자가 자기 땅으로 돌아가게 함으로써 재물이 백성을 지배하지 않도록 하셨습니다. 그래서 성경에는 동족 간 이자도 받지 말라고 기록합니다. 구약에 나타난 이스라엘 전승들은 대개 고대 근동 지방에서 통용된 다양한 관습법에 영향을 받았지만, 희년은 고대 근동의 관습법들과는 전혀 다른 매우 특이한 성격을 띤 법이었습니다. 희년에 이루어지는 땅과 집의 회복, 노예 해방, 채무 면제에 대한 요구는 고대 근동 세계의 수많은 사회개혁 시도에서 찾아볼 수 있으나, 이런 사회개혁의 요구를 주기적으로 제도화하려고 한 것은 오로지 희년 제도뿐이었습니다. 참고로 '희년'이란 영어 jubilee를 번역한 것이고, jubilee는 히브리어 לבוי, yobel 요벨(수양의 뿔)을 음역한 것으로, 이는 50번째 해가 되면 요벨 나팔을 불면서 희년을 선포했기 때문입니다. "희년," 〈위키백과〉

문화적 구원), 셋째, 영적·정서적·육체적 질병에 메여 고통 속에 사는 사람들을 치유하여 온전한 몸으로 회복하는 것입니다(전인적 구원). 그러니까 복음적 삶이란, 영혼 구원은 물론 하나님의 주권적 통치와 창조 세계의 원형을 회복하는 삶이라고 말할 수 있습니다. 바로 이것을 구현하시기 위해 오신 분이 예수 그리스도이십니다.

그래서 다음으로 살펴봐야 할 중요한 부분이 있습니다. 예수님께서는 어떤 방식으로 자기의 임무를 완수하셨냐는 것입니다. 이를 이해하기 위해 예수님의 삶을 살피는 것은 오늘날의 교회와 그리스도인이 어떻게 사명을 감당해야 하는지 알려줍니다. 그러면 구원 사명을 감당하신 예수님의 사역 방식에 대해 살펴보도록 하겠습니다.

수난과 십자가

삼위 하나님께서는 사랑으로 온 우주 만물을 창조하셨기 때문에 창조 세계가 변질하여 타락하는 것을 그냥 보고만 있을 수 없으셨습니다. 그래서 하나님께서는 창조의 원형을 회복하기로 하셨고, 이를 실제로 감당하시기 위해 성자 예수님께서 우리가 사는 창조 세계에 오시기로 작정하셨습니다. 이런 정황은 전반부에서도 언급했는데, 예수님께서 꼭 인간의 모습으로 사명을 감당하셔야 했던 궁극적인 이유는 '구원의 대상인 인간'을 죄와 사망에서 구원하시기 위해서였습니다.

에덴동산에 거주하던 시대로 거슬러 올라가면, 인간이 선악과를 취한 때로부터 사탄은 인류의 지배자로 행세했습니다. 그리고 하나님의 말씀을 어김으로써 죄성을 갖게 된 인간은 이 죄를 용서받기 위해 피 흘림의 대가를 치러야만 했습니다. 이것이 구약의 제사였습니다. 그래서 구약시대의 제사는 흠 없는 짐승을 죽여 피 흘리게 함으로써 인간의 죄를 대신하는 성결 의식이었습니다. 이것이 유대인의 제사를 '피의 제사'(레 1-7장 참조)라고 부르게 된 이유입니다.

하지만 하나님께서는 죄성에 노출된 인간의 한계성과 함께 계속할 수밖에 없는 희생제물의 피비린내를 멈추시기 위해 새로운 구속의 계획을 세우셨습니다. 바로 이 계획의 실행점이 구약과 신약의 경계인 예수 그리스도의 탄생 시점입니다. 이것은 인류의 모든 과거, 현재, 미래의 죄를 단번에 용서하시기 위한 하나님의 은혜로서 인류가 이 은혜의 수혜자가 되기 위해서는 순결한 희생제물이 필요했고, 그래서 제물이 되신 분이 성자 예수님이셨습니다. 그러니까 예수님의 성육신을 다르게 말하면, 예수님께서 인류의 죄 용서와 구원을 위해 영원한 희생제물이 되시려고 우리에게 오신 것입니다.

재차 말하지만 왜 창조주께서 인류의 구원을 위해 십자가에서 돌아가셔야만 했을까요? 그것은 인간의 죄를 대신할 다른 의인이 없기 때문입니다. 마귀의 꼬임에 빠진 인간은 아담이 죄를 범한 후 모두가 죄인일 수밖에 없었습니다. 결국, 거룩하신 창조주께서 인간으로 오셔서 인류의 구원과 영생을 위해 비참히 돌아가시는 방법 말고는 다른 방법이 없었던 것입니다. 그래서 기독교의 십자가는 극악무도한 죄수가 처형받는 최후 형벌의 집행 장소가 아닌 하나님의 한없는 사랑을 극명하게 보여주는 구원의 현장입니다. 그러니 십자가 없는 기독교는 상상할 수 없습니다.

덧붙이면, 십자가의 의미를 묵상치 않으면서 단순히 종교적인 의미로 교회나 가정 내에 십자가를 부착한다든지, 코디용으로 목걸이와 배지로 착용하고 다니는 것은 올바른 신앙인의 자세라고 볼 수 없습니다. 한번 생각해보십시오. 그리스도인이 십자가의 참뜻을 모른 채 장식과 패션의 용도로 사용하거나 기독교인임을 자처하기 위한 가시적 수단으로 사용하는 것은 예수 그리스도와 기독교의 본질을 훼손하는 종교적 행위일 뿐입니다.

다시 말해서 건강한 믿음을 가지고 신앙생활 하기 위해서는 예수님의 수난과 십자가의 의미를 올바로 깨닫는 것에서 출발해야 합니다. 예수님께서도 하나님의 참사랑을 알려주시기 위해 의로운 자의 희생보다 값진 것은 없다고 여러 번 말씀하셨습니다. 관련 구절인 마태복음 5장 44-46절에는 “나는 너희에게 이르노니 너희 원수를 사랑하며 너희를 박해하는 자를 위하여 기도하라… 너희가 너희를 사랑하는 자를 사랑하면 무슨 상이 있으리요 세리도 이같이 아니하느냐”라고 기록하고 있고, 요한복음 15장 12-13절에는 “내 계명은 곧 내가 너희를 사랑한 것 같이 너희도 서로 사랑하라 하는 이것이니라 사람이 친구를 위하여 자기 목숨을 버리면 이보다 더 큰 사랑이 없나니”라고 기록하고 있습니다. 또한, 바울은 고린도전서 13장 3절에서 “내가 내게 있는 모든 것으로 구제하고 또 내 몸을 불사르게 내줄지라도 사랑이 없으면 내게 아무 유익이 없느니라”라고 기록합니다. 그러므로 십자가에 담긴 하나님 사랑의 참뜻을 모른 채 세상 가치관과 개인적인 멋에 취해 십자가 장식을 하고 교회 생활하는 것은 잘못입니다.

다시 예수님의 사역 방식으로 돌아가서, 그러면 예수님은 자신의 생애 마지막에서만 십자가 수난을 겪으셨을까요? 아닙니다. 예수님의 생애는 전부가 고난이셨습니다. 물론 자신을 따르는 무리와 함께 먹고 마시며 즐거운 대화도 나누셨고, 인격적인 만남을 통해 사역의 기쁨도 누리셨습니다. 하지만 인간의 몸으로 오신 것만으로도 알 수 있듯이 세상은 이미 죄로 물들어 있었고, 사회는 예수님을 십자가에 못 박을 정도로 권세와 남용, 차별과 폭력이 지배하고 있었습니다. 하나님은 이런 곳에 아들 예수님을 보내심으로써 세상이 공의와 평화의 장소로 변하기를 갈망하셨습니다. 가난하고 힘없는 자들에 대한 차별과 학대, 여성들의 성적 학대와 매 맞음, 땅과 돈의 착취, 예언자와 선지자들에 대한 박해와 피 흘림이 계속 자행되었던 악한 세상이 하나님 통치의 거룩한 나라로 변하기를 간절히 바라셨던 것입니다.

이런 시대적 상황에서 예수님은 사회적 약자들과 미래를 약속하셨고, 이방인들을 환영하셨으며, 질병과 매임으로 얽매인 사람들을 불쌍히 여겨 고쳐주셨습니다. 예수님은 자기에게 나온 모든 자에게 참된 해방의 자유를 안겨주셨습니다. 또한, 예수님의 가르침은 당시 선생들의 가르침과 비교할 만한 것이 아니었습니다. 그들도 예수님의 가르침에 감탄하고 놀랐기에 그 인기와 명성은 하늘에 닿을 수밖에 없었습니다. 그러니 이를 탐탁하지 않게 여겼던 권력자들과 율법주의자들의 항의와 폭력은 자연스러웠고, 급기야 최악의 형틀인 십자가에서 예수님을 죽이고 말았던 것입니다. 곧 예수님의 생애 자체는 고난이었습니다. 예수님의 삶은 사랑의 삶이었지만 동시에 십자가의 삶이었습니다. 심지어 마지막 숨이 멎는 순간까지도 자기를 죽인 자들의 무지함과 범죄를 찢긴 몸으로 얼싸안으셨습니다. 그리고 인류를 위한 예수님의 마지막 말씀이 “아버지, 저들을 사하여 주옵소서 자기들이 하는 것을 알지 못함이니이다”라는 말씀이셨습니다(눅 23:34). 이처럼 예수님께서는 마지막 순간까지 십자가 희생으로 주어진 천상의 임무를 다하셨던 것입니다.

시간이 흘러 기독교를 공인한 로마 콘스탄티누스(Constantinus) 황제는 그리스도교로 개종하면서 죽음의 형벌인 십자가형을 없앴고, 십자가와 그리스도의 이름으로 이루어진 키로(Chi-Rho)[43] 도안을 그리스도교 신앙의 상징물로 권장하게 됩니다. 또한, B.C. 350년경부터는 그리스도교 예술의 소재나 묘비에도 널리 사용하게 되었습니다. 그리고 십자가의 의미와 사용은 16세기 프로테스탄트(Protestant, 개신교)[44] 종교개혁 이후 루터교도들을 통해 계속 이어졌습니다. 그들은 십자가를 장식용과 의식용으로도 사용했는데, 사실 20세기까지만 하더라도 개혁교회들은 십자가의 이러한 사용을 거부했습니다.

하지만 시간이 지나면서 교회 건물이나 성찬식 탁자에 십자가를 장식하는 것은 다시 사용되었습니다. 영국국교회가 세례식 때 십자가 성호를 긋는 관습이나 19세기 중반 이래 성공회가 다시 십자가를 사용하기도 했지만, 엄연히 십자가는 개인의 신앙 용도로만 활용되

---

43 그리스어 XPICTOC(Christ)의 처음 두 글자를 따서 X(Chi)는 영어로 Ch, P(Rho)는 R로 표기한 것인데 다음 페이지 십자가 그림 제일 밑에서 두 번째가 카이로(키로) 십자가입니다.

44 프로테스탄트(Protestant)는 루터(Martin Luther), 츠빙글리(Huldrych Zwingli), 칼뱅(John Calvin)과 같은 신학자들이 부패한 가톨릭에 대항하는 과정에서 생긴 단어입니다. 오늘날 개신교의 교파 정도로 이해하면 됩니다. 주요 교파로는 장로교, 침례교, 감리교, 성결교, 순복음 교회 등이 있습니다. "개신교," 〈똑소리나는 일반상식〉

었습니다.[45] 앞의 그림[46]처럼 십자가는 여러 종류가 있는데 실제로는 이보다 더 다양합니다. 그러나 일반적으로 개신교 십자가는 그림의 제일 상단 가운데에 있는 라틴십자가를 사용하고 있습니다. 아래 표는 여러 십자가에 대해 간략히 설명한 것입니다.

	**그리스 십자가** (Greek Cross)	+ 의 네 길이가 같은 형태로 이 모양은 철십자나 예루살렘 왕국의 십자가로 바뀜. 스위스 국기에도 있으며 적십자의 상징이기도 함.
	**라틴십자가** (Latin Cross)	개신교의 대표적인 십자가로서 사람의 신체에 맞는 형태를 가져 아래가 긴 것이 특징임.
	**갈보리 십자가** (Calvary Cross)	갈보리 언덕을 의미하는 3개의 계단에 서 있는 십자가 형태로 아래 계단은 믿음, 소망, 사랑을 의미하기도 함.
	**삼위일체 십자가** (Fleurie Cross)	3개의 꽃봉오리로 이루어진 십자가로 클로버 십자라고도 불리며, 클로버 잎인 꽃봉오리는 삼위일체를 뜻함.
	**대주교 십자가** (Patriarchal Cross)	라틴십자가에서 위 가지에 가로대가 하나 더 있는 형태로 이는 '유대인의 왕 예수'라는 명패를 뜻함.
	**동방교회 십자가** (Eastern Cross)	러시아 정교회에서 주로 사용하는 십자가로 아래쪽에 발이 못 박힌 판을 의미하는 비스듬한 횡선이 더 붙으며, 꼭짓점이 8개이기 때문에 8단 십자가라고도 함.

45 "십자가," https://100.daum.net/encyclopedia/view/b14s0146a

46 Ibid.

	**성 안토니우스 십자가** (St. Anthony's Cross)	이집트 십자가 또는 타우 십자가라고 부르며 T자처럼 생겼지만, 히브리 문자의 마지막 글자인 타우(ת)를 본뜬 것임. 유대교 전통에 타우는 '하나님의 것'이라는 상징성이 있음.
	**성 안드레아스 십자가** (St. Andrew's Cross)	예수님의 제자인 안드레의 십자가로 그가 X자 모양의 십자가에서 순교 당한 것에서 유래함.
	**베드로 십자가** (St. Cross)	라틴십자가가 뒤집힌 형태로 베드로가 십자가를 거꾸로 매달려 순교 당한 것에서 유래함.
	**앙크 십자가** (Ansata Cross)	이것은 이집트 상형문자에서 나온 것으로 세로의 남성 생식기와 둥근 원의 여성 생식기를 합쳐 '생명'을 뜻함. 콥트 정교회에서는 조금 변형하여 사용하는데, 일부 뉴에이지에서는 뉴에이지적 상징으로 사탄을 의미하기도 함.
	**스와스티카 십자가** (Swastika)	인도에서는 '스바스티카'라고 불리는 만(卍)자형 십자가로 불교에서 사용함. 과거 나치 독일의 상징이었지만, 패망 후 사용이 금기됨. 다른 말로는 갈고리형 십자가라고도 불림.
	**키로 십자가** (Chi-Rho Cross)	그리스어 크리스토스(ΧΡΙΣΤΟΣ)의 처음 두 글자인 카이(X)와 로(P)를 겹친 것으로 키로 십자가라고 부름. 콘스탄티누스 1세가 이 십자가를 앞세워 전투에서 승리했다고 해서 그의 상징이 되었으며 가톨릭에서 많이 사용함.
	**켈트 십자가** (Celtic Cross)	십자가 중심에 원(생명의 태양)이 겹친 형태로 스코틀랜드와 아일랜드에서 많이 사용함. 그러나 민족주의와 백인 우월주의를 나타내는 개인과 단체들의 사용 때문에 오해가 있어 금기시되고 있지만, 실제로 그런 뜻은 아님.

부활과 승천

예수님은 인간의 영생과 인류 구원을 위해 십자가에서 돌아가셨지만, 생전 여러 번 제자들에게 말씀하신 대로(마 16:21; 막 9:31) 사흘 만에 부활하셨습니다(눅 24:34). 요일로 말하면, 십자가에서 돌아가신 날은 금요일(매달리신 것은 오전 9시경, 호흡이 멈추신 것은 오후 3시경)이고, 시신이 무덤에 안치되신 것은 당일 오후 6시경이었습니다. 그 이후에는 로마 병사들이 무덤을 계속 지키고 있었고, 입구는 큰 돌로 막혀 있었습니다(눅 24:2). 그리고 최종적으로 예수님께서 부활하신 날은 오늘의 일요일, 곧 주일 새벽이었습니다.

현재 예수님의 무덤으로 알려진 곳은 당시의 시대 문화적 특색이 가장 뚜렷하게 남아있는 지금의 예루살렘 '성묘교회'(거룩한 무덤 성당, 라틴어: ecclesia Sancti Sepulchri) 또는 '정원 무덤'(Garden Tomb)이라는 곳입니다.[47] 부활은 안치된 곳에서 일어난 사건이니까 이곳은 예수님의 무덤이면서 동시에 부활의 역사적인 장소입니다. 그래서 이곳은 기독교 성지 순례의 매우 중요한 장소입니다. 그런데 부활과 관련하여 먼저 언급하려는 것은 무덤의 입구를 봉인한 '돌 이야기'입니다.

유대 지도자들은 예수님께서 사흘 만에 부활하실 것이라는 말을 들었습니다. 하지만 그들은 부활을 믿지 않았기 때문에 예수의 추종자들이 시체를 훔치고선 그가 부활했다고 거짓말을 퍼뜨릴까 봐 예수님의 무덤을 굳게 지키도록 당부했습니다(마 27:62-66). 그 때문

47 성묘교회는 현재 로마 가톨릭, 그리스 정교회, 아르메니아 교회, 에티오피아 정교회, 이집트 콥트교, 시리아 정교회의 기독교 여섯 개 종파가 구역을 나눠 공동 관리하고 있습니다. 박종언, "수백 년 만에 모습 드러낸 예수의 무덤," 「한국성결신문」 2022년 4월 21일 자

에 빌라도는 훈련된 로마 군사들을 세워 철통같이 무덤을 지키게 했습니다.

당시에는 실제 돌무덤이 많이 사용되었는데, 그 이유는 짐승이나 침입자로부터 시신을 지키기 위함이었습니다. 이것은 귀족이나 반란자의 두목 같은 경우 시체를 그 일당들이 가져가거나 원한이 있는 사람들이 훔쳐다가 훼손함으로써 복수를 일삼는 일들이 있었기 때문입니다. 그래서 돌무덤은 총독의 인장을 찍어 봉인했고, 인장을 훼손하는 것은 총독의 명령을 어긴 것으로 국법으로 다스렸습니다. 한마디로 허락 없이 무덤을 연다는 것은 있을 수 없는 일이었습니다. 더욱이 무덤 입구의 문으로 사용한 돌은 자그마치 그 무게만도 1.5-2톤에 육박할 만큼 큰 돌(표시를 위해 흰색 칠을 해둠)이었습니다. 또한, 돌문은 매우 튼튼한 밧줄로 묶여 있었고 입구 양옆 벽에 고정하여 봉인까지 했었습니다.

그러니까 시신을 훔치기 위해서는 어떡해서든 봉인을 해체해야만 했습니다. 하지만 봉인을 해체하기 전 무장한 경비병들을 어떻게 대응할 것이며, 게다가 그 봉인을 깨는 자는 사형에 처하는 엄중한 형벌까지 내려졌었습니다. 그러니 예수님의 시체를 훔친다는 것은 목숨을 잃을 만한 위험천만한 일이었습니다.

한편으론 예수님을 따르던 자가 많았기 때문에 시신을 훔치는 것이 가능할지 모르나, 자칭 하나님의 아들이라고 말한 예수가 십자가에서 죽은 마당에 감히 누가 그분의 시체를 훔칠 생각을 하겠습니까? "이미 예수는 끝났다. 그는 죽었다. 그리스도교는 거짓 종교고, 그를 따른 모든 사람은 바보다. 전부 속은 것이다."라는 말이 사람들 사이에서 심심찮게 돌지는 않았을까요? 아니, 예수의 죽음은 그때의 주요 쟁점이었습니다. 그렇게 죽은 예수가 다시 살아서 돌아오실 것을 소망한다는 것은 살아생전 부활할 것이라고 한 그분의 말을 전적으로 믿지 않고서야 누가 부활을 소망하겠습니까? 부활까지는 아니더라도 그분을 너무나 존경하고 사모한 나머지 시신에 유향을 바르고 싶을는지는 모르겠습니다. 어찌 되었든 성경은 예수님의 무덤에 향품과 유향을 가지고 간 여인으로 막달라 마리아, 요안나, 야고보의 모친 마리아, 살로메를 언급합니다(눅 24:10; 막 16:1). 그래서 사복음서는 예수님의 무덤을 먼저 찾은 사람이 남성으로 구성된 제자들이 아니라 여성들이었다고 기록하고 있습니다(이름에서 약간 차이가 남).

그런데 당시 고대 지중해 연안의 장례문화에서 주된 역할을 한 사람은 여성이었습니다. 남성들이 시체를 옮기면 여성들은 시신에 향료를 바르고 슬피 우는 역할을 했습니다. 우스운 이야기 하나를 덧붙이면, 이런 장례 문화 속에서도 여성들의 역할이 때때로 남성 가족과 종교 권력자들에게 위협적이었다는 것입니다. 왜냐하면 여성들이 죽은 영혼과 접촉하면서 어떤 신비한 힘을 얻는다는 미신이 있었기 때문입니다.[48]

어쨌든 여기서 부활의 증거가 하나둘 나오기 시작합니다. 그 첫 번째가 '돌문 이동 사건'입니다. 성경은 이 돌을 천사가 옮겼다고 기록하는데(마 28:2), 그렇다면 무덤을 지킨 경비병들은 그때 무얼 하고 있었을까요? 아니나 다를까 그들은 무덤을 잘 지키고 있었습니다. 그러나 두 천사를 보는 순간 너무나 무서운 나머지 죽은 사람처

48 Carolyn Osiek, "The Women at the Tomb: What are they doing there?," *Ex Auditu*, vol. 53, no. 1/2 (1997): 111; 김성희, "십자가, (빈)무덤, 부활장면의 여인들 비교연구," 「대학과 선교」 제50집 (2021): 187.

럼 온몸이 굳어버렸던 것이죠(마 28:4). 이것은 무덤을 찾은 여인들도 마찬가지였습니다. 하지만 천사가 여인들을 안심시킵니다. "너희는 무서워하지 말라 십자가에 못 박히신 예수를 너희가 찾는 줄을 내가 아노라 그가 여기 계시지 않고 그가 말씀하시던 대로 살아나셨느니라 와서 그가 누우셨던 곳을 보라"(마 28:5-6). 천사의 말대로 여인들은 텅 빈 무덤만 목격합니다.

그래서 부활의 두 번째 증거가 바로 '빈 무덤'입니다. 대부분 고고학자(성서 고고학자들을 포함하여)는 예수님의 무덤이라는 성묘교회에서 시신의 흔적을 전혀 발견할 수 없다고 주장합니다. 지상에는 예수님의 시신이라고 할 만한 흔적 자체가 남아 있지 않다는 말입니다. 이에 대해서 기독교는 신앙적인 견해를 밝힙니다. 예수 그리스도의 부활을 믿기 때문에 그분의 시신은 없어진 것이 아니라(시체도난설과 관련하여) 아예 존재하지 않는다고 말합니다. 만약 부활이 거짓이라면 어떻게 시신의 흔적을 지금까지 발견하지 못하는 걸까요?

그래서 부활의 세 번째 증거가 나옵니다. 바로 '빈 무덤의 목격자들과 그들의 증언'입니다. 최초의 목격자는 언급했던 여인들과 경비병들이었습니다. 여인들은 예수님의 가르침을 받았던 여성 제자들(사도가 아닌)이었고, 그중 막달라 마리아는 부활의 주님을 뵙고 음성까지 들었던 여인이었습니다. 여인들은 곧장 이 엄청난 사실을 예수님의 제자(사도)들과 다른 사람들에게 알립니다. 그런데 재밌는 것은 여인들만 부활을 전한 것이 아니라 무덤을 지켰던 경비병들도 같이 예수님의 부활을 말했다는 점입니다. 이들은 시신을 지키지 못했기 때문에 대제사장에게 이 사실을 보고할 수밖에 없었고, 당황스럽고 난감한 소식을 들은 제사장들은 새로운 묘책을 짜게 됐는데, 이것이 바로 예수의 제자들이 시신을 훔쳤다는 '시체도난설'이었습니다.

그런데 한번 생각해보십시오. 무장한 경비병들이 삼엄하게 무덤을 지키고 있는데 어떻게 무장하지 않은 제자들이 이런 엄청난 일을 저지를 수 있겠습니까? 더구나 제자들은 예수님께서 처형당하실 때 전부 부인하고 도망갔습니다. 생명을 잃을까 봐 심히 두려웠던 그들에게 그간 무슨 큰 회심이라도 있었던 것일까요? 그분의 시신이라도 도적질하게 말입니다. 그뿐만이 아닙니다. 정황상 제자들은 모두 막달라 마리아와 다른 여인들에게 부활의 소식을 전해 들은 입장이었습니다. 하지만 그때 제자들의 반응은 부활을 믿지 못했습니다. 아니, 여인들의 말이 너무나 허무맹랑해서 증언의 진위를 가릴 생각조차 하지 않았습니다. 제자들이 예수님의 부활을 믿었던 것은 주님께서 부활의 형체로 그들 앞에 나타나신 이후였습니다(요 20:19-29). 그런데도 여인들의 증언을 듣고 즉시 무덤으로 달려가서 이를 확인코자 했던 사람은 수제자 베드로와 다른 제자 둘 뿐이었습니다(요 20:3). 그러니 삼엄한 경비 속에서 시체를 도난당했다는 말은 오히려 그 자체가 부활을 더 확실케 하는 방증이었습니다. 말 그대로 예수님의 시신을 진짜로 도난당했다면, 경비병들은 모두 처벌받아야만 했겠죠. 그런데 실제로는 어땠을까요? 오히려 그들은 대제사장들과 장로들에게 돈을 건네받은 후 예수의 시체를 도난당했다고 거짓말을 해대고 다녔습니다(마 28:11-15). 결국, 사실을 거짓으로 포장하다 보니 그 자체가 부활을 증명하는 꼴이 되고 만 것입니다.

부활의 네 번째 증거는 가장 확실한 것으로 '부활하신 예수님의 출현'입니다. 예수님은 승천하시기 전 40일간 땅에 머무셨습니다. 그리고 무덤을 찾은 막달라 마리아와 다른 여인들을 먼저 만나셨습니다(마 28:8-10; 막 16:9; 요 20:14-18). 이후 엠마오로 가는 두 제자에게 나타나셨고(눅 24:13-35; 막 16:12-13), 베드로를 만나신(눅 24:34) 후 도마를 제외한 열 한 제자에게 나타나셨습니다(눅 14:36; 막 16:14). 그다음은 부활을 믿지 못한 도마가 다른 제자들과 함께 있을 때 찾아오셔서 거침없이 내뱉었던(부활을 못 믿는다고) 도마의 언어를 인용하시면서 부활을 확신시켜 주셨습니다(요 20:26-29). 이후 예수님은 500명의 형제(그리스도인)에게 나타나셨고(고전 15:6), 부활하신 지 40일 만에 제자들과 함께 있는 자리(감람산)에서 승천하셨습니다(눅 24:44-53; 막 16:19-20; 행 1:1-11).

그렇다면 예수님의 부활체는 어떤 모습이었을까요? 사실 그분의 부활체는 온전한 상태가 아니었습니다. 못 박히신 손과 창에 찔리신 옆구리의 흔적을 고스란히 남긴 채 부활하셨습니다. 이것은 부활을 믿지 못한 도마는 물론 믿음이 연약하거나 없었던 자들에게 부활이 진짜임을 증명하기 위한 '복음을 위한 부활'이셨습니다. 구태여 부활하신 몸까지 상처의 흔적을 지니지 않아도 됐지만, 예수님은 그것을 복음을 위한 도구와 자랑으로 삼으셨습니다. 그래서 도마에게 이런 말씀을 하시죠. "네 손가락을 이리 내밀어 내 손을 보고 네 손을 내밀어 내 옆구리에 넣어보라 그리하고 믿음 없는 자가 되지 말고 믿는 자가 되라"(요 20:27) 예수님께서는 온전치 못한 몸으로 부활하셔서 연약한 믿음에 대한 책망보다 혼란한 상태에 빠져 있던 제자들의 부족한 믿음을 더욱더 견고케 하셨던 것입니다.

예수님의 부활을 부정하는 또 다른 주장은 '예수 생존설'과 '영의 부활설'입니다. 예수 생존설은 예수님께서 십자가에서 돌아가신 것이 아니라는 가설입니다. 하지만 성경은 분명하게 예수님의 옆구리가 창에 찔렸고, 거기서 피와 물이 나왔다고 기록하고 있습니다(요 19:33-34). 옆구리로 들어간 창으로 피와 물이 함께 쏟아졌다는 것은 사람의 심장이 찢어졌을 때(또는 관통했을 때)만 가능한 현상이었습니다.

특히 당시에는 의학적 지식이 부족했고, 눈으로 본 것을 그대로 기록할 수밖에 없었기 때문에 창에 찔린 옆구리로 피와 물이 흘렀다는 기록은 현장에 대한 사실적인 표현이었습니다. 사람의 현재 상태가 이렇다면 자가 호흡은 당연히 불가능하고, 게다가 이런 상태로 아무런 치료나 음식의 제공도 없이 삼 일간 무덤에서 지낸다는 것은 불가능한 것이었습니다. 그런데 예수 생존설은 아직 죽지 않은 예수가 죽은 척하고 있다가 무덤에서 사흘 만에 나왔다고 말합니다. 이 얼마나 무지한 말인가요? 예수님을 믿지 않더라도 이런 주장은 너무나도 억지스럽고 터무니없는 가설이지 않습니까?

그다음 영의 부활설은 예수의 부활이 육의 부활이 아닌 마치 유령 신앙처럼 영으로 부활했다는 가설입니다. 하지만 이것은 도마와의 만남에서 확인할 수 있었던 것처럼 손의 못 자국과 옆구리의 창 자국이 이를 변론합니다. 그래서 누가복음 24장 39절에는 "내 손과 발을 보고 나인 줄 알라 또 나를 만져보라 영은 살과 뼈가 없으되 너희 보는 바와 같이 나는 있느니라"라고 기록하고 있습니다. 또한, 누가복음 24장 41-43절에는 "저희가 너무 기쁘므로 오히려 믿지 못하고 기이히 여길 때에 이르시되 여기 무슨 먹을 것이 있느냐 하시니 이에 구운 생선 한 토막을 드리매 받으사 그 앞에서 잡수시더라"라고 기록합니다. 곧 부활하신 예수님은 육체를 가진 사람이 할 수 있는 섭식도 하셨습니다. 이런 성경의 기록들은 예수님의 부활체가 단순한 영의 부활체가 아님을 증거합니다.

마지막 부활의 다섯 번째 증거는 '제자들의 역동적인 복음 사역과 유대 사회의 변화'입니다. 부활하신 예수님은 개인을 찾아오시기도 하셨고, 여러 사람이 모인 곳에 오셔서 일제히 만나기도 하셨습니다. 이처럼 만남은 여러 때에 이뤄졌습니다. 그리고 예수님을 만난 사도들과 다른 제자들은 자기가 목격하고 대화했던 부활하신 주님의 증거가 되지 않을 수 없었습니다. 부활의 주님을 목격했으니 얼마나 놀랐겠습니까? 그들은(개인 또는 공동체) 서로 다른 장소와 시간 때에 각각 부활을 목격했지만, 모두 같은 내용을 말할 수밖에 없었습니다. 당연하게도 부활의 첫 열매는 하나님의 아들 예수 그리스도만의 사건(고전 15:20)이기 때문입니다. 그러니 사도들과 제자들의 감정은 복받쳤고, 부활에 대한 확신으로 담대히 복음을 선포할 수 있었던 것입니다.

사도들이 가진 복음의 담력이 얼마나 컸던지 핍박은 둘째로 치고, 생명의 위협조차 그들의 복음을 막을 수 없었습니다. 그러나 예수님도 처형당하신 판국에 부활의 복음을 전한 제자들이 순교를 피하는 건 어려웠습니다. 그래서 사도 중에는 요한 외 전부 순교로 생을 마감합니다. 예수님께서 십자가에 못 박히실 때만 하더라도 제자들은 모두 두려워 도망갔고, 수제자 베드로는 닭이 울기 전 세 번이나 예수님을 부인했습니다(마 26:75). 그런 그들이 부활의 주님을 만난 이후 완전히 딴 사람으로 바뀌었던 것입니다.

과연 이것이 가능한 일일까요? 요 며칠 사이에 사람이 순간적으로 변한다는 것 말입니다. 그런데 이것이 부활을 목격한 자들, 그래서 부활의 믿음이 견고히 선 자들에게 일어나는 거룩한 변화였습니다. 물론 삼 년이란 시간 동안 예수님과 동고동락하면서 그들이 경험했던 많은 이적과 가르침의 깨달음도 작용했을지 모릅니다. 그러나 현재 제자들은 예수님의 돌아가심을 목격했고, 이후 부활을 믿지 못했을 때는 모두가 패닉상태였습니다. 게다가 예수님을 부인했다는 죄책감과 회의감은 그들을 탈진과 무기력의 상태로 빠뜨렸습니다. 하지만 부활의 주님을 만난 그들에게는 이전과 같은 두려움과 회의감이 아니라 부활에 대한 강한 확신과 복음의 담력으로 가득 차 있었습니다. 이것이 당시 기독교의 능력이었습니다. 세상이 이해할 수 없는 십자가의 고난과 부활의 역설적인 능력 말입니다.

이처럼 변화에는 어떤 시대와 문화를 막론하고 반드시 원인이 있기 마련입니다. 한 사회 안에서 아무런 이유도 없이 큰 파장이 일어난다는 것은 상식적으로 이해되지 않습니다. 특히 유대교의 정통 교리인 율법에 대한 유대인들의 종교적 열심과 그들이 오래도록 지켜온 전통에 대한 집념은 예수님을 죽이기에 충분했습니다. 더구나 예수님께서는 유대교의 전통 사상과 정면으로 부딪치셨습니다. 나열하면, 야훼(유일신) 사상, 모세 율법의 준수, 희생을 통한 동물 제사(예식), 안식일(토요일) 준수, 정치적 메시아관, 예루살렘 성전 중심 사상(외형의 성전에 하나님이 계신다는 사상), 유대인 중심적 의식은 누구의 생명도 위협할 만큼 무서웠습니다. 당시 법적 권력자였던 총독 빌라도조차 민란이 일어날까 두려워 예수님을 넘겨줘 버릴 정도였습니다.

하지만 이런 상황에 어떤 일이 벌어졌을까요? 부활 신앙으로 무장된 사도들과 그리스도인들이 담대히 복음을 전했을 때 유대 사회는 엄청난 속도의 큰 변화를 경험하게 되었습니다. 수많은 사람은 물론 유대교인들조차 베드로의 설교로 삼천 명, 오천 명이 회개하여 세례받고, 그리스도교로 개종하는 폭발적인 일들이 일어났습니다. 그때 베드로 설교의 주제가 "예수님은 세상을 구원하시기 위해 오신 메시아이시고, 부활하신 하나님의 아들"이었습니다. 누가는 베드로 설교의 주제와 함께 그가 얼마나 복음 증거에 담대했는지 사도행전 2장 36절에 이렇게 기록합니다. "너희가 십자가에 못 박은 이 예수를 하나님이 주와 그리스도가 되게 하셨느니라" 곧 하나님께서 '부활'을 통해 예수님만이 그리스도이심을 입증하셨다는 말입니다. 이것은 하늘에 계신 여호와 하나님과 인간으로 오신 예수님의 관계를 잘 말해줍니다. 십자가에 못 박혀 돌아가셨다가 사흘 만에 부활하신 이 예수야말로 창조주의 아들이시라는 것이 베드로 설교의 핵심이었습니다.

이처럼 그리스도의 부활은 유대교 전통과 교리에 물든 차별적이고 특별한 사고방식을 초토화했습니다. 예수님은 거짓과 계략, 권력과 폭력, 채찍과 창, 그리고 유대인들만의 민족 우월주의적인 차별과 폭동과는 달리 보편적 사랑과 용서, 긍휼과 회복의 능력으로 인류의 죄를 대속하신 온 인류의 메시아로 오셨던 것입니다.

이후 토요일을 거룩한 날(안식일)로 지켰던 유대교 전통은 안식 후 첫날 새벽, 예수님의 부활로 인해 오늘의 주일로 바뀌게 됩니다. 그래서 초대교회 공동체는 이 부활의 날에 함께 모여 하나님께 예배했습니다. 또한, 그들은 이날 사도들의 가르침을 받았고, 서로 떡을 떼면서 각자의 물건을 즐거운 마음으로 나누었습니다. 그뿐만이 아니라 그들은 서로의 필요를 살펴 채우기를 진심으로 기뻐했습니다. 이것은 성령께서 그들 가운데 임재하심으로 "한마음과 한뜻"의 공동체가 되게 하셨기 때문이었습니다(행 2:46, 4:32). 이처럼 초대교회 그리스도인들은 온 백성에게 칭찬받는 소금과 빛의 공동체로 살았습니다(행 4:34).

하나님께서는 이렇게 존재했던 초대교회 공동체에 엄청난 부흥과 성장의 복을 부으셨는데, 사도행전의 저자인 누가는 이를 다음과 같이 기록합니다. "하나님의 말씀이 점점 왕성하여 예루살렘에 있는 제자의 수가 더 심히 많아지고 허다한 제사장의 무리도 이 도에 복종하니라"(행 6:7)

부활하신 예수님은 40일간 땅에 머무시면서 복음 사역을 계속하셨고, 승천하시기 전 제자들에게 마지막 말씀을 남기셨습니다. "하늘과 땅의 모든 권세를 내게 주셨으니 그러므로 너희는 가서 모든 민족을 제자로 삼아 아버지와 아들과 성령의 이름으로 세례를 베풀고 내가 너희에게 분부한 모든 것을 가르쳐 지키게 하라 볼지어다 내가 세상 끝날까지 너희와 항상 함께 있으리라"(마 28:18-20).

그래서 교회는 예수님의 명령에 순종하기 위해 그리스도의 재림(마 24:29-33)을 소망하면서 계속 시행하는 것이 있습니다. 나열하면, (1) 복음 전파(선교), (2) 제자 삼기(훈련과 양육), (3) 예배(정기적인 모임과 성례전), (4) 성경 공부와 교제(소그룹 모임, 나눔, 애찬-식사), (5) 구제와 나눔(창조 세계의 보전과 구원을 위한), (6) 일상의 순종과 같은 것입니다. 이것은 하나님과 세상을 온전한 관계로 회복시켜 영생을 얻게 하기 위한 생명 사역이라고 말할 수 있습니다. 근본적으로 교회는 하나님 나라 백성들의 공동체로서, 이 땅에 하나님 나라를 구현하는 종말론적 선교공동체인 것입니다. 아울러 영원한 하나님 나라의 복음을 선포함으로써 모든 영혼이 하나님의 사랑을 깨닫도록 이끄는 지구 구조선입니다.

PART 7
사복음서(Gospel, 四福音書)

마태, 마가, 누가, 요한복음은 신약성경의 제일 앞부분에 배열된 책으로 이 네 권을 통틀어 사복음서라고 부릅니다. 이 책들 제목의 공통단어는 '복음'[49]인데, 이 단어 앞의 두 글자는 각 책을 쓴 저자의 이름입니다. 따라서 마태복음은 마태가, 마가복음은 마가가, 누가복음은 누가가, 요한복음은 요한이 쓴 복음서라는 말입니다. 이들 중 마가[50]와 누가[51] 외에 마태와 요한은 예수님의 직계 제자로서 사도였습니다. 이 네 권을 복음서라고 하는 이유는 예수님의 가르침이 그대로 담겨 있기 때문입니다. 사복음서는 그리스도인들 사이에서도 최고의 권위로 인정받는 성경이라고 말할 수 있습니다.

그러나 복음서 외에 다른 성경들이 상대적으로 덜 중요하다고 여겨서는 안 됩니다. 성경은 전체가 하나님의 감동과 계시로 기록되었으므로 각 권을 상대적으로 비교한다거나 우열을 가려서는 안 됩니

---

49 라틴어로는 '에반젤리움'(Evangelium), 영어로는 '가스펠'(Gospel)이라고 합니다.

50 바나바의 생질(누이의 아들)이며, 베드로에게 전도되었습니다. 벧전 5장 13절 참조.

51 안디옥에서 바울에게 전도된 의사입니다. 골 4장 14절 참조.

다. 다만 예수님의 복음을 좀 더 사실적으로 기록하고 있다는 점에서 그 가치를 인정하는 것입니다.

그런데 여기서 짚어볼 것은 성경의 원저자가 하나님이시지만, 하나님은 홀로 성경을 기록지 않으시고 여러 사람을 통해 기록하셨다는 점입니다. 이 말은 하나님께서 인간을 창조하실 때 자기 형상을 불어넣으심으로써 모든 인간을 인격체가 되게 하셨고, 그래서 하나님은 모든 인간이 로봇처럼 지시와 명령에 복종하는 존재가 되길 원치 않으셨다는 뜻입니다. 말하자면, 근본적으로 인간은 하나님과 대화하고 친교하며 행복하게 살아갈 인격적 존재임과 동시에 개별적 존재로 창조되었다는 말입니다.

이처럼 사복음서의 내용이 예수님의 가르침이기는 하나 그 가르침을 기록한 저자들은 네 명의 각 사람이다 보니 여기에는 같은 이야기와 조금 다른 이야기가 각각 기록되어 있습니다. 그래서 같은 이야기라도 그 사건이 말하는 내용의 핵심이 저자의 관점에 따라 조금씩 차이가 납니다. 따라서 처음 사복음서를 읽을 때는 예수님께서 무엇을 말씀하셨는지 그분의 가르침과 함께 객관적인 사건에 주목해서 읽는 것이 좋습니다. 그런 다음 어느 정도 복음서의 흐름과 내용이 파악되면 저자의 관점에 따라 각 복음서를 읽고 이해하는 것이 복음서를 올바로 이해하는 읽기입니다.

이렇게 읽기를 권하는 이유는 언급한 바 네 권의 복음서에는 같은 내용이 반복해서 나오기도 하고, 때로는 같은 내용이더라도 저자에 따라 강조하는 부분에서 차이가 나기 때문입니다. 또한, 어떤 복음서에는 기록되어 있지만, 어떤 복음서에는 생략된 부분도 있기 때문입니다. 정리하면, 사복음서는 하나님의 감동과 계시로 기록된 것이지만, 네 명의 사람이 한 그림이신 예수님을 바라보고 경험하면서 자기의 관점과 위치에서 쓴 책이라는 것을 먼저 이해하는 것이 중요합니다.

마태복음(Matt, Matthew), 유대인의 왕이신 예수

마태복음은 신약성경에서 가장 먼저 나오는 책입니다. 마태는 유대인으로서 자기 동족인 유대인을 위한 복음서를 쓰고자 했습니다. 특히 그는 이 책에서 유대인들이 오랫동안 기다렸던 메시아 예수님을 '유대인의 왕'으로 표현합니다. 그러다 보니 이 책은 구약성경을 무려 100번 가까이나 인용하면서 구약과 신약을 서로 연결합니다. 왜냐하면 구약시대 때로부터 선지자들은 세상을 구원할 메시아가 오실 것이라고 예언했기 때문입니다. 그래서 마태는 유대인들이 학수고대한 메시아가 바로 예수님이심을 증거하고 있는 것입니다.

이런 맥락에서 마태복음 1장은 예수 그리스도의 족보로 복음의 내용을 엽니다. 그 내용을 살피면 "아브라함과 다윗의 자손 예수 그리스도의 계보라"입니다(1:1). 이 구절에 대해 간략히 언급하면, 아브라함은 믿음의 조상이고, 다윗은 이스라엘 최고의 왕이었습니다. 마태는 마태복음에서 예수님이야말로 믿음의 조상이시고, 유대인 최고의 왕이심을 강조하고자 했던 것입니다. 또한, 그는 족보의 마지막에서도 예수 그리스도의 세계로 마칩니다. 그 내용이 1장 17절인데, "그런즉 모든 대 수가 아브라함부터 다윗까지 열네 대요 다윗부터 바벨론으로 사로잡혀 갈 때까지 열네 대요 바벨론으로 사로잡혀 간 후부터 그리스도까지 열네 대러라"라는 말씀입니다.

한편, 예수님의 출생 당시 그 지역을 다스렸던 분봉 왕은 대왕 헤롯 안티파터 2세(Herod Antipater Ⅱ)의 아들인 헤롯(Herod 1세)이었습니다. 그는 에돔인으로서 원래 에돔은 야곱의 쌍둥이 아들인 에서와 야곱 중 형인 에서의 후예였습니다. 하지만 과거 에돔 족속은 동생 야곱의 후예인 히브리 민족이 출애굽 하여 가나안 땅을 향해 가는 과정에서 도움은커녕 도리어 방해하고 형제 민족을 공격했던 잘못이 있었습니다. 이처럼 히브리 민족과 에돔 민족은 혈통이면서도 조상이었던 에서와 야곱처럼 우애가 좋지 못했습니다.

그런데 문제는 에돔 출신의 왕이 유대 지역을 다스리고 있을 때 야곱과 요셉의 혈통으로 이어지는 유대인의 왕이 태어난다고 하니 에돔인이었던 헤롯이 가만히 있을 수 없었습니다. 그런데도 마태는 이 책을 통해 예수님만이 유대인의 참 왕이심을 강력히 선포하고 있습니다. 결국, 이 책은 언급했던 것처럼 유대인 마태가 그의 민족, 곧 유대인을 위해 쓴 복음서라고 할 수 있습니다.

유대인의 왕이라는 관점에서 이 부분을 좀 더 살피면, 이 책 2장 2절에 동방박사와 헤롯 왕의 대화 장면이 나옵니다. 그 내용을 보니까 헤롯이 동방박사들에게 "유대인의 왕으로 나신 이가 어디 계시냐?"라고 묻습니다. 그리고 마태는 8-10장에서 예수님께서 유대인을 통치하실 능력의 왕이심을 증명하기 위해 그분의 권세와 이적을 소개합니다. 이것은 다시 예수님께서 이루어가시는 지상 천국으로 이어집니다. 그래서 마태는 4장 17절에서 "이때부터 예수께서 비로소 전파하여 이르시되 회개하라 천국이 가까이 왔느니라"라는 예수님의 말씀을 인용합니다. 이는 예수님께서 오심으로 하늘나라가 실현되고 있다는 말입니다. 이런 맥락에서 마태는 예수님께서 행하신 권능과 이적을 이 책 8-10장에 열거합니다. 그리고 다시 13장에 가서 하늘나라를 표현하는 일곱 가지 비유[52]를 남깁니다.

그리고 11-15장까지는 잘못된 권력과 권세에 눈먼 유대인 지도자들이 예수님을 반대하고 모함하는 내용이 나오고, 21-28장까지는 그런 상황에서도 세상을 구원하시기 위해 마지막 사명을 다하시는 예수님의 수난, 곧 십자가에서의 돌아가심과 부활을 기록합니다. 특히 로마 군사들은 십자가 패에 '유대인의 왕'이라고 새기면서 예수님을 실패한 유대인의 왕으로 조롱하고 능멸합니다. 이것은 예수님에 대한 비웃음만이 아니라 그리스도께서 당시 부정부패, 극단적 율법주의, 민족 우월주의와 같은 잘못된 세상 권력이나 사상과 대립하셨음을 보여줍니다. 하지만 마태는 십자가의 예수님이야말로 유대인의 왕, 생명의 왕, 온 우주의 왕이심을 증명하기 위해 그분의 부활을 기록합니다.

결론적으로 마태는 예수 그리스도만이 참된 왕이심을 믿는다면 그분께서 승천하시기 전 제자들에게 분부하신 명령, 곧 모든 민족에게로 가서 그들을 예수님의 제자로 삼고 성부, 성자, 성령의 이름으로 세례를 베풀고, 그분께서 가르쳐주신 모든 것을 가르쳐 지키게 하라는 지상명령을 선포하면서 마칩니다. 이런 뜻에서 이 책의 마지막 장인 28장 16-20절은 지상에 존재하는 모든 기독공동체를 향한 '대위임령'으로서 이것이야말로 교회의 본질이고, 교회공동체를 세우신 목적입니다.

---

52 마태복음에만 나오는 천국 비유는, 가라지 비유(13:24-30, 36-43), 감춘 보화 비유(13:44), 값진 진주 비유(13:45, 46), 그물 비유(13:47), 악한 종 비유(18:23-35), 포도밭 품꾼 비유(20:1-16), 두 아들 비유(21:28-32), 혼인 잔치 비유(22:1-13), 열 처녀 비유(25:1-13), 달란트 비유(25:14-30) 등이 있습니다.

마가복음(Mark, Mark), 하나님의 종으로 오신 예수

마가복음은 A.D. 65년경에 시작한 네로 황제의 박해로 인해 사도 바울과 베드로를 비롯한 수많은 그리스도인이 순교 당할 즈음 큰 어려움에 부닥친 로마의 그리스도인들을 위로하고 격려하기 위해 쓴 복음서입니다. 좀 더 설명하면, 베드로가 순교하자 그의 가르침을 기록해 달라는 로마 교회 그리스도인들의 요청을 받은 마가가 이에 응답하여 기록한 것이 마가복음입니다.[53] 그래서 마가는 이 책을 통해서 예수님의 인간되심, 사역, 교훈, 능력과 같이 그분의 공생애 사역을 자세히 기록합니다. 특히 그의 초점은 예수님께서 하늘과 땅의 모든 권세를 가지셨음에도 불구하고 자기 백성의 구원을 위해 약하고 낮은 신분인 '종'으로서 쉼 없이 일하시는 그리스도의 모습을 간결하고 박진감 넘치게 묘사하고 있습니다.

그래서 이 책의 주제는 '예수님만이 하나님의 아들이시고 그리스도'이시라는 것입니다(16:16). 또한, 참 능력은 예수님의 삶, 고난, 십자가의 수난을 통해 죄 문제가 해결되는 것으로 끝나지 않고 죽음에서 부활하심으로써 마귀와 죽음의 권세를 멸하시고 승리로 이끄시는 복음의 능력에 초점이 맞춰져 있습니다. 이런 관점에서 마가는 예수님의 전 생애와 실제적인 사역을 진정한 능력으로 간주합니다.

그리고 마가는 예수님께 나타난 종의 모습을 통해 참된 리더십은 강한 권력을 가진 지배적 통치가 아니라 이웃을 내 몸과 같이 사랑하고 돌보는 섬김에 있음을 강조합니다. 이런 관점에서 마가복음의 핵심 구절은 "너희 중에 누구든지 크고자 하는 자는 너희를 섬기는 자가 되고 너희 중에 누구든지 으뜸이 되고자 하는 자는 모든 사람의

53 나용화, 『성경핵심입문』, 220-221.

종이 되어야 하리라 인자가 온 것은 섬김을 받으려 함이 아니라 도리어 섬기려 하고 자기 목숨을 많은 사람의 대속물로 주려 함이니라" 입니다(10:43-45).

그래서 마가는 예수님의 출생, 계보와 관련된 내용은 남기지 않는데, 그 이유는 종에게 출생과 족보는 큰 의미가 없기 때문입니다. 하지만 그가 예수님의 출생과 족보를 가치 없게 본 것은 아닙니다. 다만 그의 초점이 종의 개념에 맞춰져 있었던 것이고, 예수님을 '겸손의 왕'으로 증언코자 했던 것입니다. 같은 맥락에서 이 책은 부활 전의 예수님을 '주'(主) 또는 '주님'이라고 호칭하지 않고, 더 나아가 예수님에 대한 법적 고발도 어울리지 않는 것으로 여깁니다.

내용적인 측면에서도 마가복음과 마태복음은 유사한 듯 보이지만 마가복음은 마태복음에 나타난 예수님의 유소년기에 대한 기록이 없습니다. 마가에게 예수님은 하나님의 종으로 파송 받으셨기 때문에 이 복음서는 곧장 공생애 사역으로 전개됩니다. 이런 분위기는 1장만 봐도 알 수 있습니다. 그래서 마가복음은 즉각적이고 절대적인 그리스도의 순종을 강조하고, "즉시", "당장"이라는 뜻의 헬라어 '유테오스'(eutheos)를 종종 사용할 만큼[54] 생동감과 활동성을 중시합니다. 이런 관점에서 마가복음은 종으로서 수난과 십자가 대속을 가장 길게 서술합니다.

이처럼 마가는 총 16장(사복음서 중 가장 짧은)으로 구성된 그의 복음서에서 무려 여섯 장을 돌아가시기 전 마지막 주간을 배경으로

---

54 테리 홀, 『성경 파노라마』, 210, 213. 테리 홀은 '유테오스'가 36-40여 차례 사용됐다고 설명하지만, 나용화는 『성경핵심입문』에서 '곧', '즉시'라는 단어가 43회 사용됐다고 말합니다. 하지만 이 책에서는 횟수의 정확성보다 마가복음의 관점이 '종'에 맞춰져 있다는 것을 설명하는 정도로 마무리하겠습니다.

삼습니다.[55] 그는 최후 현장까지도 종의 가장 큰 임무와 그에 부합하는 길은 오직 희생적 섬김밖에 없음을 강조합니다. 말 그대로 그는 정치적 권력과 폭력으로 얼룩진 시대 문화적 상황에서 하나님의 아들이신 예수 그리스도를 '겸손하신 왕'으로 표현하려고 했습니다. 기독교의 왕을 세상 통치자들과 다른 '섬김의 왕'으로 증언하고자 했던 것입니다. 그러면 여기서 저자 마가에 대해 좀 더 살펴보겠습니다.

요한이라고 불린 마가는 예루살렘에 살던 과부 마리아의 아들이었지만 부유한 유대인 가문의 출신이었습니다. 그는 베드로에게는 믿음의 아들(벧전 5:13)이었고, 바울과 바나바에게는 사역의 조력자였습니다.[56] 하지만 바나바, 바울과 1차전도 여행에 참여했을 때 큰 다툼을 일으킨 장본인이기도 했습니다. 당시 마가는 다른 사도들보다 열 살쯤 연소한 나이였고, 그만큼 바울의 사역은 무척 버거웠던 것으로 추정하고 있습니다. 그래서 그는 사역을 중도에 포기하고 되돌아갔고, 이 일 때문에 바울은 마가에게 큰 실망을 안겨주게 됩니다(행 13:13). 하지만 나중에 두 사람은 서로 화해했고, 그동안 신앙적으로 성장한 마가는 다시 바울 사역에 동참할 만큼 믿음직한 동역자로 성장합니다(골 4:10).

흥미로운 것은 예수님께서 승천하신 후 갈릴리에 있었던 제자들이 다시 모인 장소가 이 책의 저자인 요한 마가의 다락방이었다는 사실입니다. 백이십 명이 들어갈 만큼 큰 다락방을 가진 그는 바나바처럼 경제적으로 부유했고, 소유한 것은 복음을 위해 기꺼이 사용했던 충성스러운 제자였습니다. 또한, 이곳에서의 모임은 초기 기독공

---

55 Ibid.

56 나용화, 『성경핵심입문』, 219.

동체가 교회시대로 접어드는 중요한 장소로 사용되었습니다. 마가의 다락방은 오늘날까지 교회를 공동체로 부르게 된 물리적 공간의 출발점이었습니다.

누가복음(Luke, Luke), 인간의 아들(인자)로 오신 예수

누가복음은 다른 복음서와 크게 다르진 않지만 좀 더 구체적인 근거를 가지고 전하려고 합니다. 일반적인 진술로 저자 누가는 의학을 전공한 전문의로서 객관적인 자료를 바탕으로 이 복음서를 기술하려 했다는 것입니다. 누가는 예수님의 행적을 역사적 사실을 근거로 그리스도의 족보, 탄생, 유아기 시절, 세례 요한과의 관계, 나아가 예수님의 감정까지 세세히 기록합니다. 또한, 그의 직업과 전문성 때문인지 다른 복음서에는 없는 병 고침의 기사들도 소개하고 있습니다. 나열하면, 나인성 과부의 아들을 살리심(7:11-17), 귀신 들린 여자를 고치심(13:10-17), 수종병 든 자를 고치심(14:1-6), 열 명의 한센 병자를 고치심(17:11-19), 대제사장 종의 잘린 귀를 고치심(22:49-51) 등입니다.

하지만 누가는 질병의 회복만이 아니라 사회적 병폐에 대해서도 많은 관심을 기울입니다. 본문을 나열하면, 빚 탕감(7:41-43), 선한 사마리아인(10:30-37), 어리석은 부자(12:1-31), 탕자(15:11-32), 부자와 나사로(16:19-31), 과부와 재판관(18:1-8), 세리와 바리새인(18:9-14) 등의 비유를 통해서 신분과 경제를 중시하는 사회에 대한 예수님의 가르침을 소개합니다. 이것은 예수님께서도 세상사에 관심이 많으셨음을 기록함으로써 그분께서 오신 궁극적인 목적, 곧

길 잃은 영혼을 찾아 구원하시려는 그리스도의 사명을 밝힙니다(눅 19:10). 아울러 현실 세계와 소통하시는 예수님을 통해 인간의 내면과 처한 환경을 몸소 살피시고, 공감하시고, 해결하시는 인자이신 그리스도를 표현하고자 했습니다.

따라서 누가복음의 내용은 인자(人子)로 오신 예수님, 사람의 아들이신 그리스도의 복음에 초점을 두고 있습니다. 이런 맥락에서 누가는 빈부, 남녀노소, 유대인과 이방인, 종과 자유인을 구별하지 않고 모든 사람의 구주이신 예수님을 강조합니다.[57] 그만큼 우리는 이 복음서를 통해 그때의 사회문화적 배경도 살펴볼 수 있습니다.

한마디로 당시는 불평등 사회였습니다. 때는 A.D. 64년 7월 19일, 로마의 대화재(Great Fire of Rome) 사건[58]이 있었고, 이 사건을 빌미로 그리스도교는 큰 오해를 받아 억울한 박해를 받습니다. 또한, 주요 산업 분야는 농업으로 토지의 소유가 부의 원천이었는데, 팔레스타인 땅과 부는 소수의 사람이 독점하고 있었습니다. 그로 인해 사회는 과부, 고아, 일용직 노동자와 같은 약자들이 많았습니다. 게다가 평민들은 로마 제국과 헤롯 정부의 과도한 세금 징수까지 감당해야만 했기 때문에 도저히 가난에서 벗어날 수 없었습니다. 더욱이 여성은 사회적 약자로서 멸시와 천대는 일쑤였고, 어떤 과부들은

---

57 Ibid., 227-228.

58 앞서 언급한 것으로, 당시 로마 제국의 황제였던 네로가 휴가 중 화재 소식을 듣고 로마로 와서 수습하려 했지만, 엄청난 대재앙으로 민심은 안정되지 않았고, 이에 따라 네로가 방화설의 주범이라는 황제 방화설까지 나돌게 됩니다. 상황이 이렇게 되자 네로와 집권 세력들은 민심을 수습하려는 대책으로 신흥 종교였던 기독교에 모든 책임을 덮어씌움으로써 기독교의 억울한 박해가 시작된 것입니다. 이때 정부 권력자들은 예수님의 열두 사도를 비롯하여 모든 기독교인에 대한 대학살을 자행했고, 기독교인들은 사회 혼란의 희생양이 되었습니다.

고된 생활을 일평생 이어갈 수밖에 없었습니다.[59]

그래서 누가는 이 책을 통해 부조리하고 불합리한 사상과 사회적 요소를 지적하면서 옳은 것을 가르치시고, 그에 맞는 사랑과 평등의 활동을 일상에서 나타내신 하나님의 아들을 기록합니다. 그 때문에 그리스도는 지배 세력과 소수 부유층에게 부정적 인물로 간주될 수밖에 없었고, 예수님의 사역에서 충돌과 배척은 피할 수 없었습니다. 아울러 유대인 지도자들은 예수님을 귀신 들렸다고 손가락질하며 비난하기 일쑤였습니다. 결국, 그들은 예수 죽이기에 결의하고 십자가 처형을 실행합니다.

하지만 누가는 20장에 가서 그리스도의 부활을 통한 초월적 대반전을 기록합니다. 누가에게 예수님은 인간의 아들로 태어나셨지만 본디 영존하시는 하나님이셨기 때문에 죽음조차도 그분을 이길 수는 없었습니다. 이후 누가는 부활하신 예수님께서 흩어졌던 제자들에게 찾아오심을 기록하면서 그리스도의 신적 존재를 밝힙니다. 그래서 누가는 이 복음서의 목적을 20장 31절에 다음과 같이 명시합니다. "오직 이것을 기록함은 너희로 예수께서 하나님의 아들 그리스도이심을 믿게 하려 함이요 …그 이름을 힘입어 생명을 얻게 하려 하심이니라" 아멘.

물론 1장 3절에서 기록하고 있듯이 누가복음의 독자는 높은 지위를 가진 헬라인 데오빌로입니다. 하지만 누가의 주된 관심사는 로마제국 곳곳에 흩어져 사는 헬라인 그리스도인과 교회공동체에 인자로 오신 예수 그리스도의 복음을 전함으로써 영생을 얻게 하는 것이었습니다. 이런 뜻에서 누가복음은 지위고하, 남녀노소, 신분적이고 경

---

59 Ibid., 227.

제적인 차원을 넘어 모든 사람을 향한 보편적 구원의 복음을 전하고 있습니다. 동시에 사회적 약자에 대한 예수님의 실제적인 사랑과 평등을 가시적인 복음의 메시지로 선포하면서 하나님의 아들이시면서 인자이신 예수님만이 모든 사람의 구주가 되심을 그분의 삶과 사역을 통해 증언하고 있습니다.

요한복음(John, John), 하나님의 아들로 오신 예수

사복음서에서 요한복음을 제외한 마태, 마가, 누가복음을 '공관복음'(Synoptic Gospels)이라고 부릅니다. '공관'(共觀)은 말 그대로 '공통된 관점'이라는 뜻입니다. 그래서 이 세 복음서는 예수님의 공생애에 대한 전반적인 내용이나 표현기법(문체)에서 많은 유사성(주제는 다르지만, 반복적인 내용을 포함하여)이 있기에 서로 간 일치도가 높습니다. 다른 복음서와의 공통 내용을 수치상으로 말하면, 마가복음의 경우 내용의 약 93%, 마태복음은 약 58%, 누가복음은 약 41% 정도가 중복됩니다. 반면, 요한복음을 공관복음에서 제외한 이유는 중복되는 부분이 약 8% 정도로 매우 적기 때문입니다.[60] 이런 구분에 따라 사복음서에는 요한복음을 포함하지만, 기록의 관점으로는 다시 구분합니다. 이와 관련하여 공관복음서인 마태, 마가, 누가복음의 일차적 배경은 갈릴리 지역이지만, 요한복음은 세상 전체로 전 세계 사람을 대상으로 삼습니다.

그렇다면 왜 요한은 공관복음서와 다른 관점에서 이 책을 기록했을까요? 일반적인 견해로 이 책의 기록 시기는 대략 A.D. 90-95년

60 테리 홀, 『성경 파노라마』, 213.

경으로 요한이 밧모섬에 유배당하기 바로 얼마 전으로 보고 있습니다. 그런데 이때는 공관복음서를 포함해서 바울과 베드로서신 그리고 많은 저작물이 완성된 상태였습니다. 따라서 요한은 유사한 내용의 복음서를 쓰고 싶지 않았고, 다른 해석과 관점을 가지고 보완적이면서 독창성 있는 복음서를 썼던 것입니다.[61] 그러면 이 책의 차별성에 대해서는 이 정도로만 하고 요한의 시각에 대해 살펴보겠습니다.

먼저 요한복음의 주제를 이해하기 위해 누가복음의 주제를 잠시 살피는 것이 좋습니다. 앞서 언급했듯이 누가복음의 주제는 '인간의 아들이신 예수 그리스도'였습니다. 그러면 독창성을 추구한 요한복음은 무엇을 말하고 싶을까요? 바로 예수님의 또 다른 모습, '하나님의 아들이신 예수 그리스도'입니다. 여러 번 말했지만, 예수님은 신이시면서도 인간의 모습으로 오셨습니다. 이것을 간추려서 신인(神人)이라고 말합니다. 그러니까 누가복음이 '인(人)'에 초점을 뒀다면 요한복음은 '신(神)'에 초점을 두고 있는 거죠. 그러다 보니 누가복음은 예수님을 현존적이고 역사적인 관점으로 이해하지만, 요한복음은 영적이고 교리적인 관점에서 이해합니다. 그래서 이 책은 예수님께서 인간과는 전혀 다른 절대적이고 유일무이(唯一無二)한 분이심을 강조합니다.

이처럼 요한복음은 그리스도의 신성(神性)에 주목하는데, 이를 뒷받침하는 진술이 '나는 …이다'라는 형식의 문체들입니다. 이런 문

61 나용화, 『성경핵심입문』, 233. 요한복음의 저자가 누구인지는 많은 논란이 있습니다. 성서신학자들은 사도 요한 외 요한 학파의 신학공동체 중 일원으로, 최소 두 명 이상으로 보기도 합니다. 하지만 이 책의 특성상 성서신학적 논쟁까지는 살필 필요가 없다고 판단해서 일반적인 견해만 언급하겠습니다. 분명한 것은 요한복음의 저자로 지목된 사람은 요한이고, 그가 저작에 이바지한 것은 분명합니다.

장들을 살펴보면, “나는 생명의 떡이다”(6:35), “나는 세상의 빛이다”(8:12), “나는 세상의 문이다”(10:9), “나는 선한 목자다”(10:11), “나는 부활이요 생명이다”(11:25), “나는 길이요 진리요 생명이다”(14:6), “나는 포도나무다”(15:1) 등입니다. 또한, 요한은 신적 관점에서 예수님께서 하나님이신 것과 성부와 동등한 분이심을 말하면서(5:18, 10:33, 12:45) 신성의 일곱 가지 표적(물로 포도주를 만드심(2:1-12), 왕의 신하의 아들을 고치심(4:43-54), 38년 된 병자를 고치심(5:1-18), 오천 명을 먹이심(6:1-15), 물 위로 걸으심(6:16-21), 소경을 고치심(9:1-41), 나사로를 살리심(11:1-44))도 기록합니다.

한편, 당시의 상황은 누가복음의 연장선으로 로마 황제가 기독교를 박해하던 때였습니다. 그 때문에 수많은 그리스도인과 교회공동체의 믿음은 흔들릴 수밖에 없었습니다. 이를 지켜본 요한은 오직 강한 믿음만이 고난과 박해를 견뎌내어 세상을 능히 이길 수 있다고 생각했습니다. 그래서 그는 실제적이고 역사적인 복음보다 영적인 차원에서 구원에 이르는 믿음이 무엇인지를 밝히고자 했습니다.

하지만 요한복음의 목적이 누가복음과 다른 것은 아닙니다. 요한도 그리스도의 목적이 “내가 온 것은 양으로 생명을 얻게 하고 더 풍성히 얻게 하려는 것이니라”(10:10)라는 예수님의 말씀을 언급합니다. 또한, 예수님만이 그리스도이시고 하나님의 아들이심을 믿게 하는 것과 이 믿음을 소유할 때 생명을 얻을 수 있음도 명시합니다(20:31). 그는 참믿음의 의미를 알려주기 위해 의심했던 제자 도마와 부활하신 예수님의 초월적인 만남을 통해 자기 가치관과 신념을 철저히 내려놓는 도마의 모습을 기록합니다. 이것은 그리스도에 대한 전인적인 믿음만이 영생을 보장한다는 것을 보여줍니다.

덧붙이면, 단지 복을 받기 위한 수단으로 교회에 다니는 기복적이고 맹목적인 신앙이나 기적과 같이 이성으로 이해할 수 없는 초자연적이고 신비로운 것만 추구하는 신앙은 올바르다고 볼 수 없습니다. 요한복음에서 말하는 믿음은 직접 생각하고, 살펴보고, 묵상함으로써 성자 예수 그리스도를 인격적으로 영접하고, 그분의 말씀에 순종하는 일상적 삶이야말로 구원을 이루는 신앙이라고 말합니다. 그리고 인간은 그 안에서만 자기 존재를 깨달을 수 있습니다. 그래서 요한복음은 '믿는다'라는 단어를 무려 99번이나 사용할 만큼 믿음을 강조합니다.

아울러 요한은 성자이신 예수 그리스도께서 성부로부터 파송된 분이라고 설명합니다. 대표적인 구절은 3장 16절인데, "하나님이 세상을 이처럼 사랑하사 독생자를 주셨으니 이는 저를 믿는 자마다 멸망치 않고 영생을 얻게 하려 하심이니라"입니다. 이 구절은 요한복음 전체의 축소판이라고 할 수 있는데, '믿음'만큼이나 '아버지'라는 용어(121회)를 많이 사용하고 있습니다. 이런 관점에서 요한복음의 주제는 예수님은 하나님의 아들이시면서 인간으로 성육신하신 그리스도임을 알 수 있습니다. 그러면 지금까지 살펴본 사복음서의 내용을 표로 살펴보고 다음 장으로 넘어가겠습니다. 다음 표만 참고하셔도 복음서의 전반적인 내용을 개괄적으로 이해할 수 있습니다.

<table>
<tr><th rowspan="2">구분</th><th>마태복음</th><th>마가복음</th><th>누가복음</th><th rowspan="2">요한복음</th></tr>
<tr><th colspan="3">공관(共觀) 복음</th></tr>
<tr><td>저자</td><td>마태</td><td>마가</td><td>누가</td><td>요한</td></tr>
<tr><td>중점</td><td>설교(예언적)</td><td>이적(실제적)</td><td>비유(역사적)</td><td>교리(영적)</td></tr>
<tr><td>주제</td><td>유대인의 왕
예수</td><td>하나님의 종
예수</td><td>인자로 오신
예수</td><td>성육신하신
하나님의 아들
예수</td></tr>
<tr><td>핵심
구절</td><td>1:1, 17, 5:17,
21:9, 27:37</td><td>10:43-45</td><td>1:35, 19:10</td><td>1:1-14, 3:16
20:30-31</td></tr>
<tr><td>1차
수신자</td><td>유대교에서
그리스도교로
개종한
헬라어를
사용하는
유대인</td><td>로마의
그리스도인</td><td>헬라의
귀족으로
그리스도인이
된 데오빌로와
헬라인</td><td>로마 황제의
박해에도
믿음을 지킨
유대교 출신
그리스도인과
이방
그리스도인</td></tr>
<tr><td>2차
수신자</td><td colspan="4">사복음서는 1차 수신자가 있지만, 복음서의 중심은 예수 그리스도의
복음과 하나님 나라이기 때문에 2차 수신자는 세상 전체임</td></tr>
<tr><td>지역</td><td colspan="3">갈릴리 사역 중심</td><td>세상 전체</td></tr>
<tr><td>신상</td><td>예수님의
제자,
직업은 세리</td><td>바나바의 생질,
베드로에 의해
전도됨</td><td>이방인 의사,
바울에 의해
전도됨</td><td>예수님의 제자</td></tr>
</table>

PART 8
하나님의 거룩한 의지 II

이 장부터는 복음서 다음의 내용으로 예수님께서 승천하신 이후의 시대입니다. 여기서부터는 세상의 역사가 어떤 성경적 배경을 바탕으로 지금까지 흘러왔는지 살펴볼 수 있습니다. 이것이 중요한 이유는 세상을 향한 하나님의 사랑은 계속 이어지기 때문입니다. 그래서 이 장의 제목도 '하나님의 거룩한 의지'입니다.

그런데 신약에 나타난 하나님 의지의 새로운 순서로 이 장 첫 절의 제목을 '의지의 선물(Ⅰ)-제자'라고 하지 않고, '의지의 선물(Ⅳ)-제자'라고 한 이유는 구약에 나타난 하나님의 의지와 신약에 나타난 하나님의 의지를 자연스럽게 연결하기 위해서입니다. 따라서 '의지의 선물(Ⅰ)-제자'로 표기하는 것이 맞는 것처럼 보일지 모르나 '의지의 선물(Ⅳ)-제자'라고 표기하는 것이 구약과 신약을 자연스럽게 연결합니다. 그러면 본론으로 들어가서 신약시대에 나타난 하나님의 거룩한 구원 의지에 대해 살펴보도록 하겠습니다.

의지의 선물(IV)-제자

우리는 이 책 4장에서 "의지의 선물-지도자와 사사(Ⅰ), 왕(Ⅱ), 선지자(Ⅲ)"에 대해 살펴봤습니다. 이것은 하나님께서 이스라엘 민족을 비롯하여 세계 모든 민족과 올바른 관계(창조주와 피조물의 원형 관계)를 맺기 위한 목적으로 세우신 구약시대의 거룩한 직분들입니다(왕은 하나님께서 먼저 세우신 것이 아니라 인간의 지속적인 요구 때문에 허락하신 것). 마찬가지로 하나님의 변함없으신 사랑과 구원 의지는 신약에서도 나타나는데 그 형태가 제자, 성령, 교회입니다. 그러니까 이것은 구약과 신약의 시대적이고 문화적인 상황에 따라 형태(기능과 범위를 포함하여)가 다른 것이지 공통의 목적은 창조주와 피조물의 깨진 관계를 회복하고, 세상의 구원과 평화 구현을 위한 하나님의 구속적 방법들입니다. 그러면 제자에 대해서 먼저 살펴보도록 하겠습니다.

예수님께서는 공생애 사역을 시작하시면서 열두 명을 제자로 삼으셨습니다. 그리고 그들과 함께 메시아 공동체를 이루셨습니다. 예수님의 제자들은 그분의 직속 제자로서 사도(使道, apostle)라고 칭했는데, 그 이유는 이들 외 다른 제자들과 구분하기 위해서입니다. 사도라는 단어는 그리스어 아포스톨로스(απόστολος)에서 유래한 말로서 '사신', '사절', '차사'와 같이 '파견된 자', '보냄 받은 자'라는 뜻입니다. 그래서 어떤 사람들은 예수님의 열두 제자를 사도로 칭하는 것에 다른 의미를 부여하기도 합니다. 말하자면, 제자(disciple)는 잘 배우는 사람을 뜻하지만, 사도는 보냄을 받은 사람이기 때문에 예수님은 잘 배우는 사람보다 순종하는 사람을 자기 제자로 삼으셨다고 해석하기도 합니다.

하지만 이 말은 순종만 잘하면 어리석은 것은 제자의 조건에 아무런 상관이 없다는 뜻이 아닙니다. 배우기는 잘하되 순종하지 않는다면 예수님의 제자로서 자격이 불충분함을 말하는 것입니다. 이런 점을 볼 때 예수님의 제자 선택의 제1순위는 배움, 학식, 형편이 아니라 전인적인 순종에 있다고 볼 수 있습니다. 하지만 이러한 기준에도 불구하고 제자 가룟 유다는 돈에 눈이 멀어 스승을 배반했고, 급기야 이를 후회하여 스스로 목숨을 끊는 비극도 있었습니다. 이로써 제자는 열한 명으로 축소되었지만, 추후 사도들은 그동안 함께 활동했던 맛디아에게 사도직을 허락함으로써 다시 사도는 열두 명으로 구성됩니다.

또한 성경에는 이 외 다른 한 사도를 언급하는데, 그는 신약성경의 절반(27권 중 13권, 권수로 봤을 때) 정도를 기록한 바울입니다. 바울(로마식, '작은 자')이라는 이름은 사울(유대식, '구하다, 요청하다')이라는 본명을 개명한 것으로, 개명 전 그는 철저한 유대인이었습니다. 얼마나 유대교적 사상이 투철했는지 그리스도교로 개종한 자를 모조리 이단으로 취급하여 감옥에 가두고, 이들을 죽이기 위해 열정과 삶을 불태우기를 정당하다고 여길 정도였습니다. 사울이라는 이름이 얼마나 악명 높았던지 그리스도교로 개종한 사람뿐만 아니라 사도들조차도 그를 경계하고 무서워 할 정도였습니다.

하루는 그리스도인에 대한 위협과 살기가 등등했던 사울이 그리스도인들을 잡으려고 부리나케 다메섹(오늘의 시라아 수도인 다마스쿠스)으로 가던 중 눈을 뜰 수 없을 만큼 강한 빛으로 나타나신 부활의 주님을 만납니다. 거기서 예수님은 사울에게 "네가 박해하는 예수"라고 말씀하시죠. 하지만 그때는 예수님께서 승천하신 이후였기 때문에 자신이 예수님을 박해한다는 말을 이해하지 못했습니다. 그러나 이 말씀이 그리스도인에 대한 핍박임을 깨달으면서 자신이 지금껏 유대교적 사상과 열심에 빠져 무서운 죄를 범하고 있었다는 것을 알게 됩니다. 이후 그는 돌이켜 그리스도교로 개종하는데, 이것이 바로 그 유명한 다메섹 사건(A.D. 34년)입니다. 그는 공식적으로 그리스도인이 되기 위해 세례(아나니아에게)를 받고, 바나바의 중재로 다른 사도들과 교제도 하면서 선교 활동에도 참여하게 됩니다. 이후 그는 바울이라는 이름으로 개명하죠.

그리고 성경에는 이 외에도 사도로 인정받은 여러 명의 제자가 더 등장합니다. 사도 바울은 예수님의 친형제요 예루살렘 교회의 지도자였던 야고보를 사도(갈 1:19)라고 불렀고, 바울과 동역했던 바나바를 비롯하여 디모데, 아볼로 등 여러 신약의 사도가 등장하지만, 이들은 예수님의 사역과 십자가 수난 그리고 부활을 직접 목격한 열두 사도에 포함된 사도는 아니었습니다. 그렇다면 바울도 사도라고 할 수 없지 않을까요? 하지만 이 부분에서 바울을 사도로 인정하는 것은, 그가 다메섹을 지날 때 빛으로 나타나신 예수님을 직접 만났고, 주님의 음성도 들었기 때문입니다. 이에 바울의 신비한 체험을 들은 사도들은 그를 공식 사도로 인정한 것입니다. 하지만 일반적으로 알려진 예수님의 제자는 사도 바울을 제외한 열두 명의 직속 제자를 뜻한다는 것을 인지할 필요가 있습니다. 다음으로 예수님께서 제자공동체를 훈련하셔서 그들을 파송하신 궁극적인 목적과 정체성 그리고 제자의 본질적 기능이 무엇인지 살펴보도록 하겠습니다.

마태복음 28장 19-20절을 보면, 예수님께서 제자들에게 당부하신 명령이 나옵니다. 이것은 부활하신 주님께서 40일간 이 땅에 머무르시다가 승천하시기 전 제자들을 불러 모으시고 마지막으로 말씀하신 최후 명령입니다. 이로 보건대 예수님께서 제자공동체를 양성하신 근본 이유와 제자로서의 정체성 그리고 이 땅에서 제자가 해야 할 본질적 기능이 무엇인지 살펴볼 수 있습니다. 그렇다면 예수님께서 제자들에게 분부하신 유언의 명령이 무엇일까요?

> 그러므로 너희는 가서 모든 민족을 제자로 삼아 아버지와 아들과 성령의 이름으로 세례를 베풀고 내가 너희에게 분부한 모든 것을 가르쳐 지키게 하라

이 구절에 나타나듯이 제자들은 모든 민족을 향해 보냄을 받은 자들이었습니다. 그런 다음 그들은 각 민족을 예수 그리스도를 따르는 자, 곧 예수님의 제자로 삼아야 했습니다. 그리고 삼위이신 아버지와 아들과 성령의 이름으로 세례를 베풀고, 예수님의 모든 가르침을 다시 가르쳐 순종케 하는 것이 제자들의 사명이었습니다. 쉽게 말해서 열두 제자의 임무는 또 다른 예수님의 제자로 삼는 것, 곧 예수 그리스도의 제자를 계속 재생산하는 것이었습니다.

그런데 이 재생산 사역을 이해하기 위해서는 앞서 살펴본 내용을 되새길 필요가 있습니다. 말하자면, 예수님께서 제자들을 양육하시면서 보여주시고 가르치신 것이 무엇이냐는 것입니다. 그것은 곧 하나님의 나라가 어떤 곳인지, 그 나라에는 어떤 일이 나타나는지, 그리고 그 나라의 국민이 되려면 어떻게 해야 하는지에 관한 것이었습니다. 따라서 재생산 사역이란, 예수 그리스도만이 하나님께서 보내신 메시아이심을 믿고, 그리스도의 가르침에 순종하면서, 하나님 나

라의 증인으로서 그 나라를 구현하는 메시아 공동체를 세워가는 것을 말합니다.

이런 이유로 예수님의 제자는 생명이 다하는 그날까지 하나님 나라를 선포하고, 그 나라의 현상(병든 자가 고침 받고, 얽매인 자가 자유를 누리며, 약한 자가 보호받는 사랑과 평화, 정의와 공의가 작동하는 생명 존중의 사회)이 나타나게 함으로써 하나님 통치의 세계를 만드는 사람들입니다. 그 때문에 제자의 두 가지 대표적인 기능을 정리하면, 하나는 구두 복음 전도를 통해 아무도 멸망 받지 않고 다 구원받을 기회를 제공하는 것과 다른 하나는 하나님 통치의 사회를 이루기 위해 사회적 책임(정치·경제·사회·문화·교육·환경·인권 등)을 지는 것이라고 말할 수 있습니다.

그러므로 이 땅의 모든 교회는 제자공동체로서 우리를 보내신 분의 뜻에 순종하면서 창조 세계의 온전한 구원을 위해 자신을 희생하는 생명공동체로 존재할 수 있어야 합니다. 곧 제자는 세상의 밀알과 같은 존재입니다. 그래서 예수님의 제자들은 일평생 천국 복음의 증인이었고, 사회적 약자들을 돌보는 일에 힘썼습니다. 병자들을 무상으로 고쳐주고, 고아와 과부와 나그네를 불쌍히 여겨 그리스도의 사랑으로 돌봐주었습니다. 그들은 출생, 나이, 성격, 직업이 다양했지만, 공통된 신앙 아래 어두운 세상을 밝게 비추는 빛과 같은 존재들이었습니다. 또한, 온유하고 겸손하신 그리스도의 성품을 닮기 위해 날마다 경건 생활에 힘썼고, 많은 사람이 복음을 받아들여 영생을 얻도록 복음 증거가 되기를 기뻐했습니다.

그뿐만이 아니라 제자들은 교회를 감독, 관리하면서 복음의 전수와 신앙의 계승을 이어 나갔습니다. 물론 성령께서 제자들과 그들의 사역을 도우셨지만, 그들은 진정한 그리스도의 제자답게 살기 위해 아낌없이 자기 삶을 불태웠습니다. 결국, 대부분 제자는 복음의 증거가 되었다는 이유로 순교를 피할 수 없었지만, 부활의 주님을 만난 목격자들이었기 때문에 부활의 증거가 되지 않을 수 없었습니다. 그들에게 예수 그리스도의 부활은 죽음조차 압도하는 하나님의 놀라운 능력이었던 것입니다.

이런 뜻에서 제자로서의 삶은 크게 두 가지 형태를 띱니다. 하나는 '배우는 것'이고, 다른 하나는 '증거가 되는 것'입니다. 한마디로 제자는 예수 그리스도의 복음(하나님의 복음, 하나님 나라의 복음)을 배우고, 그것을 증언하는 자를 말합니다. 예수님은 이런 제자에게 장차 받을 하늘의 상급도 약속해주셨습니다. 아래 표는 열두 제자의 이름과 간단한 설명입니다. 그리고 예수님께서는 각 제자에게 별명도 지어주셨습니다.

순	이름	영어식 표기	뜻(별명)	비고
1	베드로	Peter	반석	어부, 안드레의 형제 예수님의 수제자
2	안드레	Andrew	남자답다	어부, 베드로의 형제 사랑받는 제자
3	대(大) 야고보	James the Greater	발꿈치를 잡다	어부, 요한의 형제 사랑받는 제자
4	요한	John	은혜를 주신다	어부, 야고보의 형제
5	빌립	Philip	말을 사랑하는 자	어부

6	바돌로매	Bartholomew	하나님의 선물	나다나엘과 동일인, 무직, 돌로매의 아들
7	도마	Thomas	쌍둥이	목수와 석공 일을 했고, 이후에는 어부
8	마태	Matthew	여호와의 선물	세리(관세 징수원)
9	소(小) 야고보	James the Less	발꿈치를 잡다	어부, 알패오의 아들
10	다대오	Jude Thaddaeus	칭찬하다	어부, 다른 야고보의 아들
11	시몬	Simon the Zealot	하나님이 들으셨다	상인, 정치적 열심당원
12	가룟 유다	Judas Iscariot	찬양하다	사도에서 제명
13	맛디아	Matthias	여호와의 선물	유다를 대신하여 임명

그리고 사도 중에는 신약성경의 저자도 있었습니다. 그들이 쓴 성경은 자신의 이름을 붙였는데, 마태는 마태복음을, 요한은 요한복음, 요한일·이·삼서, 요한계시록을, 베드로는 베드로전·후서를 각각 기록했습니다. 그런데 신약성경에서 가장 많은 책을 기록한 사람은 사도 바울입니다. 그가 쓴 책은 신약 27권 중 13권으로 나열하면, 로마서, 고린도전·후서, 갈라디아서, 에베소서, 빌립보서, 골로새서, 데살로니가전·후서, 디모데전·후서, 디도서, 빌레몬서입니다.

그러면 제자에 대해서는 이 정도로만 살피고, 하나님의 다음 구원 의지인 성령과 교회공동체에 대해 살펴보도록 하겠습니다. 열두 사도를 통해 전해진 그리스도의 복음은 어떤 형태로 계속 증거되었을까요?

의지의 선물(V)-성령과 교회공동체

기독교는 삼위, 곧 성부, 성자, 성령을 삼위일체 하나님이라고 말합니다. 사실 하나님은 영적인 존재이므로 기독교 신학이라 할지라도 삼위일체론에 대한 합리적인 설명과 이해가 그리 쉽지 않습니다. 또한, 조직신학적으로 설명하더라도 신학적 깊이가 부족한 분들께는 오히려 수수께끼처럼 애매모호함을 줄 수 있습니다. 왜냐하면 한계성을 가진 인간이 완전하신 하나님의 존재를 합리적인 사고와 글을 통해 이해하고 설명하더라도 그 자체가 이미 어려운 것이기 때문입니다. 따라서 이 책은 세밀하고 복잡한 신학적 내용은 다루지 않고, 개괄적인 차원에서 언급하는 것이 적합하다고 판단해서 이 정도 수준에서만 설명하겠습니다.

먼저 성령께서는 성부, 성자 하나님과 동역하시면서 세상의 모든 교회와 그리스도인을 돌보시는 기독교 제3위 하나님이십니다. 성경은 성령을 '하나님의 영'이라고 표현하는데, 구약성경은 "루아흐 코데쉬"(רוח הקודש)라는 히브리어로 표현하고, 신약성경은 "프뉴마"(πνεῦμα)라는 라틴어로 표현합니다. 이 루아흐와 프뉴마의 기원은 '바람'에서 나온 것인데, 바람은 눈에 보이지 않지만 존재하며, 자유롭게 움직이는 특성이 있으므로 성령을 표현하는 개념적 용어로 사용한 것입니다. 다시 말해서 보이지 않는 성령의 존재를 실재하는 '영'(spirit)으로 표현하기 위해서입니다.[62]

또한, 성령께서는 성부, 성자 하나님과 함께 온 우주를 창조하시고, 인류 역사와 예수 그리스도의 일(탄생, 성장, 사역)에 직접 참여

62 서울신학대학교 성결교회신학연구위원회 편, 『성결교회 신학용어사전』 (서울: 기독교대한성결교회 출판부, 2005), 181.

하시고 돕는 분이십니다. 예수님의 십자가, 부활, 승천이 성령의 능동적인 개입으로 이루어진 것만큼 성령께서는 실제로 많은 일을 수행하십니다. 시기적으로 성령님은 지난 이천 년 기독교 역사에서 교회를 탄생시키셨고, 하나님과 인간의 영적인 중보자(mediator) 역할을 하시며, 교사(teacher), 상담자(counselor), 돕는 자(helper), 위로자(comforter), 대언자(advocator)로서의 기능들을 담당하시면서 보혜사(保惠師, παράκλητος, 파라클레토스)라는 칭호를 가진 분이십니다.[63] 이처럼 성령의 존재와 기능은 맨눈으로 볼 수 없지만, 실제 여러 일을 감당하시기 때문에 기독교는 성령의 다른 표현으로 '인격적이신 신'으로 이해합니다.

그리고 성령께서는 인간의 구원에도 직접 관여하십니다. 인간이 영생을 얻기 위해서는 무엇보다 예수님을 그리스도로 영접해야 하는데, 성령을 말미암지 않고는 예수님을 구주로 영접할 수 없으므로 성령과 무관한 사람이 예수님의 제자가 된다거나 하나님의 백성으로 인정받을 길은 없습니다. 이 말은 하나님 나라 백성으로서 성령님과의 영적 교제는 필수 불가결하며, 그리스도인다운 거룩한 삶도 성령님과의 건강한 관계를 맺을 때라야 가능하다는 뜻입니다. 이처럼 성령께서는 우리가 예수님을 그리스도로 영접하는 영적 길목에서 그분을 소개하고 중매하는 친절한 안내자 역할을 하십니다.

신구약 성경에서 성령 하나님의 역할은 신약성경에서 좀 더 두드러집니다. 이 말은 성령의 역사가 창세기부터 요한계시록의 곳곳에서 나타나지만, 문자적으로 자주 등장하는 곳이 신약성경이라는 뜻입니다. 그 근거는 예수님께서 승천하실 때 성부 하나님께서 다른 보

63 Ibid., 182.

혜사를 제자들에게 보내주시겠다고 하신 약속에서 잘 나타납니다. 그 기록이 요한복음 14장 16-17과 26절입니다.

> 내가 아버지께 구하겠으니 그가 또 다른 보혜사를 너희에게 주사 영원토록 너희와 함께 있게 하리니 그는 진리의 영이라 세상은 능히 그를 받지 못하나니 이는 그를 보지도 못하고 알지도 못함이라 그러나 너희는 그를 아나니 그는 너희와 함께 거하심이요 또 너희 속에 계시겠음이라 _14:16-17

> 보혜사 곧 아버지께서 내 이름으로 보내실 성령 그가 너희에게 모든 것을 가르치고 내가 너희에게 말한 모든 것을 생각나게 하리라 _14:26

그래서 성령님께서는 교회를 탄생시킨 신약시대의 어머니라고 말할 수 있습니다. 왜냐하면 교회가 출범하게 된 근원적인 태동의 역사로 성령께서 그리스도인 공동체의 모임 중에 직접 임재하셨기 때문입니다. 그 구절이 사도행전 2장 1-4절입니다.

> 오순절 날이 이미 이르매 그들이 다같이 한 곳에 모였더니 홀연히 하늘로부터 급하고 강한 바람 같은 소리가 있어 그들이 앉은 온 집에 가득하며 마치 불의 혀처럼 갈라지는 것들이 그들에게 보여 각 사람 위에 하나씩 임하여 있더니 그들이 다 성령의 충만함을 받고 성령이 말하게 하심을 따라 다른 언어들로 말하기를 시작하니라

이처럼 신약시대에 접어들어 교회가 출범한 오순절 무렵, 성령께서 그리스도인의 모임 중에 참여하셨기 때문에 사도시대 이후를 '성령시대' 또는 '교회시대'라고 부르게 된 것입니다. 그러니까 신약시대를 순서대로 정리하면, 예수 그리스도의 복음이 열두 사도에게 계승되었고, 그런 다음 예수님의 승천 이후 사도들과 그들의 제자들이 함께 모인 자리(마가의 다락방)에 성령께서 임재하심으로 교회라는 그리스도인 공동체가 역사적으로 탄생한 것입니다. 이를 도식화하면 '예수 그리스도의 복음과 공생애-사도시대-교회시대'로 표현할 수 있습니다.

그러면 성령께서 임재하신 오순절은 어떤 날일까요? 오순절은 예수님께서 부활하시고 오십 일째 되던 날, 성령께서 이 땅으로 오신 것이 유래가 된 기독교의 축일입니다. 다른 말로는 성령강림절, 성령강림주일이라고도 하는데, 한마디로 오순절은 기독교 최초의 교회 설립일이자 교회공동체의 생일입니다.

그런데 이 의미는 신약시대에서 오순절의 의미이고, 구약시대의 전통적인 의미는 주간절이라고 해서 농업과 관련된 축제일이었습니다. 이스라엘 백성들은 그해 새로 거두어들인 곡식을 제단에 바치고 축복의 원천이신 하나님께 감사드리며 희생 제사를 바쳤습니다. 이 날은 노동하지 않고 거룩한 모임을 했고, 종이든 떠돌이든 상관없이 모든 사람이 즐거워하는 기쁨과 감사의 날이었습니다. 주간절은 수확할 곡식에 낫을 댄 날부터 오십 일이 지난 다음에 지냈는데, 이것이 신약시대로 오면서 오순절의 의미가 된 것입니다.[64] 그러니까 오순절의 신약적 의미는 예수님께서 부활·승천하시면서 그분을 대신하

64 "오순절," 〈신약성경 용어사전〉

여 성령께서 이 땅의 그리스도인 공동체에 임재하신 축제일입니다.

그러면 성령으로부터 태동한 교회공동체는 사도들에 이어서 어떻게 그리스도교의 부흥과 성장을 이끌었을까요? 어떻게 교회는 하나님의 거룩한 구원 의지를 실현하는 인류 구원의 선물이 될 수 있었을까요? 교회시대의 첫걸음에 대해 살펴보도록 하겠습니다.

복음서에는 '교회'라는 단어가 딱 두 번 나오는데(마 16:18, 18:17), 이 두 번의 언급은 모두 예수님께서 직접 말씀하신 것이었습니다. 하지만 교회라는 용어는 사도행전 5장 11절에 가서야 비로소 등장합니다. 당시 대표적인 교회는 예루살렘 교회였고, 이 교회는 기독교 최초의 교회였습니다(모든 지상교회의 성경적 모델).

원래 교회를 의미하는 그리스어 에클레시아는 만남, 모임이라는 뜻을 가진 용어였습니다. 이 용어는 고대 시민들의 공식적인 모임을 가리켰고, 유대인의 총회나 율법을 듣기 위한 목적을 가진 종교적 모임에도 사용되었습니다. 이렇게 포괄적으로 사용된 에클레시아는 그리스도교 신자들의 모임까지 포함했는데, 사도들은 예수님의 명령을 효과적으로 수행하기 위한 복음 전도의 수단으로 이 모임을 활용했고, 이후 이 모임에는 개종자들을 위한 편의시설까지 개발하게 되었습니다.

당시 유대 정부로부터 거부당했던 그리스도인들은 이 모임을 위해 유대교의 회당을 모델로 삼아 공동체를 건설했는데, 이것이 시간이 지나면서 감독직에 기반을 둔 행정 체계(감독, 장로, 집사 등)를 이루어 하나의 공동체로 발전하게 된 것입니다. 그러니까 교회는 단순한 개인의 연합체가 아닌 그리스도의 복음에 대한 절대적인 믿음과 하나님의 새로운 시대, 그리고 그 나라를 소망하는 신실한 그리스도인들이 자발적으로 모여 구성된 신앙연합체였습니다. 반편, 이런 초대교회의 출범과는 달리 당시 유대교인들은 교회와 그리스도교 개종자들을 이단으로 취급하여 공개적인 핍박을 일삼았습니다.

그런데도 교회의 구성원에는 헬라어를 사용하는 유대인 그리스도인들이 계속 유입했고, 따라서 자연스럽게 이방 선교에 대한 기초와 중요성이 교회공동체의 출발점에서 함께 다져졌습니다. 그래서 초대교회는 유대교의 대대적인 탄압의 상황에서도 유대인만 하나님께 특별한(우월한, 선택받은) 민족이 아니라 이방인들도 복음을 듣고 구원받아야 할, 같은 선교의 대상자로 여겼던 것입니다. 하지만 유대인에게는 역사적으로 선택적 민족사상[65]이 뿌리 깊었기 때문에 사울(회심하기 전의 바울)과 같은 박해자가 많았습니다.

그런데도 복음의 열정을 가지고 믿음을 지켰던 그리스도인들은 박해의 정도가 거셀수록 더 결속했고, 그런 중 초대교회는 야고보, 베드로, 바울의 순교 그리고 다른 사도들을 비롯한 수많은 유대인 그리스도인에 대한 박해로 말미암아 예수님의 복음이 전수되지 못할까 걱정하면서 새로운 구조와 형태로 점점 발전하게 되었습니다. 그래서 초대교회는 예수님께서 가르쳐주신 하나님 나라 복음을 직접 들은 사도들의 가르침을 매우 중요하게 생각했던 것입니다. 왜냐하면 사도들의 교육이 아니고서는 예수님의 생생하고 분명한 가르침을 들을 수 없었기 때문입니다. 그러니 당시 사도들과 그리스도인들은 신앙적 이유로도 그렇지만 관계적으로도 매우 돈독할 수밖에 없었습니다. 초대교회는 그야말로 복음과 헌신과 그리스도의 사랑으로 똘똘

65 유대인만 하나님께 선택받았다는 우월적이고 차별적인 국수주의적 민족의식을 말합니다.

뭉친 거룩공동체였습니다.

그러나 근본적으로 이 모든 공동체적 연합을 가능하게 하신 분은 성령이셨습니다. 성령께서는 어머니의 품처럼 교회를 위로하고 돌보시면서 그리스도인 개개인을 격려하고 용기를 북돋아 주셨습니다. 또한, 하나님 나라를 위한 복음 사역이 담대히 전파될 수 있도록 교회공동체와 함께 활동하셨습니다. 그래서 사도들과 그리스도인들은 자기 힘이 아닌 성령의 힘으로 귀신을 쫓아내고, 방언을 말하며, 병든 자를 치유하는 기적과 함께 담대히 복음을 전할 수 있었습니다.

이처럼 성령의 능력은 세상의 힘으로는 도저히 행할 수 없는 초자연적인 기적과 변화를 일으켰습니다. 우월감, 열등감, 좌절감, 외로움, 슬픔과 같은 부정적인 감정과 정신적으로 온전치 못한 인간의 상태를 치유하고 회복시킴으로써 개인과 사회를 건강하게 만들어가셨습니다. 특히 성령께서는 신적 능력을 통해 죄와 사망의 법에 사로잡힌 자들을 해방해 주셨습니다(롬 8:1-2). 결국, 성령의 힘으로 거룩한 변화를 경험한 사람들은 돈, 건강, 인간관계, 미래에 대한 근심과 걱정까지도 떨쳐버릴 수 있었습니다. 그래서 예수님께서도 "주의 성령이 내게 임하셨으니 이는 가난한 자에게 복음을 전하게 하시려고 내게 기름을 부으시고 나를 보내사 포로된 자에게 자유를, 눈먼 자에게 다시 보게 함을 전파하며 눌린 자를 자유케 하고 주의 은혜의 해를 전파하게 하려 하심이라."(눅 4:18-19)라고 말씀하셨던 것입니다.

이처럼 성령님을 사모하고 그분의 초월적인 힘을 구했던 초대교회는 그 시대의 강력한 영적 공동체로서 사회적으로도 선한 영향력을 많이 행사할 수 있었습니다. 성령의 역사는 개인의 몸과 영의 변화는 물론 공동체 전체의 존재와 삶의 방식을 완전히 뒤바꾸는 놀라운 기적을 경험하게 했습니다. 그리고 성령께서는 교회공동체가 한 몸과 같이 상호보완적이고 유기적으로 기능하도록 모든 구성원에게 다양한 능력도 주셨습니다. 이것을 기독교에서는 '은사'라고 말하는데, 방언, 통역의 은사, 병 고치는 은사, 예언의 은사, 영 분별의 은사, 가르치는 은사와 같은 것이 바로 성령께서 주시는 능력입니다.

그런데 여기서 중요한 것은 이런 은사들의 궁극적인 목적이 무엇이냐는 것입니다. 그것은 먼저 교회의 건강함을 위해 주어진 것들이었습니다. 쉽게 말해서 인간은 머리부터 팔, 다리, 몸통, 눈, 코, 귀 그리고 수많은 장기 등 다양한 기능을 하는 신체 일부들이 함께 연결되어 있을 때 한 몸을 이룹니다. 마찬가지로 교회는 유기체적 공동체로서 모든 구성원은 성령으로부터 공급받은 각양 은사를 활용함으로써 하나의 통일된 몸(교회)을 이루어야 했습니다. 성령의 은사는 개인의 유익을 위한 것이 아니라 서로 섬기고 나누라고 주신 하나님의 선물이었습니다. 이런 뜻에서 바울은 "교회의 덕"을 위한 은사 사용을 강조했고(고전 14장), 그래서 그는 수많은 은사의 개별적 기능보다 제일 으뜸이 되는 은사, 곧 '사랑의 은사'를 더욱더 사모하라고 권면했던 것입니다. 왜냐하면 교회 자체가 공동체일 뿐만 아니라 제아무리 은사가 다양하더라도 그리스도의 사랑이 없으면 한 몸을 이루지 못하기 때문이었습니다. 그리고 은사를 사용할 때 그것이 서로에게 덕이 되지 못한다면 은사를 주신 성령 하나님의 의도와도 맞지 않기 때문입니다. 이런 뜻에서 바울은 이렇게 말합니다. "몸은 하나인데 많은 지체가 있고 몸의 지체가 많으나 한 몸임과 같이 그리스도도 그러하니라 우리가 유대인이나 헬라인이나 종이나 자유자나 다 한 성령으로 세례를 받아 한 몸이 되었고 또 다 한 성령을 마시게 하셨느니라"(고전 12:12-13).

그래서 은사는 첫째, 교회의 건강한 균형을 위한 것이고, 둘째, 덕을 세우기 위한 것이고, 셋째, 섬기고 나누기 위한 것이었습니다. 서로 사랑하라고 주신 것이 바로 성령의 은사였습니다. 이런 기본적인 의도에서 성경은 다양한 활동을 위한 기능적 차원의 은사만이 아니라 사랑에 기초한 은사 사용과 나눔일 때라야 비로소 맺는 열매가 있다고 말씀합니다. 그리고 이것을 성령의 아홉 가지 열매라고 칭합니다. 나열하면, 사랑, 희락, 화평, 오래 참음, 자비, 양선, 충성, 온유, 절제입니다(갈 5:22-23). 결국, 올바른 은사 사용과 이로써 나타나는 아홉 가지 열매는 동전의 양면과 같다고 말할 수 있습니다. 성경은 은사와 열매가 떼려야 뗄 수 없는 관계성이 있음을 분명히 말씀하고 있습니다. 그래서 성령님과 늘 동역한 초대교회 공동체는 성령의 다양한 은사를 그 본래의 목적과 의도에 맞게 활용함으로써 거룩한 결실을 풍성히 본 성령공동체였습니다. 이런 맥락에서 성령의 아홉 가지 열매의 공통점은 모두 사람의 내면적 성품과 직접 연관되어 있습니다.[66]

한번 생각해보십시오. 예수님의 성품을 닮은 그리스도인들의 삶은 과연 어땠을까요? 교회의 전 구성원이 하나님의 성품으로 똘똘 뭉친 공동체 말입니다. 너무나 환상적이지 않습니까? 비록 인간은 원죄성으로 죄를 범할 수밖에 없는 존재이지만, 진심으로 회개하고 성령님을 초대하면 성령께서는 하나님의 성품을 닮은 존재로 인간을

66 故하용조 목사는 성령의 열매를 성령의 임재로 나타나는 그리스도인의 성품이라고 정의한 바 있습니다. 하용조, 『인격적인 성령님』 (서울: 두란노서원, 2011), 74.

다듬으시고 변화시키시는 위대한 조각가가 되십니다.[67] 날마다 아름답고 거룩한 성령의 열매가 주렁주렁 맺히는 초대교회는 얼마나 역동적이면서 행복한 공동체였을까요?

그러면 지금까지 성령과 교회에 대해 포괄적으로 살펴봤는데, 다음 장에서는 좀 더 구체적으로 초대교회 공동체의 특징들과 신약성경의 구조 그리고 예수 그리스도의 재림과 마지막 공의의 날에 대해서 살펴보겠습니다. 이에 앞서 성령의 열매들을 하나하나 살펴보면서 성령께서 주시는 거룩한 열매와 삶이 나의 일상에서 얼마나 나타나는지 우리 자신의 성품과 삶을 점검해봅시다.

순	열매	뜻
1	사랑	사랑의 형태에는 이성 간 사랑을 뜻하는 에로스(Eros), 혈육, 우정, 연민처럼 편한 관계 간 사랑을 뜻하는 스토르게(Storge), 절대적이고 조건 없는 사랑을 뜻하는 아가페(Agape)가 대표적인데, 여기서 하나님 사랑은 아가페를 의미합니다.
2	희락	이것은 사람의 구상이나 환경에서 오는 것이 아닌, 위에서 아래로 임하는 기쁨을 말합니다. 희락은 자기만족이나 즐거움처럼 개인적 차원을 넘어 모두의 기쁨과 행복을 추구합니다.
3	화평	화평은 화해와 평화의 상태를 말하지만, 하나님의 말씀이 아닌 다른 것을 절대시하거나 이분법적으로 분리하지 않습니다. 이것은 진리의 질서 안에서 서로의 상대성과 다양성을 존중합니다.
4	오래 참음	다른 말로 인내라고 하는데, 일차적으로는 인간에게 내재한 부정적인 욕망과 감정을 억눌러 오래도록 참는 것을 말합니다. 그리고 이차적으로는 하나님 사랑과 말씀에 순종하면서 맞닥뜨리는 여러 상황을 끝까지 참고 견디는 것을 말합니다.

67 Ibid.

5	자비	자비는 '좀 더'라는 말과 연관됩니다. 좀 더 사랑을 베풀고, 좀 더 이해하고, 좀 더 친절히 대하는 것을 말합니다. 그래서 기본적으로 자비는 서로 간의 장벽을 높이지 않고 낮춥니다. 이것은 타인에 대해 수용적이며 약함이나 부끄러움을 덮어 치유하는 회복의 능력이 있습니다.
6	양선	양선은 모든 착한 것으로 착한 생각, 착한 마음, 착한 행동을 말합니다. 달리 표현하면, 선한 인격과 양심이라고 말할 수 있습니다. 예수님께서도 제자들에게 "너희 빛이 사람 앞에 비치게 하여 그들로 너희 착한 행실을 보고 하늘에 계신 너희 아버지께 영광을 돌리게 하라"라고 말씀하셨습니다(마 5:16).
7	충성	충성은 생명을 바치듯 주인에게 봉사하는 것을 말합니다. 그런데 이것이 가능하기 위해서는 반드시 있어야 할 것이 '믿음'입니다. 흥미로운 것은 '충성'과 '믿음'이 같은 단어를 사용한다는 것입니다. 영어로 믿음은 'faith'라고 하고, 충성은 'faithful'이라고 하듯이 결국, 우리가 예수님의 충성스러운 제자가 되기 위해서는 그분에 대한 전적 신뢰가 바탕이 되어야 합니다.
8	온유	온유는 사람의 표정이나 성질에서 나타나는 따뜻함과 부드러움을 말합니다. 부드러운 사람이 강하다는 말처럼 온유는 강한 자만이 부리는 여유와도 같습니다. 그런데 성령을 통해 나타나는 온유는 겸손을 동반합니다. 이것은 다른 사람을 나보다 낫게 여김과 동시에 내 존재가 상실된 주체성 없는 겸손이 아닙니다. 오히려 온유는 나와 상대방 모두를 품어 공존케 합니다.
9	절제	성령의 마지막 열매인 절제는 오래 참음과 유사한 듯 보이지만, 그보다 조절과 균형의 의미가 더 큽니다. 오래 참음이 부정을 차단하고 거룩한 삶을 공격하는 어려움들을 '견디는 것'에 초점을 둔다면, 절제는 성품을 조절하여 삶에 '균형을 이루는 것'에 초점을 둡니다. 따라서 절제는 항상 거룩한 긴장감을 가지고 있습니다. 그래서 성령께서 주시는 절제는 더하지도, 덜하지도 않은 영적 질서와 균형을 이뤄 삶의 거룩성과 건강성을 갖게 합니다.

PART 9
사도행전 시대와 그 이후

초대교회 공동체의 모습

초대교회(예루살렘 교회)의 모습을 자세히 기록하고 있는 성경은 사도행전(使徒行傳, Acts of the Apostles)입니다. 이 책은 제목 그대로 예수님께서 승천하신 후 그의 제자들인 열두 사도의 행적을 중심으로 복음 전파와 성령의 역사를 교회사와 함께 기록하고 있습니다. 따라서 우리는 사도행전을 통해 복음, 성령, 초대교회의 설립 그리고 초기 그리스도인들의 공동체 생활을 사실적으로 들여다볼 수 있습니다.

그런데 기본적으로 먼저 이해할 것은, 사도행전을 기록한 누가가 초대 기독공동체를 하나님의 완전에 가까운 온전한 사람들의 공동체로 묘사하고 있지 않다는 점입니다. 무슨 말이냐면, 초대교회가 성령의 강권적인 역사와 사도들의 가르침 그리고 예수 그리스도의 사랑으로 연합한 공동체이기는 하나, 여전히 오늘날의 현대교회처럼 교회 안팎의 복잡한 문제들을 안고 있었다는 말입니다.[68] 그리고 이런 문제들은 외부에서만이 아니라 내부에서도 발생했습니다.

먼저 외부에서 나타난 어려움을 살피면, 당시 초기 그리스도교로 개종한 유대인들은 로마제국과 대중에게 적대적 편견과 불신적 대적자였습니다. 특히 유대교 전통주의자들은 그리스도교를 이단으로 간주함으로써 초대 기독공동체는 쓰라린 아픔과 고통을 겪어야 했습니다. 그리스도인 공동체를 향한 그들의 차별과 혐오, 핍박과 박해는 공공연하게 행해졌고, 사도들과 함께 흘려야만 했던 순교의 피는 반인륜적 잔인함의 극치를 보여주는 것이었습니다(행 7:52-8:3).[69]

한편, 내부에서 나타난 어려움은 헬라파와 히브리파 신자 간의 문화적 배경과 이해 차이였는데, 이로써 스데반 집사가 순교 당하는 비극적인 일[70]을 당할 정도였습니다. 더구나 이 시기에는 예수님의 형제요 예루살렘 교회의 지도자였던 야고보마저 순교했고, 초기 기독공동체에 대한 십 대 박해는 세계사적으로 매우 유명합니다.

그런데도 사도행전에 나타난 초대교회의 모습을 오늘날의 현대교회와 그리스도인들이 본받아야 하는 것은 그들만의 특별함과 독특함이 있었기 때문입니다. 그들은 외적으로나 내적으로 많은 핍박과 문제점이 있었지만, 세상의 소금과 빛 된 존재로서 하나님 나라를 구현하면서 동시에 계속 성장하는 영향력 있는 공동체였습니다. 바로 이 점이 현대 기독공동체가 초대교회를 살펴야 할 이유입니다. 그렇다면 초대교회 공동체에는 어떤 특징들이 있었는지 살펴봅시다.

---

68 김신구, "교회성장학과 선교적 교회론에 기초한 통섭적 목회 패러다임 연구," (서울신학대학교 박사학위논문, 2022), 31.

69 Ibid., 31-32.

70 이 사건에 주동자가 사울(개명 전)이었던 바울(개명 후)이었습니다.

첫째, 초대교회는 앞장에서 살펴봤던 것처럼 '성령공동체'였습니다. 그만큼 사도들의 모습과 사역에는 성령 하나님과의 동행이 두드러졌습니다. 그 출발점이 마가의 다락방이었는데, 성령께서는 합심으로 기도하는 제자들의 시공간으로 친히 들어오셨습니다(행 2:1-4). 함께 부르짖는 제자들의 통성기도는 하늘과 땅을 하나로 잇는 신비한 사건이었고, 이로써 나타난 현상은 성령의 말하게 하심, 곧 방언(불의 혀)이었습니다.

특히 누가는 초대교회에 임재하신 성령의 사역적 의도를 밝히기 위해 "오순절"에 임하셨다는 매우 중요한 기록을 남깁니다(행 2:1). 이 절기에는 흩어진 디아스포라(Diaspora)[71] 유대인들이 영적 고향인 예루살렘으로 모이는 시기였습니다.[72] 그러니까 오순절에 임하신 성령의 역사는 디아스포라 유대인들을 고려한 것이었고, 엄청난 복음의 파장을 일으킬 영적 수확의 전조현상과도 같았습니다. 이러한 성령의 사역과 의도는 삼위 하나님께서 교회공동체를 통해 궁극적으로 하시고자 하는 것이 무엇인지를 일러줍니다. 그것은 한 영혼이라도 더 구원하시기 위한 '하나님의 선교'(*Missio Dei*)였습니다.

둘째, 초대교회는 '케리그마적(κῆρυγμα) 선교공동체'였습니다.

---

71 디아스포라는 자의든 타의든 상관없이 특정 민족이 고향에서 떠나 다른 지역으로 이동하여 형성한 집단을 뜻합니다. 이 단어는 '흩뿌리거나 퍼트리는 것'을 뜻하는 그리스어 디아스포라(διασπορά)에서 유래했습니다. 이 공동체는 유목과는 다르고, 난민 집단의 형성과는 관련이 있습니다. 하지만 본토를 떠나 항구적으로 나라 밖에 자리 잡은 집단에게만 이 용어가 사용되었습니다.

72 누가는 이날에 모인 사람들을 국제적으로 소개합니다. 나열하면, 동쪽으로는 바대인(Parthians), 메대인(Medes), 엘람인(Elamites)이었고, 서쪽으로는 로마, 메소보다미아, 소아시아, 그레데, 아라비아, 애굽, 구레네 등지에 퍼져 살던 유대인들이었습니다. F. F. Bruce, *New Testament History* (Garden City, NY: Doubleday, 1980), 135; 방동섭, "사도행전에 나타난 선교적 교회론," 「기독신학저널」 제2권 (2002): 202에서 재인용.

이 뜻을 살피면 케리그마는 '전달자로서 선포한다'라는 뜻을 담고 있습니다. 다른 표현으로는 '설교'라고 말할 수 있습니다. 그러니까 초대교회는 사도들이 전수한 그리스도의 복음을 세상 사람들에게 전달하는 공동체였던 것이죠. 성령께서는 교회가 출발하는 시점부터 함께 모인 공동체원들을 모두 증인이 되게 하셨습니다(행 2:8).

이것을 조금 달리 설명하면, 교회는 처음부터 하나님의 부름을 받아 다시 세상을 향해 '보냄 받은 공동체'(a sent community)였습니다. 마치 예수님께서 성부 하나님으로부터 보냄 받으신 것처럼(요 20:21) 초대교회 그리스도인들도 예수님으로부터 보내심을 받은 증인과 같았습니다. 이것은 교회에 대해 매우 중요한 성경신학적 개념인데, 요하네스 블라우(Johannes Blauw)라는 신학자는 "세상으로 파송된 교회 외에 다른 교회는 없고, 그리스도의 교회 외에 다른 사명은 없다."라고 말한 바 있습니다.[73] 한마디로 교회는 하나님의 선교를 위한 존재이며, 따라서 초대교회를 구성하는 모든 그리스도인은 '하나님의 선교적 백성'(missional people of God)으로서 영혼구원을 위한 선교적 책임과 사명을 다른 사람이 아닌 자신에게 돌렸던 것입니다.

그렇다면 이들이 전한 메시지는 무엇일까요? 그것은 "하나님께서 예수를 주와 그리스도가 되게 하셨다"(행 2:36)라는 것과 "만유의 주되신 예수 그리스도로 말미암아 화평의 복음을 전하사 이스라엘 자손에게 보내신 말씀"(행 10:36-42), 곧 사도들에게 받은 복음이었습니다. 쉽게 말해서 누구나 회개함으로써 세례와 죄 사함을 받으면

73 Johannes Blauw, *The Missionary Nature of the Church: a Survey of the Biblical Theology of Mission* (Grand Rapids, MI: Wm. B. Eerdmans, 1962), 121.

(예수 그리스도의 이름으로) 성령을 선물로 받는다는 약속과 초청이었습니다(행 2:37-39). 이렇게 복음 전도 사역을 충성스럽게 수행했던 초대교회 공동체는 세례받는 그리스도인들이 삼천 명에서 오천 명을 넘어설 만큼 가히 폭발적이었습니다(행 2:41, 4:4).

셋째, 초대교회는 한마음 한뜻(καρδία καὶ ψυχὴ)의 '코이노니아(κοινωνία, Koinonia) 공동체'였습니다. 코이노니아라는 말은 관계성의 개념으로 친교·사귐·공유·관계·교통·전달·협동·모임이라는 의미를 담고 있는데, 구성원들 간의 지속적인 상호 작용을 통해 조직적으로 공동체가 발전하는 이상적 상태를 말합니다. 초대교회는 사도들의 가르침을 중심으로 전 구성원이 교제·떡 나눔·기도에 전념했고(행 2:42), 이런 모습을 본 성령께서는 사도들을 통해 기사와 표적을 많이 드러내셨습니다. 초대교회 신자들은 각자의 물건을 스스럼없이 나누면서 서로의 필요 채우기를 자기 일처럼 기뻐했습니다. 그들은 교회를 중심으로 날마다 마음을 모아 신앙생활을 하면서 밖으로는 선을 행했는데, 이것 때문에 교회는 교회 밖 사람들에게도 칭찬받는 공동체로 존재할 수 있었습니다. 얼마나 이들의 교제와 선행이 탁월했는지 초대교회 구성원 중에는 가난한 사람이 한 사람도 없었습니다(행 4:34).

이런 측면에서 선교신학자인 김현진 교수(평택대학교)는 초대교회가 코이노니아 공동체로 존재할 수 있었던 이유를 성령에 의한 삼차원적 코이노니아로 구분합니다. 설명하면, 성령께서는 (1) 수직적인 차원에서 신자들 모두가 성부, 성자 하나님과 교제하게 하시고, (2) 수평적인 차원에서 그리스도인들 상호 간의 교제를 통해 하나 되게 하시며, (3) 대사회적 차원에서 이웃과 함께하는 삶을 살게 하셨다고 말합니다. 그러니까 초대교회는 예수님의 복음을 관념적이고 이상적인 차원에서 인지만 한 것이 아니라 자신들의 삶으로 증명하는 공동체였습니다. 이런 뜻에서 김 교수는 온전한 코이노니아의 속성은 들을 수 있고, 볼 수 있고, 만져질 수 있는 것이라는 요한의 말을 언급합니다(요일 1:1).[74]

이처럼 초대교회가 부흥·성장할 수 있었던 원동력은 공동체 구성원들 모두가 예외 없이 품고 지켰던 "한마음과 한뜻" 때문이었습니다(행 2:46, 4:32). 특히 초대교회의 공동체적 연합은 인위적인 연합이 아닌 영적인 연합으로 성령의 충만함 안에서 예수 그리스도와 온전한 일치를 이룰 때 가능했습니다.[75] 결국, 초대교회는 구원받은 사람들이 날마다 증가하는 역동적이고 폭발적인 성장과 함께 하나님의 나라가 어떻게 확장하여 가는지를 직접 체험하고 목격한 증인들의 공동체가 될 수 있었습니다(행 2:43-47).[76]

넷째, 초대교회는 '디다케적(διδαχή) 성도 공동체'였습니다. 디다케는 열두 사도를 통해 이방인들에게 전해진 예수 그리스도의 가르침을 뜻하는데 줄여서 '열두 사도의 가르침'(라틴어: Doctrina Duodecim Apostolorum)이라고도 말합니다. 그런데 사실 디다케와 케리그마는 둘 다 사도들의 가르침이라는 공통점이 있습니다. 하지만 이 둘은 서로 구분되는데, 먼저 케리그마는 교회 밖을 향한 가르침으로써 복음의 선포(예수님은 하나님의 아들이시고, 우리를 구

74 김현진, 『공동체 신학』 (서울: 예영, 2018), 58.

75 송봉모, "예루살렘 초대교회의 재산 공유적 삶에 대한 논의들," 「신학과 철학」 제6호 (2004): 51.

76 김신구, "교회성장학과 선교적 교회론에 기초한 통섭적 목회 패러다임 연구," 35-36.

원하실 메시아이시다)를 의미합니다. 다음으로 디다케는 교회 안을 향한 가르침으로써 공동체 내적으로 시행하는 사도들의 신앙교육을 의미합니다.

다시 말해서 초대교회는 교회 안팎의 사역을 병행했는데, 외적으로는 복음 전도 사역에 집중했고, 내적으로는 예수님의 충실한 제자로서 구성원들 개개인의 신앙생활을 구체적으로 지도했던 것입니다. 그래서 밖에서 전도 받아 이제 막 개종한 그리스도인들을 다시 교회 안으로 초청하여 올바로 교육함으로써 성숙하고 책임감 있는 교회 공동체의 구성원으로 성장시켰던 것입니다. 이런 차원에서 교회성장학의 아버지라 불리는 도널드 맥가브란(Donald A. McGavran, 1897- 1990, 풀러 신학교 선교학 교수)은 모든 불신자를 그리스도께로 인도하는 것과 그들을 하나님의 은혜 안에서 성장시키는 것이야말로 교회가 해야 할 매우 중요한 일이라고 주장합니다.[77] 이를 신학계에서는 '제자 사역' 또는 '재생산 사역'이라고 말합니다.

그런데 디다케 사역에서 짚고 넘어가야 할 것이 있습니다. 그것은 이러한 사역이 꼭 사도들을 통해서만 시행된 것이 아니라는 점입니다. 디다케라는 말은 열두 사도들의 가르침을 뜻하지만, 사도들은 복음의 가르침을 자신들의 특권으로 삼지 않았습니다. 그들은 또 다른 제자로 삼아 복음이 계속 흐를 수 있도록 했습니다. 초대교회는 유대적 전통을 계승한 직제[78]로서 교사와 장로 제도를 유지했는데, 이

---

77 도널드 맥가브란, 『교회성장 이해』, 최동규 외 4인 역 (서울: 대한기독교서회, 2017), 214-216.

78 직제는 단체나 조직과 같은 것에서 직업상의 임무나 위치에 관한 제도를 뜻하는데, 여기서는 기독교의 직제를 말함으로 성직자나 교회 직분자와 같은 종교적 신분을 말합니다.

런 전통은 사도행전 6장에 가서 좀 더 구체적으로 실행되었습니다. 당시 사도들은 방대하고 분주한 사역으로 어려움이 많았습니다. 그들은 과중한 사역으로 말씀과 기도 사역에 집중할 수 없었기 때문에 일반 성도 중에서 사역자를 세워 역할을 분담하는 대안책을 마련했는데(행 6:2-4), 이것이 바로 초대교회의 일곱 집사 이야기입니다. 사도들은 효과적인 사역을 위해 조처했고, 이로써 하나님의 말씀은 더욱더 왕성해져 예루살렘 내 제자의 수가 폭발적으로 증가하는 양적 성장을 경험할 수 있었습니다. 또한, 수많은 제사장의 무리가 진리의 복음에 복종하는 영적 부흥도 함께 맛볼 수 있었습니다(행 6:7).

초대교회가 모범적이고 탁월했던 것은 사역의 위임과 분담이 신분적 차이가 아닌 기능적인 차이로 이루어졌다는 점이었습니다.[79] 이것은 교회가 계속 성장함과 동시에 선교적 약동을 위한 행정적 조치였습니다. 동역했던 사역자는 스데반(행 7장), 빌립(행 8:5-13, 26-40), 두아디라 성의 자주 장사 루디아(행 16:13-15)와 같은 사람들이었습니다. 특히 스데반과 빌립의 선교적 역할은 놀라울 만큼 눈부셨습니다. 초대교회 그리스도인들은 구제와 봉사의 일을 감당하면서 말씀을 가르쳤고(행 7장, 8:26-35), 심지어 세례를 베풀기도 했습니다(행 8:36-39).

하지만 이러한 사역적인 조치가 사도들이 좀 더 집중하고자 했던 말씀과 기도 사역보다 덜 중요한 것으로 이해하는 것은 오해입니다. 이것은 소금과 빛 된 공동체로서 세상을 향해 교회가 행하는 통전성[80] 있는 사역이었던 것이지 중심적인 사역과 덜 중심적인 사역이 구분

79 홍성욱, "평신도 동역화(Partnership)와 교회성장," 한국선교신학회 편, 『선교와 교회성장』 (서울: 한들, 2003), 104-105.

80 통전성에 대한 설명은 224-225쪽을 참조하십시오.

된 것은 아니었습니다. 단지 이것은 교회의 내적 사역과 외적 사역의 균형을 위한 것이었습니다. 일반 성도로 이해되는 그리스도인들의 외부 사역에는 늘 뜨거운 기도가 있었고, 이들의 성령 충만한 일상적 삶은 그들이 거하는 지역사회에서 하나님 나라를 세우는 것이었습니다. 초대교회 그리스도인들은 배운 것을 가르쳤고, 그것에 순종함으로써 교회 주변을 향한 선한 영향력을 계속 끼쳤던 것입니다. 그래서 이들에게 중요한 것이 예수님의 직접적인 가르침, 곧 사도들의 가르침이었습니다. 이처럼 초대교회는 복음과 삶을 분리하지 않았습니다. 이들에게 복음이 생명이듯이 이들의 삶은 생명력 자체였습니다.

다섯째, 초대교회는 '성육신적 공동체'였습니다. 이 말은 기독교의 구원론을 예수 그리스도의 성육신에 기초했다는 말입니다. 다시 말해서 초대교회 그리스도인들은 예수님께서 성육신하셔서 자신을 내어주신 겸손한 사랑과 희생적 섬김 없이 구원받을 길이 없다는 것을 절대적으로 믿었다는 뜻입니다. 그래서 초대교회 공동체는 예수님의 성육신과 삶에 나타난 정신과 행위를 중시했고, 그 정신과 행위를 본받을 때라야 참 그리스도인이라고 여기며 살았던 것입니다.

그렇다면 성육신 사건에 담긴 정신과 행위, 곧 예수님의 겸손한 사랑과 희생적 섬김은 어떻게 표현되었을까요? 그것은 재차 언급한 바 크게 두 가지로, 하나는 복음 전파이고, 다른 하나는 지역사회를 책임지는 것이었습니다. 초대교회는 예수 그리스도의 신앙 위에 복음을 모르거나 거부하는 자들에게 효과적으로 복음을 전하면서 그리스도께서 보여주신 삶을 자기 삶으로 체득하여 증명하는 존재로 살았습니다. 한마디로 초대교회는 성품과 섬김의 공동체였습니다.

그러니까 초대교회가 성육신적 공동체였다는 말은 자기들만의 배타적이고 폐쇄적인 끼리공동체를 형성하지 않고, 세상과 끊임없이 대화하고 소통하면서 지역사회와 공존하는 지역공동체로서의 모습을 취했다는 말입니다. 이런 뜻에서 신학자 마이클 프로스트(Michael Frost)와 앨런 허쉬(Alan Hirsch)는 사도행전 2장 42-48절을 언급하면서, 초대교회는 그 시대의 문화나 가치관과 적대적으로 분리된 것이 아니라 그 안에서 건강한 균형을 이루면서 조화롭게 스며든 '상황화'(contextualization)된 공동체라고 말합니다. 그래서 프로스트와 허쉬는 초대교회가 하나님과의 관계, 서로의 관계, 세상과의 관계를 촉진하기 위해서 평등하면서도 균형 잡힌 헌신에 관심이 있었다고 말합니다. 이런 뜻에서 이들은 교회의 본질을 '관계'라고 말합니다.[81]

여기서 상황화에 대해서 잠시 살펴보겠습니다. 상황화란, 복음의 대상은 인간이지만, 인간이 만드는 사회는 끊임없이(역사적으로) 변하기 때문에 그 상황에 적절하고 효과적인 방식으로 복음이 전해져야 한다는 뜻입니다. 그래야만 복음이 모든 시대와 다양한 문화 안에서 좋은 소식이 될 수 있다는 선교신학적 용어입니다.

이런 관점에서 세상으로 보냄을 받은 하나님 백성들의 존재와 사역의 방식은 철저히 성육신적이어야 하며, 세상의 온전한 구원과 변화를 위해 절대적인 하나님의 말씀을 가지고 세상으로 들어가야 합니다. 이를 위해 초대교회는 당시의 문화와 가치관과 소통할 수 있는 상황화된 성육신적 방식으로 예수님의 복음을 증명했던 것입니다.[82]

---

81 마이클 프로스트·앨런 허쉬, 『새로운 교회가 온다』, 지성근 역 (서울: IVP, 2016), 147-148.

82 최동규, "교회성장의 새로운 방향 설정을 위한 시론: 선교적 교회성장의 개념 정립을 위하여," 「선교신학」 제32집 (2013): 259. 김신구, "통전적 선교를 위한

정리하면, 성육신적이라는 것은 예수님의 성품, 사랑, 희생, 섬김을 가지고 복음의 대상이 수용할 수 있는 문화적인 방식으로 다가가는 것을 말합니다. 따라서 상황화된 성육신적 공동체란, 지리적 공간만이 아니라 문화적·정신적·영적인 공간까지 모두 아우르는 유연하고 능력 있는 공동체로서[83] 초대교회가 바로 그런 공동체였습니다.

서신서의 구조와 주제 이해

서신서(書信書, epistle)는 서신(편지) 형식으로 작성된 책으로 서간(書簡)이라고도 합니다. 총 27권으로 구성된 신약성경에서 편지글 형식의 책이 모두 21권이니까 권수로만 봤을 때 약 78%가 신약성경의 서신서인 셈이죠. 이것은 신약성경의 상당 부분이 개인과 공동체의 안부를 묻거나 신앙적 도움 또는 우려되는 부분들을 살펴 올바로 지도하기 위한 지침서로서의 성격이 강함을 의미합니다.

이처럼 신약에서 서신서의 비중이 큰 이유는, 신약시대로 오면서 하나님 나라의 복음이 시작됐고, 이것이 사도들을 통해 점점 확장하면서 성령의 임재와 함께 교회공동체가 부흥·성장한 것과 관련이 있습니다. 다시 말해서 신약시대는 예수 그리스도의 복음의 시작과 함께 사도들의 행적과 교회시대에 대해서 기록하는 만큼 초기 기독공동체는 계속해서 교회를 개척하고 확장하는 부흥성장의 시기였다는 것에 주목하게 합니다.

그렇다면 서신서를 기록한 저자들은 누구였을까요? 그들은 대부

현대교회의 성육신적 모습," 「선교신학」 제57집 (2020): 60.

83 김신구, "교회성장학과 선교적 교회론에 기초한 통섭적 목회 패러다임 연구," 40.

분 사도였습니다. 그리고 수신자는 각 지역교회와 그리스도인들이었습니다. 사도들은 로마제국 전역에 흩어져 살았던 기독교 초기의 교회와 그리스도인들에게 성경의 교리와 신앙적 삶의 원리를 알려줌으로써 하나님의 자녀와 교회공동체의 일원답게 살도록 편지글을 통해 그들을 권면하고 격려하며 응원했던 것입니다. 사복음서와 사도행전이 예수 그리스도의 복음과 공생애 사역 그리고 성령과 초대교회의 역사적 정황들을 사도들의 복음 사역과 함께 사실적으로 기술하고 있다면, 서신서는 예수님과 사도들의 가르침을 교회공동체와 그리스도인들의 삶에 구체적으로 적용하는 체험적이고 신앙적인 이야기로 가득 차 있습니다. 따라서 서신서는 당시만이 아니라 오늘을 살아가는 현대 교회공동체와 그리스도인들에게도 많은 유익을 줍니다. 그래서 서신서는 기독교 교리, 목회, 공동체, 윤리, 가정, 사회적 관계, 가정생활, 사생활 등 신앙생활과 관련된 실제적인 내용을 많이 담고 있습니다.

이렇게 쓰인 21권의 서신서는 다시 둘로 구분되는데, 하나는 사도 바울이 기록한 바울서신과 다른 하나는 다른 사도들과 제자들이 기록한 공동서신(共同書信, Catholic Epistles) 또는 일반서신(一般書信, General Epistles)입니다(8권). 여기서 사도 바울은 21권의 신약 서신서 중 13권을 기록했습니다. 그가 쓴 서신서를 성경순으로 나열하면, 로마서, 고린도전·후서, 갈라디아서, 에베소서, 빌립보서, 골로새서, 데살로니가전·후서, 디모데전·후서, 디도서, 빌레몬서입니다. 그리고 나머지 다른 사도들과 제자들이 쓴 서신서를 성경순으로 나열하면, 히브리서, 야고보서, 베드로전·후서, 요한일·이·삼서, 유다서입니다. 여기서 베드로전·후서는 사도 베드로가, 요한일·이·삼서는 사도 요한이 쓴 서신서입니다.

그래서 바울서신과 공동서신은 책명에서 구분할 수 있는데, 바울서신의 책명은 수신자 중심이고, 공동서신의 책명은 발신자 중심으로 되어 있습니다. 다시 말해서 고린도전·후서는 고린도 교회 성도들에게, 디모데전·후서는 디모데에게, 에베소서는 에베소교회 성도들에게 보낸 바울서신입니다. 반면, 베드로전·후서는 베드로가, 요한일·이·삼서는 요한이, 야고보서는 야고보가, 유다서는 유다가 쓴 공동서신이라는 말입니다.

그런데 여기서 잠시 언급할 것은 히브리서 저자에 관한 것입니다. 왜냐하면 이 책의 저자는 불확실하기 때문입니다. 물론 바울이 저자라는 견해도 있습니다만, 살펴본 것처럼 바울서신과 공동서신을 구분하는 특징으로, 바울서신은 수신자 중심으로 책명을 정하고 있습니다. 이 점을 고려한다면 히브리서의 저자로 바울을 완전히 배제할 수는 없고 한 번쯤 생각해볼 필요가 있습니다. 물론 이런 근거로 바울이 히브리서의 저자라고 확실하게 말할 수는 없습니다.[84] 그러나 몇 가지 사실을 미루어 볼 때, 이 책의 수신자는 책명처럼 흩어져 있는 유대인 그리스도인들이라는 것은 분명합니다.[85] 그런데도 현대 신학은 히브리서를 바울서신과 구분합니다. 바울을 저자로 보기에는 불충분하기 때문입니다.

이와 관련하여 렘넌트신학연구원의 나용화 석좌교수는 히브리서의 집필 방식이 다른 바울서신과 다르다고 말합니다. 다른 바울서신들처럼 인사말에서 자신을 소개하고 있지 않을 뿐만 아니라 자신의

84 테리 홀, 『성경 파노라마』, 151-152.

85 나용화, 『성경핵심입문』, 299.

사도권을 주장하는 방식도 다르게 기술하고 있으므로 히브리서에 대한 바울의 저작권은 매우 의심스럽기에 이 책의 저자를 사도 바울이라고 말할 수 없다는 주장입니다.[86] 바로 이런 점들 때문에 히브리서는 지금까지 공동서신의 한 책으로 보고 있습니다.

다음으로 서신서의 구조를 살펴보겠습니다. 13권의 바울서신은 세 가지 기준에 따라 다시 구분됩니다. 그것은 첫째, 수신자에 따른 구분, 둘째, 여러 상황을 고려한 구분, 셋째, 시기에 따른 구분으로 연대기적 구분이라고도 합니다. 그러면 이 세 가지 기준에 따른 구분을 다음의 표들을 통해 살펴봅시다.

수신자에 따른 구분	성경
교회서신(9권)	로마서, 고린도전·후서, 갈라디아서, 에베소서, 빌립보서, 골로새서, 데살로니가전·후서
개인서신(4권)	디모데전·후서, 디도서, 빌레몬서

먼저 위의 표는 수신자에 따른 구분으로 이는 다시 교회서신과 개인서신으로 구분됩니다. 그 내용을 살피면, 교회서신은 대부분 교회의 내적 문제들을 올바로 지도하고 해결하기 위한 목적으로 쓰였기 때문에 주로 저자를 바울 개인의 이름보다 바울과 동행한 자들까지 공동으로 기명합니다. 그래서 교회서신의 인사말은 "바울과 실루아노, 디모데는…"이라는 공동 발신의 방식으로 글을 시작합니다. 반면, 개인서신은 위로나 격려 그리고 사적인 부탁을 청할 목적으로 쓰

86 Ibid., 298-299.

였기 때문에 "하나님의 종이요 예수 그리스도의 사도인 나 바울"(딛 1:1)이라는 개인 발신의 방식으로 글을 시작합니다.

다음 구분법은 바울서신을 구분하는 방식 중 가장 일반적으로 사용하는 방법입니다. 이 방식은 대부분 신학자와 교회에서 따르는 분류법으로 구분의 기준은 내용적 측면과 상황적 측면을 각각 고려합니다. 이 방법은 네 가지 서신, 곧 초기서신, 교리서신, 옥중서신, 목회서신으로 다시 구분됩니다.

상황에 따른 구분	성경
초기서신(2권)	데살로니가전·후서
교리서신(4권)	로마서, 고린도전·후서, 갈라디아서(북)
옥중서신(4권)	에베소서, 빌립보서, 골로새서, 빌레몬서
목회서신(3권)	디모데전·후서, 디도서

초기서신은 바울이 2차 전도 여행 중에 기록한 것으로 다른 서신보다 비교적 먼저 쓴 글입니다. 교리서신은 삼대 복음서신이라고도 하는데, 구원의 도리를 예수님의 십자가 고난과 부활 사건에 기초하여 체계적으로 해석하고 있기 때문입니다.[87] 옥중서신(獄中書信)은 바울이 로마의 감옥에서 기록했다고 해서 붙여졌지만, 이 서신도 구원의 도리에 대한 해석이 중심을 이루고 있습니다. 마지막으로 목회서신은 사목서신 또는 개인서신이라고도 하는데, 이 서신은 특정 개

87 Ibid., 248.

인(목회자인 디모데, 디도)에게 쓴 편지입니다. 하지만 공통된 내용은 교회를 감독하는 일에 대한 것이므로 목회서신이라고 부릅니다.

한편, 다음 구분법에서 살펴볼 부분이기는 하나 먼저 언급한다면, 갈라디아서는 남부 갈라디아 지방의 교회들과 북부 갈라디아 지방의 교회들에 보내진 서신으로 구분하기도 합니다. 이 경우 갈라디아서(남)는 초기서신으로 구분하는 반면, 갈라디아서를 A.D. 55년경 바울의 3차 전도 여행 중 기록한 것으로 이해하면 이것은 갈라디아서(북)라는 견해가 있습니다. 그래서 바울서신을 연대순으로 나열할 때 어떤 문서는 갈라디아서가 제일 먼저 기록되었다고 구분하고, 어떤 문서는 데살로니가전·후서가 제일 먼저 기록되었다고 구분하기도 합니다. 그러나 저작 시기에 대한 부분은 신학적 논쟁거리이기 때문에 여기서는 이 정도로만 언급하고 넘어가겠습니다.

마지막으로 바울서신의 구분법은 시기에 따른 구분입니다. 일반적으로 신학자들은 연대기적 구분법을 따르지 않지만, 바울서신을 좀 더 깊이 연구하고자 할 때는 이 구분법도 참고하는 것이 바울의 전도 여행과 신약의 서신서를 이해하는 데 유익을 줄 수 있습니다. 참고로 아래 표는 갈라디아서(남)와 갈라디아서(북)를 구분했습니다.

연대기적 구분	성경
1차(A.D. 45-48)	갈라디아서(남)
2차(A.D. 49-52)	데살로니가전서(51), 데살로니가후서(51-52)
3차(A.D. 53-58)	고린도전서(55말), 고린도후서(55말-56초), 갈라디아서(북, 55), 로마서(57말-58초)

옥중(A.D. 59-62)	에베소서(61-62), 빌립보서(62-63), 골로새서(62-63), 빌레몬서(62)
4차(A.D. 62-67)	디모데전서(64-65), 디모데후서(66-67), 디도서(64-65)

그러면 두 번째로 언급한 일반적인 구분법으로 시기, 내용, 상황에 따라 바울서신을 나열한 다음, 각 서신서에 담긴 중심 주제들을 바울이 실시한 전도 여행별(1, 2, 3, 옥중, 4차)로 구분하여 살펴보겠습니다. 여기서는 바울서신의 세 가지 구분과 그에 따른 구조 그리고 개괄적인 주제만 살펴보고, 자세한 내용은 제10장 신약성경 전체 보기에서 좀 더 구체적으로 다루겠습니다.

구분	전도	성경	주요 내용
초기 서신	1차	갈라디아서(남)	바울의 사도권과 그리스도 안에서의 자유
	2차	데살로니가전서	재림을 소망하는 성도의 승리를 위한 삶
		데살로니가후서	재림 전의 환난과 성도의 삶
교리 서신	3차	고린도전서	교회 안의 당파싸움을 비롯한 여러 문제에 대한 답변
		고린도후서	바울의 사도권과 헌금에 대한 교훈
		갈라디아서(북)	바울의 사도권과 그리스도 안에서의 자유
		로마서	하나님의 은혜와 예수 그리스도에 대한 믿음으로 얻는 하나님의 의(義)

옥중 서신	옥중	에베소서	예수 그리스도께서 교회의 머리이시고, 교회공동체는 그분과 연합한 몸(지체)
		빌립보서	예수 안에서 기뻐하고 화합해야 하며, 이를 위해 예수님의 겸손을 배워야 함
		골로새서	영지주의적이고 신비주의적인 철학을 경계하고 오직 그리스도만이 세상의 유일하신 주님이심을 굳게 믿음
		빌레몬서	그리스도께서 용서하신 것처럼 그리스도인들도 용서를 통해 하나 되어야 함
목회 서신	4차	디모데전서	디모데에게 보낸 첫 번째 목회적 권고로 교회에서 실천해야 할 것을 담고 있음
		디모데후서	디모데에게 보낸 두 번째 목회적 권고로 목회직에 대한 본질과 자세를 강조함
		디도서	건강한 복음의 교리와 올바른 신앙생활을 강조하면서 거짓 교사들의 교훈을 경계함

*갈라디아서(남, 북)는 한 권으로 봐야 바울서신이 모두 13권이 됨.

지금까지 바울서신을 살펴봤는데, 이제는 다른 사도들과 제자들이 기록한 공동서신에 대해 살펴보겠습니다. 먼저 언급할 것은 8권의 공동서신도 바울서신처럼 구분된다는 점입니다. 구분의 기준은 수신자가 특정 대상인지 아닌지에 따라 나눠지며, 이것은 다시 히브리서와 그 외 서신서로 구분됩니다.

앞서 언급한 것처럼 히브리서는 공동서신에 포함하지만, 수신자가 유대인 그리스도인(특정 대상)이기 때문에 공동서신 안에서도 따로 분류하기도 합니다. 그리고 나머지 7권의 서신서는 그 대상이 특정 교회나 개인이 아니고 흩어져 있는 교회들이나 일반 그리스도인들을 대상으로 쓴 것이므로 공동서신 또는 일반서신이라고 부릅니다. 그러면 아래 표를 통해 각 서신서의 주제들을 살펴봅시다.

구분	성경	주요 내용
공동서신	히브리서	예수 그리스도의 우월성과 믿음의 위대함
	야고보서	믿음에 합당한 생활(선행)을 강조하면서 성숙한 신앙으로서 참된 경건, 신앙, 지혜는 성결, 성품, 인내로 나타나야 함을 설명함
	베드로전서	너희는 왕 같은 제사장, 거룩한 나라, 그의 소유된 백성이라고 말하면서 고난 중에 인내하고 구원의 산 소망을 가져 믿음으로 승리할 것을 권면함
	베드로후서	그리스도를 아는 지식으로 무장하여 거짓 교사들(이단)의 교훈을 경계하고, 그들을 폭로·추방하고, 참된 교사로서 거룩한 행실과 경건한 삶을 살라고 권면함
	요한일서	그리스도 안에서 하나님과의 교제와 형제 사랑
	요한이서	성육신을 부인하는 거짓 교사들을 멀리하고, 진리의 복음 안에서 서로 사랑하라고 권면함
	요한삼서	복음의 일꾼을 환대하고 칭찬하는 친밀한 교재
	유다서	이단을 배척하고, 믿음의 보전을 위해 힘써 싸우라고 권면함

재림, 공의와 심판의 날

예수님의 승천은 사랑하는 제자들과의 마지막 이별이셨습니다. 하지만 예수님은 이것이 영원한 헤어짐이 아니라고 말씀하시면서 하늘로 올라가신 대로 다시 내려오시겠다고 약속하셨습니다(마 24:29-33). 또한, 예수님은 슬픔에 잠긴 제자들을 위로해주시면서 큰 기대와 소망도 함께 불어넣어 주셨습니다. 비록 지금 자신은 제자들의 곁을 떠나지만, 그들과 항상 함께하시겠다고 약속해주셨습니다. 그런데 이상하게도 당장 눈앞에서 떠나시면서 늘 함께하시겠다는 말씀이 무슨 의미인지 우리로서는 도무지 이해되지 않습니다. 그러나 여기서 우리는 하나님의 전능하심을 이해하고 믿어야 합니다.

그렇다면 예수님께서 제자들과 늘 함께하시겠다는 이 말씀은 무슨 뜻일까요? 그것은 예수님 대신 보혜사 성령을 보내시겠다는 뜻이었습니다(요 6장). 언급했던 것처럼 성령의 임재는 교회를 탄생시켰고, 초대교회를 부흥과 성장의 공동체로 이끄셨습니다. 예수님과의 이별로 근심했던 제자들은 그들에게 임재하신 성령으로 인해 새롭고 놀라운 하나님 나라의 능력을 맛볼 수 있었습니다. 제자들과 항상 함께하시겠다는 예수님의 약속은 바로 이런 뜻이었습니다.

이후 사도들과 초대교회는 성령께서 주시는 놀랍고 신비한 영적 힘을 가지고 세상을 향해 힘차게 뻗어갔고, 곧 오시겠다는 그리스도의 재림을 소망하면서 믿음으로 굳세게 살았습니다. 하지만 이것은 그들 경험의 전부가 아니었습니다. 당시 교회와 그리스도인들을 향한 핍박과 박해는 초대교회 그리스도인들을 굉장히 힘들게 했습니다. 베드로, 야고보, 바울 그리고 다른 그리스도인들의 순교와 박해는 너무나 잔인하여 당시 세례를 받는다는 것은 목숨을 거는 것과 같았습니다.

그런데도 부활 신앙과 함께 뿌리 내린 초대교회의 재림신앙은 수많은 어려움을 이기는 원동력이었고, 이로 인해 세상의 모든 교회와 그리스도인은 언제인지 모르는(마 24:36) 그리스도의 재림을 소망하며 기다렸던 것입니다. 다시 말해서 그리스도의 재림은 교회공동체의 부흥과 성장을 이끄는 힘이 됨과 동시에 지상에서 겪어야 할 고난과 고통을 견디게 하는 희망이었습니다. 이를 기독교에서는 '재림신앙'이라고 말합니다.

재림신앙에 대해 좀 더 살피면, 재림(再臨, Second Coming)은 예수님께서 영광스러운 모습으로 다시 이 땅에 오신다는 말입니다. 처음 예수님의 오심이 인류 구원을 위한 희생제물로 오셨다면, 재림 때는 자기의 나라를 세우기 위해 오십니다. 그때는 살아 있거나 사망했거나 상관없이 하나님의 말씀을 믿고 순종한 모든 그리스도인을 보상하시겠다고 약속하셨습니다. 물론 여기서 고인에 대한 보상이 어떻게 이루어질 수 있는지 질문할 수 있지만, 하나님은 불가능이 없는 전능자이심을 기억해야 합니다. 예수님께서도 부활로 죽음을 이기셨고, 구름을 타고 승천하셨는데 죽은 사람을 살리는 것이라고 해서 못 하실 이유가 없으신 거죠. 그리고 예수님은 재림의 때에 죽은 그리스도인들을 먼저 살리시겠다고 말씀하셨습니다. 그래서 바울은 데살로니가전서 4장 16-17절에서 이렇게 기록합니다.

> 주께서 강림하실 때까지 우리 살아남아 있는 자도 자는 자보다 결코 앞서지 못하리라 주께서 호령과 천사장의 소리와 하나님의 나팔 소리로 친히 하늘로부터 강림하시리니 그리스도 안에서 죽은 자들이 먼저 일어나고 그 후에 우리 살아남은 자들도 그들과 함께 구름 속으로 끌어 올려 공중에서 주를 영접하게 하시리니 그리하여 우리가 항상 주와 함께 있으리라

이와 관련하여 고린도전서 15장 23-28절에서는 모든 이가 “각각 자기 차례대로”(23절) 그리스도 안에서 살아나게 된다고 기록하고 있습니다. 여기서 먼저 오는 것(“첫 열매”)은 그리스도의 부활이고, 이어서 “그가 오실 때 그리스도께 속한 자들”이 부활할 것이라고 기록하고 있습니다.[88] 그래서 엔터니 티슬턴(Anthony C. Thiselton)은 부활의 세 가지 요지로, (1) 그리스도의 부활은 온 우주를 아우르는 중대한 의미의 사건이고, (2) 그것은 고립된 한 사건이 아니라 신자들이 모두 부활하리라는 하나님의 보증을 담고 있으며, (3) 예수 그리스도의 역할 역시 그가 주이시며 보좌에 앉으신 분이심을 일러준다고 설명합니다. 그러나 이때 예수님의 재림과 부활의 시기는 구분이 없습니다.[89]

그리고 예수님께서 재림하시면 거짓된 증거를 가지고 그리스도인들을 미혹함으로써 복음에서 떠나게 만든 사탄과 이단(적그리스도)은 물론 유혹과 음란, 권력과 폭력, 이기적인 욕심으로 창조 세계와 인간을 파괴하고 짓밟은 자들이 모두 심판받게 됩니다. 그래서 그리스도의 재림은 공의와 심판의 동시적 사건으로 의인에게는 기쁨과 승리와 보상의 시간이지만, 악인에게는 슬픔과 패배와 형벌의 시간입니다. 곧 선의 승리와 악의 패배가 동시에 나타나는 때가 바로 재림의 때입니다. 따라서 종말의 때가 이르러 예수님께서 재림하시면 하나님의 통치는 온전히 수립되지만, 악의 시대는 완전히 종결되는 것입니다. 결국, 의인에게 종말은 하나님의 완전한 통치 시대의 서막과 같습니다.

---

88 앤터니 티슬턴, 『조직신학: 진리 성경 역사 해석』, 박규태 역 (서울: IVP, 2018), 549.

89 Ibid.

그런데 여기서 재림신앙의 중요한 의미를 살필 필요가 있습니다. 말하자면, 재림신앙은 단지 오실 주님을 기다리는 것만 뜻하지 않습니다. 설명하면, 우리는 재림 때에 공의와 심판이 함께 이루어진다는 사실을 믿습니다. 재림신앙을 가진 그리스도인들은 아직 그날이 이르지 않았더라도 그날은 믿는 자에게 소망과 확신, 승리와 기쁨의 날이기 때문에 이를 현재로 끌어와 누릴 수 있어야 합니다. 이런 뜻에서 재림을 의미하는 헬라어 '파루시아'(παρουσία)는 '역동적인 현재' 또는 '현재의 성취'라는 의미를 담고 있습니다.[90]

이런 해석은 신학적이기 때문에 어려울 수 있지만, 재림신앙에서 매우 중요한 내용이기 때문에 꼭 살펴야 합니다. 이해를 돕기 위해 좀 더 풀어서 설명하면, 하나님의 승리는 이천 년 전 예수님의 부활로 입증되었습니다. 그리고 하나님의 나라는 예수님께서 세상에 오심으로 이미 시작되었습니다. 그렇다면 우리는 예수님의 때로부터 하나님께서 승리하신 이후 이미 진행된 하나님 나라 안에 살고 있다고 볼 수 있습니다. 그러나 재림을 기다리는 모든 교회와 그리스도인에게 하나님의 완전한 통치는 아직 이루어진 상태가 아닙니다.

그러니까 우리가 사는 지금의 세계는 예수님의 성육신으로 하나님의 나라가 시작된 것이지 완성된 것은 아니라는 말입니다. 그래서 예수님의 사명은 완수되었지만, 여전히 세상은 다툼, 분쟁, 차별, 폄하, 폭력, 전쟁, 기근, 질병, 환경오염, 재해 등이 계속 나타나고 있는 것입니다. 결국, 하나님 나라의 완성은 그분의 완전한 통치가 이루어지는 재림의 때에 이뤄질 미래의 사건입니다. 이를 신학적으로 '이미 그러나 아직'(already but not yet)이라고 표현합니다.

---

90 서울신학대학교 성결교회신학연구위원회 편, 『성결교회 신학용어사전』, 327.

하지만 재림은 십자가의 죽음을 거쳐 부활과 승천을 믿는 그리스도인들에게 현재를 살아가는 신앙의 원동력이 됩니다. 그래서 '파루시아'와 '이미 그러나 아직'이라는 용어는 오늘날 모든 교회와 그리스도인의 신앙적 삶을 더 역동적으로 만듭니다. 기독공동체는 완전한 하나님의 승리를 믿고 그날을 기다리는 재림소망 때문에 아직 성취되지 않은 미래 하나님 나라의 승리를 지금 우리가 사는 시간과 공간 안에서 누릴 수 있어야 한다는 말입니다. 기독교의 미래가 확실하다면 아직 그것을 완벽히 소유하지 못한 현재일지라도 기뻐할 수 있는 것입니다. 그래서 '파루시아'라는 용어는 오실 주님을 기다린다는 뜻과 함께 '역동적인 현재', '현재의 성취'라는 선취의 의미를 내포하고 있습니다. 이런 뜻에서 기독교는 재림신앙을 '종말론적 신앙'(eschatological faith)이라고 말합니다.

그러면 종말론적 신앙으로 산다는 것은 어떤 형태의 삶을 의미할까요? 그것은 의인, 곧 그리스도인들에게 그날은 승리의 날이니까 재림신앙을 가진 성도들의 현재 삶은 당연히 기쁨과 확신과 소망과 행복이 넘치는 생활일 겁니다. 이런 역동적 삶을 살았던 사람들이 바로 초대교회 그리스도인들이었습니다. 결국, 무엇이 그리스도인의 삶을 힘 있게 만들까요? 바로 부활과 재림신앙에 대한 믿음이라는 말입니다.

따라서 기독교에서 '종말론'(eschatology) 또는 '종말론적'이라고 말할 때는 일반적으로 사람들이 생각하는 미래적인 개념만 담고 있는 것이 아닙니다. 재림신앙은 미래 소망을 가지고 현재를 살아가는 그리스도인의 소망 신앙을 말하는 거니까 현존적 의미도 함께 담겨 있는 것이죠. 이런 뜻에서 기독교의 종말은 소위 세상의 끝과 같이 인류 멸망의 소멸적 의미가 아닙니다. 마치 지구가 어떤 행성과 충돌함으로써 완전히 폭발하여 사라지는 그런 부류의 파괴적 종말을 말하지 않습니다. 물론 성경에는 종말에 나타날 징조에 대해서도 기록하고 있습니다. 그러나 세상에서 말하는 화성 충돌설(2032년)이나 아이작 뉴턴(Sir Isaac Newton)의 예언에 따른 종말론(2060년), 또는 해수면이 올라와서 지구 전체가 물에 잠기는 환경 종말론(2100년)[91]과 같은 개념이 아닙니다.

그렇다면 성경에 기록된 종말에는 어떤 현상이 나타날까요? 그때는 온 세계가 하나님 통치의 세계로 변하기 때문에 종말은 오히려 '해피엔딩'의 개념에 더 가깝습니다. 그래서 초대 그리스도인들은 "우리 주여 오시옵소서"(고전 16:22), "주 예수여 오시옵소서"(계 22:20)[92]라고 하나님께 기도했습니다. 왜냐하면 진짜로 그리스도의 재림을 기다렸기 때문입니다. 만약 세상이 자연재해로 멸망하거나 다른 행성과 충돌하여 없어진다면 이런 기도는 의미가 없습니다.

그렇기에 기독교 종말은 에덴동산 때로부터 하나님과 인간 사이를 훼방하고 갈라놓았던 사탄을 비롯하여 불신자와 악인이 영원히 징벌받는 심판적 말세의 개념이지, 당장 지구가 어떻게 될 것만 같은 그런 부류의 멸망과 소멸의 개념이 아닙니다. 이런 관점에서 재림의 때에 나타날 징조는 마태복음 24장에 잘 기록되어 있습니다.

---

91 "종말론," 〈위키백과〉

92 "우리 주여 오시옵소서"라는 기도문을 다른 말로 마라나타(아람어: אנרמ את: maranâ thâ', 그리스어: Μαρανα θα)라고 합니다. 기독교 복음송 중 "마라나타"라는 곡이 있는데, 성경에서 '마라나타'라는 용어는 고린도전서 16장 22절에 한번 나옵니다. 이 용어는 초기 기독교의 가르침이었던 "디다케"의 예식문에도 발견됩니다. "마라나타," 〈위키백과〉

구절	징조	설명
4절	거짓 그리스도의 출현과 미혹	그리스도를 사칭, 영적 각성 필요
5-6절	난리와 난리 소문	내란과 혁명의 내적 갈등과 전쟁
7절	민족이 민족을, 나라가 나라를, 곳곳에 기근과 지진	국제적인 전쟁 자연재해, 재난의 시작에 불과
9-10절	환난에 넘겨줌, 죽임, 미움받음	외부적 박해와 내부적 배신과 종교 배반
12절	불법이 성하고 사랑이 식음	계명의 핵심인 하나님 사랑과 인간 사랑의 실천이 모자람 곧 하나님 나라의 법이 무시당함

하지만 예수님께서는 표에 나타난 이 모든 것이 재난의 시작일 뿐 마지막은 아니라고 하시면서 끝까지 견뎌야 한다고 말씀하셨습니다(13절). 여기서 '끝까지 견딘다는 것'은 12절과 대조하여 이해할 수 있는데, 마지막 때는 하나님과 사람을 사랑하라는 은혜의 계명이 무시되고, 이 사랑이 점점 식기 때문에 모든 교회와 그리스도인은 믿음에 굳게 서서 그리스도의 사랑을 실천하고 인내하라는 뜻입니다. 예수님께서는 이런 자들만이 구원을 얻게 된다고 말씀하셨습니다. 그러나 아직은 끝이 아니며, 천국 복음이 모든 민족에게 증언되어 온 세상에 전파될 때라야 끝이 온다고 성경은 기록하고 있습니다. 결국, 한 사람도 잃어버리지 않고 다 구원받게 하는 것이 하나님의 궁극적인 목적인 것입니다(요 6:39-40, 18:9). 이처럼 그리스도의 재림은 공의와 심판이 함께 이뤄지지만, 재림의 최종 목적은 하나님의 사랑

과 공의가 충만한 하나님 통치의 세상을 이루는 것입니다. 기독교의 종말이 해피엔딩에 가깝다는 말은 바로 이런 뜻입니다.

그렇다면 우리는 어떻게 재림의 때까지 하나님 은혜의 법(하나님과 사람 사랑)을 이행하면서 믿음을 잘 지킬 수 있을까요? 마태복음 24장 15-28절에서는 다음의 세 가지를 지시합니다.

첫째, 산으로 도망하는 것(16절)입니다. 이 말은 진짜 산으로 피신하라는 말이 아닙니다. 우리의 정신, 마음, 감정을 지배하는 모든 세속적인 가치관과 삶을 돌이켜 하나님께로 향할 수 있도록 훈련하라는 뜻입니다.[93] 욥의 아내처럼 소돔의 즐거움을 못 잊어 뒤를 돌아보는 일이 절대로 있어서는 안 된다는 말입니다. 또한, 실제로 부당한 박해를 당할 때 그것을 피하는 것은 비겁한 것이 아니라 지혜로운 대처입니다. 그것은 승리를 위한 일보 후퇴와도 같습니다. 그래서 산으로 도망한다는 것은 종교 배반이나 배신이 아니라 신앙을 위한 사투입니다.

둘째, 기도하는 것(20절)입니다. 이것은 어려움이 겹치지 않도록 하나님의 긍휼을 구하라는 뜻입니다. 왜냐하면 그때의 환난은 창세로부터 지금, 그리고 앞으로도 없을 큰 환난이기에 하나님께서 그날을 줄여주지 않으시면 버틸 사람이 아무도 없기 때문입니다. 물론 택함 받은 자들은 하나님께서 구원해주시지만, 그렇더라도 구원을 바라는 자들은 하나님께 기도해야 합니다. 이와 관련해서 헨리 나우웬(Henri Nouwen)은 저서 『마음의 길』(*The Way of the Heart*)에서 (1) 고독, (2) 침묵, (3) 기도의 세 가지 훈련을 강조합니다.

93 두란노, 『생명의 삶 플러스: 마태복음 23-28장, 레위기 1-4장』 통권 57호 (2011년 9월): 64.

이에 대해 언급하면, '고독'(세상을 구하기 위해 세상에서 벗어나는 것)은, 산으로 도망하는 것처럼 세속적 환경에서 영적 훈련은 어렵기 때문에 그것을 스스로 박차고 고독(고요한)의 환경으로 들어가 하나님께 집중하는 홀로의 훈련을 말합니다. 다음 고독의 연장선인 '침묵'(단지 입을 다무는 게 아니라 하나님으로부터 말하는 법을 배우는 것)은, 세속적 가치관을 벗은 상태에서 성령께서 우리의 입술을 주장하시도록 내 입술을 닫는 침묵을 훈련하라는 것입니다. 그러나 이것은 묵언의 수행이 아니라 나를 침묵시킴으로써 성령께서 역사하시도록 자기를 내려놓는 것을 뜻합니다. 다음 침묵의 연장선인 '기도'(하나님의 영광을 위함인지 내 영광을 위함인지 분별하는 것)는, 성령의 역사를 기다리는 것은 때때로 잡다한 생각을 여는 문이 될 수 있으므로 그리스도인은 성령의 음성에 더욱더 집중하기 위한 기도를 해야 한다는 말입니다.[94] 정리하면, 고독, 침묵, 기도의 훈련은 환난 때에 하나님을 부르는(시 50:15) 행위를 넘어 일상에서 하나님께 집중함으로써 온 세상을 구하는 영적 능력이 됩니다.

셋째, 분별하는 것(23-27절)입니다. 분별해야 할 것은 세 가지로, (1) 환난을 무시하는 말입니다(21). 이것은 성경에 기록된 큰 환난이 창세부터 지금까지 없었고, 이후에도 없을 것이라는 미혹의 말을 뜻합니다. 그러니 안심하고 이전의 방식대로 마음껏 살라는 미혹을 경계하라는 뜻입니다.

(2) 적그리스도의 출현과 그들의 말입니다(23, 26절). 마지막 때가 되면 그리스도가 여기 있다 혹은 저기 있다고 말하면서 비그리스도인뿐 아니라 그리스도인까지 미혹하는 말이 성행한다고 성경은 기

---

94 헨리 나우웬, 『마음의 길』, 윤종석 역 (서울: 두란노서원, 2015).

록하고 있습니다. 심지어 이들은 광야나 골방과 같이 그리스도가 있는 구체적인 장소까지 언급하면서 미혹합니다. 그러나 예수님께서는 하늘로 올라가신 모습 그대로 다시 내려오시겠다고 말씀하셨습니다. 그러니 참 그리스도이신 예수님은 하늘에서 오십니다. 따라서 이미 이 땅에 존재하는 자칭 그리스도는 모두 적그리스도일 뿐입니다. 성경은 이들을 "거짓 그리스도들과 거짓 선지자"라고 말씀합니다.

(3) 적그리스도에 의한 큰 표적과 기사입니다(24). 이들은 분명 신적 존재가 아니지만 어떤 형태로든 하나님께 택함 받은 자들마저 미혹할 만한 큰 표적과 기사를 보일 것이라고 성경은 기록합니다. 이는 히브리 민족이 애굽에 거주할 당시 애굽의 요술사들도 모세의 기적을 흉내 낸 것(출 7:22, 8:6-7)을 생각하면 쉽게 이해할 수 있습니다. 진리에 속한 사람은 거짓 표적과 기사를 분별하여 미혹에 빠지지 않도록 늘 깨어 주의해야 합니다.

특히 거짓 표적과 기사를 분별하는 가장 중요한 단서는 그것과 함께 선포되는 적그리스도의 말입니다. 이들은 성경의 올바른 증언이 아니라 성경을 왜곡하는 말을 할 수밖에 없습니다. 왜냐하면 이들은 그리스도에게 반대하고 대항하는 '적'이기 때문입니다.

따라서 진리에 속한 그리스도인들은 성경에 기록되지 않은 말이나 문서 그리고 성경과 상치하는 현상과 속임수에 넘어가지 않도록 주의해야 합니다. 성경은 재림이 하나님의 신비에 가려져 있고, 그날과 그때는 아버지 하나님만 아실뿐 아들 예수님도 모르신다고 기록하고 있습니다. 그러나 적그리스도는 인간의 궁금증과 호기심을 유발하여 이를 계속 구체화하고 확실시하는 경향이 있습니다. 그것은 종교적이고 신비적인 인간의 욕망을 자극하는 거짓 속임수에 불과합니다. 하나님의 백성, 하나님의 사람은 성경이 명시하는 것 이상도, 이하도 함부로 넘나들어서는 안 됩니다.

물론 성경에는 문자적인 것과 상징적인 의미로 기록된 문장이 많기 때문에 문자 그대로 이해하는 것은 주의해야 하나, 기본적으로 성경은 삼위 하나님의 말씀이라는 것과 오직 하나님의 감동과 영감에 의해 기록된 변치 않는 절대적 문서임을 반드시 믿어야 합니다. 성경에 대한 절대적 기준과 가치관이 없이는 택함 받은 그리스도인들조차 언제든지 적그리스도의 미혹에 빠져 넘어질 수 있다는 것을 알아 영적 긴장감을 놓지 않아야 합니다.

정리하면, 예수님은 인간의 방법, 계획, 전략을 따르는 분이 아니십니다. 그리스도의 재림은 초림처럼 하나님의 때와 방법으로만 오십니다. 따라서 성경에 나와 있지 않은 다른 논리와 방법으로 하나님의 섭리를 이해하려는 것은 영적 교만이요 이단들이 하는 그릇된 행위입니다. 참 교회와 그리스도인들은 오직 하나님만 경외하면서 두렵고 겸손한 마음으로 그날을 준비하고 오실 주님을 소망함으로 기다려야 합니다.

PART 10
신약성경 전체 보기

지금까지 사복음서와 서신서를 살펴보면서 신약성경을 개괄적으로 이해했다면, 이 장에서는 신약의 구조와 흐름을 전체적으로 이해한 다음 각 성경의 주제와 핵심 내용에 대해 살펴보겠습니다.

신약 흐름 이해하기

신약의 골격도 구약처럼 세 가지 구조로 구분됩니다. 먼저 신약성경의 전체적인 구조를 살핀 다음 구약성경과 대조해보겠습니다.

다음의 표는 신약성경을 쉽게 이해할 수 있도록 전체적인 골격구조를 정리한 것입니다. 처음 등장하는 역사서는 총 5권으로 예수 그리스도 복음의 역사를 기록한 4권의 복음서와 성령과 교회의 역사를 기록한 1권의 사도행전으로 구성되어 있습니다. 다음으로 21권의 역사서는 13권의 바울서신과 8권의 공동서신으로 구분됩니다. 그리고 마지막 1권은 예언서로 요한계시록입니다.

<table>
<tr><th colspan="7">신약성경(27권)—New Testament</th></tr>
<tr><th>시대</th><th colspan="2">역사서(5권)</th><th colspan="2">서신서(21권)</th><th>예언서(1권)</th></tr>
<tr><td rowspan="2">로마
제국</td><td>예수
복음의
역사</td><td>마태복음
마가복음
누가복음
요한복음</td><td>바
울
서
신</td><td>로마서
고린도전서·후서
갈라디아서
에베소서
빌립보서
골로새서
데살로니가전·후서
디모데전·후서
디도서
빌레몬서</td><td rowspan="2">요한계시록</td></tr>
<tr><td>성령과
교회의
역사</td><td>사도행전</td><td>공
동
서
신</td><td>히브리서
야고보서
베드로전·후서
요한일서
요한이서
요한삼서
유다서</td></tr>
</table>

이번에는 구조와 연대를 모두 고려해서 신약을 살펴보겠습니다. 먼저 구조(관점과 문학적 형식)와 연대를 함께 살피는 이유는 성경을 전체적으로 이해하는 데 많은 도움을 주기 때문입니다. 성경을 연대순으로만 읽지 않고, 내용과 문학적 형식에 따른 구조적인 구분을 기본 축으로 세운 다음 시간의 흐름에 따라 읽는 것은 매우 중요합니다. 그 이유는 내용과 형식에서 한 덩어리가 아닌데, 이쪽저쪽을 왔다 갔다 하면서 성경을 읽으면 이해가 어렵기 때문입니다.

좀 더 설명하면, A.D. 55말-56년 초에 기록된 서신서인 로마서를 읽은 다음 A.D. 90년경에 기록된 복음서인 요한복음을 읽는다면 이해가 잘 될까요? 이것은 연대순을 가정한 것이지만, 그보다 내용과 문학적 형식이 다르므로 이런 방식은 올바른 성경 읽기가 잘 안 됩니다. 따라서 성경은 연대순으로만 읽어선 안 되고, 관점과 내용이 자연스럽게 이어지게 읽으면서 연대순도 고려해야 성경이 제대로 보인다는 말입니다. 이런 이유로 성경을 연대순으로 배열하지 않고 구조적으로 분류한 것은 잘한 것입니다.

같은 맥락에서 복음서 중 가장 먼저 쓰인 책은 마가복음(A.D. 65-70년경)이지만, 문학적으로 구분한 다음 연대순으로 읽는다면 다음의 표처럼 마가, 마태(A.D. 70년 이후), 누가(A.D. 80년경), 요한복음 순이 됩니다. 그런 다음 사도행전 15장 35절까지 쭉 읽으면 됩니다.

사복음서(교리서)				교회사
마가복음	마태복음	누가복음	요한복음	사도행전 1-15:35

다음으로 사도행전은 내용이 서신서와 겹치기도 합니다. 따라서 아래 표에 나타난 각 전도 여행 바로 밑 칸에 표기한 사도행전 구절까지 읽으신 후 그 아래 칸에 표기한 바울서신을 읽으십시오. 이렇게 2차, 3차, 옥중, 4차까지 쭉 읽다 보면 사도행전과 서신서의 내용이 겹치는 것을 알 수 있습니다. 그런데 이것은 바울서신만 그런 것이 아닙니다. 그 아래에 표기한 공동서신과도 겹칩니다. 하지만 사도행전 본문에 따라 바울서신을 먼저 읽고 난 다음 공동서신(사도행전 본문에 맞게)을 읽으십시오. 그래야 내용이 자연스럽게 이해됩니다.

다시 말해서 아래 표에서 1차 전도 여행에 해당하는 사도행전 본문을 읽으셨다면 바울서신인 갈라디아서를 읽고, 다시 2차 전도 여행의 사도행전 본문을 읽은 다음 다시 바울서신의 데살로니가전·후서를 읽으라는 말입니다. 이렇게 쭉 읽은 다음 같은 방식으로 공동서신도 읽으십시오. 왜냐하면 서신서마다 관점이 다르기 때문입니다.

구분	1차 전도	2차 전도	3차 전도	수감 중	4차 전도
	행 13-15:35	행 15:36-18:22	행 18:23 -21:14	행 21:15 -26	행 27- -28:31
바울 서신	갈라디아서	데살로니가전서 데살로니가후서	고린도전서 고린도후서 로마서	에베소서 골로새서 빌레몬서 빌립보서	디모데전서 디도서 디모데후서[95]
공동 서신	야고보서				베드로전서 베드로후서

이제 공동서신입니다. 야고보서는 사도행전 13-15장과 겹치기 때문에 바울서신인 디모데후서까지 읽었다면 공동서신인 야고보서부터 읽으십시오. 그리고 사도행전 28장까지 읽으신 다음 베드로전후서를 읽으십시오. 이처럼 연대순으로 신약을 읽으면 순서가 어떻게 될까요?

---

95 대부분 학자는 디모데전·후서와 디도서가 사도행전 시대와 잘 안 맞는다고 봅니다. 실제로 바울은 두 번 갇혔고, 1차 수감에서 풀려났을 때 그는 다시 전도 여행을 계속했습니다. 하지만 네로 박해가 다시 시작되면서 2차로 갇혔고, 그때 바울이 이 세 권의 목회서신을 썼다고 보기도 합니다. 나용화, 『성경핵심입문』, 245, 284.

후기 사도 시대	종말
야고보서 베드로전서 베드로후서 유다서 요한일·이·삼서 히브리서	요한계시록

성경순으로는 요한일·이·삼서 다음이 유다서이지만, 연대순으로는 유다서가 먼저 쓰인 책이므로 유다서 다음에 요한일·이·삼서를 읽으십시오. 그리고 히브리서를 읽은 다음 마지막 요한계시록을 읽으면 됩니다. 그러면 이를 종합해서 신약을 한눈에 살펴보겠습니다.

복음서(교리서)	역사서(성령과 사도, 교회의 역사)						공동서신	예언서
예수 그리스도 복음의 역사	교회 형성	1차 전도	2차 전도	3차 전도	옥중	4차 전도	후기 사도	종말
	행 1-12	행13-15:35	행15:36-18:22	행18:23-21:14	행21:15-26	행27-28:31		
마가복음 마태복음 누가복음 요한복음	바울서신	갈라디아서	데살로니가전·후서	고린도전·후서 로마서	에베소서 골로새서 빌레몬서 빌립보서	디모데전서 디도서 디모데후서	유다서 요한일서 요한이서 요한삼서 히브리서	요한계시록
	공동서신	야고보서				베드로전·후서		

이제 어느 정도 신약성경의 전체적인 골격구조가 보이나요? 아직 아리송하다면 천천히 이 책을 다시 읽어보십시오. 이해가 안 가는 부분만 읽어도 됩니다. 두 번, 세 번 차근차근 읽다 보면 충분히 이해될 겁니다.

앞서 신약도 구약처럼 세 가지 구조로 분류할 수 있다고 설명했는데, 그렇다면 신약과 구약의 골격구조를 서로 대조하여 살펴보겠습니다. 사실 66권 성경 전체는 얼마나 유사한 구조로 구분되어 있는지 모릅니다. 이런 맥락에서 이 책은 성경을 통해 말씀하시는 하나님의 역사와 섭리뿐 아니라 문학적 형식에 따른 전체적인 구조에 연대적 흐름까지 함께 설명합니다. 물론 이 책의 의도대로 독자층을 생각해서 깊이 있는 신학적 주제들은 다루지 않지만, 저는 이 책 한 권만 이해하셔도 일반 성도님들의 기본적인 성경 이해와 신앙생활에 큰 도움이 된다고 생각합니다. 왜냐하면 실제 교회 안에는 초신자분들은 물론 기존 성도님들이나 중직자분들까지도 성경의 구조나 주제 그리고 핵심 내용을 모르는 분이 많기 때문입니다.

여러 번 말씀드렸듯이 보통 우리가 사용하는 성경은 연대순이 아니기 때문에 연대순으로 다시 이해할 필요가 있습니다. 성경을 연대순으로 읽으려면 이 책을 이해한 다음 개역개정판으로 된 『연대기 성경』을 읽기를 권합니다. 성경은 현재 사용하고 있는 성경의 구조와 흐름을 이해한 다음 연대순으로 보는 것이 훨씬 더 이해에 도움이 됩니다. 반대로 연대순으로 먼저 읽으면, 오히려 기존에 사용하는 성경과는 다르므로 혼란을 더 가져올 수 있습니다. 따라서 지금 사용하고 있는 성경을 먼저 읽고 이해하십시오. 이것이 성경의 올바른 읽기 방식입니다. 그러면 다음 표를 통해 구약과 신약의 구조를 대조해봅시다. 이것은 관점과 내용에 따른 일반적인 구분입니다.

먼저 다음 표는 성경을 문학적 양식에 따라 구분한 것입니다. 시제로는 구약과 신약 모두 과거-현재-미래 순으로 구성되어 있습니다. 문학적 양식을 간략히 설명하면, 성경은 교리서로 시작하는데 구약의 교리는 모세의 십계명을 비롯한 여러 규례로 율법을 뜻하고, 신약의 교리는 예수님께서 전하신 하나님 나라의 복음을 뜻합니다.

성경(66권)				
구약(39권)		특징	신약(27권)	
5 권	창세기 출애굽기 레위기 민수기 신명기	율법·복음서 (과거)	4 권	마태복음 마가복음 누가복음 요한복음
12 권	여호수아 사사기 룻기 사무엘상·하 열왕기상·하 역대상·하 에스라 느헤미야 에스더	역사서	1 권	사도행전
5 권	욥기 시편 잠언 전도서 아가	체험·서신서 (현재)	21 권	로마서 고린도전·후서 갈라디아서 에베소서 빌립보서 골로새서 데살로니가전·후서 디모데전·후서 디도서 빌레몬서 히브리서 야고보서 베드로전·후서 요한일·이·삼서 유다서
17 권	이사야 예레미야 예레미야애가 에스겔 다니엘 호세아 요엘 아모스 오바다 요나 미가 나훔 하박국 스바냐 학개 스가랴 말라기	묵시·예언서 (미래)	1 권	요한계시록

다음은 역사서인데, 구약은 아브라함으로 시작한 이스라엘 민족의 역사를 다루고, 신약은 예수 그리스도로 시작한 기독교 복음과 교

회의 역사를 다룹니다. 두 역사의 공통점은 인류 구원을 위해 택함 받은 민족과 공동체의 역사를 기술하면서 하나님 나라를 구현한다는 점입니다. 곧 성경은 하나님의 사랑과 구속의 역사를 중심 내용으로 다룹니다.

그다음은 체험과 목회서신입니다. 잘 알다시피 욥기, 시편, 잠언, 전도서, 아가서는 욥, 다윗, 솔로몬 개인의 신앙과 관련된 이야기입니다. 그래서 체험서로 분류합니다. 이처럼 신약의 서신서도 개인과 교회공동체를 수신자로 한 목회서신입니다. 그리고 교회공동체와 특정 목회자에 대한 교훈을 담고 있기에 체험적입니다.

마지막으로 구약과 신약의 끝은 예언서(묵시)로 마칩니다. 구약의 예언서는 장차 세상을 구원하실 메시아를 보내주시겠다는 미래의 사건을 기록하고, 신약의 예언서는 구약의 예언대로 우리에게 오신 예수 그리스도께서 승천하신 후 하나님 통치의 공의와 심판을 위해 재림하실 것을 약속합니다. 또한, 그때 나타날 미래의 징조들에 대해서도 기록하고 있습니다.

정리하면, 성경의 시제는 과거-현재-미래 순으로 전개되고, 문학적 양식은 교리-역사-체험-예언 순으로 구분되어 있습니다. 이런 구성 전체를 고려하여 성경을 한 문장으로 말하면, '모든 시공간의 주관자는 만물을 창조하신 삼위 하나님'이시라고 표현할 수 있습니다. 그러니까 성경은 하나님과 지구 행성의 과거, 현재, 미래의 이야기와 개인과 공동체, 나아가 지역사회와 민족(나라)과 세상 전체에 대한 구속의 이야기를 담고 있습니다. 그러면 신약의 권별 주제와 핵심 내용에 대해 알아볼 텐데 사복음서은 언급했으므로 본 절에서는 남은 23권의 주제와 핵심 내용만 살피겠습니다.

권별 주제와 핵심 내용 단숨에 읽기!

사도행전의 저자는 누가복음을 쓴 누가입니다. 그래서 사도행전의 문체는 누가복음처럼 헬라 문학과 유대풍의 헬라어체를 번갈아 가며 사용하고 있습니다. 또한, 누가는 의사인 만큼 학문적으로 잘 교육받아서인지 그의 글은 사실적이고 객관적입니다. 이 책의 저작 연대는 A.D. 64년 이전과 70년 이후라는 두 견해가 있지만, 대부분 학자는 사도행전과 누가복음의 기록 시기를 A.D. 70년 이후로 보고 있습니다.[96]

이 책의 독자는 데오빌로와 이방인 그리스도인에게 쓴 것으로 이 글의 일차적 목적은 그들에게 기독교 복음의 확실한 지식을 갖게 함으로써 믿음을 견고케 하여 불신자의 공격으로부터 보호하려는 것입니다.[97] 하지만 이보다 더 궁극적인 목적과 주제는 '세계 복음화'입니다. 그래서 누가는 모든 선교적 임무를 수행하기 위한 전제조건으로 '성령의 능력'이 필요함을 강조합니다. 그 대표적인 구절이 "오직 성령이 너희에게 임하시면 너희가 권능을 받고 예루살렘과 온 유대와 사마리아와 땅끝까지 이르러 내 증인이 되리라 하시니라"라는 사도행전 1장 8절입니다.

이 책은 사도들이 어떻게 예루살렘에서 출발하여 유대와 사마리아와 로마를 넘어 땅끝까지 복음을 전할 수 있었는지와 복음이 선포된 지역마다 교회공동체가 세워지고 성장해감으로써 믿는 자들이 폭

---

96 크레이그 키너, 『IVP 성경배석주석: 신약』, 정옥배·김현회·유선명 역 (서울: IVP, 2002), 370-371.

97 나용화, 『성경핵심입문』, 242.

발적으로 많아지는 부흥·성장의 사건들을 기록하고 있습니다. 특히 초기 기독공동체가 부흥·성장할 수 있었던 역사의 중심에는 '성령의 강력한 임재와 권능의 역사'가 늘 있었음을 증언하고 있습니다. 따라서 사도행전을 '성령행전'이라고도 부릅니다.

이런 맥락에서 이 책은 세상의 구원을 위한 복음의 확장을 사실적으로 밝힙니다. 나열하면, 예루살렘과 유대(6:7), 사마리아(9:3), 가이사랴와 안디옥(12:24), 소아시아(16:5), 헬라(19:20), 로마(28:31)에 이르기까지 교회마다 하나님의 말씀이 흥왕하여 힘을 얻고 제자의 수가 크게 많아졌다고 기술합니다.[98] 따라서 이 책의 출발은 성령의 강한 임재로 인한 교회공동체의 태동과 함께 내적인 공동체 생활은 물론 밖을 향한 선교적 사역이 어떤 형태로 뻗어갔는지 설명합니다.

이런 흐름을 통해 누가는 하나님의 구원 사역이 결코 예수님의 돌아가심, 부활, 승천에서 끝난 것이 아니라 다시 전 세계를 향한 복음의 확장으로 진전되어야 함을 말하고자 합니다. 결국, 그의 관심사는 세계 복음화로 예루살렘, 곧 이스라엘의 중심부이고, 메시아의 도성이며, 최초 그리스도 교회의 발생지에서 일어난 복음의 파장이 이방 세계의 심장부인 로마[99]까지 이르러야 한다는 선교적 방향을 설정합니다.[100] 그래서 사도행전은 하나님의 구원 사역이 성령의 강력한 역사와 함께 모든 지역의 교회공동체 그리고 그리스도인들을 통해

---

98 Ibid.

99 당시 로마는 고대 이방 세계로 통하는 모든 길이 합류하는 곳이었습니다. 이를 통해 바울이 세상 끝이라고 생각했던 선교의 종착점, 곧 로마를 향한 복음의 선포는 '세계를 향한 선교'라고 이해할 수 있습니다.

100 대한성서공회, 『관주·해설 성경전서: 개역개정판』 (서울: 대한성서공회, 2008), 해설 248.

계속해서 진행되어야 함을 일러줍니다. 이 책은 선교적 책임과 의무가 교회공동체의 존재론적 본질임을 기록하고 있습니다.

내용상 누가는 첫 번째 저서인 누가복음에서 예수 그리스도의 복음과 공생애 사역에 관해 기술하지만, 두 번째 저서인 사도행전에서는 베드로(1-12장)와 바울(13-28)을 중심으로 유대와 이방인 교회에 나타난 성령의 활동을 기록합니다. 그래서 사도행전 13장부터 28장까지는 바울의 1, 2, 3, 옥중, 4차 전도 여행을 중심으로 전개합니다. 앞서 살펴본 것처럼 이 부분은 바울서신과도 연결됩니다. 그러면 사도행전의 전체적인 내용을 표로 정리하여 살펴보겠습니다.

본문	내용
1장	부활하신 예수님의 지상명령과 승천 성령을 맞을 준비와 열두 번째 사도의 보궐 선출
2-5장	성령의 강림과 초대 예루살렘 교회의 설립
6-8장	교회의 박해와 복음의 확산, 일곱 집사의 선출, 스데반의 순교
9-11장	바울의 회개와 소명, 베드로의 선교활동과 이방 선교의 시작
12장	초대 교회의 박해와 야고보의 순교
13-14장	바울의 1차 전도(갈라디아서를 기록함)
15-18장	예루살렘 회의, 바울의 2차 전도(데살로니가전·후서를 기록함)
18:23-21:14	바울의 3차 전도(고린도전·후서와 로마서를 기록함), 예루살렘행
21:15-26장	예루살렘 도착, 로마 감옥에 갇힘 (빌레몬서, 에베소서, 골로새서, 빌립보서를 기록함)
27-28장	바울의 4차 전도(이후 네로의 박해가 시작되면서 바울은 2차로 갇혔고, 옥중에서 디모데전·후서와 디도서를 기록함. 따라서 목회서신은 사도행전 이후에 쓰임)

2 로마서 Rom, Romans — 하나님의 의와 믿음

로마서는 바울서신 중 기독교의 핵심 교리를 논문형식으로 기술한 책입니다. 이 책이 쓰인 시기는 A.D. 56초-58초엽으로 기록 장소는 고린도입니다. 바울이 로마서를 쓴 일차적인 목적은 자신이 로마에 방문했다는 것을 알림과 동시에 로마를 선교의 전략적 거점으로 삼아 스페인 지역으로 선교 활동을 확장하기 위해서였습니다. 그래서 바울은 로마 그리스도인들과 협력하기를 원했고, 따라서 그들에게 복음의 핵심 교리를 구체적으로 가르칠 필요를 느꼈습니다. 이런 배경에서 로마서는 기독교의 기본 교리인 죄, 의, 믿음, 은혜, 화목, 칭의, 성화, 영화, 예정, 그리고 일상적 삶에서 나타나야 할 윤리 등을 원리 순에 따라 자세히 설명하고 있습니다.

또한 바울은 마게도냐, 아가야, 소아시아 지방의 교회들이 모아준 헌금을 예루살렘 교회에 전달하여 이방 교회와 예루살렘 교회가 믿음 안에서 연합할 수 있도록 예루살렘으로 먼저 가야 했습니다. 하지만 바울의 예루살렘 방문은 환난과 결박의 소굴로 들어가는 것과 같았고, 방문함으로써 투옥당할 시 로마를 통한 선교계획이 물거품이 될 수 있다는 것을 고려하여 로마에 전할 복음을 글로라도 써야 할 필요를 느꼈던 것입니다.[101] 특히 당시 로마시는 네로 황제(A.D. 54-68년)의 통치 아래[102] 백만의 인구를 가진 로마 제국의 중심지요

101 나용화, 『성경핵심입문』, 253.

102 아직은 네로 황제의 대대적인 그리스도교 박해가 있기 전입니다. 네로 박해는 A.D. 64년 7월 19일에 있었던 대화재 사건이었고, 이에 따라 기독교는 큰 오해를 받으면서 극심한 박해가 시작됐습니다. 258쪽의 각주 58번 참조.

수도요 세계의 중심지였기 때문에 바울에게 이곳은 포기할 수 없는 복음의 전략지였습니다. 그뿐만이 아니라 로마시에 정착한 유대인은 약 5만 명이었고, 50년대 중반부터 교회를 구성한 대부분 그리스도인은 이방인들이었습니다.

그리고 A.D. 49년 글라디우스 황제 치하에 있었던 유대인들은 로마시에서 추방당했다가 네로의 등극과 함께 추방령이 해제되면서 추방자들의 귀환이 있었던 시기였습니다. 그 사이에 비유대인 중에는 그리스도교 복음을 믿는 사람이 많이 생겨났습니다. 이런 상황에서 로마시를 선교의 거점으로 삼기 위해서는 복음의 핵심을 일목요연하게 정리하여 가르칠 필요가 있었던 것입니다. 그래서 로마서는 바울서신 중에서도 매우 중요한 책입니다.

내용을 살피면, 1-4장은 복음과 구원의 도리로서 하나님의 의가 무엇인지 설명합니다. 곧 예수 그리스도만이 하나님께서 인류에 보내주신 복음이고, 이 복음을 믿을 때 모든 죄인은 하나님의 은혜로 말미암아 의롭다 칭함을 받는다는 기독교 구원론의 핵심 교리입니다. 이것을 기독교 용어로 '칭의'(稱義, Justification)라고 말합니다.

5-8장은 칭의 받은 자가 누리는 삶의 상태를 설명하는데, 이것은 칭의의 연속으로 성화(聖化, sanctification)라고도 말합니다. 이 삶에서 나타나는 특징은, (1) 하나님과 평화를 누리고(5장), (2) 세례받음과 새 삶을 통해 죄와 율법을 극복하여 자유를 누리고(6-7장), (3) 성령과 동행하는 삶을 살게 됩니다(8장). 다시 말하면, 예수님을 구주로 영접한 개종 그리스도인이 이후 경험하는 거룩한 변화의 과정과 삶을 말합니다. 이것은 인위적인 힘과 의지가 아닌 성령의 역사로 이뤄진 것으로 인간의 성결한 변화는 하나님의 영적 선물입니다.

9-11장은 이스라엘을 향한 하나님의 구원 섭리로 이스라엘을 자녀 삼으신 것(10장), 이스라엘이 예수 그리스도를 거부한 것과 이방인을 부르신 것(11장), 그러나 결국에는 이스라엘과 이방인을 구분치 않고 모두를 살리시려는 하나님의 구원과 경륜(11:25-36)을 기록합니다. 곧 인류를 향한 하나님의 구속적 사랑은 변함도, 끝도 없습니다.

마지막 12-15장은 성화의 연속으로 구원받음의 증거를 기록합니다. 이것은 그리스도인의 삶이 세상에서 어떠해야 하는지를 구체적으로 설명합니다. 그것은, (1) 산 제물인 예배자로 사는 삶과 교회공동체의 일원으로 사는 삶(12장), (2) 국가권력과 제도에 대한 존중과 율법의 완성인 사랑의 실천(13장), (3) 믿음이 약한 자와 강한 자의 상호 보완적 연합(화평의 일과 덕 세우기에 힘쓸 것, 14-15장)입니다. 그리고 16장은 거짓 교사에 대해 경고하면서 결미와 인사말로 마칩니다.

정리하면, 로마서의 핵심 내용은 1장 17절로 "복음에는 하나님의 의가 나타나서 믿음으로 믿음에 이르게 하나니 기록된바 오직 의인은 믿음으로 말미암아 살리라 함과 같으니라"입니다. 사람은 오직 하나님의 은혜로 인해 그리스도를 영접할 수 있고, 이로써 죄 용서, 칭의, 성화, 영화(榮化, glorification)[103]를 거쳐 하나님의 백성으로 살아갈 수 있습니다. 이 과정이 구원의 최종적 완성입니다.

---

103 영화는 '영광스럽게 변한다'라는 뜻입니다. 예수님을 주인과 구원자로 믿고 따를 때 그리스도인이 경험하는 구원의 최종단계입니다. 이에 대한 대표적인 구절은 로마서 8장 29-30절로 "하나님이 미리 아신 자들을 또한 그 아들의 형상을 본받게 하기 위하여 미리 정하셨으니 이는 그로 많은 형제 중에서 맏아들이 되게 하려 하심이니라 또 미리 정하신 그들을 또한 부르시고 부르신 그들을 또한 의롭다 하시고 의롭다 하신 그들을 또한 영화롭게 하셨느니라"입니다. 이 구절에 따르면, '예정-부르심-칭의-영화'로 도식화할 수 있지만, 칭의와 영화 사이에는 성화, 곧 거룩한 삶이 들어가야 맞습니다. 이것은 구원의 전 과정과 그 원리를 말해줍니다.

3 고린도전서 1 Cor, 1 Corinthians — 고린도 교회의 문제와 바울의 교리적 가르침

고린도전·후서를 이해하기 전에 우리는 종종 이런 생각을 할 수 있습니다. "아~ 우리 교회와 오늘의 기독교가 초대교회와 같은 모습으로 돌아갈 순 없을까?"라는 생각 말입니다. 고린도전서를 살피면서 먼저 이런 말씀을 드리는 이유는, 이 책의 수신자인 고린도 교회야말로 초기 기독공동체였지만, 오히려 오늘의 현대 기독공동체보다 더 많은 문제와 타락의 모습을 가졌다고 할 만한 교회였기 때문입니다. 그래서 바울이 고린도 교회에 보낸 첫 편지인 이 책에는 온통 고린도 교회의 문제들로 가득합니다. 아마 고린도전서를 읽으면서 "그때도 그랬구나." 또는 "그때는 더 심했구나."라며 지금의 교회가 차라리 낫다고 말할 수도 있지만, 새신자나 믿음이 약한 분들이 볼 때는 오히려 교회에 크게 실망할 수도 있습니다.

사실 고린도 교회는 바울이 2차 전도 여행을 하던 때 그가 아테네에서 이 지역으로 건너와 1년 반 동안 머물면서 설립한 교회였습니다. 고린도 교회는 점차 성장했고, 별다른 어려움이 없는 듯 보였습니다. 하지만 고린도라는 지역의 여러 상황은 교회공동체가 거룩함을 지켜 성숙해지기 힘든 환경이 많았습니다.

고린도는 해변에 있는 상업 도시로 해상 교통이 매우 편리하여 번창하는 도시였습니다. 그러니 이 도시는 경제적으로 부유했을 뿐만 아니라 많은 사람의 유입이 잦았고, 이것은 도시의 문화와 분위기를 다양하게 만들었습니다. 특히 이곳의 아프로디테 신전에는 천 명이 넘는 창녀의 성행위를 예배로 간주했습니다. 이는 이 지역 교회들의 성경 지식과 윤리적 수준 그리고 실천하는 영성을 얕게 만들 사회적 분위기로 작동했습니다. 말하자면, 고린도 지역의 교회들은 흥청거리고 교만하기만 했지, 바울의 가르침을 겸허히 듣거나 회개하고 순종하는 것과는 거리가 멀었다는 말입니다. 이처럼 고린도 교회는 바울의 애타는 관심과 많은 교육이 절실했던 교회였습니다.

그렇다면 고린도 교회는 구체적으로 어떤 문제가 있었던 것일까요? 첫째, 공동체 내에서 발생한 경쟁적 파벌이 있었습니다(1-4장). 어떤 이는 바울에게, 어떤 이는 아볼로에게, 어떤 이는 게바에게, 어떤 이는 그리스도에게 속한 자(어디에도 속하지 않고 자신만 바르다고 주장하는 자)라고 말하면서 내부적 분파가 있었습니다.

둘째, 음행의 문제인데(5장), 이는 단순한 음행이 아닌 비그리스도인들도 하지 않는, 천륜을 거스르는 것이었습니다. 현재는 아버지의 아내이지만 과거 계모였거나 과부였던 어머니를 자기 아내로 삼았습니다. 이런 행위는 당시 유대법만이 아니라 로마법으로도 금지된 것인데도 고린도 교회 교인들은 이를 공공연하게 범했습니다. 그리스도인이 이런 짓을 했다는 것은 감히 상상할 수 있는 일이 아니었습니다.

셋째, 그리스도인들 간 법정 소송의 문제가 있었습니다(6장). 바울은 그들 중 형제간의 다툼을 판단할 만한 지혜자가 하나도 없다고 말했지만, 공동체 안의 불신은 다툼으로 이어졌고, 급기야 이것은 세상 법정에다 고발한 소송 사건으로 확대되었습니다. 이에 바울은 이런 성도들이 어떻게 하나님 나라를 유업으로 받을 수 있겠냐고 엄히 경고하면서 야단을 칩니다. 그러면서 고린도 교회가 경계해야 할 죄악들을 나열합니다. 그것은 미혹, 음행, 우상 숭배, 간음, 탐색, 남색, 도적질, 탐욕, 술 취함, 모욕, 속임, 탈취였습니다. 그래서 바울은 성도들이 성령 안에서 씻음과 거룩함과 의롭다고 하심을 받고, 교회는 그리스도의 몸과 지체임을 강조했던 것입니다. 특히 그는 이 몸을 하나님께 영광을 돌리는 성령의 전이 되어야 한다고 강조했습니다.

이렇게 6장까지가 바울의 가르침이고, 7장부터는 고린도 교회가 바울에게 제기한 질문입니다. 첫 질문은 고린도 교회의 네 번째 문제인 결혼과 독신에 관한 것이었습니다(7장). 이것은 이혼이나 믿지 않는 사람과 결혼하는 문제였습니다. 그리고 다섯째는 우상의 제물을 먹는 문제(8-10장), 여섯째는 예배의 문제(11장), 일곱째는 영적 은사에 대한 문제(12-14장), 여덟째는 육체의 부활에 관한 문제(15장), 아홉째는 헌금 문제(16장)를 끝으로 인사말로 마칩니다.

고린도 교회! 어떻습니까? 정말 이해하기 어려운 문제들로 복잡한 교회가 아닌가요? 그래서 그리스도인들은 하나님의 백성이고 그리스도의 몸 된 지체이지만, 죄성의 유혹에 언제든지 넘어질 수 있는 연약한 존재라는 사실을 인식해야 합니다. 그리고 언제 닥칠지 모르는 사탄의 공격으로부터 승리하기 위해 성령님을 굳게 의지해야 합니다. 그래서 바울은 공동체의 아름다운 연합과 선교 사역을 위해 가장 큰 은사인 사랑을 사모하라고 강조했던 것입니다(13장).

4 고린도후서 2 Cor, 2 Corinthians — 바울의 변호와 해결

고린도후서는 첫 편지 고린도전서가 전달된 다음 얼마 지나지 않아 바울이 쓴 두 번째 편지입니다. 두 서신의 시차는 반년에서 일 년 정도로, 이 서신은 그사이에 일어난 일을 중심 내용으로 다룹니다.

사실 고린도후서의 결론은 긍정적이지만, 시작은 찝찝한 분위기로 출발합니다. 그 이유는 일부 성도들이(2:5-11, 7:12) 고린도 교회에 보낸 첫 번째 편지를 못마땅하게 여겼기 때문입니다. 그리고 바울도 그 사실을 알고 있었고요. 고린도 교회 성도 중에는 바울의 첫 편지가 너무나 불쾌했던지 그의 사도권과 신상에 흠집까지 내려 할 정도였습니다. 이런 분위기로 시작하는 것이 고린도후서입니다.

하지만 이와는 달리 바울은 동역자 디도를 통해 고린도 교회 성도들이 자신들의 잘못을 깨달아 분쟁과 분파와 음행을 피하고 회개와 화해에 힘쓴다는 기쁜 소식도 듣습니다. 그래서 바울은 이 두 가지 상황에 대한 심정과 대안을 가지고 이 책을 작성한 것입니다.

그런데 여기서 더 살펴볼 것은, 고린도 교회가 단순히 바울의 첫 편지로만 그를 못마땅하게 생각했냐는 것입니다. 물론 이 지역에 만연한 사회적, 경제적 분위기가 매우 음란한 데다 사치와 과소비가 심했고, 교만하여 성품이 좋지 않은 자도 많았지만, 이곳은 모든 교통의 중심지였던 터라 여러 잡다한 우상과 숭배가 많았습니다. 이 말은 그만큼 이 지역이 여러 종교적 가치관으로 무질서하고 혼란스러웠다는 뜻입니다. 그러니까 고린도 교회에 대한 내적 어려움이 전부가 아니라 외부로부터 들어온 부정적인 영향도 많았다는 말입니다.

이에 대해 좀 더 언급하면, 당시 바울을 반대하는 거짓 교사들이 이 지역에 출현했는데, 이들은 팔레스티나 출신의 유대인 그리스도인이었습니다(11:22). 이들은 사도의 직위를 강조했고(11:5, 12:11), 다른 교회의 추천장을 제시했으며(3:1), 계시 체험(12:12)과 황홀경(5:11-13)[104]을 증거 삼으면서 그들의 성경해석을 자기 영광

104 기독교의 황홀경은 하늘 세계에 이끌려 들어가는 것과 같은 특별하고 영적이며

으로 자랑했습니다(3:7-18). 게다가 바울의 외모가 변변찮음과 말솜씨마저 어눌함을 공개적으로 비난했습니다(10:1-11:6, 20-21).[105] 이런 비난들은 첫 번째 편지로 불쾌했던 고린도 교회 성도들을 부추겨 바울의 사도권에 대한 신뢰를 잃게 했습니다. 그래서 고린도후서는 고린도전서에 대해 못마땅함을 비롯한 바울의 사도권과 계시 경험에 대한 불신의 비난들을 직접 논쟁하고 변호하기 위해 쓴 글입니다.

따라서 이 책의 전개는, 처음 인사말과 바울의 행동에 대한 해명(1-2:13), 사도직에 대한 변호(2:14-7:4), 첫 편지에 대한 회고(7:5-16), 예루살렘 교회를 위한 헌금(8-9장), 적대자들에 대한 논쟁과 변호(10-12장), 끝으로 고린도 교회공동체의 믿음 점검과 확증을 권하면서 인사말로 마칩니다(13장). 특히 바울의 사도권이 참임을 증명하는 내용은, (1) 자신의 약함에도 분명한 하나님의 역사가 있었고, (2) 참 사도로서 그의 삶에 나타난 현상(증거), 곧 십자가에 달리신 예수님처럼 그가 겪었던 위험과 고난을 하나님의 섭리로 이해했고, (3) 그래서 자신이 그리스도의 고난에 참여한 것으로 여겼다는 점입니다. 인간적으로 약점투성이였던 그가 복음으로 겪는 모든 환난을 담대함으로 자랑할 수 있었던 것은, 그의 신학이 바로 '약함의 신학', '질그릇 신학'이었기 때문입니다.

신비한 초월적 계시 체험을 말합니다.

105 대한성서공회, 『관주·해설 성경전서』, 해설 387.

5 갈라디아서 Gal, Galatian — 믿음으로 말미암는 의

갈라디아서의 수신지는 두 곳입니다. 한 곳은 남부 갈리디아 지방에 있는 교회들로 바울이 1차 전도 여행 중 복음을 전한 루스드라, 더베, 이고니온과 같은 곳이고, 다른 한 곳은 북부 갈라디아 지방에 있는 교회들로 바울이 3차 전도 여행(행 18:23) 중 개척한 교회들이었습니다. 바울이 이 편지를 쓴 배경은 갈라디아 지역 교회에 침투한 유대주의자들의 그릇된 교리에 반박하기 위해서였습니다. 이런 이유로 갈라디아서는 투쟁적 서신이라고 말할 수 있습니다.

당시 유대주의자들의 주장에 따르면 그리스도교 신앙을 완성하기 위해서는 구약의 율법을 지켜야 했습니다. 특히 할례는 하나님께서 자기 백성과 맺으신 계약의 표시로 이행해야 했으며, 불이행 시 구원을 보장받지 못한다는 주장이었습니다(2:3, 3:1-2). 그래서 바울은 갈라디아 교회의 그리스도인들이 믿음의 핵심을 왜곡할 만큼 위협받고 있음을 직시하여 절박함과 간곡함으로 그의 신학적 논증을 펼치고 있는 것입니다.

그뿐만이 아니라 유대주의자들은 바울을 향한 갈라디아 교회의 사랑과 존경을 시기하고 질투하면서(4:14-15) 그의 사도적 권위까지 비난했습니다(2:8). 이런 상황에 바울은 자신이 받은 계시야말로 그리스도께 직접 받은 계시(1:12)와 사도직(2:8)이며, 그리스도 교회의 권위자들에게 정식으로 인정받은 것이라고 밝힙니다(2:1-10).

그런 다음 바울은 사람이 의롭게 되는 칭의가 율법의 행위가 아닌 '이신칭의'(以信稱義, justification by faith), 곧 예수 그리스도를 믿음으로 말미암는 것이라고 주장하면서 율법의 행위로는 의롭다고 칭함 받을 육체가 전혀 없다고 말합니다(2:16). 하지만 바울의 주장은 율법의 완전한 무시가 아니라 율법과 복음의 관계를 설명하면서(3장-5:12). 믿음이 성령에서 시작한 것처럼 성령 안에서의 삶이야말로 율법에 메이지 않는 참 자유의 삶임을 선언합니다(5:16-22). 그리고 그리할 때 성령의 거룩한 열매가 그리스도인의 삶에 나타날 수 있다고 말합니다(5:22-26).

따라서 이 서신서의 주제는, 하나님께 의로운 자로 인정받기 위해서는 오직 예수 그리스도에 대한 믿음으로만 가능하다는 것입니다. 이를 기독교는 '이신칭의'라고 말합니다. 그러나 참믿음을 가진 성도는 반드시 성령 안에서의 삶과 열매 맺음이 있어야 한다는 바울의 주장을 고려할 때 참된 믿음과 참된 행위는 자연스럽게 연결됩니다. 그래서 신학계에서는 '이신칭의'를 '신행일치'(信行一致)라는 표현과 부합하여 설명합니다. 그러므로 참된 믿음은 단지 지식적·추상적·관념적 차원에 머물지 않고, 예수님과의 동행은 물론 고난에도 동참하면서 성령의 능력을 통한 역동적인 믿음 생활을 수반합니다.

6 에베소서 Eph, Ephesians — 삼위 하나님의 구원 경륜과 한 몸 된 교회의 온전한 연합

바울이 활동하던 당시 에베소는 지중해 동부 지역의 중심 도시 중 하나였습니다. 특히 이곳은 로마의 식민지였던 아시아주(소아시아의 핵심 지역을 포괄함)의 수도일 만큼[106] 중요한 요충지였습니다.

106 대한성서공회, 『관주·해설 성경전서』, 해설 409.

에베소는 상업의 중심지로서 항구와 상업 도로가 발달했고, 그만큼 십만 명 이상의 인구가 살았던 대도시였습니다. 또한, 이곳에는 아데미 신전이 있어 세계적으로 유명한 여신상이 있었습니다. 한마디로 당시 에베소는 지리적, 경제적, 종교적으로 주목받는 곳이었습니다.

이러한 도시의 특징으로 에베소에는 창조와 구원에 관한 심오한 비밀을 안내하는 자들이 있었는데, 이들이 바로 영지주의자들이었습니다. 잠시 언급하면, 영지주의(그노시즘, Gnosticism)는 초자연적 존재에 대한 신비적 지식을 추구하지만, 현실 세계에 있는 물질이나 몸(육체)과 같은 것을 비관적이고 악한 것으로 취급했던 사상체계를 말합니다. 이 세계관은 당시 다른 여러 전통 종교에 영향을 주고받았는데, 특히 초대 그리스도교에 가장 큰 영향을 끼친 것으로 알려져 있습니다.

그리고 에베소는 지리적 교통망과 경제적 활동이 성행했기 때문에 유대인과 이방인이 서로 섞여 살았습니다. 이런 사회적 분위기는 에베소교회의 구성원으로 이어질 수밖에 없었고, 그러다 보니 에베소교회에 발생했던 중요한 문제가 유대인과 이방인의 분열이었습니다. 더욱이 바울이 서신서를 기록할 당시는 사도시대가 끝났기에 그들이 전해준 복음을 보존하고 전수하는 것이 무엇보다 중요했습니다. 그래서 바울은 자신이 전하는 복음이 본인의 가르침이 아니라 예수 그리스도께 직접 받은 계시요 사도들이 전해준 정통 복음이라고 말하면서 이 편지로 자신의 복음을 입증하고자 했습니다(2:20).

이런 맥락에서 이 책의 관심사는 크게 세 가지로 요약할 수 있습니다. 그것은 (1) 모든 지식은 영지주의가 아닌 그리스도 안에서 그리고 그분을 통한 은혜의 풍성함을 통해 드러난다는 것(1-3장), (2)

그리스도는 교회의 머리이므로 그리스도 안에서 유대인과 이방인은 나뉠 수 없고, 한 몸 된 교회공동체의 지체라는 것(2:11-21, 4-5장), (3) 사도들이 전해준 정통 복음의 보존과 전수가 중요한 만큼 자신이 전한 복음과 사도권은 이방인을 위해 존재한다는 것입니다(3장).

결론적으로, 에베소서의 중요한 교훈은 첫째, 하나님을 아는 지식 안에서 성장하는 것과 둘째, 하나님의 전신 갑주로 무장할 것(6:10-20)과 셋째, 교회와 가정공동체(남편들아, 아내들아, 자녀들아)가 사랑으로 연합하여 화평할 것(5:22-6:9)과 넷째, 빛에 속한 새 사람답게 살아가라는 것입니다(4:17-5:21). 이 책은 '그리스도 안에서'(in Christ)라는 단어를 35회나 사용하고 있으며, 따라서 이 단어는 에베소서의 핵심 키워드라고 할 수 있습니다. 결국, 하나님의 구원 계획은 인간의 힘이 아닌 하나님의 은혜로부터 흘러나오는 것이어야 합니다.[107]

7 빌립보서 Phil, Philippians 기쁨과 화합의 근본이신 예수 그리스도

바울서신에 나타난 교회들에는 좋은 면도 있지만, 석연찮은 면도 많습니다. 그래서 지금껏 서신서를 보면서 "세상의 교회는 정말 어쩔 수 없는 걸까?"하고 실망을 느낄 수 있는데, 만약 그렇다면 빌립보서를 읽으십시오. 왜냐하면 이 책은 교회에 대한 상실감을 어루만져 온유케 할 만한 이야기로 가득 차 있기 때문입니다.

그 근거는 무엇보다 바울의 감정 상태를 통해 알 수 있습니다. 당시

107 크레이그 키너, 『IVP 성경배석주석: 신약』, 631.

바울은 갇혀 있었습니다. 하지만 이 서신을 기록할 때 그의 감정은 매우 기뻤고, 빌립보 교회 그리스도인들에 대한 감사로 넘쳤습니다. 왜냐하면 빌립보 지역의 교회들은 바울이 복음 사역을 감당하느라 힘들고 괴로울 때 이를 외면치 않고, 그의 사역에 적극적으로 참여했을 뿐만 아니라(4:14-15), 데살로니가에 있을 때도 에바브로디도를 통해 두 번이나 후원금을 전해준(4:16-18) 고마운 교회였기 때문입니다.

또한 바울은 에바브로디도가 심한 질병에 걸렸을 때도 그를 빌립보로 보내 치료받게 할 만큼 빌립보 교회를 신뢰했습니다(2:25-30). 그래서 바울은 자신의 현재 상황을 빌립보 교회에 알리면서 이 교회 그리스도인들에 대한 자기 감사를 전하기 위해 이 글을 썼습니다. 그러니까 단순하게 생각해도 바울과 빌립보 교회공동체와의 관계가 일회적이 아니었음을 알 수 있습니다. 이처럼 바울과 빌립보 지역 교회들은 정기적으로 소통했고, 진심 어린 마음으로 서로의 형편을 살피면서 복음 사역을 이어간 동역자였습니다.

한편, 이들의 소통이 정기적이었다는 것은 빌립보서를 기록한 배경이 어떠했는지를 좀 더 들여다보게 합니다. 무슨 뜻이냐면, 이 책은 일회적인 하나의 편지가 아니라 정기적인 두세 개의 작은 편지를 묶어 하나로 재구성한 글이라는 뜻입니다. 그 근거로 바울은 2장 30절까지 감사와 기도(1:3-11), 그리스도 안에서 교제와 복음을 위한 삶(1:12-2:18), 디모데와 에바브로디도의 실례(2:19-30)를 언급하다가 3장에 가서 갑자기 거짓 교사들에 대한 공격적 발언들을 퍼붓습니다. 이런 내용과 문체는 지금까지 그가 표현했던 기쁨과 감사와는 너무 달라 이채롭습니다. 그리고 다시 바울은 빌립보 교회가 보내준 선물을 뒤늦게 언급하면서 편지 끝부분에 가서는 다시 감사를 표현합니다. 바로 이런 부분이 이 서신이 몇 개의 편지를 하나로 묶은 근거라고 성경신학자들은 말합니다.

그렇다면 왜 성경은 지금껏 살폈던 서신서의 다른 교회들보다 빌립보 지역 교회들이 바울의 마음을 더 기쁘게 한 교회라고 표현하고 있는 걸까요? 우리는 빌립보 지역 교회들의 상황을 살피면서 몇 가지를 추측해볼 수 있습니다. 물론 이런 추측이 다 옳다는 것은 아니지만 어느 정도 근거가 될 만한 것들입니다.

그것은 첫째, 당시 빌립보는 로마의 식민지요 도시였지만 유대인들의 수는 적었습니다. 그러니 유대교의 회당도 없었고, 이런 까닭에 빌립보 지역 교회들은 대부분 이방인 그리스도인으로 구성되어 있어 유대인과 이방인 간의 다툼이 없었습니다. 둘째, 빌립보는 A.D. 42년 이후 전투를 경험한 로마의 퇴역 군인들이 이주하여 살았고, 그 때문에 출신과 종교가 다양한 사람이 함께 살아가는 중요 도시였습니다.[108] 셋째, 빌립보 교회의 그리스도인들은 수가 적었을 뿐만 아니라 경제적으로도 넉넉하지 못했습니다.[109] 이들은 유대인이 아니기에 회당이 아닌 몇몇 가정을 중심으로 모인 작은 공동체들이었습니다. 이런 부분에서 빌립보 지역의 교회들은 가난이 무엇인지, 협력하며 산다는 것이 무엇인지, 질병, 고통, 아픔이 무엇인지를 잘 알았던 것으로 보입니다.

그래서인지 빌립보 교회 그리스도인들은 서너 개의 가정 교회와 지도자를 중심으로 모였고, 각 공동체가 사랑으로 바울의 사역을 도왔지만, 공동체 지도자 간 의견이 상치하는 일도 있었습니다. 그래서

---

108 대한성서공회, 『관주·해설 성경전서』, 해설 420.

109 나용화, 『성경핵심입문』, 275.

바울은 빌립보 교회들에 기쁨과 감사가 가득했지만, 하나 됨(1:27, 2:2, 14, 4:2)과 상호 섬김(2:3-11)에 대해 계속 권고한 것입니다. 이를 고려할 때 분열의 이유 중 하나는 각 가정 교회의 지도자들 때문으로 보입니다.[110]

이윽고 바울은 빌립보서 4장에서 마음이 맞지 않았던 두 지도자, 유오디아와 순두게에게 같은 마음을 품으라고 권합니다. 그리고 주 안에서 항상 기뻐하고 관용을 베풀며 아무것도 염려하지 말고 모든 일에 기도와 간구로 너희 구할 것을 하나님께 아뢰라고 말합니다(4:4-6). 그리하면 하나님의 평강이 예수 그리스도 안에서 빌립보 교회공동체들의 마음과 생각을 지키실 것이라고 말하면서 다시 한번 빌립보 교회에 대한 헌신과 수고에 대한 감사로 이 글을 마칩니다.

이처럼 빌립보 교회는 다른 서신서의 교회들보다 바울의 마음에 흡족한 교회였지만, 여전히 문제는 남아 있었습니다. 따라서 사람이 함께 모여 사는 곳에는 항상 어려움이 있다는 것을 먼저 이해할 필요가 있습니다. 결국, 교회공동체가 참된 화평을 이루기 위해서는 예수 그리스도와 영적 교제(1:19-21, 2:1-11)를 가짐으로써 내적으로 먼저 성숙해져야 합니다. 바울은 이것을 믿음의 진보라고 표현합니다(1:25). 오직 예수 그리스도를 통해서만 진정한 화평을 누릴 수 있다는 말입니다. 그러므로 그리스도인은 교회만이 아니라 가정, 직장, 학교, 소그룹 등 우리가 속해 있는 모든 곳에서 하나님께 속한 화평이 실현될 수 있도록 늘 자신을 성찰하고 하나님과의 교제에 성실한 신앙인으로 살아가야 합니다.

---

110 Ibid., 646.

8 골로새서 Col, Colossians 하나님의 뜻을 아는 지식 안에서 자라는 삶

골로새는 에베소에서 동쪽으로 약 180km 떨어진 곳으로 소아시아 오지에 있는 브루기아 지역의 도시였습니다. 하지만 이곳은 당시 급성장한 라오디게아에 인접한 도시였기 때문에 상대적으로는 쇠약해지기도 했습니다. 그러나 골로새는 라오디게아와 히에라폴리스와 같은 인근 도시와 함께 동방 종교와 상품이 로마로 운송되는 무역로에 있었고, 소아시아 직물 산업의 중요한 중심부로 로마 교회에 미치는 영향이 컸습니다.

그런데 여기서 살펴봐야 할 것은 브루기아 지역의 문화입니다. 이곳의 문화는 철저하게 신비주의적이고, 열광적이며, 금욕주의적인 철학 사상을 토대로 이뤄졌는데, 특히 신들의 어머니로 불린 키벨레(Κυβέλη)의 숭배가 지배적이었습니다. 키벨레는 대지모신(大地母神)으로 자연 생성력의 신이었습니다. 얼마나 브루기아인들이 이 여신에 대해 열광적이었던지 어떤 남성 신봉자들은 의식을 통해 거세도 하고, 여성의 복장을 취함으로써 사회적 여성으로 간주되기도 했습니다.

심지어 여성 사제들은 사람들을 난교 의식으로 이끌었는데, 신봉자들은 북의 난타와 검과 방패를 쳐 소리를 내고, 야성적인 음악과 춤과 큰 소리의 노래를 외치면서 키벨레 여신을 밤새 숭배할 만큼 광기적이면서 감정적인 의식을 치렀습니다. 그러니 이곳에 그리스도교가 전해지더라도 복음은 신비함을 추구하는 영지주의적 유혹과 위험에 정면충돌할 수밖에 없었고, 따라서 이 지역교회들을 향한 올바른 기독교 교육이 절실히 필요했던 것입니다. 이에 에바브라는 미혹 받아 혼란에 처한 골로새 교회의 문제를 해결하고자 바울을 찾았는데,

이 상황을 들은 바울은 거짓 가르침에 대한 적극성으로 예수 그리스도가 어떤 분이신지를 알리고자 이 서신을 기록한 것입니다.

본래 골로새 교회 그리스도인들은 예수 그리스도에 대한 믿음과 성도 간 사랑의 교제가 뛰어났습니다. 그래서 바울은 이 지역 교회들에 대한 감사와 칭찬으로 이 글을 시작합니다. 하지만 현재는 이 지역의 오래된 광기적 철학 사상에 혼란을 겪는 상황이기에 바울은 잘못된 종교 사상을 경계하면서 그리스도의 우월성을 강하게 표명한 것입니다. 이것이 이 글의 중심 내용입니다.

그렇다면 당시 이 지역의 철학 사상이 주장했던 대표적인 내용은 무엇이었을까요? 철학 사상이라고 하지만, 사실은 유대 종교와 이방 종교가 섞인 혼합적 이단 사상이었습니다. 그러니 철학적이라기보다 종교적인 것에 더 가까웠습니다. 이 사상의 중심 견해는, 그리스도인의 할례(2:1), 거룩한 날들의 성수(2:16), 특정 음식을 금하는 것(2:6, 11), 절기 및 금식과 같은 의식적 규례를 중시하는 것(2:11, 16-19), 천사 숭배(2:18)와 금욕주의적 규례(2:21) 등을 강조하면서 자기들이야말로 하나님께 신비한 지식을 받았다며 자랑했습니다(2:4, 8, 18).

그래서 바울은 만물보다 먼저 계시고 만물이 그 안에 포함될 수밖에 없는 그리스도의 우월성을 선포하면서 그분만이 창조와 구원의 으뜸이요 교회의 머리이심을 주장한 것입니다(1:15-29). 이 뜻에서 바울은 골로새 지역의 교회들이 하나님의 뜻을 아는 지식 안에서 성장하는 것만이 빛 된 성도의 합당한 삶이라고 강조합니다(1:9-12).

이 서신의 개요를 살피면, 인사말과 감사(1:1-12), 창조와 구원 사건의 으뜸이신 그리스도(1:13-29), 거짓 교사들과 이단 사상에 대한 경고(2:1-15), 옛사람과 새 사람의 특징과 삶(3-4:6), 인사말과 축복기도(4:7-18)입니다. 이를 다시 풀어서 설명하면, 교리적으로는 예수 그리스도의 우월성이고, 실천적으로는 그리스도의 성품(3:12-14)과 평강(3:15)과 말씀(3:16) 안에 풍성히 거하면서 피차 가르치고, 권면하고, 시와 찬송과 신령한 노래를 부르고, 감사의 마음으로 하나님을 찬양하고, 어떤 언행에도 예수 그리스도의 이름으로 행하며, 그분을 힘입음으로써 하나님 아버지께 감사하는 삶입니다(3:16-17).

9 데살로니가전서 1 Thess, 1 Thessalonians — 재림을 기다리는 교회와 성도의 올바른 신앙 자세

빌립보 지역의 교회들이 바울의 마음에 기쁨과 감사를 안겨줬던 것처럼 그에게 흡족할 만큼 감사가 넘치게 한 또 다른 교회를 소개하면, 데살로니가 교회공동체였습니다. 이에 대해서는 데살로니가전서 1장 3절에 잘 나와 있는데, 데살로니가 교회는 믿음의 역사와 사랑의 수고와 소망의 인내가 풍성한 교회였습니다(1:3). 바울의 표현대로라면 이 교회 형제들은 "하나님의 사랑하심을 받은 자"들이었고, "하나님께 택함 받은" 성도들이었습니다(1:4). 이것만으로도 데살로니가 지역의 교회들이 얼마나 신실하고 충성스러웠는지 알 수 있습니다.

또한 데살로니가 교회는 애당초 복음을 받아들일 때부터 수많은 환난을 겪었는데도 하나님의 말씀을 성령께서 공급하시는 것으로 여겨 기뻐했습니다. 그리고 그 말씀을 각자의 삶에 적용함으로써 마게도냐와 아가야를 비롯한 각처의 모든 믿는 자에게 본이 된 매우 유명한 교회였습니다(1:6-8). 그러니 실루아노와 함께 이 교회를 개척한 사도 바울의 마음이 어땠을까요? 데살로니가 교회는 그야말로 복음적으로나 신앙적으로나 모범적인 교회였습니다. 그렇다면 왜 데살로니가 교회는 설립 초기부터 어려움을 겪었을까요? 그 이유는 역시 유대인들과의 관계에서 나타난 것이었습니다.

데살로니가는 마게도냐의 가장 중요한 항구도시였습니다. B.C. 146년 헬라는 두 개의 행정 구역으로 나뉘어 로마로부터 지배받았습니다. 그때 북쪽 마게도냐의 수도는 데살로니가였고, 남쪽 아가야의 수도는 고린도로, 당시 두 곳은 굉장히 중요한 상업 도시였습니다. 고린도처럼 데살로니가는 로마 제국의 동서를 잇는 가장 중요한 에그나티아 대로변에 있었고, 따라서 자연스럽게 상업은 크게 번창했습니다. 그리고 이 도시에는 상당수의 유대인이 함께 살았습니다.

그런데 데살로니가 교회가 복음을 받아들이자 이 지역 유대인들이 이 교회의 그리스도인들을 반로마제국자로 고소하고 말았던 것입니다. 이것 때문에 바울 일행은 강제 추방될 수밖에 없었고, 바울은 데살로니가 교회의 초신자들이 염려되어 디모데를 그곳에 다시 보내게 됩니다(3:1, 2, 5). 이런 와중에도 디모데는 이러한 바울의 염려와 걱정과는 달리 데살로니가 교회의 좋은 소식을 가지고 돌아옵니다. 그러나 몇 가지 문제점도 함께 전하면서 바울은 데살로니가 교회에 대한 사랑과 감사의 뜻 그리고 몇 가지 교리적인 부분을 올바로 알려주고자 이 글을 쓴 것입니다.

그렇다면 데살로니가 교회가 안고 있었던 문제점은 무엇이었을까요? 이 글이 데살로니가 교회의 설립 이후 비교적 짧은 시기에 쓰였다는 점을 고려한다면 사실 심각하리만큼 큰 문제는 아니라고 봅니다. 다만 교리에 대한 오해와 와전이 있을 정도였습니다. 물론 당시에는 이단들이 성행했고, 유대주의자들과의 갈등이 늘 있었기에 교리에 대한 오해와 와전을 대수롭지 않게 생각하는 것은 큰 잘못이라고 말할 수 있을지 모르나 역시나 이 교회의 역사가 길지 않았다는 것을 생각한다면, 그리고 믿음의 역사와 사랑의 수고와 소망의 인내가 있었던 공동체라는 것을 고려한다면 얼마든지 올바른 교리적 가르침을 수용할 만한 교회공동체로 볼 수 있으리라고 저는 생각합니다.

어찌 되었든 데살로니가 교회는 종말론적 재림에 대한 관심이 많았고, 이에 대한 잘못된 해석과 왜곡으로 인해 교회 안팎에 또 다른 문제가 있었습니다. 하지만 기본적으로 이 교회는 하나님의 말씀에 대한 올바른 안내만 있다면 그것을 교육적으로나 신앙적으로 배우고 적용하려고 애썼습니다. 이런 배경으로 이 글은 '감사의 서신', '위로의 서신', '권고의 서신'이라고 불립니다. 왜냐하면 그들은 많은 환난을 겪으면서도 믿음과 사랑과 소망을 지켰고, 복음을 감사했기 때문입니다(2:13-16).

그래서 바울은 그들의 궁금증, 곧 재림에 대해 답합니다. 그것은 '첫째, 재림 시 이미 죽은 그리스도인들은 어떻게 되는가? 둘째, 살아남아 있는 그리스도인들은 어떻게 되는가? 셋째, 그리스도의 재림 시기는 언제인가?' 입니다. 이에 바울은 그리스도께서 재림하시면 죽은 신자들이 먼저 일어나 공중으로 들림 받고, 거기서 그리스도를 영접하게 될 것이며, 아직 살아있는 신자들은 저희와 함께 공중에 올라가게 될 것이라고 말합니다(4:15-17). 또한, 재림은 도둑 같이 임하므로 아무도 알 수 없고, 단지 우리가 해야 할 것은 깨어 정신을 차려 믿음과 사랑의 호심경을 붙이고, 구원의 소망 투구를 쓰고, 피차 권면하고 서로 덕을 세우는 것이라고 권고합니다(5:1-11).

정리하면, 이 서신은 예수님께서 재림하실 때까지 말씀을 굳게 믿고, 서로 사랑하며, 재림 소망을 가지고 현재를 살아가라고 말합니다. 결국, 교회공동체와 그리스도인의 미래는 하나님의 말씀을 기초하며, 하나님에 대한 신실성이 있을 때라야 견고할 수 있습니다. 따라서 그리스도인에게 미래는 현재와 연결되어 있고, 현재의 거룩한 삶은 미래를 보장하는 담보와도 같습니다.

10 데살로니가후서 2 Thess, 2 Thessalonians 재림 전의 징조와 종말론적 신앙의 올바른 자세

데살로니가전서가 재림에 대한 교훈을 기록하고 있다면, 데살로니가후서는 재림 전에 일어날 종말론적 징조(2:1-11)를 중심으로 기술하고 있습니다. 그 대표적인 징조는 적그리스도, 곧 그리스도를 대적하는 자들의 출현으로 결국, 대적자들과 그들의 미혹에 빠진 자들이 모두 심판받게 될 것이라고 바울은 말합니다(2:10-12). 그래서 바울은 종말의 때에 그리스도인들이 인지해야 할 올바른 교리가 무엇인지 이 글을 통해 가르치고 있습니다.

그렇다면 종말에 깨달아야 할 교훈은 무엇일까요? 그것은 첫째, 하나님께서 우리를 선택하셨다는 것과 둘째, 성령께서 우리를 거룩하게 하신 것과 셋째, 진리를 믿게 하심으로 구원받게 하신 것과 넷째, 이를 위해 복음으로 우리를 불러 예수 그리스도의 영광을 얻게 하셨다는 것입니다(2:13-14). 따라서 데살로니가 교회 그리스도인들은 종말의 징조가 나타나더라도 전통의 가르침에 굳게 서서 말과 행동을 지키라는 것이 바울의 두 번째 편지입니다(2:15-17).

그런데 바울이 이러한 권면을 하게 된 이유 중 하나는 그의 가르침의 일부, 곧 "주의 날이 이미 이르렀다"라는 말(2:2)을 왜곡하고 빙자한 영지주의자들 때문이었습니다. 하지만 이것은 그리스도의 재림을 기다리는 일부 종말론적 광신자들로부터 유래했을 가능성이 있습니다.[111] 그래서 이 교회의 일부 그리스도인들은 자기들이 주님의 재림을 놓쳤다거나 이미 예견된 대환란을 겪고 있다고 생각하거나[112] 심지어 일하지 않고 게으름을 피우면서 문제를 일으키는 사람이 있을 정도였습니다.

그 때문에 바울은 재림 전의 대환란 시대가 아직은 오지 않았다고 말하면서 적그리스도의 출현이야말로 확실한 징조라고 말했던 것입니다. 아울러 이날에는 많은 미혹의 역사가 있을 것이고, 사랑하지 않는 불법이 만연할 것이며, 엄청난 종교 배반이 나타날 시대인데, 아직 그때는 아니므로 복음의 전통을 중시하고, 게으르지 말며(3:6-13), 가르침을 듣고도 돌아서지 않는 자들에 대해서는 원수가 아닌 형제로 여기되 교제는 피하라고 권했던 것입니다(3:14-15).

종합하면, 데살로니가 교회는 하나님의 말씀에 대한 믿음과 순종, 박해와 환난 중에도 인내하는 교회였습니다(1:3-4). 그러나 일부 잘못된 사상과 광신적 종말론자들로 인해 사도의 가르침을 곡해하는 일이 있었고, 이것은 다시 그들의 삶에 악영향을 끼치는 요인이 되었던 것입니다. 이것 때문에 바울은 자신이 전한 복음이야말로 사도적 전통과 계승이며, 특히 예수님께 직접 받은 복음의 계시임을 그의 서신을 통해 강조하고 있습니다.

111 대한성서공회, 『관주·해설 성경전서』, 해설 442.

112 테리 홀, 『성경 파노라마』, 220.

11	디모데전서 1 Tim, 1 Timothy	에베소 교회와 디모데를 향한 목회적 치리와 권면

앞서 에베소서에서 에베소 교회를 살펴봤는데, 이 책의 배경도 에베소 교회에 관한 내용입니다. 성경순으로 좀 뒤에 배치되어 있기는 하나 에베소서가 바울의 3차 전도 여행 이후 로마 감옥에서 쓴 것이라면 이 책은 바울의 제4차 전도 여행 중에 쓴 서신입니다.

에베소 교회는 바울이 설립한 교회였습니다. 그러나 그가 로마에서 2년간의 투옥을 마치고 풀려났을 때는 소아시아 지역을 방문 중이었기에 에베소로 갈 상황이 아니었습니다. 그래서 바울은 에베소 교회의 목회를 맡겼던 디모데에게 교회에서 해야 할 목회적 일, 곧 교회 치리에 관한 일들에 대해 알려주고 있는 것입니다.

특히 당시 에베소 교회는 영지주의와 유대주의(1:3-7) 그리고 금욕주의(4:1-5)가 성행했고,[113] 교회를 구성하는 유대인과 이방인 간의 다툼으로 분열의 문제가 있었습니다. 그래서 바울은 이를 바로잡을 조치가 필요했고, 아직 젊지만 믿음직한 디모데를 목회자로 파송했던 것입니다.[114] 따라서 이 서신의 수신자는 그의 영적 아들 디모데입니다.

이 글의 내용은 거짓 율법 교사에 대한 경고(1:3-11), 하나님의

---

113 나용화, 『성경핵심입문』, 287.

114 디모데는 바울의 영적 아들이면서 가장 절친한 동역자였습니다. 그래서 바울은 선교활동 중 설립된 신생 교회들을 방문하도록 디모데를 자주 파송했습니다. 성경의 기록을 찾아보면, 데살로니가 파송(행 17:14-15; 살전 3:2-3), 고린도 파송(고전 4:17, 16:10-11), 빌립보 파송(빌 2:19-24)을 들 수 있습니다. 이런 이유로 디모데는 고린도후서, 빌립보서, 골로새서, 데살로니가전·후서, 빌레몬서의 공동 발신인으로도 언급됩니다. 대한성서공회, 『관주·해설 성경전서』, 해설 445.

은혜에 대한 바울의 간증과 찬양(1:12-17), 목회적 권고(1:18-4:5, 공동체의 기도(2:1-7), 남자와 여자의 처신 문제(2:8-15), 감독의 자격(3:1-7), 집사의 자격(3:8-13), 믿음의 비밀(3:14-16), 이단 사상과 잘못된 절제에 대한 권고(4:1-5)), 개인적 권고(4:6-6:19, 디모데를 향한 목회적 처신과 위임(4:6-16), 여러 환경을 가진 성도들과의 관계적 권고(5:1-6:2), 디모데와 모든 성도를 향한 권면(6:3-16), 부자에 대한 권고(6:17-19)), 마지막 인사(6:20-21)로 전개됩니다.

에베소 교회에 대한 바울의 목회적 조처는 본질을 추구케 하는 매우 중요한 구조적 요청이었는데, 교회가 내부적으로 나뉘어 끼리 공동체로 존재할 것이 아니라 그 안에서 모든 사람이 공동 책임자로 결속해야 한다는 것이었습니다. 이것은 교회를 통해 흘러가야 할 그리스도의 복음이 어떠한 구조적 형태 안에서 행해져야 하는지를 일러주는 목회적이고 구조적인 지침이라고 말할 수 있습니다.

12 디모데후서 2 Tim, 2 Timothy — 젊은 목회자 디모데를 향한 목회적 조언

디모데전서가 교회의 목회적 치리에 관한 내용을 담고 있다면, 디모데후서는 정통 교리인 성경과 복음에 관해 기술하면서 에베소 교회 목회를 위임한 디모데가 이것에 충실할 것을 권하고 있습니다. 그러니까 디모데전서가 교회의 공동체성에 대한 권고라면, 후서는 목회자 디모데 개인을 향한 상담과 조언입니다.

특히 이 글이 기록될 시기는 바울의 대적자들이 아시아 지역에 퍼져 있었기 때문에 상황이 매우 안 좋았습니다. 그간 동역했던 이들

중 어떤 이는 바울을 저버리고 떠났고, 특히 바울은 네로 치하에 순교 당할 무렵이었습니다. 이런 상황인데도 그는 자신이 낳은 영적 아들 디모데에게 어떤 희생을 치르더라도 믿음에 굳게 서서 기독교의 본질인 복음을 굳게 지키라고 권고하고 있습니다. 그래서 이 서신은 젊은 사역자에 대한 바울의 마지막 권고로서 믿음을 지킨 신실한 사도와 동역자인 다음 세대와의 관계 안에서 성경의 가르침에 집중하기를 당부합니다. 이런 이유로 디모데후서는 스승이 제자에게 쓴 권고이지만, 바울이 순교하기 전에 쓴 유서와 같습니다.[115]

디모데후서의 내용은 1-2장에서 목회자 디모데가 고난 중에도 복음을 지킬 것과 이를 위해 그리스도 예수 안에 있는 은혜 가운데 강해지라고 요청합니다. 또한, 바울은 충성된 자들을 선별하여 복음 사역을 위해 협력하라고 말합니다. 그리고 발생할 수 있는 무익한 다툼과 무식한 변론을 피하고, 오직 진리의 말씀을 옳게 분별하여 부끄러울 것 없이 인정받는 일꾼답게 성실함으로 자신(디모데)을 하나님 앞에 드리라고 당부합니다(2:14-15). 아울러 교회 안에 발생할 수 있는 일들에 대한 목회적 처리가 강퍅함과 권위에서 비롯된 것이 아닌 인내와 온유함으로 훈계하라고 권면합니다(2:22-26).

또한 3장에서는 경건의 모양만 있을 뿐 능력은 전혀 나타나지 않는 자들을 경계하라고 말하면서 종교 배반의 위험과 자기 욕망과 쾌락을 즐기는 삶을 하나님보다 더 사랑하는 자들에게서 돌아서라고 말합니다(3:1-9). 그러면서 바울은 고난받는 사도로서 모범적일 것과 예수 안에서 경건하게 살고자 하는 자만이 박해받는 것임을 알아 배우고 확신한 일에 거하라고 권면합니다(3:10-15). 결국, 최고의

115 크레이그 키너, 『IVP 성경배석주석: 신약』, 721.

방어와 최고의 공격은 하나님의 말씀, 곧 성경은 하나님의 감동으로 된 것이기에 교훈과 책망과 바르게 함과 의로 교육하기에 유익할 뿐 아니라 하나님의 사람으로 온전케 하여 모든 선한 일을 행할 능력을 함양케 함을 확신 있게 말하고 있습니다(3:14-17).

그리고 4장에서 바울은 때를 얻든지 못 얻든지 항상 말씀 선포하기에 힘쓰고, 범사에 오래 참음과 가르침으로 경책하고, 경계하며, 권하라고 말합니다. 비록 사람들은 바른 교훈을 피하고 자기의 사욕 챙기기에 바쁘지만 너(디모데)는 모든 일에 신중하여 고난을 받으며 전도자의 일을 계속함으로써 자신의 본질적 직무에 전념하라고 권하고 있습니다(4:2-5). 그러면서 바울 자신이 선한 싸움을 싸우고 달려갈 길을 마치고 믿음을 지킨 것만큼 그에 상응하는 의의 면류관이 준비되어 있음을 확신하면서 그리스도의 재림을 사모하는 모든 자에게도 같은 면류관이 주어질 것임을 강하게 선언하고 있습니다(4:8).

한마디로 정리하면, 바울처럼 디모데도 '믿음의 경주를 잘 완주하라'는 말입니다. 이것이야말로 주께 상 받을 자의 삶이라는 것입니다. 또한, 이것은 현실과 미래가 연결되어 있다는 뜻으로 바울의 신앙이야말로 현재를 살아가는 신앙인의 종말론적 재림신앙임을 보여주고 있습니다. 이런 신앙을 젊은 목회자 디모데에게 전수하는 것은 오늘날 신앙인들의 삶도 이러해야 함을 일러줍니다. 이윽고 바울은 동역자 중 그를 떠난 자들과 끝까지 함께 한 자들의 이름을 언급하면서 대적자들에 대한 주의를 결미에서까지 당부합니다. 끝으로 로마 감옥에 갇힌 자신에게 찾아올 것을 요청하면서 이 글을 마칩니다(4:21).

13 디도서 Titus, Titus 건전하고 건강한 교회 세우기

이 서신은 바울이 디도에게 보낸 목회서신으로 디모데전서에 가깝습니다. 디모데전서가 교회 치리에 관한 내용을 다루듯이 디도서도 그레데 지역에 있는 각 도시에 건강한 교회 지도자(장로)를 세우기 위한 목적(1:5)으로 쓴 목회적 치리를 위한 글입니다.

상황을 잠시 살피면, 바울은 죄수로 압송될 때 그레데 섬에 잠시 머무른 적이 있었습니다(행 27:7-21). 이후 감옥에서 풀려난 그는 그레데에 복음을 전할 목적으로 디도와 함께 방문하게 되죠. 그런데 이 지역을 가만히 들여다보니 예전부터 바울을 대적했던 할례파 이단들의 그릇된 가르침이 있었고, 거짓말, 악한 짐승, 배만 위하는(지식을 미워하고 쾌락을 사랑하는) 게으름뱅이, 교만, 변절, 탐욕과 같은 부도덕한 행위들이 만연한 것을 보게 됩니다. 그래서 바울은 이 지역에 교회를 조직하고 재정비하기 위해 믿음으로 낳은 참 아들(1:4) 디도를 남겼던 것입니다.

여기서 이 글의 수신자인 디도를 잠시 살피면, 그는 먼저 바울의 전도를 통해 회심한 사람이었습니다(1:4). 특히 그는 헬라인이면서 무할례자였기 때문에(디모데처럼) 구원은 믿음으로 얻는 것이지 할례와 같은 율법으로 얻는 것이 아님을 자기 육체로 증명할 수 있는 사람이었습니다. 그러니 할례파 유대주의자들의 가르침이 계속 행해지고 있었던 그레데 지역에 무할례자인 디도가 목회적 지도를 계속한다는 것은 복음을 복음이게 드러내는 산 증거였습니다.

이런 상황으로 알 수 있듯이 이 책의 주제는, 건강한 교회를 세우기 위해서는 건전한 교리를 가르쳐야 하고, 교회 직분자들은 올바른 신앙생활과 선행으로 본을 보여야 한다는 것입니다. 그래서 디도서는 올바른 교리의 강조와 함께 복음을 왜곡하여 가르치는 이단자들을 경고합니다. 그리고 하나님의 교훈을 통한 선행을 강조합니다.

이런 이유로 이 책은 "바른 교훈"(1:9, 2:1), "교훈"(2:4), "하나님의 교훈"(2:10), "선행"(1:8), "행실"(2:3), "선한 일"(2:7, 2:14, 3:1, 3:8) 등 바른 가르침과 거룩한 행실을 강조하는 단어들을 계속해서 사용합니다. 또한, 바울은 잘못된 유대주의적 가르침을 설파하는 대적자들을 경계하면서 구원은 오직 하나님의 은혜가 나타날 때 가능함을 강조합니다(2:11). 그는 이 구원이 인간의 의로운 행위로 말미암는 것이 아니라 오직 하나님의 긍휼하심을 따라 중생의 씻음과 성령이 새롭게 하심으로 이루어지는 것이고, 예수 그리스도를 믿을 때라야 성령의 풍성한 임재를 경험할 수 있다고 주장합니다(3:5-6). 그리고 우리가 이 은혜를 힘입게 되면 하나님으로부터 의롭다는 인정을 받아 영생의 소망을 가진 상속자가 된다고 설명합니다(3:7).

그런데도 바울이 선행을 무엇보다 강조한 것은, 하나님께서 은혜(예수 그리스도)를 주신 근본적인 이유가 모든 불법으로부터 사람을 속량하시고 깨끗게 하셔서 선한 일을 열심히 하는 "자기 백성"으로 삼으시려는 것이기 때문입니다(2:14). 그래서 바울은 하나님께서 은혜로 우리를 양육하시고, 경건하지 않은 것과 이 세상의 정욕을 다 버려 신중함과 의로움과 경건함으로 살게 하시면서 복스러운 소망과 우리의 크신 하나님 구주 되신 예수 그리스도의 영광이 나타날 것을 기다리게 하신다고 말합니다(2:12-13). 한마디로 하나님의 은혜야말로 우리를 종말론적 재림신앙으로 무장시켜 그리스도께서 다시 오시는 그날까지 선행하는 그리스도인이 되게 하신다는 말입니다.

정리하면, 구원은 믿음으로 얻는 것이지만, 참믿음을 가진 그리스도인은 선한 일에 힘쓸 수밖에 없습니다. 반면, 구원의 조건으로 할례를 강조한 이단들은 자신들만이 구원받았다고 말하면서 여전히 악행을 버리지 못했습니다. 만약 그들의 가르침이 옳다면, 하나님은 인간이 어떤 악을 행하더라도 할례만 받으면 다 구원해주시는 이율배반적인 신이 되고 맙니다. 그래서 바울은 이 글을 통해 그레데 지역의 교회들이 건전하고 건강한 공동체로 성장할 수 있도록 하나님의 교훈과 선행을 균형 있게 강조한 것입니다. 이처럼 교회공동체가 거룩한 건강성을 유지하면서 본질에 충실하기 위해서는 무엇보다 기독교의 구원론에 대한 올바른 이해가 필요합니다. 또한, 이 글의 목적처럼 건강한 직분자를 세우는 목회 행정적 치리가 잘 이루어져야 합니다.

14 빌레몬서 Phlm, Philemon | 잘못을 범한 종 오네시모에 대한 용서의 편지

이 서신은 골로새 교회의 일원이었던 빌레몬에게 바울이 보낸 한 장의 개인 편지입니다. 빌레몬은 바울을 통해서 그리스도인이 된 사람으로, 바울은 빌레몬의 아내 압비아를 사랑하는 동역자로 여길 만큼 가까운 사이였습니다(1-2).

이 서신서의 내용을 이해하기 위해 빌레몬 가정에 발생한 한 상황을 살펴볼 필요가 있습니다. 먼저 빌레몬은 유복한 환경에서 고등교육까지 받은 부유한 사람이었습니다. 그에게는 오네시모라는 종이 있었는데, 그만 이 종이 그 주인에게 불의를 행했고, 그것은 그 종의 빚이 되었습니다. 그래서 학자들은 오네시모가 빌레몬의 재물에 손을 댔을 것이라고 이해합니다(18). 이로써 오네시모는 두려워서 도망했는지, 새 삶을 향한 벅찬 희망으로 떠났는지 모르지만, 그는 로마로 도망가게 됩니다. 그렇다면 이후 오네시모는 역전의 인생을 살았을까요? 그렇지 않았습니다. 훔친 돈으로 뭘 했는지는 모르나 그는 모든 것을 탕진하여 실패하고 맙니다. 그런 중 그는 빌레몬과 돈독했던 바울을 만나 회심을 경험하게 됩니다.

그런데 이상한 것 하나가 있습니다. 그것은 바울의 상황이 갇혀 있었다는 것입니다(9). 그러고 보니 오네시모는 바울과 빌레몬의 관계를 익히 알았고, 언제인지 모르나 바울이 로마 감옥에 있다는 것을 알았던 것으로 보입니다. 그래서 학자들은 갇힌 바울이 그를 찾기는 만무하기에 그가 바울을 찾아갔을 것으로 추측합니다. 그렇다면 모든 것을 탕진한 오네시모가 감옥에 갇힌 바울을 찾아간 이유는 무엇일까요? 정확히 알 수는 없지만, 학자들은 아마도 그가 다시 빌레몬에게 돌아간다는 것이 매우 두려웠고, 그래서 자기 주인에게 큰 영향력을 가진 바울을 찾아가 이를 중재해달라고 요청하지 않았을까? 하고 추측합니다.

어쨌든 이런 상황에 바울과 오네시모는 만남을 이어갔고, 그러던 중 오네시모는 놀랍게도 회개와 변화를 경험하게 되면서 바울의 사역에 중요한 조력자가 됩니다(10). 이에 바울은 오네시모의 상황을 알고서는 빌레몬에게 그의 잘못을 바로잡기 위해 이 편지를 쓴 것입니다. 그러니까 이 글은 바울이 오네시모를 다시 빌레몬에게 돌려보내면서 용서를 구할 뿐만 아니라 이제 그는 충성된 복음의 일꾼이므로 바울과 같은(17) 동역자로 대해 달라고 당부하는 것입니다. 나아가 바울은 오네시모가 훔친 재물을 갚을 수 없다는 것도 알았는지 빚 전부를 자신이 갚겠다고 할 정도였습니다.

이런 분위기로 흐르는 빌레몬서는 그리스도인들이 용서를 통해 참 형제와 동역자가 될 것을 가르칩니다. 그리스도의 한없는 용서와 은혜로 멸망 받을 수밖에 없는 우리를 친구와 제자로 받아주신 것처럼 말이죠. 이처럼 성경은 그리스도의 사랑과 은혜 안에서 구원받지 못할 자가 없음을 말해줍니다. 이런 차원에서 빌레몬서는 "우리가 우리에게 죄지은 자를 사하여 준 것같이 우리 죄를 사하여 주옵시고"라는 주기도문의 신앙을 일상으로 드러내는 좋은 예가 됩니다.

바울의 편지가 놀라운 것은 도망친 노예를 자비로 받아달라는 간청을 넘어 당시 다른 문서들보다 훨씬 앞서갔다는 점입니다. 로마법에 따르면, 바울은 오네시모를 주인에게 돌려줘야 했고 그렇지 않을 시 오히려 그가 심한 벌을 받아야 했습니다. 당시 종은 인간으로 태어났지만, 경제적인 관점에서 처분할 수 있는 존재였습니다. 이에 가장은 합법적으로 노예를 처형할 수 있었고, 가장이 살해당할 시 노예 또한 모두 처형당했던 시기였습니다.[116] 이런 상황에서 바울이 빌레몬에게 자비를 요구했다는 것은 실로 놀라운 일이었습니다. 그런데도 이 서신이 잘 보존되어 오늘날까지 전해졌다는 것은 빌레몬에게 바울의 간청이 수용되었음을 증명합니다. 또한, 변화 받고 용서받은 오네시모가 복음의 조력자가 되어 그들과 동역했음을 일러줍니다.

우리는 이 이야기를 통해서 빌레몬의 인격과 신앙이 얼마나 아름다웠는지도 엿볼 수 있습니다. 물론 빌레몬서는 노예 제도와 같은 사

116 Ibid., 743-745.

회적인 문제를 취급하진 않지만, 그리스도께서 베푸신 용서의 은혜로 얻은 인간성이 어떻게 사회적 제한을 극복하여 복음의 일꾼이 되었는지를 마치 한 편의 드라마를 보는 것처럼 감동적으로 전개합니다.

15 히브리서 Heb, Hebrews — 예수 그리스도의 우월성과 믿음의 위대성

여기까지 우리는 바울서신에 대해 살펴봤습니다. 이제 히브리서부터 유다서까지는 공동서신입니다. 그러니까 저자가 바울에서 다른 사람으로 바뀐다는 말입니다. 그런데 공동서신 중 히브리서는 저자가 알려지지 않은 글로서 본래는 서신서가 아닌 교리문서였습니다. 그래서 히브리서에는 믿음에 관한 내용이 많습니다. 특히 믿음의 대상이신 예수 그리스도께서 무엇과도 비교할 수 없이 뛰어나신 분임을 강조합니다.

히브리서는 구약과 신약을 서로 연결하여 넘나들면서 믿음의 출발과 완성을 설명해줍니다. 구약은 신약으로 완성되고, 신약은 구약을 배경으로 시작한다는 말입니다. 이런 관점에서 이 책은 구약과 신약을 통틀어 믿음이 무엇이며, 믿음으로 산 신앙인들의 모습이 어떠했는지를 나열합니다. 나아가 궁극적으로는 믿음의 주요 온전케 하시는 이인 주, 곧 예수 그리스도와 장차 우리에게 주어질 영광스러운 기쁨을 바라봄으로써 십자가의 삶에서 승리할 것을 권면하고 응원합니다(12:2).

요약하면, 이 책은 그리스도교의 핵심인 신앙고백을 신구약 성경을 아울러 진술함으로써 성경 전체가 말씀하는 선인들의 신앙과 삶의 역사가 참믿음의 역사라고 설명합니다. 또한, 삼위 하나님 구속의 섭리로서 구세주는 오직 예수 그리스도이심을 드러냅니다.

그렇다면 이런 내용을 고려해 볼 때 히브리서는 무엇을 염두에 두어 쓴 서신일까요? 그것은 초대교회가 외부로부터 겪었던 박해와 위협이 아니라 내부적으로 만연했던 위기 현상, 곧 신앙의 나태함과 그리스도 안에서의 구원을 배반하여 타락해버린 그리스도교 공동체의 상황을 고려한 글입니다. 특히 신앙의 퇴보와 종교 배반은 예수님의 재림이 지연되고 있는 것과 관련이 있었습니다. 쉽게 말해서 예수님께서 다시 오실 것이라고 말씀하셨지만, 도대체 그때가 언제냐는 의문으로 인해 유대인 그리스도인들의 신앙은 점점 확신에서 의심으로 전환하고 있었습니다. 그들은 무엇으로 재림의 때를 확인할 수 있는지 외적 현상에 관심이 많았습니다. 이런 분위기로 인해 그리스도인들은 그리스도교에 대한 적대감과 유혹을 품은 채 세상의 현실과 맞서 믿음 생활했던 것입니다.

그래서 저자는 아직 맨눈으로 보이진 않지만, 신앙의 열심과 소망의 확신 가운데 인내했던 옛 신앙인의 모습을 독자들에게 끄집어내고 있는 것입니다. 그 신앙인들이 바로 구약에 기록된 믿음의 선배들이었습니다. 구약성경의 인물들은 현재의 독자들보다 훨씬 전에 살았지만, 믿음으로 승리했음을 증언하고 있는 것입니다. 그 구약의 인물은 하나님께서 기뻐하시는 제사를 지냈던 아벨을 비롯하여 에녹, 노아, 아브라함, 사라, 이삭, 야곱, 요셉, 모세, 여호수아, 라합, 기드온, 바락, 삼손, 입다, 다윗, 사무엘 그리고 수많은 선지자였습니다. 이처럼 저자는 몇몇 선인만 언급할 뿐 모두를 말하기에는 시간이 부족할 정도라며 강한 어조로 권면하고 있습니다(11장).

또한, 믿음의 선배들은 오직 믿음으로 나라를 이기고, 의를 행하며, 약속받기도 하며, 사자들의 입을 막기도 하며, 불의 세력을 멸하기도 하며, 칼날을 피하기도 하며, 약함 가운데 강하게 되기도 하며, 전쟁에 나가 용감히 이방 사람들의 진을 물리치기도 하며, 여성들은 죽은 자를 부활로 받아들이기도 하며, 어떤 이들은 더 좋은 부활을 얻고자 심한 고문을 받되 구차히 풀려나기를 원치 않으며, 어떤 이들은 조롱과 채찍과 결박과 옥에 갇히는 시련을 받으며, 돌로 치는 것과 톱으로 켜는 것과 시험과 칼로 죽임을 당하고 양과 염소의 가죽을 입고 유리하여 궁핍과 환난과 학대를 받았다고 말합니다. 그리고 이들은 광야와 산과 동굴과 토굴에 유리했다고 말하면서 선인들의 삶에 나타난 비극과 구체적인 인생 여정을 낱낱이 설명합니다.

아울러 저자는 이들 모두가 다 믿음으로 증거는 받았지만, 약속(이들의 목표)된 것은 실제로 받지 못했다고 말하면서 그 이유를 하나님께서 그들에게 더 좋은 것을 주시기 위해 예비하고 계시기 때문이라고 설명합니다(11:33-40). 그러니까 저자는, 믿음의 선배들은 인내하는 믿음과 끊임없는 희생을 통해 하나님께서 준비하시는 더 좋은 것(약속)이 완성될 때까지 인내한 것을 믿음이라고 권하고 있습니다.

따라서 히브리서 저자는, 믿음의 선배들의 신앙은 어떠한 손상도 능히 극복하여 이겼다고 말합니다. 그 때문에 현재 우리가 겪는 신앙적 나태함과 믿음을 의심케 하는 유혹과 적대감을 모두 벗어 버리고 우리 앞에 있는 신앙의 경주를 잘 달리라고 권면하고 있습니다(12:1-2).

한편, 저자는 구약의 어떤 것(모세와 율법)보다 위대하고 탁월하신 예수 그리스도께서 우리와 함께 계시기 때문에 오히려 선인들보다 더 큰 믿음의 담력과 소망의 확신으로 인내할 수 있음을 강한 어조로 권고합니다. 이에 대해 설명하면, 첫째, 그리스도의 본질적 우월성은 선지자들보다 우월하시고(1:1-3), 천사들보다 우월하시고(1:4-2:18), 모세보다 우월하신 하나님의 아들이시라는 것과(3:1-6) 둘째, 대제사장으로서 그리스도의 우월성은 구약의 제사장들보다 우월하시고(5:1-10), 제사장의 계통상 우월하시고(5:11-7:28), 희생제물과 의식에서 우월하시고(8:1-10:18), 유일한 길이 되신다는 것입니다(10:19-29).[117] 이로써 제사 때마다 짐승의 피를 보아야 하는 구약의 제사는 대제사장이신 예수 그리스도의 단번의 피 흘림을 통해 모든 한계성과 약함이 극복됩니다. 곧 그리스도는 영원한 대제사장임과 동시에 희생 제물이 되십니다.

그래서 저자는 그리스도의 탁월성을 주장하면서 믿음에서 낙오되거나 잘못된 신앙생활로 인해 하나님께 징계받을 수 있음을 언급합니다. 그러나 이러한 징계는 하나님의 자녀로서 받는 것이기에 그리스도인들에게 유익한 것이라고 위로합니다. 저자는 우리의 육체가 피곤하고 연약하더라도 다시 힘을 내어 모든 이와 더불어 화평함과 거룩함을 추구하라고 권면합니다(12:12-14). 그런 다음 마지막 13장에서는 형제 사랑, 손님 대접, 갇힌 자에 대한 연민, 결혼의 소중함, 음행과 간음을 피할 것, 돈을 사랑치 말 것, 믿음을 본받을 것, 다른 교훈에 끌리지 말 것, 마음을 은혜로 굳게 할 것, 복음의 치욕을 짊어질 것, 하나님께 찬송의 제사를 지낼 것, 오직 선을 행할 것, 나눠주기를 잊지 말 것, 가르치는 자에게 순종하고 복종할 것, 선행하는 동역자를 위해 기도할 것 등을 권면합니다(13:1-19).

117 나용화, 『성경핵심입문』, 303.

따라서 이 서신의 일차 독자는 히브리인들로 유대인 그리스도인들입니다. 하지만 이 책은 6장 1절(그러므로 우리가 그리스도의 도의 초보를 버리고 죽은 행실을 회개함과 하나님께 대한 신앙과)을 근거로 다수의 이방인 그리스도인으로 구성된 교회에 보내진 것이 분명합니다. 다시 말해서 이 본문은 이방인들에게 전해진 전형적인 선교적 설교의 내용이라는 말입니다.[118] 정리하면, 히브리서는 그리스도의 본질적 우월성(1-4:13), 대제사장이신 그리스도의 우월성(4:14-10:18), 믿음으로 승리한 하나님의 백성들(10:19-13:19), 마지막 인사(13:20-25)로 전개됩니다.

16 야고보서 Jas, James 행위가 어우러진 실천적 믿음

야고보서 1장 1절에서 알 수 있듯이 이 글의 수신자는 유대인들로 "흩어져 있는 열두 지파"입니다. 그렇다면 왜 유대인들은 여러 지방으로 흩어졌을까요? 이에 대한 실마리는 1장 2절을 통해 알 수 있습니다. "내 형제들아 너희가 여러 가지 시험을 당하거든 온전히 기쁘게 여기라" 그러니까 야고보서가 쓰일 당시 유대인 그리스도인들의 믿음을 흔들어 놓을 만한 여러 시험이 있었다는 것을 알 수 있습니다.

물론 야고보서는 그것이 어떤 시험인지 정확히 기록하지 않지만, 이 서신의 저자가 예수님의 동생 야고보(예루살렘 교회의 초대 지도자)라는 점과 유대인들이 흩어졌다는 것을 통해 볼 때 A.D. 30년 후

118 대한성서공회, 『관주·해설 성경전서』, 해설 467-468.

반경에 있었던 스데반의 순교 사건 이후 본격적으로 시작된 그리스도교 박해(정통 유대인과 로마제국의 박해)와 연관하여 생각할 수 있습니다.

당시 그리스도교에 대한 박해는 초대교회가 공공연하게 겪었던 보편적인 상황이었습니다. 그 때문에 유대인들은 로마의 각 지역으로 흩어질 수밖에 없었고, 흩어진 유대인들은 각 지역의 디아스포라로 살았습니다. 그들은 유대교 전통에 따라 각 지역에 회당을 만들었고, 그곳을 중심으로 모였기 때문에 아직 '교회'라는 말이 아닌 '회당'이라는 용어를 사용하고 있었습니다.[119] 이를 고려할 때 야고보서의 저작 연대에 대한 여러 견해가 있지만, 가장 적합한 시기는 A.D. 45-50년경이라고 성경신학자들은 말합니다. 어쨌든 당시 상황이 이랬기에 예루살렘 교회의 감독이었던 야고보는 각 지역으로 흩어진 유대인 디아스포라 공동체 모두가 예수 그리스도에 대한 믿음에서 흔들리지 않고, 인내할 것을 당부하면서 권면과 응원의 편지를 쓴 것입니다. 그러면 야고보는 구체적으로 어떤 내용을 담았을까요?

상황을 좀 더 이해하기 위해 초대 예루살렘 교회에 대해 잠시 살펴보겠습니다. 예루살렘 교회의 회원은 히브리파 유대인과 헬라파 유대인들로 구성되어 있었습니다. 그들에게 큰 문제는 경제적인 부분이었고, 특히 과부가 많았습니다. 그러니 고아의 문제는 자연스럽게 이어질 수밖에 없었습니다. 게다가 헬라파 유대인들이 보기에 히브리파 유대인들이 더 많이 구제받는다고 이해함으로써 예루살렘 교회는 심각한 갈등과 혼란을 겪게 됩니다. 그러니까 초대교회 그리스도인들이 받았던 시험은, 외적으로는 로마 정부와 유대주의자들의

119 나용화, 『성경핵심입문』, 306.

박해가 있었고, 내적으로는 경제적이고 가정적인 어려움마저 가중하면서 극도로 예민할 수밖에 없었습니다.

그러나 마찬가지로 각지로 흩어졌던 디아스포라 공동체들도 같은 어려움을 겪어야만 했습니다. 여기에 유대인 그리스도인들은 그리스도교로 개종은 했으나 여전히 유대교적 전통에 젖어 신앙생활하기도 했습니다. 그들은 잘못된 가르침과 형식화된 신앙으로 믿음과 행위가 분리된 삶을 살았던 거죠. 이에 야고보는, 참된 믿음은 행위와 분리된 것이 아닌 삶으로 나타나야 함을 깨우치고자 했던 것입니다.

그래서 이 책은 예수 그리스도를 믿는다고 말하면서 어떻게 가난한 자와 고아(1:27)를 돕지 않고, 도리어 차별(2:1, 9)하는지를 지적합니다. 그것이 그리스도를 따르는 믿음의 행위인지를 되묻고 있는 것입니다. 이런 관점에서 야고보서의 주제는 '행함이 있는 믿음'(2:14-26)입니다.

물론 어찌 보면 로마 정부의 박해, 그리스도인을 이단으로 몰았던 유대주의자들의 박해로 삶의 거처를 옮겨야 했던 상황을 고려한다면, 그리고 경제적 가난과 함께 부자들을 편애하는 당시 로마 사회의 분위기도 고려한다면, 이런 내적 갈등은 인간적으로 충분히 이해가 갈 만도 합니다. 그러나 야고보는 이런 시험들이 그리스도인을 온전케 하기 위한 것이므로 반드시 인내해야 한다고 강조했던 것입니다(1:2-4). 한마디로 신실하고 참된 믿음은 상황에 따라 변하지 않는다는 것입니다.

그래서 그는 하나님 앞에 정결하고 더러움이 없는 경건은 사회적 약자를 돌아보는 것으로 이것이야말로 환난 중에 자기를 지켜 세속에 물들지 않는 것이라고 설명합니다(1:27). 또한, 말씀을 듣기만 하고 행치 않는 것은 자신을 속이는 것임도 언급합니다(1:22). 따라서 야고보서는 행함이 없는 믿음 자체를 아예 죽은 것이라고 못 박습니다(2:17). 결국, 이 서신은 행함으로 믿음을 보이라고 강조합니다(2:18).

지금까지 살펴봤던 바울서신의 믿음은 율법적 행위가 구원에 이르게 하는 것이 아니라 오직 예수 그리스도에 대한 믿음으로 얻을 수 있다고 가르칩니다. 그런데 바울서신 다음에 나오는 첫 번째 공동서신인 야고보서는 행함이 없는 믿음을 죽은 믿음으로 단정합니다. 그러나 이런 부분으로 두 서신서가 상충하는 것으로 이해하는 것은 큰 오해입니다. 성경의 믿음은 바울과 야고보의 교리적 사상을 대치시키는 것이 아니라 건강하게 균형을 이루는 방향으로 해석해야 합니다. 그래서 야고보는 2장 22절에서 다음과 같이 기록합니다. "믿음이 그의 행함과 함께 일하고 행함으로 믿음이 온전하게 되었느니라" 이런 논리처럼 그는 믿음과 행함을 뗄 수 없는 하나의 관계로 묶습니다. 또한, 3장 12절에서도 "어찌 무화과나무가 감람 열매를, 포도나무가 무화과를 맺겠느냐 이와 같이 짠 물이 단물을 내지 못하느니라"라고 비유합니다. 표현 그대로 참된 믿음은 참된 열매를 맺을 수밖에 없다는 것입니다.

따라서 건전하고 건강한 성경적 신앙은 말씀을 듣고 순종하는 믿음 생활을 하면서 믿음과 삶을 분리하는 위선과 허구의 삶을 거부하고 부인하는 것을 말합니다. 언급한바 믿음에 대해서 바울이 '이신칭의'로 설명했다면, 야고보는 '신행일치'로 설명합니다. 그러므로 바울과 야고보의 믿음 교리는 절대 대조하거나 대립할 아무런 이유가 없습니다. 이를 신학계에서는 '기독론적 구원론'이라고 말합니다.

그렇다면 왜 야고보는 어려운 처지에 있는 디아스포라 유대인 그리스도인들에게 행동과 삶의 실천적 신앙을 거듭 강조했을까요? 바로 디아스포라 그리스도인들의 신앙이 그러했던 것입니다. 믿음과 삶의 분리 말입니다. 이런 맥락에서 기독교의 믿음은 관념적이고 영적인 영역에 머무르지 않고 자기가 속한 사회적 영역까지 아우릅니다.

그래서 야고보서는 해야 할 것과 하지 말아야 할 것까지 자세히 기록합니다. 먼저 해야 할 것은, 시험을 당하거든 온전히 기쁘게 여기라(1:2), 부족한 지혜는 하나님께 구하라(1:5), 오직 믿음으로 구하라(1:5), 시험을 참아라(1:12), 말씀을 온유함으로 받아 행하는 자가 되라(1:21-22), 환난 중에도 고아와 과부를 돌아보라(1:27), 지혜의 온유함을 선행으로 보이라(3:13), 위로부터 오는 지혜로 화평의 열매를 거두라(3:13-18), 하나님께 복종하고 마귀를 대적하라(4:7), 하나님을 가까이하고, 손을 깨끗이 하며, 마음을 성결케 하라(4:8), 주 앞에서 낮추라(4:10), 주께서 강림하실 때까지 참고 마음을 굳건하게 하라(5:7-8), 선지자들의 고난과 오래 참음을 본으로 삼으라(5:10), 고난 겪을 때는 기도하고 즐거울 때는 찬송하라(5:13), 병든 자에게 가서 그 몸에 기름을 바르며 그를 위해 기도하라(5:14), 죄를 서로 고백하고 병 낫기를 위해 기도하라(5:16) 입니다.

다음으로 하지 말아야 할 것은, 믿음으로 구한 것은 조금의 의심도 하지 말라(1:5), 속지 말라(1:16), 모든 더러운 것과 넘치는 악을 버려라(1:21), 듣기만 하여 자신을 속이지 말라(1:22), 스스로 경건하다고 생각지 말라(1:26), 사람을 차별대우하거나 판단하지 말라(2:1-7), 선생이 많이 되지 말라(3:1), 말에 실수하지 말라(3:2-10), 자랑하거나 거짓말하지 말라(3:14), 세상과 벗하지 말라(4:4), 두 마음을 품지 말라(4:8), 형제간 서로 비방하지 말라(4:11), 허망한 생각을 하며 세속을 좇지 말라(4:13-14), 형제들 간 원망하지 말라(5:9), 함부로 맹세하지 말라(5:12) 입니다.

17	베드로전서 1 Pet, 1 Peter	고난받는 그리스도인이 세상을 이기는 방법, 거룩!

이 서신의 저자는 사도 베드로입니다. 그러나 베드로전서가 쓰일 당시 그는 순교 당한 이후였습니다. 저작 시기는 A.D. 63-64년경으로 보는데, 그때는 네로 황제가 그리스도인들에 대해 대대적인 박해를 자행했던 때였습니다. 여러 번 언급했듯이 당시 일어났던 대표적인 사건이 로마의 대화재 사건이었고, 네로는 로마인들에게 '무신론자'(신을 거부하고 인간인 예수를 하나님의 아들이라고 인정한다는 이유로), '식인종'(살아생전 예수님께서 제자들과 나눈 애찬에서 보여주듯이 성찬에서 예수님의 피의 상징인 포도주와 예수님의 살의 상징인 떡을 나눠 먹는다는 이유로), '근친 상간자'(형제간, 자매간, 형제와 자매간 서로 "사랑합니다"라고 말한다는 이유로)로 지탄받았던 그리스도인들을 희생양으로 삼았습니다.[120]

그렇다면 왜 네로는 그리스도인을 표적으로 삼았을까요? 당시 네로의 처지에서 유대교인을 화재의 주범으로 몰기에는 유대교를 신봉하는 사람이 매우 많았습니다. 게다가 네로의 정부였던 포페아 사비나(Poppaea Sabina)는 유대인의 주장을 지지하는 후견인이었습니다.[121] 하지만 그리스도인들은 반사회적인 사람들로 간주하여 시

120 크레이그 키너, 『IVP 성경배석주석: 신약』, 818.

121 Ibid.

선이 곱지 않았기에 네로는 자기의 잘못을 덮어씌울 대상자로 그리스도인을 적격이라고 생각했던 것입니다. 이런 상황에 베드로는 고난받는 그리스도인들에게 구원의 소망과 용기를 불어넣으려는 목적으로 이 편지를 쓴 것입니다. 그래서 이 책을 일명 '소망의 서신'이라고도 부릅니다. 하지만 언급한 바 이 책이 쓰일 당시는 베드로의 순교 이후였기에 그가 저자라는 말은 모순처럼 들립니다. 그런데도 그를 저자로 보는 이유는 1장 1절에서 발신자를 베드로라고 명시하고 있고, 5장 1, 12절에는 실루아노(실로)를 통해 기록했다고 밝히기 때문입니다. 따라서 베드로전·후서는 베드로의 유서와 같습니다.

좀 더 설명하면, 베드로전서는 베드로가 순교 당하기 전 그가 하고자 한 말을 실루아노가 위탁받았다는 말입니다. 그 근거로 이 서신에는 여러 곳에서 사도 바울의 정신과 신학도를 감지할 수 있습니다. 무슨 말이냐면, 오랫동안 바울의 동반자와 동역자로 활동하면서 영향을 받았던 실루아노가 베드로의 말을 대필했으므로 이 글에서도 바울의 신학적 견해를 함께 살펴볼 수 있다는 말입니다.[122] 한편, 어떤 한 주석가 셀윈(Selwyn)은 데살로니가전·후서에서 실라의 문체와 유사한 것을 탐지해 낼 수 있다고 생각했습니다. 어찌 되었든 이 책의 저자가 베드로가 아니라는 논증은 매우 약합니다.[123]

그렇다면 소망의 서신이라고 불리는 이 책의 중심 내용은 무엇일까요? 이를 살피기 위해 베드로전서의 키워드가 무엇인지 이해할 필요가 있습니다. 그것은 1장 1절에서 수신자를 밝히고 있듯이 베드로전서는 본도, 갈리다아, 갑바도기아, 아시아와 비두니아 지역인 소아

---

122 대한성서공회, 『관주·해설 성경전서』, 해설 497.

123 크레이그 키너, 『IVP 성경배석주석: 신약』, 816-817.

시아 북쪽 지역에 거주했던 흩어진 그리스도인들을 위해 쓴 글입니다. 그러니까 이 책의 키워드는 '나그네'(1:1, 17, 2:11)입니다.

따라서 베드로전서는 흩어져 있는 디아스포라 공동체들에 우리는 누구이며, 그리스도인이 겪는 박해의 올바른 해석이 무엇인지 알려주기 위해 쓴 글입니다. 이에 대한 답으로 세상에 존재하는 모든 그리스도인은 '나그네'라는 것입니다. 그리스도인은 세상에 속한 존재로 살아가지만, 우리의 본향은 하나님 나라이기에 세상은 잠시 머물 곳입니다. 이런 뜻에서 이 서신은 이 땅의 그리스도인들이 나그네 신분으로 살아야 한다고 설명합니다. 그러나 세상 제도를 무시하거나 세상 권력자와 다투고 대항하라고 가르치지는 않습니다. 그리스도인은 세상에도 속한 존재로서 세상 제도를 따를 책임과 의무가 있습니다(2:13).

하지만 근본적으로 모든 교회와 그리스도인은 택하신 족속이요 왕 같은 제사장들이요 거룩한 나라요 하나님께 소유된 백성으로서 어두운 세상에 아름다운 덕을 선포해야 할 나그네입니다(2:9). 그 때문에 이 땅의 모든 교회공동체와 그리스도인은 하나님 나라와 그리스도의 영광을 위한 존재와 삶의 방식으로 살아갈 수 있어야 합니다.

이런 차원에서 그리스도인은 세상에 험담의 빌미를 주어서는 안 됩니다. 오히려 바른 삶을 통해 모든 비방과 억울한 핍박을 잠잠히 침묵시킬 수 있어야 합니다(2:12, 15).[124] 그래서 베드로는 의를 위한 고난이 복이 있다고 말하면서 선행으로 받는 고난이 악행으로 받는 고난보다 낫다고 말합니다(3:14, 17). 또한, 세상이 두려워하는 것을 두려워하거나 근심하지 말고, 선한 양심을 가져 선행을 욕하는 자들

124 대한성서공회, 『관주·해설 성경전서』, 해설 497.

이 자기들의 비방으로 부끄러움을 당할 만큼 바르고 철저한 삶을 살아야 한다고 권면합니다(3:16). 이런 삶은 사회생활에서만이 아니라 가정과 그리스도인 공동체 안에서도 마찬가지입니다(3:1-12).

그래서 저자 베드로는 인류의 구원을 위해 오신 예수 그리스도께서 고난받으신 이유가 너희(흩어진 소아시아 지역의 그리스도인들)에게 본을 끼쳐 그분의 자취를 따라오게 하려는 것이라고 말합니다(2:21). 또한, 그리스도께서 죄를 위하여 단번에 돌아가신 것은 의로우신 분께서 불의한 자를 대신하심으로써 영원히 멸망 받을 수밖에 없는 우리를 하나님 앞으로 인도하기 위해서라고 말합니다(3:18). 따라서 그리스도인은 그리스도의 고난에 참여하는 것을 즐거워해야 하며(4:14), 그 이름으로 인해 치욕을 당하더라도 그것은 복 있는 것이고, 하나님의 영이 우리와 함께하신다는 증거라고 말합니다(4:14).

결론을 맺으면, 베드로전서는 고난받는 그리스도인에게 거룩한 삶이 무엇인지 설명합니다. 또한, 근본 그리스도인의 정체성이 무엇인지, 그리고 그리스도인의 삶에서 나타나야 할 것이 무엇인지도 알려줍니다. 그렇기에 그리스도인들은 모든 행실에서 거룩하기 위해 힘써야 합니다. 죄로 가득한 세상이므로 더욱더 그리스도의 사랑을 드러내는 자로 살아야 합니다. 세속적인 방식이 아닌 예수님께서 보여주신 방식으로 하나님의 백성다움을 가시화하는 존재로 살아가야 한다는 뜻입니다. 그래서 베드로전서는 고난과 시련의 이유보다 그 현장에서 그리스도인이 어떻게 이를 올바로 해석하고 수용하여 극복할 것인지에 초점을 둡니다.

18 베드로후서 2 Pet, 2 Peter — 그리스도를 아는 지식 안에서의 성장과 이단 사상에 대한 대항

베드로후서는 베드로의 두 번째 편지이지만, 내용과 문체는 베드로전서와 매우 다릅니다. 오히려 이 서신은 유다서와 흡사하므로 베드로가 유다서에 큰 영향을 받아 기록했을 것이라고 이해합니다. 이런 이유로 이 책은 저자에 대한 논란이 가장 많은 서신 중 하나입니다. 하지만 1장 1절에서 기록하듯이 저자는 예수 그리스도의 종이며 수제자였던 사도 베드로입니다. 또한, 1장 14-15절에서도 그의 살 날이 임박했음을 밝히고 있기에 베드로가 저자라면 그의 생애 말인 A.D. 65-69년경에 썼을 것으로 추정합니다. 하지만 이와는 달리 초안은 그가 잡았지만, 베드로전서처럼 대필한 것이라면 그의 순교보다 훨씬 이후인 A.D. 90년 이후에 쓴 것으로 추정합니다.

주제와 관련하여 이 서신에서 자주 등장하는 단어는 '지식'입니다. 이 단어는 모두 16회나 사용되는데, 여기서 말하는 지식은 유다서처럼 재림 신앙에 반대하는 영지주의나 신비주의자들의 지식으로 이단 사상을 말합니다. 이를 미루어 볼 때 이 서신의 기록 목적은 그리스도를 아는 지식 안에서 성장하면서 이단 사상에 대항하기 위해서입니다.

따라서 베드로후서는 거짓 교사들의 그릇된 교리로 재림의 약속을 불신하거나 재림신앙으로 인내와 소망 중에 사는 그리스도인들을 조롱하는 자들을 논박합니다(3:3-4). 하지만 사실상 이러한 핍박은 초대교회 그리스도인들을 시험하는 일반적인 문제이기도 했습니다. 또한, 저자는 그리스도의 재림과 함께 임할 하나님의 심판을 언급하면서 하나님께서, 죄를 범한 천사들(2:4), 노아와 일곱 식구의 의를 조롱하고 무시한 사람들(2:5), 소돔과 고모라에 거하면서 무법과 음란한 행실대로 산 자들(2:6), 브올의 아들 발람처럼 불의한 삯을 사랑하고 자기 불법에 빠진 자들(2:15-16)의 멸망적 심판을 형벌의 본으로 삼으셨다고 말합니다(2:6). 그리고 저자는 예수 그리스도를 알아 세상의 더러움을 피했더라도 다시 세속적 더러움에 얽매이면 나중 형편이 처음보다 더 심해질 것이라고 경고합니다. 이것은 개가 토했던 것에 돌아가고 돼지가 씻었다가 도로 더러운 구덩이에 눕는 것과 같다고 비유합니다(2:20-22).

특히 이 책은 거짓 교사들에 대해 예언자적이고 체험적인 증언으로 논박합니다. 그 증언으로서 사도들은 구약의 예언자들이 메시아의 오심에 대해 예언하고 선포했던 것을 직접 체험했으며, 예수님의 변화 사건(마 9:2-7)을 통해 그분의 크신 위엄을 목격한 자들이었다고 말합니다(1:16). 그래서 사도들은 지극히 큰 영광중에 하늘로부터 임한 "이는 내 사랑하는 아들이요 내 기뻐하는 자"라는 음성이 들릴 때 예수님께서 성부의 존귀와 영광을 받으셨다고 언급하면서 재림을 불신하는 자들의 그릇된 지식은 절대 예언자적이거나 체험적이지 않고 교묘히 만든 이야기일 뿐이라고 반박합니다(1:16). 말하자면, 예수님의 직속 제자인 저자 베드로와 사도들이야말로 예수님의 삶과 그리스도의 재림에 가장 강력한 순간을 목격한 증인이므로 이들의 선포는 가장 확실한 진리요 증거라는 말입니다.

그뿐만이 아니라 사도 베드로는 사도들에게 어둠을 비추는 등불처럼 더 확실한 것, 곧 예언이 있다고 말하면서 이것은 사람의 뜻에 따라 만들어진 것이 아니라 성령의 감동하심을 받은 자들이 하나님께 받아 말한 것이기에(1:21) 사사로이 해석해서는 안 된다고 말합니다. 이 예언은 오직 성령을 통해서만 해석할 수 있다는 뜻입니다.

하지만 거짓 교사들은 성령을 알지도 못하고, 성령께서 그들 중에 임하신 적도 없으므로 그들의 이해와 해석은 그릇된 것일 뿐이며, 또 그들은 성경을 이해할 수도 없다고 말합니다. 심지어 거짓 교사들의 행실은 이율배반적이어서 조롱하고, 정욕을 따라 행동하며, 하나님의 말씀으로 만들어진 창조의 섭리를 고의로 잊으려 하는 자들이었습니다(3:3-9). 게다가 그들은 그리스도교 지도자들의 사망을 언급하면서 재림에 대한 소망과 믿음을 무너뜨리는 자들이었습니다. 그 때문에 베드로는 이들의 해석과 주장이 무조건 잘못된 것이라고 지적했던 것입니다. 이윽고 이 서신은 3장 10절에서 주의 날이 도둑같이 임할 것이라고 말하면서 이날의 징조를 언급합니다.

그러므로 사도 베드로는 이 서신을 통해, 그리스도인은 거룩한 행실과 경건함으로 하나님의 날을 바라보고, 그날을 간절히 사모해야 한다고 주장합니다. 그리고 우리(발신자)는 약속된 새 하늘과 새 땅을 계속 바라보고 있다고 말하면서 수신자들에게 신앙적 삶의 도전과 올바른 재림신앙을 전합니다(3:11-13).

19 | 요한 1서 1 John, 1 John | 이단 사상에 대한 경계와 하나님 사랑 안에서의 사귐

이 서신은 저자를 직접 언급하지 않지만, 제목, 내용, 문체, 사용한 단어를 통해 사도 요한이 저자임을 알 수 있습니다. 이런 이유로 세 권의 요한서신은 요한복음과 유사한 표현과 문구가 많이 발견됩니다. 특히 요한은 1장 1-2절에서 "우리가 들은 바요 눈으로 본 바요 자세히 보고 우리의 손으로 만진 바라 이 생명이 나타내신 바 된지라 이 영원한 생명을 우리가 보았고 증언하여 너희에게 전하노니"라고 말함으로써 자신이 사도, 곧 예수님의 직속 제자임을 밝힙니다.

그렇다면 이 서신이 기록될 당시의 상황은 어떠했고, 저자가 말하려는 내용은 무엇일까요? 이것은 살펴본 1장 1-2절처럼 요한 그가 직접 예수 그리스도를 보았고, 손으로 그분의 몸을 만졌으며, 자신과 함께하셨던 예수님은 먼저 아버지 하나님과 계시다가 지금 우리 앞에 나타나신 그리스도이심을 증언하려는 것입니다. 그래서 자신들(사도들)의 사귐은 하나님의 아들 예수 그리스도만이 아니라 아버지 하나님과의 사귐임을 해명하고 있는 것입니다(1:2-3). 그러니까 요한은 이 서신을 통해 예수님의 성육신은 물론이고, 모든 육체적인 것과 물질적인 것을 부정한 영지주의자들의 그릇된 주장과 사상을 경계하면서 자신이 직접 목격하고 만진 예수 그야말로 참 하나님의 아들이요 그리스도이심을 증언하고 있는 것입니다.

당시 영지주의자들은 이 서신이 기록되기 얼마 전부터 교회를 혼란스럽게 했는데, 이들은 자신들이 아는 신적 지식이야말로 참지식이고 이를 통해서만 구원받는다는 특권 의식에 사로잡힌 자들이었습니다. 또한, 이들의 관점은 영적인 것만 선하고 물질적이고 육체적인 것은 전부 악하다는 이원론적인 사고에 기초했습니다. 따라서 인간 예수는 성자가 아니며, 육체를 옷 입은 예수는 한낱 껍데기에 불과하다고 여겼습니다. 말하자면, 이들은 그리스도의 성육신을 부정했던 것입니다.

이처럼 성육신에 대한 근본적인 부정은 하나님의 아들께서 고난을 겪어 돌아가신 것까지 부인했습니다. 그러니 예수라는 인간이 십자가에서 죽은 것은 참 하나님의 아들이 아니므로 참 그리스도는 아예 십자가에서 돌아가신 적이 없다는 주장까지 했습니다. 결국, 이들의 교리는 교회 안까지 침투했고, 교회는 분열의 어려움을 겪었던 것입니다. 그래서 요한은 이 서신을 통해 떨어져 나온 그리스도인들에게 그리스도께서 육신으로 오신 것이 진리이며, 하나님의 아들은 육체를 가진 인간이 되어 우리에게 오신 분이심을 증명하고자 했던 것입니다.

그렇다면 이것은 결국, 사도들의 증거일 텐데 요한은 이를 입증할 만한 다른 것으로 '사랑'을 언급합니다. 곧 아버지 하나님과 예수 그리스도와 자신들의 사귐이 사랑으로 이뤄진 것처럼 성육신하신 예수 그리스도와 사귐이 있는 자는 반드시 사랑을 실천하게 된다는 것입니다. 이러한 사랑의 교제는 예수께서 우리와 함께 계심을 뜻하고, 다시 이것은 그들 중에 생명이 있다는 증거라고 말합니다(5:12-13).

이런 뜻에서 요한은 다음과 같이 말합니다. "사랑하는 자들아 우리가 서로 사랑하자 사랑은 하나님께 속한 것이니 사랑하는 자마다 하나님으로부터 나서 하나님을 알고 사랑하지 아니하는 자는 하나님을 알지 못하나니 이는 하나님은 사랑이심이라"(4:9) 바로 하나님과 전인적인 사랑의 사귐이 있는 그리스도인들은 이웃도 사랑할 수밖에 없다는 뜻입니다. 그래서 이 서신은 하나님께서 크신 사랑으로 독생자를 세상에 보내신 것처럼 그리스도 안에서 사귐이 있는 자들이 사랑하는 것은 마땅한 것이라고 강한 어조로 기록합니다(4:9-10).

하지만 이와는 달리 이단의 교리는 공동체를 분열시키고, 어지럽게 만들며, 그릇된 교리를 통해 그리스도까지 부정하게 만들었으니 어찌 그들의 교리와 행동이 올바르다고 말할 수 있냐는 것이 요한의 반박입니다. 정리하면, 요한일서의 개요는 생명인 말씀의 역사적 출현(1:1-4), 참 빛이신 그리스도 안에서 하나님과의 사귐(1:5-2:29), 사랑 안에서의 생활(3:1-4:21), 영생을 확신하는 믿음의 승리(5:1-21)로 전개됩니다.

20 요한 2서 2 John, 2 John — 이단 사상에 대한 경계와 하나님 안에서 사랑하기

요한일서의 수신자가 에베소와 소아시아 지방 교회의 성도들이라면 이서의 수신자는 1장 1절의 언급처럼 "택하심을 받은 부녀와 그의 자녀들"입니다. 하지만 이 말을 현대신학적인 의미로 풀면 일반적인 모든 교회의 그리스도인을 비유적으로 표현한 것입니다.

이서의 상황은 일서의 상황과 일치합니다. 따라서 일서와 이서에 대두된 공통 문제는 거짓 교사들의 출현과 이들의 그릇된 교리입니다. 그래서 요한은 거짓 교훈을 가르치는 자들을 경계하면서 그들을 그리스도인의 집으로 들이지도 말고 인사도 하지 말라고 엄히 경고합니다(10-11절). 또한, 요한은 이 서신에서 그리스도인들이 진리를 행하는 자가 되기를 바라는데, 그것은 요한일서처럼 서로 사랑하는 것입니다(5절).

21 요한 3서 3 John, 3 John — 복음 전도자와 나그네에 대한 환대와 교회 내 악행자를 본받지 말라

일서와 이서는 교회공동체에 보낸 편지이지만, 삼서의 수신자는 가이오라는 한 개인에게 보낸 편지입니다(1절). 물론 요한은 삼서에서 일서와 이서처럼 성도 간의 친밀한 교제를 중시하고, 가이오가 진리의 사랑을 실천한다는 소식에 기뻐합니다. 그러나 이러한 사랑의 나눔이 이것 외에는 찾아볼 수 없었다는 점에서 슬퍼합니다.

특히 삼서는 지도적인 위치에 있었던 것으로 보이는 디오드레베라는 인물을 가이오와 대조합니다. 디오드레베는 장로를 비방하고 요한이 보낸 전도자를 영접지 않았을 뿐만 아니라 교회의 다른 형제들이 요한의 형제들을 맞아들이려고 할 때마다 이들의 선을 계속 방해한 사람이었습니다. 그러면서 디오드레베는 그저 으뜸이 되기만을 좋아하면서 선행하는 형제들을 교회공동체에서 내쫓기까지 했던 교만하고 악한 사람이었습니다(9-10절).

그래서 요한은 이러한 악을 본받지 말고 선한 것을 본받으라고 권하면서 선행하는 자가 하나님께 속한 것이지 악을 행하는 자는 하나님을 뵐 수 없다고 말합니다. 이윽고 요한은 가이오와 속히 만나 대화하기를 원하는 마음을 표현하면서 삼서를 마칩니다(11-15절).

이러한 삼서의 내용을 볼 때 교회공동체와 그리스도인들은 나그네에게 친절을 베풀고 사랑으로 돌보며, 기쁜 마음으로 그들을 전송할 의무가 있습니다. 특히 교회를 찾은 나그네가 신앙인이거나 복음전도자라면 교회는 시혜자의 처지가 아니라 동역자의 마음으로 그들을 영접하고 섬기는 것을 당연하게 여겨야 합니다. 만약 한 공동체 안에 악을 행하는 사람들이 공동체원으로 있다면 선(또는 선행과 권면)으로 악(또는 악행)을 이길 수 있어야 합니다. 이것은 교회공동체를 지키는 것임과 동시에 하나님의 사역을 이어가는 하나님 나라 백성들의 마땅한 행동입니다.

요한일서에 나타난 그리스도인과 적그리스도의 대조

아래 표[125]는 그리스도인과 적그리스도를 대조한 것입니다. 이 표는 요한서신 전체의 상황과 내용을 이해하는 데 도움을 줍니다.

내용	그리스도인	성구	적그리스도	성구
신학	예수님의 성육신 (인성)을 인정함	4:2	예수님의 성육신 (인성)을 부인함	4:3
	계명(말씀)을 지킴	2:5	계명(말씀)에 불순종	2:4
신앙	빛 가운데로 행함	1:7, 2:10	어둠 가운데 행함	1:6, 2:9
윤리	서로 사랑함	4:7	형제를 미워함	4:20
	죄를 멀리함, 도덕적	3:6	불법을 함, 부도덕함	3:4
지도자와의 관계	가르침에 순종함	4:6	가르침을 거부함	4:6
공동체와의 관계	공동체에 속함	2:19	공동체에서 분리됨	2:19

125 두란노, 『생명의 삶 플러스: 요한일·이·삼서/마태복음1-8장』 통권 169호 (2021년 1월): 6.

22 유다서 Jude, Jude — 이단 사상과 거짓 교사를 경계하고 올바른 믿음 위에 굳게 서라

이 서신의 저자는 1절에 기록된 것처럼 야고보의 형제 유다입니다. 야고보는 초대 예루살렘 교회공동체의 최고 감독으로 예수님의 형제였습니다. 그러니까 이 서신의 저자 유다도 예수님의 형제인 거죠.

사실 유다가 이 서신을 쓸 때는 일반적인 구원, 곧 모두가 얻는 구원의 도리에 대해 체계적으로 글을 쓰고 싶었습니다(3절). 하지만 유다가 교회의 상황을 유심히 지켜본 결과 외부에서 몰래 잠입한 몇몇 거짓 교사(4절)로 인해 그리스도인들이 혼란에 빠지고, 믿음의 도가 공격당하는 심각성을 느끼면서 거짓 교사들에 대한 규탄과 교회의 모든 구성원이 올바른 믿음의 도리를 알아 스스로 신앙을 지키라고 권면하기 위해 이 글을 쓴 것입니다. 그래서 유다서는 거짓 교사들을 엄히 경계한다는 점에서 베드로후서와 매우 흡사합니다.

그렇다면 유다가 지적한 거짓 교사들은 누구일까요? 그 역시 여러 서신서에 등장했던 영지주의자들이었습니다. 유다는 이들을 하나님의 은혜를 방탕한 것으로 바꾸고 홀로 하나이신 주재, 곧 우리 주 예수 그리스도를 부인하는 자들이라고 칭합니다(4절). 또한, 8절에서는 이들을 꿈꾸는 자들이라고 묘사하면서 육체를 더럽히고 권위를 업신여기며 영광을 비방하는 자들이라고 부릅니다. 여기서 학자들은 '꿈꾸는 자들'이라는 말을 '몽상에 빠진 자들'이라고 말하는데, 이는 진리와 현실을 부인하는 그릇된 모습을 표현한 것입니다.

그뿐만이 아니라 유다는 거짓 교사들을 원망하는 자, 불만을 토하는 자, 정욕대로 행하는 자, 그 입으로 자랑하는 자, 자신의 이익을 위하여 아첨하는 자라고 말합니다(16절). 교회 안에 가만히 들어온 거짓 교사들은 믿음 생활을 잘하고 있는 그리스도인들을 유혹하고, 조롱하고, 그릇된 도리를 퍼뜨림으로써 믿음에서 탈선하게 만드는 자들이었습니다. 이들은 육에 속하여 교회공동체의 분열을 유발하는 성령이 없는 자들이었습니다(18-19절). 그래서 유다는 과거 경건하지 않았던 자들, 곧 타락한 천사를 비롯하여 소돔과 고모라의 시민들과 가인과 고라와 발람과 같은 불경한 자들을 언급합니다. 유다는 이들이 이성 없는 짐승같이 본능에 따라 살기에 탐욕과 정욕대로 살다가 결국에는 멸망 받을 것이라고 단호히 말합니다(9-16절).

그래서 유다서는, 그리스도인들은 사도들이 전해준 진리의 복음을 기억하고(17절), 지극히 거룩한 믿음 위에 자신을 세우며, 성령으로 기도하며, 하나님의 사랑 안에서 자신을 지키며, 영생에 이르도록 예수 그리스도의 긍휼을 기다려야 한다고 기록합니다(20-22절). 아울러 의심하는 자들을 내버려 둘 것이 아니라 긍휼히 여겨 그들을 멸망의 불에서 끌어내는 구원의 도구가 되어야 한다고 권면합니다(22-23절).

이처럼 믿음의 싸움은 일회성이나 일시적으로 끝나는 것이 아니라 매 순간, 그리고 인생이 마치는 날까지 계속하는 것입니다. 따라서 모든 교회공동체와 그리스도인은 마지막 때가 가까울수록 성경적 분별력과 그리스도의 사랑으로 거짓 교리를 비롯한 이단의 공격을 능히 대적할 수 있어야 합니다. 그 대적의 방법은 기본적으로 개인의 욕망을 버리고 하나님의 뜻을 추구하며 사는 것입니다. 또한, 하나님께서 보여주신 희생적 섬김의 사랑을 실천하면서 우리가 속한 교회의 모든 구성원이 한 공동체가 될 수 있도록 힘쓰는 것입니다. 이것이야말로 적그리스도의 교리와 유혹에서 승리하면서 그리스도와 한 몸 된 공동체를 지키는 것입니다. 그래서 유다서는 이단 사상을 경계하고 대적하지만, 거짓 가르침에 흔들린 그리스도인들을 올바른 믿음 위에 서라고 권고합니다.

23 요한계시록 Rev, Revelation — 초대 일곱 교회에 대한 권면과 주의 재림으로 완성하는 하나님 나라

성경의 마지막 책인 요한계시록은 시련 당하는 그리스도인들을 위로하며 만왕의 왕으로 오실 그리스도의 재림과 그때 펼쳐질 새 하늘과 새 땅을 소망하는 예언서입니다. 구체적으로 이 책에서 고난과 박해로 큰 어려움에 부닥쳐 있는 대상은 소아시아의 일곱 교회로 에베소, 서머나, 버가모, 두아디라, 사데, 빌라델비아, 라오디게아 교회입니다(1:4).

이런 상황에서 사도 요한은 일곱 교회 그리스도인들에게 이 시련과 고통이 계속될 것이 아니며, 그리스도께서 재림하시는 날 세상의 통치권은 오직 만왕의 왕께 있다는 것과 악한 세상 권세자들에 대한 최후의 심판을 알리고 있습니다. 또한, 그날의 약속이 곧 성취될 것이라는 종말론적 구원의 말로 그들을 위로하면서 용기와 소망을 주기 위해 이 책을 기록합니다(21:5).

하지만 계시록의 일곱 교회는 그들만 말하는 것이 아니라 로마제국 안에서 박해당하는 교회 전체를 대표하는 상징적인 의미로 해석하는 것이 좋습니다.[126] 아울러 이런 이해와 해석은 계시록이 쓰인

126 나용화, 『성경핵심입문』, 329.

시대를 넘어 오늘날의 현대교회에도 적용하여 분석할 수 있습니다.

이 책의 시대적 상황을 살피면, 기록 시기는 1세기 말인 A.D. 90년대로 로마의 제11대 황제였던 도미티아누스(Caesar Domitianus Augustus)로부터 그리스도교가 공개적인 핍박을 받아 크게 위축된 시기였습니다. 당시 헬라 동부에 살던 사람들은 첫 황제 때로부터 계속 로마 황제를 위한 신전을 지었습니다. 최초의 신전은 에베소와 서머나에 있었는데, 로마 안에서 실시된 황제 숭배는 로마 정부에 대한 충성의 상징처럼 여겨졌고, 황제들은 사후에야 신격화되었습니다.

하지만 칼리굴라(Gaius Caiser Augustus Germanus), 네로, 도미티아누스는 살아있을 때 자기를 신이라고 주장했는데, 특히 도미티아누스는 살아있을 때 신을 넘어 자신을 예배하는 것까지 요구한 왕이었습니다. 그래서 로마 제국 동부에서는 신전에 있는 황제 형상에 숭배하는 것을 국가에 대한 충성이라 여겨 시험의 수단으로까지 사용했습니다. 이런 차원에서 황제 형상 숭배를 거부하는 자는 누구라도 체제를 파괴하는 인물로 간주했으며, 이에 로마는 체제 파괴적인 종교에 대해 잔인할 정도로 편집광적인 반응을 보였던 것입니다. 이런 극단적 상황이 계속되면서 유대 그리스도인들은 로마의 공개적인 핍박에 직면했고, 로마 정부는 로마를 비난하는 선지자들과 종교를 모두 억압했던 것입니다. 따라서 요한계시록은 하나님께 반역하고 하나님의 교회를 핍박한 로마 제국의 심판을 기록합니다.[127]

한편, 사도 요한은 로마 정부의 그리스도교 박해 시점에서 밧모섬으로 유배당합니다. 그는 이 섬에 있는 동안 성령에 감동하면서 직접 보고, 들은 계시, 환상, 음성을 상징적인 글로 기록했는데 그것이

127 크레이그 키너, 『IVP 성경배석주석: 신약』, 876-877.

이 책입니다(1:9). 그래서 요한은 계속해서 '네가 보는 것을'(1:11), '나에게 말한 음성'(1:12), '내가 볼 때에'(1:17), '내가 보니'(4:1), '내가 들은 바'(4:1)라는 문장들을 이 책에서 사용하고 있습니다. 따라서 요한계시록은 어려운 상징적 언어를 많이 사용하고 있기에 문자적으로만 해석해서는 안 되고, 올바른 신학적 해석과 안내 위에서 그 뜻을 살펴야 합니다. 그래서 요한계시록은 구약성경 중 같은 묵시문학에 속하는 다니엘서나 선지서들과 유사한 문체와 기술 방식을 사용하고 있습니다.

이 책의 주제는 예수 그리스도의 재림과 한 몸 된 교회공동체가 맞게 될 최종적 구원의 승리 그리고 하나님의 완전한 통치입니다. 재림 시 믿음을 지킨 교회공동체와 그리스도인들은 하나님과 함께 왕 노릇을 하지만(5:10), 지상의 모든 교회공동체와 그리스도인을 박해한 악한 영, 곧 사탄을 비롯한 모든 악한 세상 주관자와 세력은 반드시 하나님께 영원한 형벌을 받음으로써 자기 권세에 마침표를 찍게 됩니다(18-19장, 20:1-3). 곧 그리스도의 재림은 완전한 하나님 나라의 시작임과 동시에 적그리스도와 악한 영들의 완전한 종결을 의미합니다. 그리고 이 책은 그리스도께서 재림하실 때 이 땅에서 일어날 일들에 관해서도 기술합니다. 이 부분은 좀 더 뒤에 가서 표를 통해 살펴보도록 하겠습니다.

아래 표[128]는 계시록을 한눈에 살피기 위해 본문을 펼쳐놓은 것입니다. 상징적 언어로 복잡하게 느껴지는 계시록을 좀 더 쉽게 이해하려면 처음부터 각 문장과 단어를 하나하나 꼼꼼하게 살피는 것보다

---

128 두란노, 『생명의 삶 플러스: 에베소서·요한계시록 1-7장』 통권 47호 (2010년 11월): 7.

전체적인 내용과 구조를 살핀 다음 한 장씩 읽어나가는 것이 좀 더 효과적이라고 생각합니다. 이는 이 책만이 아니라 묵시문학에 속한 다니엘서나 선지서들도 마찬가지입니다. 왜냐하면 묵시문학은 꿈, 환상, 음성, 계시 등과 같이 신비한 상황과 문자들로 기록되어 있기 때문입니다. 먼저 아래 표를 통해 계시록을 개괄적으로 살펴봅시다.

본문	1-3장	4-5장	6-7장	8-11장	12-14장	15-16장	17-18장	19-22장
요점	일곱 교회에 대한 권면	하늘의 예배	일곱 인	일곱 나팔	짐승과 천사	일곱 대접	심판	새 하늘과 새 땅
주제	교회와 우주의 주인 되신 그리스도		일곱 재앙 이야기				마지막 심판과 완성되는 하늘나라	

이제는 각 본문에 대한 핵심 내용과 계시록의 일반적인 신학적 견해에 대해 살펴보겠습니다. 먼저 핵심 내용을 살피면 1장은 서두입니다. 그리고 요한이 이 책을 쓴 가장 처음의 동기(초대 일곱 교회에 쓴 편지)를 기록하고 있습니다. 2-3장은 일곱 교회에 대한 편지로 각 교회에 대한 칭찬과 책망을 기록하고 있습니다. 그러면 전체 교회를 대표하는 일곱 초대교회에 대한 메시지는 무엇일까요? 아래 표를 통해 그 내용을 살펴봅시다.

교회	칭찬	책망	권고	약속
에베소 (2:2-7)	니골라당과 거짓 사도 분별, 선을 행하고, 인내하며 게으르지 않음	처음 사랑을 버림	회개하여 처음 행위를 가지라	생명 나무의 열매
서머나 (2:8-11)	환난과 궁핍에 처했지만 부유한 자	—	죽도록 충성하라	생명의 관과 둘째 사망의 해를 면함
버가모 (2:12-17)	굳게 잡고 배반치 않음	니골라당의 교훈을 지킴	회개하라	만나와 흰 돌
두아디라 (2:18-29)	선행의 전진	이세벨을 용납하고 음행과 우상 제물을 먹음	굳게 잡으라	만국을 다스리는 권세와 샛별
사데 (3:1-6)	옷을 더럽히지 않음	살았으나 죽은 자	일깨워 굳게 하고 회개하라	생명책에 기록됨, 아버지와 천사 앞에서 시인받음
빌라델비아 (3:7-13)	작은 능력으로도 말씀을 지키고 배반치 않음	—	면류관을 빼앗지 못하게 하라	하나님의 성전에 기둥이 되게 함
라오디게아 (3:14-22)	—	차거나 뜨겁지 아니하고 미지근함	금과 흰옷과 안약을 사라	이기는 자에게는 보좌에 앉을 특권을 줌

앞의 표에도 나오듯이 일반적으로 서머나 교회와 빌라델비아교회만 칭찬 들은 교회로 아는 경우가 많은데 사실은 그렇지 않습니다. 칭찬은 라오디게아 교회를 제외한 여섯 교회가 모두 들었습니다. 단, 서머나 교회와 빌라델비아교회만 책망이 없었을 뿐입니다. 이 부분을 성경의 기록과 다르게 두 교회(서머나, 빌라델비아)만 칭찬 들었다고 말하는 것은 잘못 이해한 것입니다. 한 가지를 더 살피면, 아래 표처럼 초대 일곱 교회의 모습을 사실적으로 이해하기 위해 비유할 만한 시대와 교회로 표현하지만, 이것은 비유이기에 참고적으로만 이해하십시오.

교회	역사적 비유	책망에 대한 비유
에베소	후기 사도시대	전통을 중시하고 열정은 있으나 하나님과 교제에서 지속성을 잃은 교회
서머나	기독교 박해시대	경제적 물질을 초월하여 희생과 충성을 다하는 교회
버가모	콘스탄티누스 시대	일부 믿음을 지키기도 하나 세상과 타협한 교회
두아디라	교황 지배 시대	이단 사상에 빠져 진리를 떠난 교회
사데	중세 시대	그릇된 교리와 형식주의에 빠진 교회
빌라델비아	종교개혁 시대	말씀을 굳게 잡고 올바른 신앙을 견지하는 교회
라오디게아	마지막 시대	뜨뜻미지근하여 신앙적 열심과 그리스도의 사랑이 식은 교회

다음으로 4장은 모든 그리스도인의 아버지이신 하나님은 보좌 위에서 우주를 다스리는 분이시라고 소개하면서 하늘 보좌의 모습을 함께 기록하고 있습니다. 5장은 일곱 인으로 봉한 책에 관한 내용으로 이 두루마리를 펼치실 분은 어린양 예수 그리스도이시며, 이 두루마리에 기록된 내용은 세상 나라들과 마귀에 대한 심판입니다.

6장은 어린양이 일곱 인을 떼시면서 일어날 일곱 재앙(일곱 봉인, 일곱 나팔, 일곱 대접)에 관한 이야기입니다. 이 재앙은 전쟁으로 시작해서 흉년이 오고 온 하늘도 재앙으로 뒤덮입니다. 하지만 재앙은 앞으로 완성될 하나님 나라로 향하는 하나의 통로와 과정입니다. 7장은 인치심을 받은 자들에 관한 내용입니다. 인치심을 받았다는 것은 생명책에 기록되었다는 것으로 계시록에는 이들의 명수가 144,000명이라고 명시하지만, 이것은 문자적인 의미가 아니라 상징적인 의미입니다.

8장은 성도들의 기도와 나팔 심판으로 네 번째 나팔 심판까지, 9장은 다섯 번째 나팔부터 일곱 번째 나팔 심판까지 기록합니다. 9장의 결론은 이러한 심판에도 불구하고 여전히 회개치 않는다는 것으로 다섯 번째 나팔부터는 재앙의 정도가 심각해집니다. 그러나 일곱째 인을 떼시는 순간 모든 성도는 합심으로 기도하고 하나님은 이 기도를 받으십니다. 따라서 9장의 재앙은 하나님의 인침을 받지 않은 사람들이 그 대상입니다. 아래 표[129]는 일곱 재앙에 대해 정리한 것입니다.

---

129 두란노, 『생명의 삶 플러스: 요한계시록 8-22장』 통권 48호 (2010년 12월): 4.

<table>
<tr><th colspan="2">나팔 재앙</th><th>심판의 대상</th><th>심판의 범위</th></tr>
<tr><td rowspan="4">8
장</td><td>첫째 나팔</td><td>땅과 수목</td><td rowspan="4">자연 세계의 심판</td></tr>
<tr><td>둘째 나팔</td><td>바다와 바다에 사는 생물</td></tr>
<tr><td>셋째 나팔</td><td>물(샘, 강)</td></tr>
<tr><td>넷째 나팔</td><td>해와 달과 별</td></tr>
<tr><td rowspan="3">9
장</td><td>다섯째 나팔</td><td>사람을 괴롭힘</td><td rowspan="2">사람에 대한 심판
(점진적 사망)</td></tr>
<tr><td>여섯째 나팔</td><td>사람을 사망에 이르게 함</td></tr>
<tr><td>일곱째 나팔</td><td>하나님의 비밀이 이뤄짐</td><td>창조 세계의 마지막</td></tr>
</table>

10장은 여전히 회개하지 않는 세상이지만, 하나님으로부터 인침을 받은 그리스도인들은 계속 하나님의 계획을 품고 세상으로 들어가야 함을 말합니다. 왜냐하면 하나님의 백성은 자기 구원만 챙기는 사람들이 아니라 마지막까지 세상이 회개하여 구원받도록 하나님의 뜻을 위해 사는 그분의 자녀와 백성이기 때문입니다. 11장은 이러한 증인 된 교회를 좀 더 구체적으로 그립니다. 세상은 이 증인을 해하지 못합니다. 그리고 일곱째 천사가 나팔을 불 때 하나님의 나라가 서서히 그 모습을 드러냅니다. 하나님은 마지막까지 교회를 통해 일하십니다.

12-13장은 악한 세력과 싸우는 교회의 전투를 그립니다. 여기서 악한 세력은 '용'으로, 교회는 해산하는 '여자'로 비유합니다. 또한, 교회는 일곱 왕관을 쓴 용의 핍박을 당하지만, 교회인 여자는 피신하여 하나님이 예비하신 광야로 도망하고, 이후 하늘에서는 전쟁이 일

어나며, 거기서 패한 용은 다시 지상의 교회들을 강하게 공격합니다. 그리고 용은 남녀노소, 부자와 빈자, 자유인과 종에 상관없이 모든 사람의 손과 이마에 표를 받게 하는데, 이 표를 가진 자 외에는 매매를 금합니다. 이 표가 짐승의 표 666입니다. 하지만 분명한 것은 어둠의 세력인 용은 하늘의 전쟁에서 패배한 존재라는 사실입니다.

다음 14장은 어린양과 그분을 따르는 사람들의 노래입니다. 이들은 그리스도인으로서 인내하여 하나님의 계명과 그리스도에 대한 믿음을 지킨 자들입니다.

15장에서는 마지막 재앙이 임합니다. 그러나 하늘에서는 하나님을 노래합니다. 이것은 그분의 권능과 위대하심을 높이는 것으로 공의로운 심판에 대한 찬송입니다. 16장은 일곱 대접 재앙의 시작을 알립니다.

17장은 일곱 대접 재앙 이후 멸망할 바벨론에 대해 기록합니다. 바벨론은 각종 음행과 술 취함과 하나님을 모독함과 휘황찬란한 장신구로 자기를 꾸미고, 가증한 물건과 음행의 더러운 것이 가득한 도시로서 바벨론은 '음녀'와 '가증한 것들의 어미'로 표현합니다. 18장은 바벨론의 완전한 멸망을 기록합니다.

재앙의 내용을 정리하면, 일곱인 재앙은 6-8장, 일곱 나팔 재앙은 8장-11장, 일곱 대접 재앙은 16장에서 다룹니다. 결국, 세 번의 큰 재앙이 임하게 됩니다.

19장은 음녀 바벨론의 멸망에 대한 환성입니다. 이것은 하나님의 심판이 끝났음을 의미합니다. 그 이후에는 어린양 혼인 잔치가 열립니다. 그래서 이 장에는 "할렐루야"라는 용어가 자주 나옵니다. 고난을 인내로 견뎌 믿음을 지킨 교회는 세마포 옷을 입고 신랑이신 어린양 혼인 잔치에 참여합니다. 이 예식에서 하나님은 신부의 눈물을 닦아 주시고 영광이 가득한 새 예루살렘을 소개해주십니다.

그리고 20장부터는 천년 왕국의 시작인데 천 년이 다 차면 패했던 악한 세력(옛 뱀, 사탄, 마귀)이 잠깐 놓이면서 마지막 발악(미혹하여 싸움을 붙이고, 성도들의 진과 성을 포위함)을 합니다. 하지만 그리스도인의 혼인 잔치를 방해할 순 없습니다. 결국, 천국에서는 어린양 혼인 잔치가 열리고, 땅에서는 사탄의 최후 심판이 이뤄집니다.[130] 마지막으로 '천 년'에 대한 신학적 주장에는 어떤 것들이 있는지 표[131]를 통해 간략히 살펴보겠습니다. 그러나 이 중 어느 것이 옳다고 할 수는 없습니다.

전천년설	천년왕국 시행 전에 예수님께서 재림하신다고 이해하며, 문자적인 의미로 실제 천 년 동안 성도들이 그리스도와 함께 통치한다고 해석함
후천년설	천년왕국의 시행 후 예수님께서 재림하신다고 해석함
무천년설	천년왕국은 실제로 시행되는 것이 아니라 상징적인 의미이며, 천 년을 예수님의 초림부터 재림까지로 봄. 가장 많은 지지를 받음

21장은 처음 하늘과 땅이 없어지고, 새 하늘과 새 땅, 곧 새 예루살렘이 하늘에서 내려오는데 이것은 하나님께서 준비하신 것입니다. 그리고 하나님께서는 그리스도인들과 함께 계시면서 모든 눈물을 닦아 주십니다. 이제는 사망이나 애통과 곡하는 것이나 아픈 것이 더는

130 Ibid., 8.

131 두란노, 『생명의 삶 플러스: 요한계시록 18-22장/에베소서/성탄절 QT』 통권 156호 (2019년 12월): 5.

존재하지 않습니다. 왜냐하면, 이제 하나님께서 모든 만물을 새롭게 하시기 때문입니다. 그리고 하나님은 자신이 모든 것의 알파(처음)와 오메가(마지막)라고 말씀하시면서 온 만물의 창조자이자 주인임을 선언하십니다. 그런 다음 거룩한 성 예루살렘의 모습을 자세히 설명합니다. 이곳은 오직 어린양의 생명책에 기록된 자들만 들어갈 수 있습니다.

22장은 계시록의 마지막 장이면서 성경의 끝입니다. 요한이 이 책을 쓴 목적이 고난받는 교회가 재림신앙을 가지고 인내하도록 소망과 용기를 주려는 것이므로 그의 마지막 장도 교회에 대한 소망입니다. 그래서 요한은 예수님의 약속을 마지막에 기록합니다. "보라 내가 속히 오리니 이 두루마리의 예언의 말씀을 지키는 자는 복이 있으리라 하더라" 따라서 모든 교회공동체와 그리스도인은 다음과 같이 고백할 수 있어야 합니다. "마라나타, 주 예수여 어서 오시옵소서" 악한 영과 세상 주관자들에게 받을 고난과 핍박은 힘겨운 것이지만, 우리에게 승리가 약속된 만큼 악한 자들에게는 완전한 패배가 예정되어 있습니다.

그러므로 우리는 어린양께서 두루마리를 펼치시는 심판의 날을 두려워하지 말고, 알파와 오메가요 처음과 마지막이요 시작과 마침의 주인이신 하나님을 경외하면서 믿음을 지키고 성경이 말씀하시는 옳은 행실로 살아야 합니다. 그것은 세상의 심판이 예정되어 있더라도 세상을 향한 하나님의 크신 구속의 뜻을 알아 복음의 증인과 창조세계를 사랑하고 보전하는 섬김의 청지기로 사는 것입니다. 더불어 생명록에 이름이 지워지지 않도록 자신의 구원(견인)과 영생을 지켜야 합니다.

다음 표는 그래함 스크로지(W. Graham Sceoggie, 1877-1958, 침례교 목사, 성경해설자 및 저자) 박사가 창세기의 처음 세 장과 요한계시록의 마지막 세 장을 비교·대조한 것[132]에 필자가 수정과 보완을 더한 것입니다. 성경이 시작하는 처음 몇 장과 끝나는 마지막 몇 장을 자세히 연구해보면 창조로부터 인류의 역사와 하나님의 구속적 섭리를 이해할 수 있습니다.

글을 마치며, 이 땅의 모든 교회공동체와 그리스도인이 포스트모던 시대의 다원적 구조와 사회문화 속에서도 올바른 성경의 이해와 재림신앙으로 승리하기를 소망합니다. 또한, 예수 그리스도를 알지 못하는 세상 사람들이 성경을 통해 참믿음을 가져 구원을 얻기를 서원합니다. 그리하여 하나님 통치의 영원한 나라를 소유하고 하나님께서 만드신 창조 세계의 원형이 회복되어 온전한 구원의 그 나라가 이 땅에 펼쳐지길 두 손 모아 기도합니다.

132 테리 홀, 『성경 파노라마』, 228-229.

창세기 1-3장	요한계시록 20-22장
하나님	하나님
처음 하늘과 땅	마지막 하늘과 땅
처음의 안식	마지막 안식
낙원을 잃음	낙원을 회복함
생명 나무와 강	생명 나무와 강
남편과 아내	어린양과 신부
사탄의 승리	사탄의 패배
심판을 선언하심	심판을 집행함
하나님의 얼굴이 감추어짐	하나님의 얼굴을 볼 것임
저주를 선언하심	저주가 제거됨
문이 닫힘	문이 절대 닫히지 않음
죽음이 모든 인간을 덮침	더 이상 죽음이 없음
모든 얼굴이 눈물로 젖음	모든 눈물이 씻김
밤과 함께 두려움이 옴	밤이 없으므로 두려움이 없음
생명 나무로부터 추방됨	생명 나무에 대한 권리가 있음
지상 낙원에서 쫓겨남	천국 도성을 물려받음
그룹(천사들)이 인간의 출입을 막음	그룹이 인간을 환영함

참고문헌

기민석. 『예언자, 나에게 말을 걸다』. 서울: 두란노출판사, 2011.

김남일. "요나서와 '하나님의 선교'(Mission of GOD)에 관한 연구." 「갱신과 부흥」 제28집 (2021): 7-32.

김현진. 『공동체 신학』. 서울: 예영, 2018.

나용화. 『성경핵심입문』. 서울: CLC, 2021.

대한성서공회. 『관주·해설 성경전서: 개역개정판』. 서울: 대한성서공회, 2008.

두란노. 『생명의 삶 플러스: 마태복음 23-28장, 레위기 1-4장』 통권 57호 2011년 9월.

______. 『생명의 삶 플러스: 요나/시편 61-72편/성탄절 QT/연말 QT』 통권 132호 2017년 12월.

______. 『생명의 삶 플러스: 에베소서·요한계시록 1-7장』 통권 47호 2010년 11월.

______. 『생명의 삶 플러스: 요한계시록 18-22장/에베소서/성탄절 QT』 통권 156호 2019년 12월.

______. 『생명의 삶 플러스: 요한계시록 8-22장』 통권 48호 2010년 12월.

______. 『생명의 삶 플러스: 요한일·이·삼서/마태복음 1-8장』 통권 169호 2021년 1월.

서울신학대학교 성결교회신학연구위원회 편. 『성결교회 신학용어사전』 서울: 기독교대한성결교회 출판부, 2005.

우종학. 『과학시대의 도전과 기독교의 응답』. 서울: 새물결플러스, 2019.

이애실. 『어? 성경이 읽어지네!: 신약』. 서울: 글로벌에듀포올피플, 2018.

최종진. 『구약성서개론』. 서울: 소망사, 2000.

하용조. 『인격적인 성령님』. 서울: 두란노서원, 2011.

홍성욱. "평신도 동역화(Partnership)와 교회성장." 한국선교신학회 편. 『선교와 교회성장』. 서울: 한들, 2003.

도널드 맥가브란. 『교회성장 이해』. 최동규 외 4인 역. 서울: 대한기독교서회, 2017.

마이클 프로스트·앨런 허쉬. 『새로운 교회가 온다』. 지성근 역. 서울: IVP, 2016.

바이저 A.·엘리거 K. "소예언서." 『국제성서주석』. 서울: 한국신학연구소, 1994.

빅터 해밀턴·리처드 에이버벡 외 6인. 『창조 기사 논쟁: 복음주의자들의 대화』. J 대릴 찰스 편집. 최정호 역. 서울: 새물결플러스, 2016.

앤터니 티슬턴. 『조직신학: 진리 성경 역사 해석』. 박규태 역. 서울: IVP, 2018.

월터 브루그만. 『예언자적 상상력』. 김기철 역. 서울: 복 있는 사람, 2009.

존 월튼·빅터 매튜스·마크 샤발라스. 『IVP 성경배경주석: 구약』. 정옥배 외 3인 역. 서울: IVP, 2002.

크레이그 키너. 『IVP 성경배석주석: 신약』. 정옥배·김현회·유선명 역. 서울: IVP, 2002.

테리 홀. 『성경 파노라마』. 배응준 역. 서울: 규장, 2008.

헨리 나우웬. 『마음의 길』. 윤종석 역. 서울: 두란노서원, 2015.

F. F. Bruce. *New Testament History.* Garden City, NY: Doubleday, 1980.

Johannes Blauw. *The Missionary Nature of the Church: a Survey of the Biblical Theology of Mission*. Grand Rapids, MI: Wm. B.

Eerdmans, 1962.

M. D. Hooker. *The Gospel According to Saint Mark.* Peabody, Mass: Hendrickson, 1992.

김성희. “십자가, (빈)무덤, 부활장면의 여인들 비교연구.” 「대학과 선교」 제50집 (2021): 165-194.

김신구. “교회성장학과 선교적 교회론에 기초한 통섭적 목회 패러다임 연구.” 서울신학대학교 박사학위논문, 2022.

______. “통전적 선교를 위한 현대교회의 성육신적 모습.” 「선교신학」 제57집 (2020): 37-67.

박수암. “신약성경에 나타난 평화.” 「그말씀」 2020년 6월호.

방동섭. “사도행전에 나타난 선교적 교회론.” 「기독신학저널」 제2권 (2002): 197-219.

송봉모. “예루살렘 초대교회의 재산 공유적 삶에 대한 논의들.” 「신학과 철학」 제6호 (2004): 49-65.

최동규. “교회성장의 새로운 방향 설정을 위한 시론: 선교적 교회성장의 개념 정립을 위하여.” 「선교신학」 제32집 (2013): 235-267.

Kirk Grayson, A. “Nineveh.” in *The Anchor Bible Dictionary*, vol. 4. edited by David Noel Freedman. NY: Yale University Press, 1992.

Osiek, Carolyn. “The Women at the Tomb: What are they doing there?.” *Ex Auditu*, vol. 53, no. 1/2 (1997): 103-118.

박정우 목사의 카페

박종언. “수백 년 만에 모습 드러낸 예수의 무덤.” 「한국성결신문」 2022년 4월 21일 자연합뉴스. “바다 증발 수분 ‘우주확산’ 첫 확인.” 「The Science Times」 2017년 12월 11일 자

“개신교.” 〈똑소리나는 일반상식〉

“마라나타.” 〈위키백과〉

“바알(baal).” 〈다음백과〉

“십자가.” 〈다음백과〉

“오순절.” 〈신약성경 용어사전〉

“제4차 산업혁명.” 〈TTA정보통신용어사전〉

“종말론.” 〈위키백과〉

“희년.” 〈위키백과〉